普通高等学校"十四五"物流创新教材

物流管理学

（第二版）

主　编　郝渊晓　徐德洪　王海灵
副主编　谢聪利　吴文杰　林秋平　王玉勤
　　　　栗劲松　付　琪　崔　健　罗　宁

中山大学出版社　·广州·

版权所有　翻印必究

图书在版编目（CIP）数据

物流管理学/郝渊晓，徐德洪，王海灵主编；谢聪利，吴文杰，林秋平，王玉勤，栗劲松，付琪，崔健，罗宁副主编. —2版. —广州：中山大学出版社，2022.3

普通高等学校"十四五"物流创新教材

ISBN 978 - 7 - 306 - 07429 - 4

Ⅰ. ①物… Ⅱ. ①郝… ②徐… ③王… ④谢… ⑤吴… ⑥林… ⑦王… ⑧栗… ⑨付… ⑩崔… ⑪罗… Ⅲ. ①物流管理—高等学校—教材 Ⅳ. ①F252

中国版本图书馆 CIP 数据核字（2022）第 023870 号

出 版 人：	王天琪
策划编辑：	蔡浩然
责任编辑：	蔡浩然
封面设计：	林绵华
责任校对：	林 峥　李昭莹
责任技编：	靳晓虹
出版发行：	中山大学出版社
电　　话：	编辑部 020 - 84110283，84113349，84111997，84110779，84110776
	发行部 020 - 84111998，84111981，84111160
地　　址：	广州市新港西路 135 号
邮　　编：	510275　传　真：020 - 84036565
网　　址：	http://www.zsup.com.cn　E-mail：zdcbs@ mail.sysu.edu.cn
印 刷 者：	佛山市浩文彩色印刷有限公司
规　　格：	787mm×1092mm　1/16　26.125 印张　624 千字
版次印次：	2006 年 8 月第 1 版　2022 年 3 月第 2 版　2022 年 3 月第 6 次印刷
印　　数：	13501—16500 册
定　　价：	45.90 元

如发现本书因印装质量影响阅读，请与出版社发行部联系调换。

内 容 提 要

本书在阐明现代物流的基本理论和原理的基础上，对物流管理进行了系统阐述：一是对现代物流的基本职能，包括包装、装卸运输、储存保管、流通配送等进行了深入介绍；二是对现代物流所涉及的范围，包括企业物流、城市物流、国际物流等进行了阐析；三是对现代物流管理，包括对绿色物流、成本管理、电子商务与供应链管理等进行了讨论。

本书内容全面、资料新颖、案例丰富，既可作为高等学校物流专业和相关经济管理专业的教材，也可用作物流管理人员和物流企业人员培训的参考用书。

目 录

第一章 物流管理导论 … 1
第一节 物流的基本概念 … 1
一、物流的定义 … 1
二、物流的基本职能 … 3
三、物流的分类 … 5
四、物流的发展过程 … 7
五、现代物流及其发展趋势 … 9
第二节 物流的性质与特点 … 12
一、物流的性质 … 12
二、物流的特点 … 15
三、物流的作用 … 16
第三节 现代物流管理的任务与内容 … 19
一、现代物流产业的形成与构成 … 19
二、现代物流管理的任务 … 21
三、现代物流管理的研究内容和范围 … 22
四、现代物流管理的研究方法 … 26
关键词 … 27
思考题 … 27
案例分析 我国如何实现"十四五"物流业高质量发展 … 28

第二章 物流系统与物流系统规划 … 29
第一节 系统与物流系统 … 29
一、系统概述 … 29
二、物流系统及其构成 … 32
第二节 物流系统分析 … 37
一、系统分析的含义和作用 … 37
二、系统分析的要素和原则 … 38
三、系统分析的步骤 … 40
四、物流系统分析的内容 … 41
第三节 物流信息与信息系统 … 55
一、商流、物流、信息流和资金流的关系 … 55
二、物流信息 … 55

三、物流信息系统 ·· 58
第四节　现代物流系统规划 ·· 61
　　一、物流系统规划的重要性和必要性 ·· 62
　　二、现代物流系统规划的层次及其内容 ·· 63
　　三、现代物流系统规划的基本原则 ·· 65
关键词 ··· 67
思考题 ··· 67
案例分析　网络货运信息系统的开发与应用 ·· 67

第三章　现代采购物流 ··· 71
第一节　采购与物流 ·· 71
　　一、采购与现代采购 ··· 71
　　二、采购物流 ··· 72
　　三、采购物流与企业物流系统的关系 ·· 73
　　四、物联网与现代物流的关系 ·· 73
第二节　采购分类与采购制度 ·· 74
　　一、采购分类 ··· 74
　　二、采购联合体 ··· 77
　　三、采购程序 ··· 77
　　四、采购制度 ··· 80
第三节　采购决策与采购管理 ·· 81
　　一、采购方式 ··· 81
　　二、采购决策 ··· 82
　　三、采购管理 ··· 82
第四节　采购管理组织与采购者素质 ··· 84
　　一、采购管理组织及功能 ··· 84
　　二、采购组织设计的原则 ··· 85
　　三、采购管理组织结构的形式 ·· 86
　　四、采购管理人员素质 ·· 87
关键词 ··· 88
思考题 ··· 88
案例分析　海尔"一流三网"同步的JIT物流模式 ································ 88

第四章　包装技术 ·· 90
第一节　包装的功能、分类和要求 ·· 90
　　一、包装的概念和功能 ·· 90
　　二、包装的分类 ··· 92
　　三、绿色包装 ··· 93

四、环境因素和物流环节对包装的要求 ………………………………… 95
第二节 包装材料和容器 ………………………………………………………… 97
　　一、木制包装容器 ……………………………………………………… 97
　　二、纸制包装容器 ……………………………………………………… 98
　　三、塑料包装容器 ……………………………………………………… 98
　　四、金属包装容器 ……………………………………………………… 100
　　五、玻璃包装容器 ……………………………………………………… 100
　　六、包装的辅助材料 …………………………………………………… 101
第三节 包装技术 ………………………………………………………………… 102
　　一、包装技术概述 ……………………………………………………… 102
　　二、现代集合包装技术 ………………………………………………… 105
　　三、包装机械 …………………………………………………………… 110
第四节 包装现代化 ……………………………………………………………… 111
　　一、包装合理化 ………………………………………………………… 111
　　二、包装标准化 ………………………………………………………… 113
　　三、包装现代化的要求 ………………………………………………… 114
关键词 ……………………………………………………………………………… 114
思考题 ……………………………………………………………………………… 114
案例分析　京东的绿色包装 …………………………………………………… 115

第五章　装卸搬运 …………………………………………………………… 117
第一节 装卸搬运概述 …………………………………………………………… 117
　　一、装卸搬运的含义和特点 …………………………………………… 117
　　二、装卸搬运的功能 …………………………………………………… 118
　　三、装卸搬运作业分类 ………………………………………………… 119
第二节 装卸搬运的原则与合理化 ……………………………………………… 121
　　一、装卸搬运的基本原则 ……………………………………………… 121
　　二、装卸搬运作业合理化 ……………………………………………… 124
第三节 装卸搬运设备及其运营组织 …………………………………………… 126
　　一、装卸搬运设备及其分类 …………………………………………… 126
　　二、装卸搬运机械的合理选择 ………………………………………… 130
　　三、装卸搬运设备的运营组织 ………………………………………… 132
关键词 ……………………………………………………………………………… 135
思考题 ……………………………………………………………………………… 135
案例分析　云南双鹤医药有限公司的装卸搬运成本 …………………………… 135

第六章　运输及其合理化 …………………………………………………… 137
第一节 运输及运输功能 ………………………………………………………… 137

一、运输的概念 137
　　二、运输的功能与原理 138
　　三、运输的地位和作用 139
　　四、运输合理化的意义 140
　第二节　现代运输方式 141
　　一、铁路运输 141
　　二、公路运输 144
　　三、水路运输 146
　　四、航空运输 150
　　五、管道运输 152
　　六、综合运输体系 154
　　七、网络货运及其发展 156
　　八、运输方式的选择 159
　第三节　运输合理化与物流输送现代化 162
　　一、不合理运输的表现形式 162
　　二、组织运输合理化的有效措施 164
　　三、物流输送模式及其现代化 166
　第四节　物资合理调运的数学方法 168
　　一、物资调运的数学模型 168
　　二、物资调运问题的表上作业法 170
　关键词 175
　思考题 175
　案例分析　韩国三星公司的运输合理化之路 175

第七章　储存保管 176

　第一节　储存保管与仓储 176
　　一、储存保管的意义与作用 176
　　二、仓储与智慧仓储 180
　第二节　仓库及仓库建筑设施 183
　　一、仓库与云仓 183
　　二、仓库的合理布局与库址选择 185
　　三、仓库规划与仓库建筑设施 188
　第三节　仓储保管与流通加工 190
　　一、仓储保管作业及其组织管理 190
　　二、仓储保管技术 194
　　三、流通中心和流通加工 197
　第四节　库存物资数量控制方法 201
　　一、影响库存物资数量的因素 201

二、物资采购批量的存货模式 ……………………………………… 202
　　三、库存物资重点管理法——ABC分析法 …………………… 206
关键词 ……………………………………………………………………… 209
思考题 ……………………………………………………………………… 209
案例分析　正泰集团公司自动化立体仓库 …………………………… 209

第八章　物流配送与配送中心 ……………………………………… 212
第一节　物流配送的概念与作用 ………………………………………… 212
　　一、物流配送的概念 ……………………………………………… 212
　　二、物流配送的分类 ……………………………………………… 213
　　三、物流配送的作用 ……………………………………………… 216
第二节　配送中心的含义与职能 ………………………………………… 216
　　一、配送中心的含义 ……………………………………………… 216
　　二、配送中心的类型 ……………………………………………… 217
　　三、配送中心的职能 ……………………………………………… 218
第三节　配送作业程序和配送中心布局 ………………………………… 220
　　一、组织配送的作业步骤 ………………………………………… 220
　　二、配送方法 ……………………………………………………… 222
　　三、配送工艺流程与配送中心的作业流程 ……………………… 223
　　四、配送中心外部布局原则和内部结构 ………………………… 226
关键词 ……………………………………………………………………… 228
思考题 ……………………………………………………………………… 228
案例分析　日本7-11便利店高效的物流配送系统 …………………… 228

第九章　企业物流 ……………………………………………………… 231
第一节　企业生产经营中的物流 ………………………………………… 231
　　一、企业物流的含义和特征 ……………………………………… 231
　　二、企业物流需要研究和解决的问题 …………………………… 234
　　三、推进企业物流合理化的紧迫性 ……………………………… 235
第二节　厂址选择与工厂布置 …………………………………………… 236
　　一、厂址选择 ……………………………………………………… 236
　　二、工厂布置 ……………………………………………………… 239
第三节　企业物流活动分析 ……………………………………………… 243
　　一、供应物流 ……………………………………………………… 243
　　二、生产物流 ……………………………………………………… 247
　　三、销售物流 ……………………………………………………… 250
第四节　企业物流合理化 ………………………………………………… 252
　　一、企业物流合理化的内容 ……………………………………… 252

二、企业物流一体化目标 ··· 254
　关键词 ··· 255
　思考题 ··· 255
　案例分析　汽车制造业生产物流单元化工作的解决方案 ············· 255

第十章　城市物流 ··· 259
　第一节　城市经济与城市物流 ··· 259
　　一、城市与城市经济 ··· 259
　　二、城市物流与城市发展 ·· 262
　　三、城市物流的概念及其特点 ······································· 263
　第二节　城市物流枢纽与物流枢纽经济 ······························ 265
　　一、物流枢纽及物流枢纽经济的含义 ······························ 265
　　二、我国物流枢纽的发展 ·· 266
　　三、我国物流枢纽类型 ··· 268
　　四、我国物流枢纽经济的发展 ······································· 271
　　五、物流枢纽经济运行的影响因素 ·································· 273
　第三节　城市物流园区 ··· 276
　　一、城市物流园区的概念与特征 ···································· 277
　　二、城市物流园区的功能定位 ······································· 279
　　三、城市物流园区的布局原则 ······································· 280
　第四节　城市物流中心 ··· 281
　　一、商流中心与物流中心 ·· 281
　　二、物流中心网络及其类型 ··· 283
　第五节　城市物流合理化 ·· 285
　　一、城市物流合理化的内容 ··· 285
　　二、城市物流合理化的基本要求 ···································· 287
　　三、我国城市物流合理化的对策 ···································· 288
　第六节　国内外城市物流发展 ··· 290
　　一、国内城市物流发展现状 ··· 290
　　二、国外一些国家城市物流发展现状 ······························ 292
　　三、国外城市物流发展对我国的借鉴 ······························ 293
　　四、城市物流发展的新趋势 ··· 294
　关键词 ··· 296
　思考题 ··· 296
　案例分析　苏州第一百货商店的城市物流 ···························· 297

第十一章　国际物流 ··· 300
　第一节　国际贸易与国际物流 ··· 300

一、国际贸易与国际物流概述 ································· 300
　　二、现代国际贸易与国际物流的新特点 ······················· 303
第二节　国际物流的运输方式 ··· 306
　　一、海上运输方式 ··· 306
　　二、航空运输方式 ··· 308
　　三、铁路运输方式 ··· 309
　　四、中欧班列国际物流大通道 ······································ 310
　　五、国际多式联运 ··· 312
第三节　国际物流合理化 ·· 314
　　一、国际物流合理化概述 ·· 314
　　二、国际物流合理化的主要途径 ··································· 314
　　三、国际物流运营载体平台 ··· 317
第四节　国际物流法律法规 ··· 319
　　一、国际物流法律法规的概念及内容 ···························· 319
　　二、国际物流法律法规主体 ··· 320
　　三、国际物流相关法律法规 ··· 321
第五节　21世纪国际物流的特征及发展趋势 ····················· 328
　　一、21世纪国际物流的特征 ·· 328
　　二、国际物流的发展趋势 ·· 330
关键词 ··· 331
思考题 ··· 331
案例分析　西安国际港务区合力打造中欧班列（西安）集结中心 ············ 331

第十二章　现代绿色物流 ··· 334
第一节　现代绿色物流的意义和内容 ································ 334
　　一、绿色物流的概念 ·· 334
　　二、现代绿色物流研究的意义 ····································· 335
　　三、现代绿色物流研究的内容 ····································· 337
第二节　现代物流对生态环境的影响 ································ 339
　　一、现代物流与经济社会环境的关系 ···························· 339
　　二、物流过程对生态环境的影响 ·································· 340
　　三、现代绿色物流发展中存在的问题 ···························· 345
第三节　现代绿色物流系统开发和应用 ····························· 347
　　一、现代绿色物流系统的基本理论 ······························· 347
　　二、现代绿色物流系统的建立 ····································· 349
　　三、现代绿色物流系统的实施 ····································· 351
关键词 ·· 353
思考题 ·· 353

案例分析　德邦快递积极推动绿色快递进村 …………………………………… 353

第十三章　物流成本管理 ……………………………………………………… 355
第一节　物流成本的构成与分类 ……………………………………………… 355
　　一、物流成本的概念、构成与分类 …………………………………………… 355
　　二、流通企业物流成本的构成与分类 ………………………………………… 356
　　三、制造企业物流成本的构成与分类 ………………………………………… 357
　　四、物流企业物流成本的构成与分类 ………………………………………… 359
第二节　物流成本管理 ………………………………………………………… 359
　　一、物流成本的分布 …………………………………………………………… 359
　　二、影响物流成本的因素 ……………………………………………………… 360
　　三、物流成本的管理方法 ……………………………………………………… 361
　　四、物流成本管理的意义 ……………………………………………………… 362
第三节　物流管理会计 ………………………………………………………… 364
　　一、物流管理会计的特点和作用 ……………………………………………… 364
　　二、物流成本习性 ……………………………………………………………… 365
　　三、物流成本计算 ……………………………………………………………… 366
　　四、物流成本预测与决策 ……………………………………………………… 367
　　五、物流成本控制与业绩评价 ………………………………………………… 369
第四节　社会物流总成本核算 ………………………………………………… 370
　　一、社会物流总成本的含义 …………………………………………………… 370
　　二、社会物流总成本的构成 …………………………………………………… 371
　　三、降低社会物流总成本的途径 ……………………………………………… 376
关键词 ……………………………………………………………………………… 377
思考题 ……………………………………………………………………………… 378
案例分析　城乡配送当日达和次日达 …………………………………………… 378

第十四章　电子商务与现代供应链 …………………………………………… 380
第一节　电子商务与物流的关系 ……………………………………………… 380
　　一、电子商务的基本理论 ……………………………………………………… 380
　　二、物流在电子商务中的重要性 ……………………………………………… 385
　　三、电子商务对物流的影响 …………………………………………………… 386
第二节　电子商务物流管理模式——供应链管理 …………………………… 388
　　一、供应链管理的概念与实施条件 …………………………………………… 388
　　二、供应链管理的本质 ………………………………………………………… 390
第三节　电子商务物流运作方式——第三方物流 …………………………… 394
　　一、第三方物流的概念、特征及优势 ………………………………………… 394
　　二、发展我国的第三方物流 …………………………………………………… 397

三、电子商务与物流的协同发展 ……………………………………… 398
　关键词 …………………………………………………………………… 399
　思考题 …………………………………………………………………… 399
　案例分析　数智化物流 ………………………………………………… 399

主要参考文献 ………………………………………………………………… 401
第二版后记 …………………………………………………………………… 403

第一章 物流管理导论

【本章要点】 习近平总书记在视察山东物流企业时，对物流一线干部职工讲话时说："你们的事业大有可为。"

习近平总书记的讲话，表达了国家对物流业的高度重视。物流事业大有可为，这是因为物流业是支撑国民经济发展的基础性、战略性、先导性产业，这也是由物流所创造的价值决定的。物流不仅能创造时间价值、空间价值，是企业"第三利润的源泉"，同时也是重要的生产型服务业，对宏观经济和微观经济具有直接的引领和制约作用，在促进产业结构转型升级、转变经济发展方式、增强国民经济竞争力、实现高质量发展方面具有重要的作用。

物质产品作为经济社会中物的实体而流动，与人类生存和社会发展息息相关。没有生活消费品的空间流动，人类生活消费就无法实现；没有生产要素的不断流动，社会生产就会停止；犹如江水奔腾、永不停息的物流是经济社会发展畅通的动脉系统，是社会生产过程持续进行的前提，是经济社会发展的物质技术基础。随着生产社会化程度的不断提高和社会经济的建立与发展，对物流问题的研究，引起了人们极大的重视，许多经济学家和企业家把物流视为"经济界的黑暗大陆""尚待开发的金矿""第三利润的源泉"。在我国，开展物流的研究，探索物流的规律，提高物流科学化、合理化、现代化水平，已被作为经济社会发展中的重大理论和实践课题提上了议事日程。特别是在中国物流已进入了发展期的今天，以先进的物流生产力为基础，以大生产方式为组织形式，以大产业为目标的现代物流产业，将对经济社会发展起到极为重要的支撑作用。因此，加强对现代物流管理的研究，具有时代意义。

本章主要内容：首先，介绍物流的基本概念以及物流的职能、分类和发展趋势；其次，概要地叙述物流的性质、特点和作用；最后，阐明现代物流管理的任务和内容。

第一节 物流的基本概念

一、物流的定义

"物流"一词，最初是在20世纪50年代中期的日本经济学界中从美国的 physical distribution 一词演变而来的，原意是指"物的分发"，日语被译成"物的流通"，到了20世纪60年代中期，被改称"物流"。

对物流最直接的理解，是指物的实体流动。关于物的概念，由于人们对物流的认识有一个不断深化的过程，所以目前还未有一个严格的定义。美国对物流的定义最早出现在20世纪50年代，定义为"物流系指军队运输、补给及屯驻"。后来逐渐认识到，物流不仅发生在军事后勤系统，而且普遍地存在于一般的经济体系中，包括企业界、交通运输部门、城市规划中的交通运输系统等。物流活动不论其发生在哪些部门、哪些地区，一般都包括运输和储存活动，并要适时适地提供所需的产品。在1961年出版的第一本关于物流的书中，对物流的定义为："为便利运输与协调供需，以创造产品的时间和空间效益。"到了20世纪70年代后期被采用的定义为："物流管理是为了便利产品的流通，从物料的获取到最终消费点之间，所有储运活动的计划、组织与控制，并包括有关信息的沟通，以达成顾客服务水平与成本之间的平衡，克服时间与空间的障碍。"20世纪80年代，美国物流管理协会对物流的定义几经修改，最后定义为："所谓物流，是指有计划地对原材料、半成品及产品由其生产地点到消费地点的高效流通活动。这种流通活动的内容包括为用户服务、需求预测、情报信息联络、物料搬运、订单处理、厂址及仓库地址的选择、采购、包装、运输、装卸、废旧物资回收利用及仓库管理。"

在20世纪50年代初期，日本生产本部为了提高产业劳动生产率，曾组织各种专业考察团到国外考察，其中有一个由12名专家学者组成的"流通技术专业考察团"，对美国各地物流进行了实地考察，在"劳动生产率报告"中提及的物流概念，被日本产业界普遍接受。日本产业构造审议会流通部对物流的定义为："所谓物流，是指物资有形地或无形地从供给者向需求者进行物理流动。具体说，物流活动包括包装、装卸搬运、运输、保管及通信联络等诸项活动。这种物流活动与交易活动不同。物流活动可以对物资作出在时间和空间方面的价值贡献。"

中国物流的发展，在20世纪实现了从无到有和从小到大两个阶段的变化。对物流概念的引入是在20世纪70年代末改革开放以后的事情。而把物流作为一门学科进行研究，是在20世纪80年代以后。在20世纪末对中国经济的发展，尤其是对加入WTO（世界贸易组织）后我国开放经济的发展来说，物流发展滞后是一个严重的制约性因素。进入21世纪后，中国的物流已进入快速发展期。21世纪，和平与发展是世界潮流，时代给物流创造了快速发展的条件。在这种形势下，中国物流全国化和国际化势在必行，这要求物流首先必须在我国有一个标准用语。

国家标准《物流术语》（GB/T18354—2021）明确了物流的定义："物流（logistics），是指物品从供应地向接收地的实体流动过程。根据实际需要，将运输、储存、装卸、搬运、包装、流通加工、配送、信息处理等基本功能实施有机结合。"这一定义实际上是对物流活动过程所做的客观表述。但作为"物流管理学"来讲，对物流的科学定义，我们认为还需要明确以下三个问题。

第一，如何正确理解物流中的"物"。物流中的"物"，是抽象为一般的物质产品，或称物质资料，即泛指经过人类劳动加工的全部社会产品。这些物质产品，从经济用途上可分为生产资料和生活资料，其中生产资料包括劳动对象和劳动工具，生活资料包括生存资料、享受资料和发展资料；从形态上可分为有形的和无形的，固体的、液体的和气态的，还包括"电"这类无形的产品等。另外，还包括生产消费和生活消费过程中产生的一切废弃物。这种废弃物会随着经济社会的发展和人民生活水平的提高愈来愈多。如何合理组织和处理这些废弃物，废弃物流、回收物流必将成为物流研究的主要课题，这也是生态环境保护对物流提出的新要求，即所谓的"绿色物流"。

长期以来，由于经济体制和管理体制上的原因，我国不同部门对物质资料存在着不同习惯的叫法。例如，商业部门经营的生活资料，被称之为"商品"；物资部门经营的生产资料，被称之为"物资"；生产部门生产出来的产品被称之为"产品"，而生产过程所需的各种原材料、半成品、外购件、协作件以及生产过程中的废弃物被称之为"物料"；在交通运输部门，又把经营的对象称为"货物"。所有这些不同的叫法，只是习惯上的约定，一旦抽象为一般的物质资料或物质产品，就还原了其本来的含义。事实上，在市场经济条件下，这些物质资料用于社会生产和社会消费，体现着各种各样的不同需要的商品，反映着社会财富的实物构成，是经济社会发展、国民财富增加、综合国力增强的物质技术基础。

第二，物流中"流"的含义。对"流"的正确理解也是一个重要的问题。从一般意义上讲，物流中的"流"，是上述物质资料的一种物理性运动形式。这种运动无论在哪种情况下，都要有一系列的活动才能实现，如包装、装卸搬运、储存保管、配送、运输等。物流中的"流"，存在于社会再生产的全过程，包括生产领域、流通领域和消费领域。在生产领域，物流中的"流"是与生产过程的工艺流程相适应的。零件的生产工艺过程中，除了用机器设备进行直接加工外，有很大部分的工艺属于物流活动，诸如装卸搬运，车间半成品和成品的储存等。在流通领域，为了实现商品（物质资料）从供给者（包括供应商、生产商）所在地到消费者所在地（包括生产消费、生活消费）开始的空间位移，除了商品交易活动外，还有许多物流活动，如包装、装卸搬运、运输、存储保管等。在消费领域里，生产消费中的物流活动属于生产物流；生活消费中，特别是体现在社会集团的消费中，物流活动也普遍存在。

第三，从"物流管理学"的角度，物流管理（logistics management）是为以合适的物流成本达到用户满意的服务水平，对正向和反向的物流过程及相关信息进行的计划、组织、协调与控制。"物品从供应地向接收地的实体流动过程"的每一环节，都是一项经济活动，都需要进行管理。虽然物品实体流动过程不创造物品的使用价值，但具有生产的性质，具有物流价值，所以物品实体流动过程中的每一项活动，都必须讲究物流效率和效益。而效益和效率是通过物流过程中时间的节约和费用的降低来实现的，即所谓的"时间效用"和"空间效用"。

综合上述对物流中"物"和"流"的含义的理解，以及"物流管理学"研究的需要，我们对物流的定义为："泛指物质资料实体的物理性移动，包括场所位置的转移和时间的占用。物质资料的这种物理性移动存在于社会再生产的全过程，包括物质资料在生产领域里的生产过程中各阶段之间的流动，以及从生产所在地经供应所在地向消费所在地，或从生产所在地直接向消费所在地的流动，即物品从供应地向接收地实体流动的全过程，从而实现物流的空间效用和时间效用，创造空间价值和时间价值。"

二、物流的基本职能

物流的基本职能是指物流活动应该具有的基本能力以及通过对物流活动最佳的有效

组合，形成物流的总体功能，以达到物流的最终经济目的。一般认为，物流职能应该由包装、装卸搬运、运输、储存保管、流通加工、配送、废旧物的回收与处理，以及与上述职能相关的数据信息的构成。也就是说，物流目的是通过实现上述职能来完成的。

（一）包装

包装具有保护物品、便利储存运输的基本功能。包装存在于物流过程各环节，包括产品的出厂包装，生产过程中在制品、半成品的换装，物流过程中的包装、分装、再包装等。一般来讲，包装分为工业包装和商业包装。工业包装既是生产的终点，又是企业外部物流的始点，它的作用在于按单元包装，便利运输和保护物品；商品包装的目的在于便于消费者购买等。同时，为了实现工业包装和商业包装的目的，包装的研究还包括包装形式和包装方法的选择，包装单元的确定，包括形态、大小、材料、重量和包装标记、标识的设计等。

（二）装卸搬运

装卸搬运是指在一定的区域内，以改变物品存放状态和位置为主要内容的活动。它是伴随输送和仓储保管而产生的物流活动，是对运输、保管、包装、流通加工、配送等物流活动进行衔接的主要环节。在物流活动中，装卸搬运作业的频率比较高，也是导致物品损坏的重要原因之一。对装卸搬运的研究，主要是对装卸搬运方式的选择、装卸搬运机械的选择，以及对装卸搬运物品灵活性和可用性的研究，目的是为了提高装卸搬运效率。

（三）运输

运输职能主要是实现物质资料的空间移动。随着生产社会化、专业化程度的提高，使产品的生产与消费在同一地点几乎是不可能的，运输本身就是解决物质资料在生产地点和需要地点之间的空间差异，创造物品的空间效用，实现物质资料的使用价值。运输包括企业内部的运输以及城市之间、农村与城市之间、国与国之间的运输等。实现对物质资料的空间位移，运输是物流一个极其重要的环节，在物流活动中处于中心地位，是物流活动的一个支柱。对物流运输问题进行研究的内容主要有：运输方式及其运输工具的选择，运输路线的确定，以及为了实现运输安全、迅速、准时、价廉的目的所实行的各种技术措施和合理化运输问题的研究等。

（四）储存保管

储存保管是物流另一个极为重要的职能。一般来讲，储存保管是通过仓库的功能来实现的。由于生产与消费的各自规律性，生产与消费在同一时间内完成是很不现实的。在生产过程中，没有一定数量的原材料、半成品的储存，生产的连续性就可能受到影响；或者由于经济运输的需要，或者为了预防突然事件的发生等，都需要有一定数量的物质资料的储存。所以，物质资料的储存，是社会再生产过程中客观存在的现象，也是保证社会再生产连续不断运行的基本条件之一。有物质资料的储存，就必然产生如何保持储存物质资料的使用价值和价值,使其不至于受到损害的问题,为此就需要对储存物品进行以保养、维护为主要内容的一系列技术活动和保管作业活动,以及为了进行有效的保管,需要对保管设施的配置、构造、用途及合理使用、保管方法和保养技术的选择等做适当处理。可见,储存保管是物流的重要职能,它与运输构成了物流的两大支柱,在物流活动中也处于中心地位,其他物流活动也都是围绕着储存保管与运输进行的。

(五) 流通加工

在流通过程和生产过程中,为了更有效地向用户提供商品,或者为了弥补加工不足,或者为了合理利用资源,更有效地衔接产需,往往需要在物流过程中进行一些辅助性的加工活动,这些加工活动便是流通加工活动。对流通加工的研究,包括的内容非常丰富,诸如流通过程中的装袋、单元小包装、配货、挑选、混装等。生产外延流通加工中的剪断、打孔、拉拨、组装、改装、配套等,以及因经济管理的需要所进行的规模、品种、方式的选择和提高加工效率的研究等,所有这些都是物流的职能。

(六) 配送

配送是物流的一种特殊的、综合的活动形式,它几乎包括了物流的所有职能,是物流的一个缩影或在某一范围内物流的全部功能的体现。一般来讲,配送集包装、装卸搬运、保管、运输于一体,并通过这些活动实现将物品运送给用户的目的。配送问题的研究,包括配送方式的合理选择,不同物品配送模式的研究,以及与配送中心建设相关的配送中心地址的确定、设施的构造、内部布置和配送作业及管理等问题的研究。

(七) 废旧物的回收与处理

废旧物的回收与处理是物流研究不可回避的问题。之所以把它视为物流的一种职能,其主要原因是生产消费和生活消费所产生的大量废弃物需要经过收集、分类、加工、处理等一系列活动,或使废旧物转化为新的生产要素,重新回到生产过程或消费过程;不能成为新的生产要素的,则需要经过销毁焚烧、填埋等方式予以处理。

(八) 数据信息

物流整体职能的发挥,是通过物流各种职能之间的相互联系、相互依赖和相互作用来实现的。也就是说,各种职能的作用,不是孤立存在的,这就需要及时交换数据信息。数据信息的基本职能在于对数据信息的处理、加工、传递、存储、检索、使用,包括对其方式的研究,以及对管理信息系统的开发与应用研究等,是为了保证数据信息的可靠性和及时性,以达到促进物流整体功能发挥的目的。

三、物流的分类

物流存在于整个社会再生产过程中,但由于其领域自身的不同特点,产生了与其相适应的物流活动。例如,流通领域和生产领域的物流,都有其自身的特征。不同领域的物流,虽然都有其相同的职能,但由于物流对象、物流目的、物流范围不同,形成了不同类型的物流。所以，为了研究的需要，物流可以按照不同的标准进行不同的分类。

（一）按物流研究范围的大小分类

按物流研究范围的大小，物流可分为宏观物流、中观物流和微观物流。

（1）宏观物流。宏观物流是社会再生产总体的物流，是从经济社会整体上认识和研究物流。如果从空间位置上来讲，宏观物流一般是指大的空间范围。例如，一个国家的国民经济物流，称之为国内物流，或社会物流；国与国之间的贸易过程中所产生的物流，称之为国际物流。

（2）中观物流。中观物流是区域性社会再生产过程中的区域性物流，它是从区域经济社会发展的视角来认识和研究物流的。从空间位置来看，一般是较大的空间。例如，一个国家的经济区的物流，称之为区域物流，如城市群物流、长江经济带物流等；一个国家的城市经济社会产生的物流活动，称之为城市物流。

（3）微观物流。微观物流带有专业性，一个生产者企业、物流的某一具体职能、某一具体物流实务、某一种物质资料的物流问题等，如生产物流、商贸物流、电子商务物流、冷链物流、农产品物流等都属于微观物流。微观物流的最大特点表现为具体性、实务性、专业性和局部性。

（二）按物流规模的大小分类

按物流规模的大小，物流可分为小物流、中物流和大物流。物流的这种分类，主要是按物流量的大小和所涉及因素的多少来进行划分的。

（1）小物流。一般来讲，小物流的物流量较小，所涉及的因素带有局部性，同时这些因素可控性较强。例如，企业内部各工序、各生产阶段（车间）之间，以及它们与企业仓库之间的物流；港口、车站、码头等各种运输地点之间，以及它们与仓库之间的物流等。

（2）中物流。中物流主要指物流超出企业范围，但物流路线明确，业务活动清晰，所涉及的因素也不是很复杂，物流量也不是很大的一类物流。例如，物质资料从生产厂商直接运送到消费者手中的物流，或从供货商、流通仓库送到生产厂商，或从生产厂商运送到流通仓库等的物流。

（3）大物流。大物流又称社会物流，它与宏观物流相一致，涉及的因素不仅较多、较复杂，而且涉及的面较广，受到经济社会各方面因素的影响。大物流也就是社会再生产全过程的物流。

（三）按物流业务活动的性质分类

按物流业务活动的性质来区分物流，是从微观物流，如企业物流所从事业务的属性来划分的。也就是说，这些物流活动完成企业某一特定的工作任务，如供应、生产、销售等，相应地可划分为供应物流、生产物流、销售物流、回收物流和废弃物流。

（1）供应物流（supply logistics）。即为生产企业提供原材料、零部件或其他物品时，物品在提供者与需求者之间的实体流动，以及为实现其流动所进行的物流活动、物流作业和与之相应的组织与管理。

（2）生产物流（production logistics）。即生产过程中，原材料、在制品、半成品、产成品等在企业内部的实体流动。也就是说，物质资料从投入生产的第一道工序开始，到在制品、半成品、成品或可出售制品入库整个过程的物流活动、物流作业，以及与之相应的组织与管理。

（3）销售物流（distribution logistics）。即生产企业、流通企业出售商品时，物品在供方与需方之间的实体流动，以及为实现其流动所进行的物流活动、物流作业和与之相应的组织与管理。

（4）回收物流（returned logistics）。即不合格物品的返修、退货以及周转使用的包装容器从需方返回到供方所形成的物品实体流动，或者是生产消费和生活消费过程所产生的可再利用物品在回收过程中的物流活动、物流作业，以及与之相应的组织和管理。

（5）废弃物流（waste material logistics）。即将经济活动中失去原有使用价值的物品，根据实际需要进行收集、分类、加工、包装、搬运、储存等，并分送到专门处理场所时进行的物品实体流动；当然也包括对废弃物处理过程中所发生的物流活动、物流作业的组织与管理。

四、物流的发展过程

人们对物流及其作用的认识，是随着经济社会的不断发展而深化的；同时，物流发展也反映了经济社会及科学技术的发展，也是人们在不同时期对物流认识程度的反映。物流的发展过程大体上经历了三个不同的阶段，即物流初期阶段、物流开发阶段和物流现代化阶段。

（一）物流初期阶段

物流初期阶段主要是在经济发展的初期，一般认为是20世纪50年代前后。这一时期，由于生产社会化、专业化程度不高，生产与流通之间的联系较为简单，生产企业的精力主要集中在生产上，管理的重点是放在如何增加产品的数量上，对物流在发展经济中的作用缺乏充分认识，重生产、轻流通。随着经济社会的不断发展以及生产和生活消费对物质产品需求数量的增加，作为克服生产与消费之间背离的物流，与生产的矛盾日益暴露出来，直接影响着经济的发展，迫使人们逐渐重视物流的研究，加强物流的管理工作。例如，第二次世界大战以后，日本在国民经济恢复初期，物流尚未被人们所认识，运输、储存、包装等物流环节在流通过程中基本上是分散管理，而生产过程中的物流活动，更是未能引起人们的重视，仅纳入生产过程附带进行管理。随着战时经济向和平经济的转变，物流管理和货物运输严重落后的情况日益暴露出来，加上资本主义所有制形式的固有弊端，各企业、商社之间无法协调配合，使供销、货物装卸、储存等方面出现了许多问题，造成物质产品一头积压而另一头短缺、损坏率高、运输流向不合理等现象。所有这些问题，成了影响当时日本经济发展的一个重要原因。为了解决这些问题，日本组织考察团去美国进行实地考察，引进物流管理技术，并首先在国营铁路运输中使用集装箱，商社、企业也开始研究改进物流管理工作。

（二）物流开发阶段

物流开发阶段的标志是经济学界和实业界对物流的重要性有了较为深刻的认识，并推动了整个经济社会的物流开发。这一阶段时间的划分大体上在20世纪60—70年代。随着生产社会化的迅速发展，单纯依靠技术革新、扩大生产规模、提高生产率来获得利润的难度越来越大，这就促使人们开始寻求新的途径，如通过改进和加强物流管理、降低物流费用相对来说可以比较容易获得较高的利润。因此，改进物流、加强物流管理就成为现代企业获得利润的新的重要源泉之一。美国经济学家和商业咨询家彼得·特拉克把流通领域的潜力比喻为"一块经济界的黑大陆""一块未被开垦的处女地"。美国慧纳埃公司提出的一项关于物流效益的研究报告认为，节约流通费用对美国来说，等于有一座价值400亿美元的金矿尚待开发。

在20世纪70年代中期出现的经济衰退，迫使企业更重视降低成本，以提高商品的竞争力，但其着眼点却从生产领域转向了物流领域，通过物流开发、改进对顾客的服务和降低运输费用、储存费用来降低成本。在这种情况下，20世纪70年代以后物流界掀起了革命性的变革。日本早稻田大学商学部教授西泽修在《主要社会的物流战》中指出："1970年开始，物流革命以惊人的势头不断进行，有突然进入物流时代的感觉。"在日本，先后成立了"日本物的流通协会""物流管理协会"，发行和出版了《流通设计》《物流》《物流管理》等杂志和许多物流方面的著作。在产业界，设立了物流部、物流管理部、物流对策室、流通服务部等机构。物流革命之所以如此急速发展，是因为人们认识到物流是降低产品成本、提高经济效益的重要途径。这一时期，改进物流工作主要是在各生产企业内部进行的。尽管在包装、装卸、保管、运输、情报信息等方面实现了局部的合理化，但由于缺乏从整体上研究开发物流系统，各部门、行业、企业之间缺乏紧密配合，所以从整个社会来看，物流费用并没有得到明显的下降，总体上经济效益不高。

（三）物流现代化阶段

这一阶段和历史上的世界石油危机相关。1973年中东战争引起石油危机后，世界范围内的原材料和燃料价格猛涨，人工费用不断增加，这使得一向依靠廉价原材料和劳动力来获取利润的企业不能再轻而易举地从这两个方面获取利润。这种环境迫使企业在物流方面采取强有力的措施，大幅度降低物流费用，以弥补原材料、燃料和劳动力费用上涨造成的损失。现代系统理论、系统工程、价值工程等科学管理理论和方法的出现，使在更大范围内实现物流合理化成为可能。这一时期物流研究和管理上的特点，是把物流的各项职能作为一个大系统进行研究，从整体上进行开发。在美国，加强物流系统的管理被视为美国"再工业化"的重要因素。日本设立了专门机构来统筹全国的物流活动，使物流系统化、综合化、协调化有了很大的发展，物流现代化水平明显提高。在运输设施方面，政府拨出巨款，扩建港口，整修道路，建设高速公路和集装箱专用码头等；在装卸工具方面，托盘、叉车、传送带、自动分拣机、自动输送机等现代化装卸搬运机械被普遍运用；在包装方面，积极推行标准化、规范化的包装；在仓储方面，建立了一大批自动化立体仓库、恒温仓库、冷链仓库、配送中心、流通加工基地、卡车终端集散点等现代化物流基础设施；无人驾驶车辆、无人机、无人仓库相继使用，配送过程中高新技术相继应用等；商品销售的网络化、系统化逐步实现，批发、代理、专营、百货商店、超级市场在各地相继建立。与物流现代化相应的物流经营管理现代化也随之发展起来。例如，借助现代化设施——计算机进行输送方式的改革，在大力发展运输设施的基础上谋求系统化，组织铁路—水路、公路—铁路、公路—水路、公路—空运等的多式联运；改变仓库单纯的储存保管功能，使其变为集储存保管、配送、流通加工于一体的物流中心或物流配送中心。在物流技术上，在注意改进硬件的同时，十分重视软件的改进和提高，加强现代数据信息技术、移动互联网和人工智能的广泛应用，使物流向系统化、整体化方向发展。

五、现代物流及其发展趋势

20世纪50年代以来，国际上一些发达国家在不到40年的时间里，连续发生了四次所谓的流通革命，从而打破了产业革命200多年以来物流一直落后于生产发展的状况，完成了从生产主导型经济向市场主导型经济的转变；同时，逐渐形成了与传统的不发达流通状况迥然不同的现代物流的特征。

（一）现代物流的特征

在20世纪90年代中期，我国出现了"现代物流"的概念。国家经贸委等六部门联合印发的《关于加快我国现代物流发展的若干意见》中对其定义为："现代物流泛指原材料、产成品从起点到终点及相关信息有效流动的全过程。它将运输、仓储、装卸、加工、整理、配送、信息等方面有机结合，形成完整的供应链，为用户提供多功能、一体化的综合性服务。"因此，从这一定义分析，现代物流是以信息技术的应用为标志，以物流系统的整合为精髓，以供应链管理理念为基本思想，重视物流活动的全过程优化，以物流系统整体效益最大化为目标。

现代物流的基本特征主要表现为：物流的社会化、物流的系统化、物流的信息化、物流的数智化和物流的标准化，现代物流贯穿于供应物流、生产物流、销售物流、回收物流和废弃物流全范畴。现代物流是传统物流的发展和升级，二者的关系主要表现为：①传统物流以实现货物位移为主，现代物流以提供增值服务为主；②传统物流是被动服务，现代物流更多是主动服务；③传统物流以人工控制为主，现代物流以信息系统的运营及控制为主；④传统物流服务不规范、无标准，现代物流重视服务的标准化；⑤传统物流服务是点到点或者线到线，现代物流提供的是网络化全球服务；⑥传统物流重视单一环节管理，现代物流更加重视物流的整体系统优化。

（二）现代物流的发展趋势

1. 扩大化

传统的物流规模往往落后于生产发展规模，而现代物流规模，如从业人数、商业店铺、仓库设施、运输工具、货物流量等方面的发展速度都超出了各种生产要素的发展速度。从总的趋势来看，生产社会化程度越高，物流规模的发展速度越快，物流在社会再生产中的地位越重要，所占的比例就越大。出现物流规模扩大化的原因是因为随着社会化大生产中商品率的上升，市场范围的扩大，消费水平的提高，竞争的加剧，进入物流领域的货物流量越来越大，同时也反映出现代物流的先导性、基础性、战略性地位越来越强。

2. 一体化

物流作为与生产过程相分离，形成相对独立的经济过程而存在，是社会生产力发展到一定阶段的必然结果。然而，现代物流呈现出的则是生产过程与物流过程相互渗透、相互融合的一体化趋势。一方面，生产专业化的发展，使原来完整的生产过程逐步分化为许多个紧密相关的生产过程和物流过程，甚至在发达国家某些大型企业内部，不同车间之间也形成了带有商品交换性质的物资流转，从而使物流逐步渗透生产过程，形成物流与生产的一体化；另一方面，物流加工这一新兴行业的出现和迅速发展，则是生产过程渗透物流过程的一种典型的经济形式。目前，国外还大量发展了生产、物流一体化的特种运输。在运输过程中，同时进行加工活动和利用现代化通信手段进行商品交易活动。同时在区域物流发展过程中，一体化趋势也越来越明显，如"一带一路"物流的发展、"中欧班列"的运输，更加重视区域物流的一体化与协调性。

3. 社会化

生产社会化的发展必然要求物流社会化与之匹配，而物流社会化的发展又反过来促进了生产社会化程度的提高。同时，物流社会化，又提高了自身的流通效率，从而适应和促进了生产的发展。近百年来，物流当事人的出现，商业内部批发与零售业的分工，批发业的专业化及专业批发公司的迅速兴起，工商业之间批发业务的分工，交通运输部门的独立，运输部门各种运输方式的分工，邮电通信和保险业的发展，以及以互联网、物联网、大数据等为代表的科技革命的兴起，使得物流过程中的信息流、价值流和使用价值流的有关业务活动纷纷走向社会化。尤其是近20年来，物流及使用价值流的社会化更加引人注目，原来由企业自己进行的运输、包装、存储、装卸等物流活动，都逐步走向社会化。随着物流社会化的发展，联合的趋势也在发展，在高度社会化基础上呈现出物流功能综合化的趋势。在工业发达地带，形成了由经营购销、储存、配送、加工、情报等业务的各种物流企业集成的"物流园区""物流中心"。这种物流中心的兴起，对于实现物流组织结构合理化和保证生产的连续均衡运行，减少社会库存，促进生产社会化程度进一步提高，都发挥了积极的作用。货主与传统物流业之间的第三方物流的出现，则是物流社会化的必然结果。

4. 系统化

传统物流往往是从某一企业的角度进行的组织和管理，而现代物流则是从社会的角度实行系统化综合管理。20世纪70年代以来兴起的系统科学，不仅在生产管理上，而且在物流管理上都得到了广泛应用。社会分工的发展，使国民经济各部门之间的联系和相互依赖关系日益密切，而这种相互依赖的关系在相当大的程度上是依靠物流部门来作为媒介和进行组织的。因此，从宏观角度看，系统科学的应用，在物流领域要比生产部门有着更大的优越性和更为广阔的领域。物流过程的系统化管理，其基本标志就是打破了传统物流分散进行的状况,而将整个物流过程作为一个大系统来进行合理组织和有效经营。20世纪60年代以后,借助电子计算机和现代通信技术,人们趋向把物流各环节的业务,包括采购、运输、包装、装卸、仓储、分销等联系起来,作为社会再生产过程中的一个总体来进行综合性的研究和筹划,通盘考虑如何发挥物流的综合功能。在欧美国家,普遍强调发挥采购供应的系统功能,组成供、运、需一体化物流供应网络。在日本,则强调综合地规划和改革运输、包装、存储、加工、销售等各种物流功能,以获得更大的经济效益。

5. 现代化

随着现代化技术的应用,不仅在生产领域,而且在物流领域,自动化、智能化的程度都在不断提高。尤其是信息技术和互联网、大数据、人工智能、5G等在物流中的运用,使现代物流的方式和条件发生了改变,从而带来了物流生产力的重大革命,使物流及其管理走向现代化。

(1) 自动化信息处理系统带来了物流管理技术的革命。现代通信技术的发展,使生产和流通部门有可能建立起完整的情报信息系统。互联网及移动互联网技术在物流的许多环节中,如市场预测、信用审查、采购订货管理、合同管理、库存控制、设计包装、配送方式选择、资金结算及资料积累、统计等方面获得了广泛的应用。特别是物品生产信息系统和销售系统以及储备信息系统相互联系,形成整体化信息控制系统,使物流系统的自动化程度大大提高,出现了"看板方式""准时方式""智慧物流"等新的物流方式。

(2) 自动销售机的应用和普及是销售革命的首要标志。销售业务的自动化,大大提高了订货、供货效率,移动互联网在销售业务中的应用,显示了现代化商业的极大优越性。同时,现代通信技术的发展、智能手机的应用普及,使得函购订货、电话订货、电视订货、网上购物也迅速普及。

(3) 集装箱的应用带来了包装和运输技术的革命。集装箱运输本身就能保管货物,它使过去那种包装、装卸、保管、运送分割的状态趋向综合化,发挥了物流的综合功能。现代化的集装箱运输比较复杂,大型集装箱车站、码头都采用现代信息系统进行管理。利用自动控制的集装箱装卸货物,时间一般可缩短80%以上,大大提高了船舶、港口和仓库的利用率,加速了货物流转。

(4) 自动化立体仓库的发展是"物流革命的宠儿"。由于电子计算机、光电、计数器和识别装置等新技术在库存管理中的应用,使得货物的分类、计量、计价、入库、出库、包装、配送等,逐渐实现无人自动化控制。而自动化立体仓库则是执行上述多种功能的综合体。它的出现改变了过去仓库单独保管的旧观念,而正在发展成为物品中转、配送、储调、销售和信息咨询等多方面的物流综合服务中心。

6. 合理化

近年来,发达国家利用先进技术改造物流领域,并根据现代社会化大生产发展的客观要求,不仅在个别企业、个别行业内部推动物流合理化,而且还致力于整个社会的宏观物流合理化,通过物流合理化,实现物流降本增效。这主要表现在以下五个方面。

(1) 物流设施合理化。无论是政府规划建设的物流枢纽、物流园区、物流中心,还是规划建立的物流配送中心，在选择物流设施地址、交通运输条件、地理位置、衔接生产和消费的流通渠道等方面，都应以物流合理化为前提条件。物流设施，一般配置在工业生产发达的城市，或铁路、水路、公路、空运等交通枢纽和货物中转集散地，便于物流通道畅通，有效衔接，以加速流转。

（2）商品流向合理化。物流企业坚持及时、准确、高效率、低费用的原则，把商品送达消费地或用户，重视时间管理，合理调度使用车辆，防止迂回相向运输，降低流通费用。

（3）包装规格化、系列化。以物流运输工具为基础，建立了运输—包装系统的标准规格，扭转了从生产系统确定包装尺寸的状况，确定了国际通用的物流基础模数尺寸，以及与集装模数尺寸的配合关系，从而将公路、水运、空运用同一基础模数统一起来，实现了标准化。这样既有利于机械化作业的标准化，提高储存、运输的效率，也大大降低了包装成本。

（4）运输网络化。为了使物流通道畅通，以适应市场竞争需要，各物流企业和专业运输公司合理设置网点，推进运输网络化。例如，在商业批发环节上，有的大型批发商设有物流中心，并设置与之配套的配送中心。这些运输公司由于运输网点遍布全国各地，与铁路、港口、航空衔接，因而形成了一线相连、长短途结合、点面结合的全球商品综合运输体系，使商品运输合理化、网络化。

（5）物流组织和环节合理化。物流组织的设置根据生产力布局、流通分工的要求，采取多种形式。例如，在产地和销地建立与储存单产品为主的物流中心。在发运时，按去向进行组配发运；在中转集散地，建立综合性的物流中心，发挥中转、加工、配送、租赁和储存等多种功能；在交通枢纽上，发展专业运输以及专门接受委托承运商品的企业等。不同商品的物流环节，有所不同。例如，服装从工厂到物流中心，再到配送中心，是将大包装改为小包装或运送到零售商店，最后到消费者手中；新鲜产品是从产地或批发商场到零售商店，再到消费者手中；日用工业品是从工厂到物流中心，再到商店，最后到消费者；大宗商品是从工厂直接发送到用户需要地。物流环节的合理化，基本取向是以最少的时间、最少的费用、最短的途径运动。

第二节　物流的性质与特点

一、物流的性质

（一）物流的生产性

无论是整个物流过程还是物流的某一环节，物流都具有其生产的性质。

第一，从流通领域里的物流来看，其本身是流通的有机构成，是社会再生产过程中的必要环节，是物质产品的生产过程在流通领域里的继续。生产社会化、专业化程度的提高，产品从生产过程转移到消费过程，必然要经过一段间隔时间和空间上的位移，这就需要对这些产品进行储存和运输,以及完成与储存和运输职能相关的包装、装卸搬运等一系列的物流活动,以便克服和解决产品的生产和消费在时间和空间上的背离问题。正如马克思所指出的:"许多原料、半成品等需要有较长的生产时间,农业提供的一切原料,尤其是这样。因此,要使生产过程不致中断,就要在新产品还不能补偿旧产品的整个时期,储存一定量这样的原料、半成品。"(《马克思恩格斯全集》第24卷,第160页)"在产品作为商品资本存在或停留在市场上时,也就是,产品处在它从中出来的生产过程和它进入的消费过程之间的间隔时间,产品形成商品储备。"(《马克思恩格斯全集》第24卷,第155页)而由于"消费可以使物品的位置变化成为必要。"(《马克思恩格斯全集》第24卷,第168页)可见,以储存和运输为支柱的物流,是社会再生产过程的客观需要,是保证社会再生产过程顺利进行的必要条件。虽然物流的储运不能增加物品的使用价值,但它能保持其已有的使用价值不致受到损失,从而为物品使用价值的最终实现创造的条件。同时,从物流活动本身来讲,它的具体职能,如包装、装卸搬运、储存保管、运输等,都与实现物品的使用价值直接相关。所以,它们也是社会必要劳动,同样创造着物品的价值。

第二,从生产过程中的物流来看,更是直接与产品的生产过程相关。物流活动的包装、装卸搬运成为产品生产工艺不可缺少的部分,半成品、在制品的储存是产品生产过程顺利进行的必要条件。因此,物流在生产制造过程中,其生产性是显而易见的了。

第三,无论是在流通过程还是生产过程中,物流功能的实现,与产品的直接生产一样,都由相同的生产要素构成。为了实现物流功能,充分发挥物流职能,必须要具备相应的物流设施、设备。例如,储存物品要有仓库及其构筑物、库存场地、器具等;实现运输职能,必须要有运输设施、设备和运输工具等;为了提高储运效率,需要装卸搬运机械;为了防止物流过程所造成的损坏,必须根据物品的特性,进行维护保养;等等。所有这些都要耗费一定数量的劳动资料和劳动力,以及在实现物流职能时需要运用科学技术等。因此,物流功能的实现是由具有一定技能的劳动者,运用科学技术,借助于劳动资料,作用于劳动对象过程的结果。显然,这一过程与产品的生产过程,在本质上没有多大的差异,具有生产性的特征。

(二) 物流管理的二重性

物流与物流管理的目的是一致的,都是为了实现物品在流动过程中的价值,即空间效应和时间效应。也就是说,为了实现这种特定目标,需要对各种有限资源进行培育、发掘、利用和协调。物流管理也同所有的其他经济管理一样,具有马克思所讲的管理二重性。一方面,物流管理是实现物流这种社会化劳动生产的必要条件,属于社会劳动过程的一般要求,由此形成管理的自然性;另一方面,从物流管理本身来看,它是实现物流目的的重要手段,是社会生产关系的体现,由此形成了物流管理的社会属性。物流管理的自然属性是指管理作为合理组织生产力一般职能的共同属性,属于生产力范畴,反映人与自然的关系;物流管理的社会属性是指管理为维护和完善一定社会形态下生产发展的职能,反映了人与人之间的关系,而这种关系是直接由一定社会形态的性质决定的特殊的社会属性。

物流职能作用的发挥，一是为实现物质资料的时间效应和空间效应，在管理上要合理组织生产力，促进生产要素的最佳配置；二是从管理上，要正确处理物流过程各环节之间的关系、由物流活动而形成的各物流产业和各物流业主之间的利益关系，以维护和完善特定的生产关系。物流的管理过程，正是这两个基本职能共同发挥作用的过程，这样才能使物流活动得以顺利进行，生产关系得到维护，物流的目的才能顺利实现。

（三）物流职能的独立性

人类社会经济发展，不仅是社会生产方式不断更替的历史，而且是商品流通由低级向高级演进的历史。

在自给自足的自然经济阶段，人类社会是以部落、个人或家庭为经济单位实现自身再生产的。在这种情况下，生产者同时就是消费者，因而不存在商品交换和流通。随着社会生产力的发展，生产部门发生了专业化分工的"裂变"，人类社会于是开始了以交换为目的的商品生产。商品生产冲破了自给自足的生产方式，使生产与消费分离开来，并以商品交换——流通作为实现二者有机联系的最有效形式。在商品生产发展的初级阶段，自然经济仍占主导地位，生产是建立在手工劳动基础上的简单商品生产，商品交换多以其自然形态——偶然的物物交换出现，即易货交易。这种物物直接交换，使得商品在所有权转移的同时，伴随着物的实体位移，商品交易和实物流动是相伴而生、形影相随的，是按照同一时间、同一地点、同一途径进行的。商品交换的进一步发展，使得商品的内在矛盾即使用价值和价值的对立，在商品形态的运动形式中取得了发展。它表现为：商品流通过程中商品的物质实体和价值实体的对立；商品流通的同一过程，一方面表现为实体形态的运动。另一方面表现为反映在货币运动形式上的等价交换和所有权转移的变换运动，以货币为媒介的商品流通的出现，把商品交换原来存在的换出自己的劳动产品和换进别人的劳动产品这二者之间的直接同一性，分裂成买和卖二者之间的对立，从而打破了商品交换在时间、空间和所有权上的限制，使价值流通和使用价值实体流通的分离成为可能。当流通中的商品矛盾运动发展、扩大以至社会化时，依附于自然经济而建立在简单商品生产基础上的流通过程的自然形态，就逐步分化成为物流形态的专业化分工。

马克思在《资本论》中论述了商品流通的双重运动，他在分析了商品作为价值物流动的同时，也对物流的主要功能进行了考察。他指出："要使商品实际进行流通，就要有运输工具，而这是货币无能为力的，如果我用 X 磅的金额买来 1000 磅铁，那么铁的所有权就转到我的手里，我的 X 磅起了交换手段的作用，并且完成了流通，就像所有权证书一样。⋯⋯ 但是，要把铁从卖主那里运到我这里来，货币是无能为力的。这需要车辆、马匹、道路等。商品的实际流通，在空间和时间上都不是由货币来实现的。"（《马克思恩格斯选集》第 46 卷，第 142－143 页）"物质变化，是在资本循环和构成这个循环的一个阶段的商品形态变化中完成的。这种物质交换要求产品发生场所的变化，及产品由一个地方到另一个地方的实际运动。""在产品从一个生产场所运到另一个生产场所以后，接着还需要完成产品从生产领域运到消费领域，产品只有完成这个运动，才是现实的消费品。"（《马克思恩格斯全集》第 24 卷，第 167－168 页）"当产品还处在生产过程和进入消费过程之间的间隔时间，产品就形成商品储备。没有商品的储备，就没有商品流通。"(《马克思恩格斯全集》第 24 卷，第 164 页)"只是由于有了这种储存，流通过程从而包括流通过程在内的再生产过程的不断进行，才得到保证。""只有通过产品的保管，使用价值的保存，价值才能得到保存。"(《马克思恩格斯全集》第 24 卷，第 175 页)商品流通中的商流与物流的分工是客观存在的。但是，在相当长的时期内，人们并没有从物流总体上来认识运输、储存、保管、包装等功能，物流各环节的工作，基本上是孤立进行的，因而也不存在一个系统的物流概念，也没有对物流进行系统、有效的管理。

现代管理思想和科学技术的发展，使管理者有可能从商品流通的全过程来系统地考察和研究流通的合理性问题。考察的研究结果发现，物流和商流渠道的完全一致存在着经济上的不合理，为了获得较好的经济技术效果，物流和商流必须分离，把物流作为一个独立的经济过程进行科学管理，选择最短的运输路线、最少的装卸次数，加快物流速度，提高物流效率，降低物流成本。商流和物流分流以后，物流在管理形式和应用技术两个方面获得了迅速发展，尤其是 20 世纪 70 年代石油危机后，物流管理的专业化、社会化程度获得了进一步提高。

二、物流的特点

(一) 物流活动的价值创造性

虽然物流活动不生产产品，但它具有生产性，都要耗用一定量的人力、物力和财力，即要支付所必需的物流费用。正如马克思所指出的："在一定程度上加入商品价值，因此使商品变贵。"即创造了商品的价值。事实正是如此，物流过程作为一种特殊生产过程，不创造物质资料的使用价值，但是在商品的流通过程中，物流能实现把生产领域中创造的使用价值转化为现实的使用价值。物流提供的是一种生产性服务，没有这种服务的转化，物品的使用价值就不能最终实现。

(二) 物流活动具有服务性

物流的目的是创造物流的时间效应和空间效应，这种效应的实现有赖于物流本身能否及时、准确、保质、保量、安全、可靠地满足消费者对物质资料的需要。例如，流通过程的物流服务于生产消费和生活消费，生产过程的物流服务于生产过程的需要。因此，物流要服务于市场，从满足生产和消费需要出发，为生产建设和提高人们生活水平服务，这也是物流活动本身具有的服务性。

(三) 物流具有与商流不同的特点

在社会主义市场经济条件下，商品的流通必须以市场信息为导向，以货币资金流为依托，以商流为前提，以物流为基础，来思考和研究物流问题。在市场经济条件下，市场配置资源的决定性作用是通过市场信息实现的，这是共同遵守的价值规律。货币流通的本质是资本的运营，没有资本的运营，商流和物流都难以实现。商流是物品作为商品在流通过程中，通过买卖活动所发生形态变化的过程，即由货币形态转化为商品形态，以及由商品形态转化为货币形态的过程。这种转化需要通过一系列活动，诸如订购合同的签订、采购、谈判、货币结算等才能实现，这就是我们常讲的商品所有权的转移，或称价值形态的转移；从物流与商流对应关系来看，物流是指商品的实体运动，即在流通过程中，商品使用权的转移过程，也就是商品使用价值的实现过程。所以，与商流相比，物流具有与商流不同的特点：

（1）物流在商品流通过程中表现为运动形式是"实体流通"，商流在流通中表现为运动形式是"观念上的流通"。

（2）物流表现为流通的结果，即商品使用价值的实现，是商品交换的媒介和手段。也就是说，商品在能够作为使用价值实现以前，必须先作为价值来实现，只有通过买卖活动的"穿针引线"，商品的实物流动才有明确的流动方向。所以，商流是前提，物流是基础，物流是因商流而产生的。

（3）物流表现为商流的外部形式，物流的深度和广度制约着商流发挥作用的范围和程度，这是因为物流范围、规模、能力都在一定程度上限制着商流活动的界限。因此，发展物流现代技术、加快物流设施网络建设与布局，是发展社会主义市场经济，实现我国物流业高质量发展的重要途径。

（四）社会主义市场经济下的物流特点

社会主义市场经济下的物流特点表现为市场是在国家宏观调控下实现物流资源的合理配置。在社会主义市场经济下，市场对资源配置的决定性作用，是建立在统一开放、竞争有序的市场体制的基础上的。但是，我国是社会主义国家，所推行的基本经济制度是以社会主义公有制为主体、多种所有制共同发展的制度。所以，我们应根据物流过程的基本规律，按照市场对物流的需求，加强物流基础设施网络的建设，运用国家宏观调控的职能，在全国范围内统筹规划，有计划、有步骤地建立物流通道、物流枢纽、物流园区、商流中心、物流中心和配送中心，加快形成全国统一开放的、布局合理的现代物流网络体系。

三、物流的作用

物流是经济社会这个大系统中一个重要的子系统，物流与经济社会发展的关系极为密切。物流成为一个独立的经济过程，是经济社会发展的必然结果；而物流自身的不断发展，也取决于经济社会发展的程度。在社会主义市场经济条件下，经济社会发展离不开物流，市场经济越发达，物流的作用，无论是从微观经济的运行上还是从宏观经济的运行上，都显得更为重要。

（一）物流在微观经济运行中的作用

企业是国民经济的细胞。在社会主义市场经济下，企业是市场的主体，企业生产经营采取资金循环的形式，即 $G—W<^{P_m}_{A}\cdots P\cdots W'—G'$，由购买（供应）、生产和消费三个阶段构成。在这种经济运行中，物流的作用主要表现在以下三个方面。

(1) 物流是企业生产连续进行的前提条件。现代化生产的重要特征之一是生产过程的连续性。一个企业的生产要连续地、不间断地进行，一方面，必须根据生产需要，按质、按量、按时，均衡不断地提供原材料、燃料、工具和设备等；另一方面，又必须及时将产成品销售出去。同时，在生产过程中，各种物质资料也要在各个生产场所和工序之间互相传递，使它们经过一步步的连续加工，成为价值更高、使用价值更大的产品。在现代企业生产经营中，物流贯穿于从生产计划到把产成品送达客户手中的整个循环过程之中，并紧紧围绕着物品使用价值的形态功能更替和价值的实现转移。企业生产经营的全部职能，都要通过物流得以实现，企业生产经营管理活动无一不伴随着物流的开发与运行。无论是采购供应物流、生产物流还是销售物流，如果出现阻塞，企业整个生产经营系统的运行就必然要受到影响。因此，物流是企业生产连续进行的必要的前提条件。

(2) 物流是保证商流顺畅进行、实现商品价值和使用价值的物质基础。在商品流通过程中，一方面要发生商品所有权的转移，即实现商品的价值，这个过程即是"商流"；另一方面还要完成商品从生产地到消费地的空间转移，即发生商品的实体流动——"物流"，以实现商品的使用价值。商流引起物流，物流为商流服务。没有物流过程，商流就不能最后完成，包括在商品中的价值和使用价值就不能真正实现。而且物流能力的大小，直接决定着整个物流的规模和速度。如果物流效能过小，整个市场流通就不会顺畅，就不能适应整个市场经济发展对物品快进快出、大进大出的客观要求。

(3) 物流信息是企业经营决策的重要依据。随着生产力水平的迅速提高、生产规模的急剧扩大，商品需求量和供给量也越来越大，生产结构和消费结构越来越复杂，导致商品市场竞争异常激烈。在这种情况下，企业必须及时、准确、迅速地掌握市场信息和物流信息。近年来，物流信息在整个经济信息系统中，占有越来越重要的地位。许多生产企业和物流企业都建立了基于互联网环境下的物流信息平台，应用现代信息技术，推动订单处理、仓储、配送、财务等环节的信息化，以便及时掌握企业内部和外部的物流信息，物流信息成为企业生产经营决策的重要依据。

(二) 物流在宏观经济运行中的作用

社会再生产是千千万万个企业再生产的总体运动过程。这个总体运动就是一个国家的宏观经济的运行。如果把整个经济社会看作一个大的系统，物流是这个大系统中的一个子系统，是国民经济的基础性、战略性和生产性产业系统，这个系统对整个宏观经济的运行发挥着重要作用。

(1) 物流的纽带作用。物流是社会经济大系统的动脉系统，是连接社会生产各个部门成为一个有机整体的纽带。任何一个社会（或国家）的经济，都是由众多的产业、部门、企业组成的。这些企业又分布在不同的地区、城市和乡村，它们之间互相供应产品，用于对方的生产性消费和个人生活消费。它们互相依赖而又相互竞争，形成极为错综复杂的交易关系。物流就是维系这些关系的纽带。尤其是在现代科学技术的发展带来经济结构、产业结构、消费结构一系列新变化的情况下，物流像链条一样，把众多的不同类型的企业、复杂多变的产业部门，以及成千上万种产品连接起来，成为一个有序运行的国民经济整体,保证了国家经济系统的有效运转。

(2) 物流的制约作用。物流的发展对商品生产规模、产品结构变化以及经济发展速度具有制约作用。一方面,流通规模必须与生产发展的规模相适应,这是市场经济运行的客观要求。而流通规模的大小,在很大程度上取决于物流效能的大小,包括运输、包装、装卸、储存等。例如,只有在铁路运输、水运和汽车运输有了一定的发展的情况下,粮食、煤炭、水泥等量大、体重的产品才有可能成为大量生产、大量消费的产品,这些商品的生产规模才有可能扩大。另一方面,物流技术的发展,能够改变产品的生产和消费条件,从而为经济的发展创造重要的前提。例如,肉、奶、蔬菜、水果等农产品,在没有储存、保管、运输、包装等物流技术作为保证时,往往只能保存几天到十几天的时间,超过这个期限就会丧失价值和使用价值。但是,当冷链仓储、冷链运输、冷链配送这些技术有了充分发展,这类生鲜农产品就能在较短的时间内进入更为广阔的市场和消费领域。同时,由于储存技术的发展,使得这些产品可以在较长时间内保存其使用价值,并在较长的时间里消费。此外,随着物流技术的迅速发展,物资流转速度会大大加快,从而能够加速经济的发展。

(3) 物流的改进是提高经济效益的重要源泉。物流组织的效率,直接影响着生产过程的顺利进行,决定着物品的价值和使用价值能否顺利实现。而且物流成本已成为生产成本和流通成本的重要组成部分。据有关资料,美国的生产成本占到工厂成本的10%左右,其他就是流通费用和物流成本;全部生产过程中,只有5%的时间用于制造加工,其余95%多为搬运、储存等物流时间。由于科技的进步和生产管理水平的提高,通过降低物质消耗和提高劳动生产率来降低产品成本已经取得了很大成效,在这方面的潜力已经越来越小;而物流领域却是一块"未被开垦的处女地",如果在物流管理和技术上加以改进,将是"大幅度降低成本的宝库";通过采取合理组织运输、减少装卸次数、提高装卸效率、改进商品包装和装卸工具来减少物品消耗等措施,降低物流费用,物流将成为企业"第三利润的源泉"。

发达国家已开始把重点放到对"第三利润"的挖掘上,研究开发节约物流费用的各种方法和途径,并取得了较好的效果。2019年,我国社会物流总费用占GDP(国内生产总值)的比重为14.7%,发达国家一般在8%~10%,我国占比高了4~7个百分点。因此,我国降低物流费用的空间还较大,应进一步加大物流技术的研发与应用,不断降低物流成本,以提高微观和宏观物流效益。

知识拓展

"双循环"需要大物流支撑

习近平总书记看望参加全国政协十三届第三次会议经济界委员并参加联组会,深刻分析了国内国际形势,指出面向未来,我们要把满足国内需求作为发展的出发点和落脚点,逐步形成以国内大循环为主体、国内国际双循环相互促进的新发展格局。

习近平总书记主持召开中央财经委员会第八次会议时在会上发表重要讲话强调:流

通体系在国民经济中发挥着基础性作用，构建新发展格局，必须把建设现代流通体系作为一项重要战略任务来抓。

发展新格局和现代流通体系的形成，都应建立在构建"大物流"网络服务体系的基础上，以"大物流"助推双循环和现代流通体系建设。一是实现国内生产力空间格局大调整，在我国西部布局投资建设超大项目，发挥西部资源优势，通过大项目建设，实现资源就地转化，增加附加值，实现国内经济循环的轻量化，降低物流货物运输量，降低物流成本，提高国内经济循环的效率；二是完善国内大循环的物流通道建设和优化，以"西部陆海新通道"建设为契机，加快推进力度，实现与"一带一路"的融合发展，协调我国东西部经济的差异性，实现资源优势互补，确保国家战略安全；三是加大西部物流基础设施投资建设力度，为"大物流"提供强力支撑，为彻底解决东西部发展差距，实现协调发展奠定基础，这也是新时代西部大开发形成新格局的战略需求。

资料来源：郝渊晓（西安交通大学经济与金融学院教授、西安外事学院商学院特聘教授，阿克苏市丝路易货贸易研究院院长）在"'双循环'体制下中国宏观物流发展新格局研讨会"上的发言要点。

第三节　现代物流管理的任务与内容

一、现代物流产业的形成与构成

（一）现代物流产业的形成

随着经济社会的不断发展，物流的地位和作用显得越加重要。同时，由于物流科学的形成，在各企业和国民经济中人们普遍以新物流思想来思考微观经济和宏观经济中的问题，并建立相应的机构和组织来从事物流业务和物流问题的研究，使物流形成一种独立的产业，并成为国民经济的一个重要组成部分。从物流发展的历史来看，物流在国民经济中以独立的、综合的产业出现和在企业中以一种独立的、综合的管理形态出现是同步的，因而形成了物流学和物流管理学两类既有联系又有区别的学科体系。前者是以技术为主来研究物流中的技术经济管理问题，后者则是以管理为主来研究物流中的经济管理和技术问题，但它们研究的目的是相同的。

物流发展不仅依赖于技术的进步和管理科学，还有赖于国民经济和各企业中的具体应用。物流产业的形成对推动物流的发展起着重要作用。物流产业是以物流活动为基础共同点的行业群体，其主要特点是带有生产性的非生产领域的服务性。当然，如果将生产过程的物流活动看作生产过程的组成部分，而将流通领域物流看作生产过程的继续，则物流应当属于一种生产性活动。但是，现代物流思想正是将物流和生产的劳动性质予以区别，才发现物流是一种与生产密切相关，但却可以独立于生产之外的和生产劳动有区别的特殊劳动，从而形成和建立了物流科学。根据研究表明，物流产业具有生产性的非生产领域的服务性的性质，物流业属于第三产业就显而易见了。

物流产业是指以物流活动或各种物流支援活动为经营内容的营利性事业，是现代服务业的重要组成部分，是一种生产性服务业。物流产业不等同于物流活动或是物流业务。物流产业是专业化与社会化的物流活动或物流业务的集成体，物流产业是组织与组织之间的有关物流或者各种物流支援活动的交易活动，而不是组织内部的物流活动或物流业务。例如，无论是生产企业还是流通企业，都存在大量的物流活动或物流业务，但是这些物流活动或物流业务本身不是物流产业，只有将这些物流活动或物流业务独立化、社会化为一种经营业务，才能称其为物流产业。物流企业是以物流活动或物流支援活动为事业内容的经营个体，也是物流产业的主体，而物流产业是物流企业的集合，即一组物流企业群；物流企业是微观概念，物流产业是中观概念。

（二）现代物流产业的构成

随着社会化、专业化水平的提高和对物流的有效管理，从宏观管理的需要出发，国家需要设立专门的物流管理部门。同时，根据市场经济发展的需求，按物流产业从事的不同物流活动，可区分为若干行业，形成行业管理，为发展现代物流产业创造条件。

现代物流产业作为新的生产性服务产业，从物流的功能和运作环节分析，物流产业是由五业态构成，即物流产业五大行业，包括交通运输业、仓储业、货运代理业、配送业、物流信息与咨询服务业等。

（1）交通运输业。高效率和现代化的综合运输体系是物流通道畅通的重要保障，是实现物流空间效应的主要工具和途径，主要包括铁路、公路、航空、水运和管道五种运输方式及现代联合运输。交通运输业不仅包括各种不同运输形式，而且还包括对主体交通运输起支撑、保证、衔接作用的其他行业，它是物流产业的主体行业。

（2）仓储业。仓储业以仓库储存为业务主体，包括为客户提供服务的代存代储和为企业自身服务的自存自储。仓储的增值服务主要是流通加工业务，它已经成为仓储业的主流业务。在仓储业中，我国按物品属性区分为军队储运业、物资储运业、粮食储运业、商业储运业、油气储运业等。

（3）货运代理业。货运代理业是物流业中的主要行业之一，是货主与运输部门之间专门从事托运和货运委托人的行业。各种运输业除了直接办理承运手续以外，都由货运代理业从事委托、承办、代办等实现货主的运输要求。在航运中，货运代理是一种主要的物流业务。

（4）配送业。配送业是以各种配送业务为主体的企业集成，是通过大量商流活动来完成的物流活动，如快速发展的快递配送服务、物流中心、物流配送中心的配送业务。配送包括城市间、城市内及企业内部的配送活动。配送是融商流、物流为一体的行业。

（5）物流信息与咨询服务业。随着物流服务需求的越来越多，物流信息与咨询服务业成为一种新的物流产业，主要以物流信息服务、物流系统建设咨询、物流规划编制、物流运营方案编制、物流人才培训等为主要业务。

除此以外，物流产业还可分为许多小行业，如铁路运输业、汽车货运业、远洋货运业、沿海航运业、内河航运业、航空货运业、集装箱联运业、运输代办业、起重装卸业、投递业、快递业、拆船业、拆车业、集装箱租赁业、托盘联营业、包装业等。

二、现代物流管理的任务

从学科设立上讲，现代物流管理是融物流学和管理学于一体的。为此，我们在考察物流学和管理学的基础上，阐述现代物流管理的基本任务。

（一）物流学的创立

物流功能专业化及其相应物流产业和企业的形成，客观上要求有一系列专业研究物流的理论作为指导，并以此为依据合理组织物流运营，以降低物流成本，提高物流效率，这就逐渐形成和发展起来一门新兴学科——物流学。

在经济学说史上，流通研究最初是以纯粹研究商品交易活动为对象的商业学的形式出现的。15世纪初首先在西班牙、葡萄牙等国出版的有关贸易活动的商业实务书，标志着重商主义的产生和形成。直到16世纪末以后，才在英国和法国出现了值得称道的重商主义著作。1664年出版的英国经济学家托马斯·孟的著作《英国得自对外贸易的财富》，曾被马克思称为重商主义划时代的著作。重商主义是在资本原始积累时期发展起来的一种经济理论，它反映了当时商业资本的利益和要求。这种理论虽然把流通领域作为独立的研究对象，但仅限于对买卖现象和经验加以描述和总结，研究的目的是为了实用——从交换中获取更多的货币，其结果也只能是得出一系列经验规律。以亚当·斯密的《国富论》问世为转机，经济学的研究由流通转向了生产。但是，对流通的研究在较长时间内却没有取得进展，直到马克思主义政治经济学创立以后，经济研究才建立在生产与流通相统一的基础上，流通理论的研究才获得了实质性进展，流通本身也才真正成为一门科学。马克思的流通理论是以商品流通和资本流通为研究对象的。他把商品流通区分为价值流通和使用价值流通，在二者的对立统一中考察流通过程；把微观的企业和宏观的国民经济区分开来，从个别资本循环和社会资本再生产两个侧面揭示流通的一般规律，因而成为现代流通研究的理论渊源之一。

进入20世纪以后，资本主义工业发达国家出现了专门研究物品本身在社会再生产过程中流动情况的科学。美国是最早开始对此进行研究的国家。1929年，美国经济学家德鲁克提出了"物流学"的命题。第二次世界大战期间，美国海军建立了一个专门管理军需的组织，使必要的物品按照需要的时间供应到指定的地点。第二次世界大战以后，美国政府推广了海军对军用物资实行现代化管理的经验，并把物流正式确定为国家科研课题。美国研究市场学的学者把战时管理军需的组织称为"企业后勤"，认为这种"企业后勤"的职能不仅对企业的物品流动有很大帮助，而且对整个经济社会的发展有重要的意义，因而把这一理论引进流通领域，在英语中用PDM（physical distribution management）表示，原意为"物的分发管理"。后来，日本引进这一概念，并致力于建立系统的、以整个流通的理论化为目的的新的物流科学。但是，迄今为止，工业发达国家对于流通的研究一直没能从以往"企业后勤"的内容更进一步，多是从个别企业生产经营的角度研究物流的性质；而对流通过程本身的研究由是从实用角度出发，局限于解决物品实体流动过程的管理技术问题。这就是20世纪50年代后期和60年代，在美国、日本等国逐步形成并发展起来的物流科学的特点。

在我国，物流概念是在20世纪80年代以后才被社会广泛接受和采用。从历史上看，我国长期处于自然经济状态，商品生产和商品交换极不发达。并且，中华人民共和国成立以后，由于长期重生产轻流通，加之经济科学研究只重视研究商业问题，始终未能形成一门专门研究物的实体流动的科学。党的十一届三中全会以后，我国大力发展商品经济，实行对内搞活和对外开放的方针；1992年党的十四大确立了建立社会主义市场经济体制的目标，经济管理部门和经济学界逐渐重视流通问题。正是在这种情况下，物流概念及现代物流理论被经济学界及政府部门所接受，对物流的研究才开始有了较快进展。

进入21世纪，特别是我国加入WTO后融入国际经济体系，经济发展的现实对物流及物流管理人才产生了巨大需求，不少高等院校相继设立了物流管理、物流工程、物流经济等专业，实际工作部门设立了物流研究组织，如中国物流学会及各专业研究会。这样，创立适合中国国情的物流学，就历史性地被提上了重要议事日程。近20年来，我国物流学科建设及物流学教材建设获得了较快的发展，成立了"教育部高等学校物流管理与工程类专业教学指导委员会"，推动了物流学科的发展和物流人才的培养。

（二）现代物流管理的基本任务

按照现代管理理论，一般认为管理是人们为了实现特定目标，对各种有限资源所实行的一种配置、发掘、利用和协调等活动的总称，它由管理者、管理对象和管理媒介三大要素构成。现代管理学是研究管理活动基本规律和方法的科学，它是在管理实践发展到一定阶段后，作为管理主体的人在实践活动中积累了经验，并将这些经验上升为系统的、理论化的认识而形成的一种科学。管理学的明显特点是具有二重性、历史性、社会性、综合性、适应性等。而我们所研究的现代物流管理，就是在社会主义市场经济体制下，运用管理的基本原理和方法，研究现代物流活动中的技术问题、经济问题及管理问题，以实现物流的最佳经济效益，不断促进物流产业的发展，为更好地满足人民群众对美好生活的需要服务。

国家标准《物流术语》（GB/T18354—2021）对物流管理的定义为："为了达到既定的目标，从物流全过程出发，对相关物流活动进行的计划、组织、协调和控制。"因此，现代物流管理的基本任务就是按照社会主义市场经济发展的要求，为社会主义现代化建设和提高人们生活水平提供优质的物流服务，确保物质产品实体在流动的过程中，按质、按量、即时、准确地供给生产和消费的需要，不断降低物流成本，实现货畅其流、物尽其用，促进国民经济持续、快速、健康、和谐、绿色、高质量发展。

三、现代物流管理的研究内容和范围

（一）现代物流管理的研究内容

创立新时代中国特色物流管理学，既不能照搬古典重商主义时代的商业学，也不能照套西方管理学，而应以马克思经济理论为指导，以习近平新时代中国特色社会主义市场经济条件下物流活动过程为特定的研究领域，以物质资料实体流动为对象，研究其在社会再生产过程中的活动特点及其规律性，推动构建以国内大循环为主、国际国内双循环相互促进新格局形成，并按照市场经济的要求，充分运用管理原理和方法，发挥物流职能。具体来讲，物流管理研究的内容有以下四个方面。

1. **研究商品在空间上位移的合理化问题**

在社会化大生产条件下，物品通常是在此地生产而供给其他地区消费使用。即便是产需都在同一地点，也存在着由生产地送达消费地的问题。因此，解决物品由生产地点到需要地点的空间位移的合理化问题，创造物品的空间效用，实现其使用价值，满足生产及生活消费需要，是物流管理研究的首要问题。一般来说，物品的空间位移是通过运输和配送实现的。运输是物流的主要功能和中心环节。运输包括企业之间的运输、城市之间的运输、城市内部的运输和跨国运输。配送主要是指从专门从事物品发送的企业（配送中心）到用户之间的物品空间移动。要使物品从生产地点经济合理地流入需要地点，有许多经济和管理方面的问题需要考虑，如物品流动的路线、运输总量、运输结构、运输方式和发送工具的选择等。

2. **研究物品在产需之间的时差效用**

物品的生产和消费在时间上存在着差异，而且生产和消费在形式上也存在着多样性，这样，生产出来的产品就不可能立即或全部进入消费，消费需要的物品也不可能立即或全部得到满足。要解决物品在生产与消费之间的时间差异，就要建立一定量的储存，这是保证生产和消费连续性的必要条件。因此，储存具有创造物品时间效用的功能。要储存就必然要发生对物品进行维护、保养、堆放、管理等保管活动；而且为了降低储存费用，还需要考虑库存量的科学控制，仓储设施的设置、结构、用途及合理使用，及保管方法、保管技术的选择等。尤其重要的是，要创造物品的时间效用，必须考虑如何使物品按质、按量、按时满足消费需要，使储存场所发挥物流集结、中转和扩散的作用。

3. **物流保障功能的研究**

（1）包装。为了保证物品安全完好地运达到消费者手中，一般需要不同形式、不同程度的包装。包装的主要作用有保护物品、单位化、便利化和商品广告四项。前三项属于物流功能，因此，包装形式、包装方法的选择，包装单位的确定，包装材料、重量等的设计，以及包装物的回收利用等，特别是近年来电子商务产生的快递物流发展很快，与之对应的快递包装的管理，成为一个迫切需要研究和解决的社会问题，也是物流管理需要研究的新问题。

（2）装卸和搬运。装卸、搬运是由运输和保管而产生的必不可少的物流活动，是衔接运输、保管、包装以及流通中的物品再加工等物流活动的中间环节。装卸、搬运管理主要包括对装卸、搬运方式的选择，装卸、搬运工具的合理配置和使用，装卸、搬运合理化，尽可能减少装卸、搬运次数，保证装卸搬运安全，等等。

（3）流通加工。物品在流通过程中，有时需要对物品进行进一步加工，以便更有效地满足用户需要，衔接产需，这是现代物流发展的一个重要趋势。流通加工实际上是在物流过程中进行的辅助加工活动。这种活动不仅存在于企业之间的物流过程中，也存在于工厂内部的物流过程中。除了流通加工的生产技术问题外，流通加工规模和方式的选择、加工效率提高的途径等，都是物流管理研究的内容。

（4）研究物流过程中的信息处理问题。在物流过程中，为了使物流成为一个系统，而不是各自孤立的活动，就需要及时交换信息。从物流系统本身来讲，物流管理除了要对物流的各项活动进行计划、预测，及时收集和传输信息外，还要对物流费用、生产情况、市场动态等信息进行分析。为了加强物流信息管理，就要建立物流管理信息系统，实现物流信息管理系统化，以便更充分地发挥信息对整个物流过程的指导作用。

（5）物流的技术经济管理。物流的技术经济管理是实现物流经济效益的重要手段。物流职能的发挥，除了应具备先进的物流设施和物流技术外，还要拥有先进的物流的技术经济管理，这样才能实现物流最佳服务的目的。物流的技术管理，包括的内容非常丰富，如物流设施、设备和技术的更新与改造，物流质量的管理等。物流的经济管理是以物品流动过程为主体，运用各种管理职能，如计划、组织、指挥、调节和监督，对物流过程进行统一管理，以降低物流成本，提高物流经济效益。物流经济管理所包含的内容也非常丰富，如物流规划与计划管理、物流组织管理、物流费用管理、物流经济效益管理等。

4. 研究绿色物流

物流过程与环境有着密切的联系。物流运输过程的远程性和跨地域性决定了其与环境的接触是广域性的，这就会大范围地对环境产生影响。物流对环境影响的扩大，主要原因是经济总量的迅速增加，带动了物流量的增大、物流速度的加快，再加上物流设施及工具大型化，增加了对环境的压力。

物流对环境的影响主要表现在噪音对人的精神、情绪、健康的影响，运输车辆事故对人身伤害的影响，尾气排放对环境的污染，等等。生产过程和物流过程新产生的废旧物，同样也会对环境产生不良的影响。而人们对绿色的关注，源于追求一个良好的生活和生态环境，源于对人类社会发展战略的思考。因此，顺应时代对环境保护和实现"双碳"目标的需要，在物流这个经济领域里，就产生了绿色物流的客观需要，绿色物流也就成了现代物流管理研究的一项重要内容。

绿色物流，是指在物流过程中抑制物流对环境造成的危害的同时，实现对物流环境的净化，使物流资源得到充分利用。研究绿色物流包括以下方面：①抑制和减少对环境造成污染（例如，减少废气、废液、废渣的排放，减少和降低噪音、震动）的物流活动；②充分、有效、节约利用资源（例如，降低能耗，降低包装材料消耗，对废旧物的回收利用和处理，提高物流设施、设备、工具的效率，延长物流设施、设备的使用周期和其他资源的节约等）的物流活动；③减少环节，实现物流过程短途化、合理化的物流活动；④防止和降低物流对象（物品）损失的各项物流活动；⑤不出现安全事故的物流活动；⑥农产品和绿色产品的物流活动；⑦整个物流过程保持文明、卫生的物流活动。

（二）现代物流管理的研究范围

1. 微观物流

微观物流主要研究企业生产经营活动过程中的物流活动。企业（包括生产企业和流通企业）是国民经济的细胞，是市场经济的主体，其生产经营状况直接关系到我国物流产业的发展及我国市场经济的运作，企业是建立社会主义市场经济的微观基础。特别在生产社会化、专业化水平的不断提高，科学技术水平高度发展的时代，物流与企业的每项业务都有密切联系。它贯穿于从生产（经营）计划到产出产品，并送达顾客手中的整个循环过程。从采购供应阶段分析，怎样确定物品采购的适当时机、适当数量，并且及时运达、成本低廉等，都是企业经营者需要经常考虑的问题。而对销售活动来讲，物流的高效率既能有效地降低销售成本，又能提高服务质量。研究微观物流的目的，是为了有效地组织和控制企业内部、工序之间以及销售过程中的物流，与其相应的有供应物流、生产物流、销售物流、回收物流和废弃物流。

2. 中观物流

中观物流一般是指区域性物流，如城市物流、农村物流，或经济区划等的物流。对于中观物流，我们是以城市物流为代表来进行研究的，它包括城市与城市之间的物流、城市内部的物流和城市与农村的物流。城市物流是伴随城市经济的形成和发展而形成和发展的物流。城市物流组织及其管理是城市经济管理的重要组成部分，特别是对现代化大城市物流的组织管理的研究，对解决城市拥挤、交通堵塞、物流不畅等问题有着重要的意义。

3. 宏观物流

宏观（社会）物流主要是对物品从原材料供应到进入生产领域，并经过生产、流通直到产成品运达消费者手中的整个循环过程进行系统研究，即研究整个经济社会运行中的物流系统。其目的是促进整个社会物质资料从生产领域向消费领域的迅速转移，实现产品的使用价值，使物流社会消费最省、整体效益最大、服务水平最好，并根据资源供给状况和消费者的需求状况制定相应的宏观物流政策。如我国近年来出台的促进物流发展的规划、指导意见和行动方案，都是为了推动我国物流业的可持续发展和高质量发展。

4. 国际物流

国际物流是伴随着国际贸易的发展而形成的物流活动，是指跨越不同国家或地区之间的物流活动，反映了国与国之间的物流活动。由于国际分工和国际商品交换的充分发展，主要承担对外商品交换的国际贸易，对于一个国家的经济发展有着极为重要的促进作用。而作为实现物质资料场所或空间位置转移的物理性移动过程的国际物流，在国际贸易中发挥着巨大的支撑作用。所以，充分认识国际物流在国际贸易中的地位和作用，认真研究当代国际物流的现状，探索国际物流的发展趋势，对实现我国对外贸易中物流的合理化，增强我国出口商品在国际市场上的竞争能力，具有十分重要的意义。

5. 物流系统综合研究

主要研究物流系统内部各要素及其相互间的功能关系、它们与其周围环境的联系以及当外部环境变化时的适应能力。现代物流研究就是从研究物流系统的外部经济环境和内部结构入手，揭示物流系统存在和运行的普遍规律；并按照这些规律的要求，进行物流基础设施的布局建设，统筹物流网络的布局，建立物流管理（组织）体系。

综上所述，现代物流管理研究的实质是研究如何有效地控制整个经济社会运行和企业生产经营中处于持续流转过程中的物品流动。其目的是衔接产需、供需，即物品从供应地向接受地的实体流动过程中，从数量和质量上保证供应，创造时间和空间效益，以使物流总费用最低、整体效率最高、服务水平最佳。这里既涉及生产领域，又涉及流通领域；既包括经济问题、管理问题，也包括技术问题，是经济、管理与技术的统一。物流管理就是要在这种综合性研究的基础上，揭示包括企业经营在内的整个国民经济运行中物流活动的规律，并根据这些规律进一步策划物流活动的科学管理。

四、现代物流管理的研究方法

科学理论体系建立的关键不仅在于研究什么，而且在于怎样研究。物流过程是经济社会系统中的有机组成部分。它客观上具有多样化的外部联系、多层次的内部结构、精巧的运行机制和灵敏的传导机制，存在这一系列运动发展的客观规律和趋势，对微观经济实体和宏观经济管理有着不同的客观要求。要认识和把握如此复杂的经济过程，不能仅仅依靠某一种方法，而必须依靠一整套科学方法，或者一个方法论体系。物流管理研究的方法，是在马克思辩证唯物主义和历史唯物主义的指导下，运用综合职能研究和系统分析的方法。迄今为止，研究流通现象的方法大体上可分为以下五种类型。

（一）商品划分法

它以特定商品作为研究对象来研究和分析流通问题，然后再将整个流通理论化。例如，以生产资料流通和以生活资料流通为研究对象建立起来的物资经济学和商业经济学，应用的就是这种方法。这种方法把流通研究视为某一部门的经济学，虽然能使具体研究成为可能，但是往往跳不出政府行政管理部门的职能范围，这就极大地限制了研究问题的眼界，难以揭示出全社会范围内的各种商品流通过程的共有规律性。

（二）体制划分法

它按照构成流通的社会结构的体制，即批发、零售、运输、仓储等，进行说明和分析，并以其为主线，建立流通理论体系。这种方法可以说很具体，但不易得出一般结论。

（三）职能研究法

它选出与全部商品和全部体制有关的物流职能进行分析，并将整个流通的结构理论化，这种方法是实现逻辑体系化的基本方法。

（四）综合职能研究法

本书主要采用的是综合职能研究法。采用这一研究方法，目的是要建立起这样几个方法的逻辑体系：①宏观经济环境和物流系统相互作用的结构，其中包括物流的产生与发展、市场经济运行与物流系统等；②物流系统中的各个职能要素互相之间的关联结构，例如，物流过程的各项物流活动、生产物流、供应物流、销售物流、绿色物流等；③物流管理与效率、效益、经济发展之间的因果关系结构，如物流组织管理、费用管理、现代化管理和物流合理化数量分析，以及城市物流管理、国际物流管理等。

综合职能研究以物流专门职能为研究重点，同时又不忽视它们之间以及与整体的关系，否则就会出现简单化，或使理论体系出现逻辑上的混乱。

（五）系统分析方法

在运用综合职能研究方法的同时，现代物流管理研究还要运用系统分析方法。系统分析方法是根据客观事物具有的系统特征，从分析事物整体出发，着眼于整体与局部、整体与层次、整体与结构、整体与环境的相互联系和相互作用，求得优化的整体目标效应的综合方法。

除了综合职能研究方法和系统分析方法，现代物流管理研究还要综合运用科学抽象法、静态-动态分析法和定性-定量分析法等。只有这样，才能从根本上改变传统流通研究所存在的抽象力不足、概括能力差的现象，才能克服以孤立的静态、定性分析为主，把复杂的流通过程理想化的片面性。

2021年是我国发展过程中重要的时间节点，我国开始实施《中华人民共和国国民经济和社会发展第十四个五年规划和2035年远景目标纲要》（以下简称《纲要》），在《纲要》中33次提到要大力发展物流和供应链，由此可以看出现代物流及供应链在"十四五"期间我国经济发展中的战略地位。因此，在建设社会主义现代化国家的新征程中，现代物流及供应链的重要性将越来越为更多的人所认识。为此，我们要借鉴发达国家发展现代物流的经验，在经济发展过程中实现物流的绿色、可持续的高质量发展。只要我们以马克思主义为指导，运用科学的方法，对物流机能进行统筹规划、全面安排，推行整个经济社会物流合理化，就一定能为我国社会主义现代化国家建设创造有利条件和提供重要保障。

关键词

物流　生产物流　供应物流　销售物流　绿色物流　宏观物流

思考题

（1）怎样正确理解物流概念？
（2）物流有哪些基本职能？
（3）物流性质及物流管理的"两重性"是什么？
（4）简述物流的特点。
（5）物流产业的构成有哪些？

(6) 现代物流管理的基本任务是什么？

案例分析

我国如何实现"十四五"物流业高质量发展

"十四五"期间，我国如何实现"十四五"物流业高质量发展？

2021年3月12日，《中华人民共和国国民经济和社会发展第十四个五年规划和2035年远景目标纲要》（以下简称《纲要》）正式发布。《纲要》作为指导今后5年及15年国民经济和社会发展的纲领性文件，明确指出要建设现代物流体系，为物流行业高质量发展指明了方向。

《纲要》对物流发展、供应链创新高度重视，提出要"强化流通体系支撑作用""提升产业链供应链现代化水平""深化流通体制改革""建设现代物流体系"。此外，《纲要》在制造业优化升级、产业数字化、企业数智化等方面提出的任务，也将更进一步推动物流业发展。

在《纲要》第十二章"畅通国内大循环"第三节"强化流通体系支撑作用"中指出："建设现代物流体系，加快发展冷链物流，统筹物流枢纽设施、骨干线路、区域分拨中心和末端配送节点建设，完善国家物流枢纽、骨干冷链物流基地设施条件，健全县乡村三级物流配送体系，发展高铁快运等铁路快捷货运产品，加强国际航空货运能力建设，提升国际海运竞争力。优化国际物流通道，加快形成内外联通、安全高效的物流网络。完善现代商贸流通体系，培育一批具有全球竞争力的现代流通企业，支持便利店、农贸市场等商贸流通设施改造升级，发展无接触交易服务，加强商贸流通标准化建设和绿色发展。加快建立储备充足、反应迅速、抗冲击能力强的应急物流体系。"

《纲要》的上述内容，将是我国在"十四五"期间发展现代物流产业的指导方针，对推动我国物流产业高质量发展将会发挥重要的作用。

资料来源：作者依据《纲要》及相关资料改写。

案例讨论题

(1)《纲要》为什么多次提到"现代物流"与"供应链"？
(2) 现代物流体系应该包括哪些内容？
(3) 我国如何发展冷链物流？
(4) 我国如何发展应急物流？

第二章 物流系统与物流系统规划

【本章要点】 用系统观点研究物流活动是现代物流管理的核心问题。物流系统是由相互作用和相互依赖的物流要素所构成的具有特定功能的有机整体,物流系统是社会经济大系统的一个子系统或组成部分。就物流过程的每一个环节来讲,其作用的发挥不仅受到其内部各要素的制约和外部条件的影响,而且这些要素和环境总是处于不断的变化之中。因此,以系统理论和系统工程的原理来研究和开发物流系统,无论对发挥物流功能、提高物流效率、降低物流费用,还是在提高物流质量、满足社会对物质产品的各种需要上,都具有极为重要的意义。

本章主要内容:首先,介绍系统、物流系统、物流系统的构成和特点;其次,阐明系统分析的含义、作用、原则、步骤和物流系统分析的主要内容;再次,简要介绍物流信息和物流信息系统;最后,概括介绍现代物流系统规划的意义、作用、内容和在制订现代物流系统规划时应遵循的基本原则。

第一节 系统与物流系统

一、系统概述

(一) 系统与系统功能

1. 系统的概念

"系统"(system)一词源于古希腊语,有"共同"和"给以位置"的含义。系统论的创立者贝塔朗菲(L. V. Bertalanffy)把系统定义为"处于一定的相互关系中并与环境发生联系的各组成部分(要素)的总体(集合)"。目前国内比较公认的是我国著名科学家钱学森给系统下的定义:"系统是由相互作用和相互依赖的若干组成部分结合成的具有特定功能的有机整体,而且,这个整体又是它所从属的更大系统的组成部分。"

系统用数学公式可表达为:

$$S = \{N, U\}$$

式中:S 表示系统;N 表示该系统所有组成部分或元素的集合,简称"元素集";U 表示该系统所有组成部分或要素之间相互作用和相互依赖的某种关系,以及该系统与其所处环境之间的某种关系的集合,简称"关系集"。

要素是构成系统的必要因素，是系统最基本的单位，因而也是系统存在的基础和实际载体。系统的性质是由要素决定的，有什么样的要素就有什么样的系统。要素在系统中的情况一般可分为三种：一是不同数量和不同性质的要素，可构成不同的系统；二是相同数量和相同性质的要素，仅由于结构方式的不同，也可构成不同的系统；三是相同性质的要素，仅由于数量的不同，也可构成不同的系统。

一般来讲，在给定的一个系统中，系统的关系主要有以下三种：一是系统内部各部分（要素、子系统）之间的关系，称之为系统内部关系；二是系统内部每一部分（要素、子系统）与该系统之间的关系，即个体与整体的关系；三是系统本身与外部环境间的关系，即系统内部与外部的关系。

2. 系统功能

系统功能是系统与环境相互联系和作用的外在活动形式或外部秩序，它是系统与外部环境相互联系和作用过程的秩序和能力。任何一个系统功能的发挥，不仅取决于这个系统各组成部分或要素对该系统的作用大小，而且也取决于系统的各种关系对该系统所产生的影响大小。因此，系统功能可以是要素和关系的函数，即：

$$F = f(n, u)$$

式中：F 表示系统的功能，n 表示系统的要素，u 表示关系，f 表示函数关系。

为了进一步理解系统的内涵，还应注意以下几个问题：

（1）在给定的一个系统中，任何一个组成部分（要素）的性质或行为将影响整体的性质或行为。

（2）在一个系统中，每一部分对整体的影响并不全是直接对整体施加影响，还可通过该部分对其他部分的作用来影响整体。

（3）在给定的一个关系中，任何一部分或一个要素不可能成为这个系统中孤立的子系统来实现系统的整体功能。

（4）任何一个系统不能独立地存在，它必须处于一定的环境之中，即处于比它更大的系统之中。

（二）系统的模式和特征

1. 系统的模式

任何一个系统都是由输入、处理和输出三部分组成，加上反馈就构成了一个完备的系统。系统模式如图 2-1 所示。

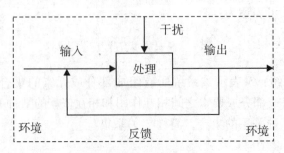

图 2-1 系统模式

从图 2-1 中我们可以看出：任何一个系统都是处于一个比它更大的环境之中。对于人造系统、系统与外部环境的联系，是系统通过提高劳动力、劳动手段、资源、能量、信息等对系统产生的作用来实现的，表现为外部环境对系统的"输入"。同时，外部环境会因资源有限、需求的波动、社会技术的不断进步以及其他各种变化因素的影响，对系统加以限制或约束，表现为外部环境对系统的"干扰"。系统以其自身所拥有的各种手段和特定功能，在外部环境的某种干扰作用下，对环境的输入进行必要的转化活动，使之成为对外部环境有用或有价值的产品或劳务，并提供给外部环境供其使用，这就是所谓的系统"输出"；而这里的"转化过程"就是系统的"处理"。此外，输出的结果不一定是理想的，可能偏离预期目标，因此要将输出的结果返回给输入，以便调整和修正系统的活动，这被称为"反馈"。

2. **系统的特征**

从系统的概念和模式中，我们可以看出系统具有以下几个特征：

(1) 集合性。系统的集合性是指系统必须是由两个或两个以上有一定区别又有一定相关的要素组成的整体。这种集合体的功能不是各要素功能的简单相加，而是按照逻辑统一性要求组成的整体。系统中任何一个要素的功能都不能代替系统的整体功能。

(2) 关联性。系统的关联性是指系统本身构成的要素之间存在着相互作用和相互依赖的内在联系。这种内在联系使系统内任一要素的变化都会影响其他要素的变化。

(3) 目的性。任何一个系统都是以实现某种功能为目的的，有着极其明确的目标。

(4) 动态性。系统的动态性是指系统处于不断的变化和运动之中，即系统要不断输入各种能量、物质和信息，通过转换处理，输出满足人们某种期望的要求。系统就是在这种周而复始的运动变化中生存和发展，人们也正是在系统的动态发展中实现对系统的管理和控制，以便充分发挥系统的功能。

(5) 适应性。系统总是处于一定的环境之中，受环境的约束和限制。当环境发生变化时，系统的功能就会受到影响，甚至会改变系统的目标。因此，系统必须具有自我调节能力，以适应环境的各种变化。这种自我调节的"应变能力"就是系统的环境适应性。

(三) 系统的类型

不同的系统具有不同的性质和行为，其研究方法也有所不同。因此，有必要对系统的类型加以研究。具体有以下几种分类方式：

(1) 按构成系统的各要素的属性来划分，可分为自然系统和人造系统。自然系统是由自然物组成的、未经过人类加工的、自然形成的系统；人造系统也称人工系统，是人们为了达到某种目的而构造的系统。物流系统就是一种复杂的人造系统。

(2) 按系统的物理形态来划分，可分为实体系统和概念系统。实体系统是以物质实体作为要素的系统，如机械系统、计算机硬件系统；概念系统是以原理、原则、方法、制度等要素构成的系统，故也称之为软件系统。

(3) 从系统状态和时间的关系角度来划分，可分为动态系统和静态系统。动态系统是随时间变化而发生变化的系统，静态系统是相对地不随时间变化而发生变化的系统。实际上，绝对静态的系统是不存在的。

（4）按系统与外部环境的关系来划分，可分为开放系统和封闭系统。开放系统是指与外界环境经常发生能量、物质、数据信息交换的系统；封闭系统与环境几乎没有交流，显然这只是对系统与环境之间关系的一种近似假设。

（5）按系统功能的状态来划分，可分为控制系统和行为系统。控制系统是为了达到某种目的，给对象系统施加某种必要动作，所有必要动作就构成了控制系统；行为系统是以实现目的的行动作为构成系统要素而形成的系统。

二、物流系统及其构成

（一）物流系统的概念及其模式

1. 物流系统的概念

根据我们所介绍的系统的一般概念和特征，以及第一章物流概述中物流的作用和特点，可以看出，必须以系统的理论和方法研究物流活动，才能更好地发挥物流在国民经济中的作用，实现物流活动的宏观经济效益和微观经济效益。

物流系统是由物流各要素所组成的，要素之间存在有机联系并具有使物流总体合理化功能的综合体。物流系统是社会经济大系统的一个子系统或组成部分。具体地讲，物流系统就是指在一定的时间、空间里，由所需要运转的物流产品、包装设备、装卸搬运机械、运输工具、仓储设施、运输道路、流通加工和废弃物回收处理设施等物质、能量、人员和通信网络（情报信息）等若干相互作用、相互依赖和制约的动态要素所构成的，具有包装、装卸搬运、运送、储存保管、流通加工、废弃物回收处理，以及情报信息的收集、加工、整理等功能的有机整体，并处于整个国民经济系统环境之中。

2. 物流系统的模式

在流通领域里，物流过程可以看成是一个由生产经流通到消费的各物流要素相互作用和相互依存的过程体系。在生产领域里，物流过程是一个不断投入原材料、机器设备、劳动力，经过加工处理，产出满足社会需要的投入与产出系统；就物流过程的每一环节来讲，同样也是一个投入与产出系统。每一环节都要从外界环境吸收一定的能量、资源（人、财、物），并以输入形式投入，经过转换处理，直接或间接地产出一定的产品或劳务，再以输出的形式向外界提供，来满足社会的某种需求。

因此，物流系统仍是一个从环境中不断输入要素，经过转换处理，不断输出产品或劳务的循环过程，这就是物流系统的基本模式，如图2-2所示。

（二）物流系统的构成

系统的构成包括所构造系统的范围、系统的构成要素、系统的各种关系、系统的层次结构等。其中，系统的关系既包括系统内部各构成要素之间的关系、各要素与系统的关系，又包括系统与外界环境的关系。

1. 物流系统的边界范围

从物流的概念可以看出，物流既包括生产过程的物流活动，又包括流通过程中的物

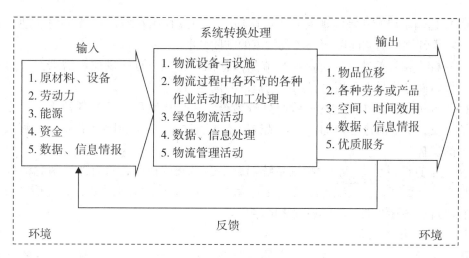

图 2-2 物流系统模式

流活动,所以物流系统的范围是很广阔的。它始于生产企业的原材料购进,经过生产过程形成可供销售的成品、半成品,并运送至成品库,经过包装后分送到各流通中心(中间仓库),再转销给消费者,或从成品库直接运送给消费者,止于生活消费或生产消费。可见,物流系统的范围横跨生产、流通和消费三个领域。

随着科学技术的不断进步,生产的社会化、专业化程度和物流技术水平的不断提高,物流系统的边界范围必将不断地向内深化和向外扩展,其内涵和外延难以分清,呈现出一种模糊状态。但是,如果当我们研究的物流系统被确定在一个特定的空间、时间内或系统的某一功能区域,那么物流系统就会具有较为明显的界域。例如,流通过程的销售物流,它是以订货采购的方式输入需要销售的物品,通过装卸搬运、运输等活动的处理,直接以销售形式输出给消费者,或者通过装卸搬运、运输、验收、入库、储存保管、流通加工、配送等活动的转化处理,再以销售形式输出给消费者的一个过程体系。

2. 物流系统的要素

任何一个系统都是由人、财、物等要素构成的。所以,物流系统的基本要素包括劳动者要素、资金要素和物的要素。其中,劳动者要素是核心要素、第一要素,提高劳动者的素质是建立一个合理化的物流系统并使之有效运转的根本;资金要素也很重要,实现交换的物流过程实际上也是资金流动过程,同时物流服务本身也是需要以货币为媒介,物流系统建设是资本投入的一大领域;物的要素既包括物流系统的劳动对象,即各种物,还包括劳动工具、劳动手段,如各种物流设施、工具等。在物流系统中,除上述三个基本要素外,还有为完成物流过程所需要的管理技术和信息资源等要素。物流系统的这些构成要素,按功能区域划分,形成了物流系统的六个子系统,即六个功能要素,它们分别是:

(1)包装系统。它主要是实现物流过程的包装功能,其目的是保护物品,便于装卸、运输、储存,促进销售。

(2)装卸搬运系统。它主要是实现物流过程中的装卸搬运功能,完成装上卸下和位置移动作业,以便对物品进行运输和保管等。

(3) 运输系统。它是实现物流的运输功能，完成物品在空间位置上的移动，克服产地与需求地之间的空间距离，实现物流的空间效益。

(4) 储存保管系统。它是实现物流的储存保管功能，克服供应和需求在时间上的差异，保障储存物品不受损害，创造物流的时间效益。

(5) 流通加工及废弃物的回收与处理系统。它是从满足消费的各种需要和充分利用资源出发，对物品进行再加工，以及废旧物的回收和处理利用等，以促进物流系统整体功能的发挥。

(6) 信息情报系统。它对物流系统起着融会贯通的作用，只有通过信息情报系统的指导，才能保证物流系统各项活动灵活运转。物流系统的有机统一，正是信息情报系统把物流过程各环节的活动联系起来的结果。

3. 物流系统的关系

物流系统的关系包括物流系统内部各要素之间的关系、物流系统与外部环境的关系等。

(1) 物流系统内部各要素之间的关系。在物流过程中，主要环节是物品的储存保管和运输，其他各构成要素都是围绕着这两项活动进行的。根据订货信息，对物品进行订货采购活动，然后经过验收进行储存保管，待发送运输，或组织配送，送往消费者，达到最终服务的目的。为了保证运输、储存保管的质量，物品需要进行包装，或进行集中单元处理，以方便装卸搬运、输送和储存保管。同时，为使物品从生产所在地向消费所在地迅速移动，降低物流费用，提高物流服务质量，就必须充分利用运输能力，实行经济运输，对储存物品进行定量控制，发挥仓储调控作用，以便提高物流系统的空间效益和时间效益。并且，整个物流系统的正常运转，依赖于物流信息的指挥和调节作用。因此，在物流系统内部各要素之间存在着相互依赖、相互作用和互为条件的关系。这种关系如图 2-3 所示。

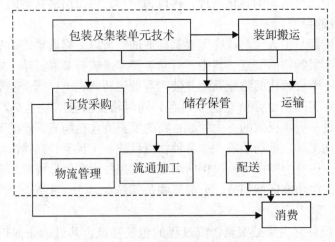

图 2-3 物流系统内部各要素关系

(2) 物流系统与外部环境的关系。物流系统不是一个孤立的系统，而是一个与社会环境紧密相连的开放型系统。物流产品的社会需要量、供应量、运输量和资金拥有量等方面制约着物流系统活动，并与其他社会、经济、政策以及科学技术等因素，共同构成一个复杂的社会环境关系，如图 2-4 所示。

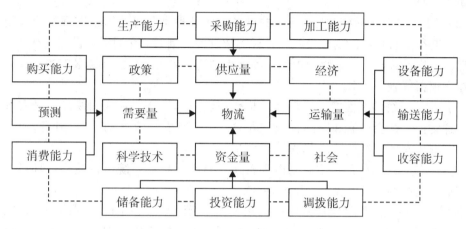

图 2-4 物流系统与外部环境的关系

从图 2-4 中可以看到，作为物流功能的运输，与运输量的多少有很大关系；而运输量的多少受运输设备能力、输送能力和收容能力等因素的直接影响。这就是说，运力是物流系统的约束条件之一。供应量是指在社会再生产过程中能够提供的物质产品的数量，它是物流活动的物质基础，是物流系统的直接作用对象。也就是说，没有足够数量的物质产品供应，就难以保证生产和生活消费的需要，物流系统的功能也就无法实现。因此，供应的物品从数量、质量、品种规格、配套性和及时性方面制约着物流系统功能的发挥。需要量是反映社会对物质产品的需要情况，做好社会需求的科学预测，是保证物流系统得以正常运行的一个基本条件，影响着物流系统满足社会需求作用的实现。资金拥有量体现着物流系统本身能量的大小，它是影响物流系统功能大小的物质技术条件。同时，社会、经济、政策以及科学技术等外部因素也是影响物流系统功能发展的约束条件。

物流系统与外部环境的这种复杂关系，使物流系统研究涉及的方面十分广泛，因而增加了研究的广度和难度。物流系统与外部环境的联系，是通过从生产企业的产品输入，经过转换又向消费市场输出，并以信息反馈的形式与外界环境发生"交换"关系的。同时，外部环境的各种约束条件也不时地对物流系统加以"干扰"，使物流系统内部原本相对平衡的状态受到破坏，产生产销脱节现象，或供大于求形成积压，或求大于供形成脱销。为了恢复、保证系统的平衡状态，必须协调供、产、运、销，克服外界干扰，对物流系统实行有效管理，不断提高系统的应变能力，增强系统的生命力。

（三）物流系统的特征

物流系统是新的系统体系，它具有系统的一般特征。同时，物流系统是一个十分复杂的系统：复杂的系统要素、复杂的系统关系等，使物流系统又有其自身的特点。物流系统的特征具体表现在以下几个方面。

（1）物流系统的对象异常复杂。物流系统的对象是物质产品，既包括生产资料、消费资料，又包括废旧废弃物品等，遍及全部社会物质资源，将全部国民经济产品的复杂性集于一身。

（2）拥有大量的基础设施和庞大的设备，而且种类各异。为了实现物流系统的各种能力，必须配有相应的物流设施和各种机械设备，例如，交通运输设施，车站、码头和港口，仓库设施和货场，物流枢纽、物流大通道，各种运输工具、装卸搬运设备、加工机械、仪器仪表，等等。

（3）物流系统涉及面广、范围大，既有企业内部物流、企业间物流，又有城市物流、快递物流、社会物流和国际物流。同时，由于有的物流活动会对环境造成不良影响，基于对生态环境的保护，产生了绿色物流。

（4）物流系统与外部环境联系极为密切和复杂。物流系统不仅受外部环境条件的约束，而且这些约束条件多变、随机性强。

（5）物流系统的稳定性较差而动态性较强。物流系统和生产系统的一个重大区别在于：生产系统按照固定的产品、固定的生产方式，连续或不连续地生产，少有变化，系统稳定的时间较长。而一般的物流系统总是联结多个生产企业和用户，随需求、供应、渠道、价格的变化，系统内要素及系统的运行经常发生变化，难以长期稳定。

（6）物流系统属于中间层次系统范畴，本身具有可分性，可以分解成若干个子系统；同时，物流系统在整个社会再生产中又主要处于流通环境中。因此，它必然受更大的系统如流通系统、社会经济系统的制约。

（7）物流系统的关系复杂。物流系统的各个子系统间存在着普遍的复杂联系，各要素间关系也较为复杂，不如某些生产系统那样简单。

（8）系统结构要素间有非常强的"背反"现象，常称之为"交替损益"或"效益背反"现象。物流系统中许多要素在按新观念建立物流系统前，早就是其他系统的组成部分，因此，往往较多地受原系统的影响和制约，而不能完全按物流系统的要求运行。对要素的处理稍有不慎，就会出现系统总体恶化的结果。

（9）物流系统信息情报种类繁多，数据处理工作量大，而且信息流量的产生不均匀。

在对物流活动进行研究时，应考虑物流系统的特征，才能建立一个高效低耗的物流系统，实现物流系统各种功能。

第二节 物流系统分析

一、系统分析的含义和作用

(一) 系统分析的含义

系统分析是系统方法在科学决策中的具体应用。它是一个有步骤地探索和分析问题的过程，以寻求解决问题的途径。具体表述为：系统分析是从系统的最优出发，在选定系统目标和准则的基础上，分析构成系统的各级子系统的功能和相互关系，以及系统同环境的相互作用；运用科学的分析工具和方法，对系统的目的、功能、环境、费用和效益等进行充分的调研、收集、比较、分析和数据处理，并建立若干替代方案和必要的模型，进行系统仿真试验；把试验、分析、计算的各种结果同早先制订的计划进行比较和评价，寻求对系统整体效益最佳和有限资源配备最佳的方案，为决策者的最后决策提供科学依据和信息。

可见，系统分析包括的内容是非常广泛的，既包括系统内部各要素，又包括与系统相联系的外部环境。系统分析的目的，在于通过分析，比较各种替代方案的功能、费用、效益和可靠性等各项技术、经济指标，向决策者提供可做出正确决策的资料和信息。所以，系统分析实质上就是在明确目的的前提下，来分析和确定系统所应具备的功能和相应的环境条件。

系统分析涉及的范围很广，需要对大量的信息进行收集、处理、分析、汇总、传递和存储，因此在系统分析中应用多种数理方法和计算机技术，才能分析比较实现系统目标的不同替代方案的效果，为系统评价和系统设计提供充分的信息资料。

由于物流系统是由相互联系、相互作用的多个要素组成的，具有多个子系统并能实现多种功能的集合，对物流系统进行系统分析，就是要了解物流系统各部门的内在联系，把握物流系统行为的内在规律性，这不论对于设计新系统，还是改造现有系统，都是极其重要的。

(二) 系统分析的作用

为了说明系统分析的作用，首先需要分析系统建立的程序。系统的建立过程一般可分为三个阶段，即系统规划、系统设计和系统实施，如图 2-5 所示。

图 2-5 中，系统规划阶段的主要任务是定义系统的概念，明确建立系统的必要性，在此基础上明确目的和确定目标；同时，提出系统建立应具备的环境条件以及系统的制约条件；制订系统开发计划，包括上述各项内容，以及系统建成的期限、系统投资限额等。系统设计阶段首先对系统进行概略设计，其内容主要是建立多个可行方案；然后进行系统分析，包括的内容有目的、替代方案、费用和效益、模型及评价标准等；最后，确定系统设计方案，对系统进行详细设计。系统的实施阶段，主要是对系统中的关键项

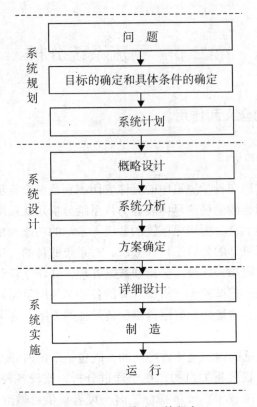

图 2-5 系统建立的程序

目进行试验和试制，在此基础上进行必要的改进，然后正式投入运行。

由此可见，系统分析在整个系统的建立过程中处于非常重要的地位。它的任务首先是要分析和确定系统规划阶段的有关项目，例如，系统概念的定义、分析和确定，以及对系统目标进行分析和确定。在此基础上对概略设计中的替代方案进行分析，并根据分析结果确定方案和进行详细设计。因此，系统分析起到承前启后的作用，特别是当系统中存在着不确定因素或相互矛盾因素时，更需要进行系统设计，只有这样才能保证获得最优的系统设计方案。

二、系统分析的要素和原则

（一）系统分析的要素

系统分析的要素是指系统分析的项目，具体地有目标、替代方案、费用和效益、模型和评价标准。

1. 目标

目标是指系统所希望达到的效果和结果。目标的确定不仅是建立系统的依据，也是系统分析的出发点。只有全面、正确地理解和掌握所建系统的目标和要求，才能制定出替代方案，才能进行系统评价。

2. 替代方案

替代方案是指为实现系统目标可采取的各种手段和措施。一般情况下，当多种方案各有利弊时，究竟运用何种方案为最优，这就需要对这些方案进行分析和比较。

3. 费用和效益

费用是实施方案的实际支出，而效益是指方案实施后获得的成效。建立一个系统，必然会发生费用，而建立系统的目的是得到效益。费用和效益是对方案的约束条件，只有效益大于费用的设计才是可取的，反之是不可取的。

4. 模型

模型是对客观事物的一种抽象描述，是对事物的本质属性的反映。常用的模型有实物模型、图式模型、模拟模型、数学模型。系统分析所采用的模型是多种多样的，但归结起来有以下特征：

（1）模型是实现系统的抽象描述。

（2）模型是由一些与所分析的问题有关的主要因素构成的。

（3）模型标明这些有关因素之间的关系。

对复杂问题模型化便于对问题进行处理，也可在决策前预测出问题的结果，因此，模型是系统分析的主要工具。

5. 评价标准

不同的系统应根据其性质和要求，建立不同的评价标准，来对各种替代方案进行综合评价，确定出方案的优劣顺序。常见的评价标准是由一组评价指标组成的。

由以上对系统分析的要素的说明，可得出系统分析的结构，如图2-6所示。

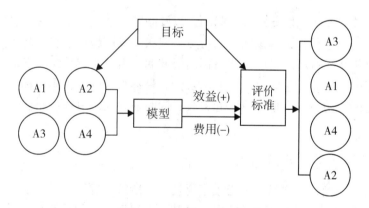

图2-6 系统分析的结构

（二）系统分析的原则

（1）整体性原则。系统分析的一个基本思想，就是把所要研究的对象看作一个有机的整体，以整体效益为目标。整体性原则要求人们在认识和改造系统时，必须从整体出发，从组成系统的各要素间的相互关系中探求系统整体的本质和规律。目前，工业发达国家都在探索实现物流一体化、发挥物流综合功能的途径，这就需要依照整体性原则进行系统分析,才能发挥物流综合功能,实现物流活动整体优化。

(2) 层次性原则。任何一个系统都是由一定要素组成的整体。一方面,这些要素是由其下一层要素组成的子系统;另一方面,该系统又是更大系统中的构成要素。如此相互包含的关系就构成了系统的层次性。运用系统分析方法研究物流问题,要注意整体与层次、层次与层次间的相互制约关系。

(3) 结构性原则。组成系统的要素间都有一种相互结合的存在方式,这种要素间的相互结合的状态,构成了系统赖以存在和运行的结构系统。探讨物流系统目标最优化时,必须注意组成物流系统各要素之间的结构方式以及这种结构方式对物流系统整体的作用和影响,并根据物流系统的整体功能要求进行物流活动诸要素的结构设计,以便有效地满足物流系统的整体要求。

(4) 相关性原则。系统和系统之间、系统各要素之间、系统和要素之间是相互联系、相互作用的,具有相关性特点。在运用系统分析方法研究物流系统时,一定要注意这种相关性。例如,整个国民经济和物流系统的相互联系和相互作用,不仅是研究物流系统时首先遇到的问题,而且也是物流系统发展的真正的最终原因。

(5) 目的性原则。人们建立系统总是出于某种需要,是为了达到预期的目的。因此在进行系统分析时,应把物流系统看作具有一定发展规律和趋势的系统,并在尊重客观规律的前提下确定物流系统应达到的目标。

三、系统分析的步骤

(一) 明确问题,确立目标

系统分析首先要明确所要解决的问题,以及问题的性质、重点和关键所在,恰当地划分问题的范围和边界,了解该问题的历史、现状和发展趋势,在此基础上确定系统的目标。系统分析是针对所提出的具体目标而展开的。由于实现系统功能的目的是靠多方面因素来保证的,因此,系统目标也是由若干个目标组成的。在多目标情况下,要考虑各项目标的协调,防止发生抵触或顾此失彼,同时还要注意目标的整体性、可行性和经济性。

(二) 搜集资料,分析问题

提出问题、明确目标之后,还必须广泛搜集与所解问题有关的一切资料,包括历史资料和现实资料、文字资料和数据资料,尤其要重视反映各种要素相互联系和相互作用的资料。在分析和整理资料的基础上,尽量搞清楚所要解决的问题是由哪些内部和外部要素组成的,其中占主要地位的有哪些,各自有什么特点和规律,它们之间的联系是怎样的。对这些问题分析得越透彻,成功的把握性就越大。

(三) 建立模型

建立模型是对与系统目标相关的因素之间的关系进行描述。可根据不同表达方式、方法的需要选择不同的模型。通过模型的建立,可确认影响系统功能和目标的主要因素以及影响程度，确认这些因素的相关程度、总目标和分目标的达成途径及其约束条件。

（四）系统优化

系统优化的作用在于运用最优化的理论和方法，如运筹学中的几个主要分析、图论、系统工程原理与方法等，对若干个可行方案或替代方案的模型进行仿真和优化计算，求出几个替代解。

（五）系统评价

运用确定的评价标准，主要从技术和经济两个方面，对各种方案进行比较和评价，权衡各个方案的利弊得失，从而为选择最优系统方案提供足够的信息。系统分析的工作不是一蹴而就的，往往由于在某一步骤出现问题，需要返回到前面的步骤，甚至返回到确定目标阶段，重新开始。只有这样，才能保证为决策提供完全、准确的信息。

四、物流系统分析的内容

根据系统分析的基本含义，物流系统分析的主要内容有系统目标分析、系统结构分析、系统综合分析、系统评价等。在这里，我们结合物流系统状况，从下面几个方面来介绍物流系统分析的内容。

（一）系统目标分析

系统的目标既是建立系统的依据，又是系统分析的出发点。只有正确地把握和理解系统的目标和要求，才能为进一步的系统分析奠定基础，才能使所建系统达到预期的目的。因此，物流系统目标的确定也是一个非常重要的问题，它是建立物流系统或改进物流系统过程中难度最大的一个步骤。目标不明确，系统分析就无从着手。由于物流系统的特性，决定了物流系统目标的多元性和多层次性，这就增加了物流系统目标确定的困难程度。

关于物流系统目标的问题，有人将其定义为"从最低的成本选择对物品做适时、适地的运送"。实际上，如果按这个目标来建立物流系统，几乎是不可能的。因为要做到适时、适地的运送，必须以最佳的服务和最佳的销售为前提，这就需要有大量的存货、先进的运输工具和优良的物流设施，必然会造成成本的增加；而最低的物流费用要求低廉的运费、最少的储存及尽可能低的其他物流费用等，这样必定降低了物流系统的服务质量。因此，最佳的服务和最低的费用这两者同时满足是难以实现的。

所以，物流系统目标应是建立在合适的仓储设施、零售店、工厂、存货水平、运输方式，以及其他物流环节的规模和情报信息处理系统的基础上，使物流部门在提供某一服务水平下的收益与物流费用达到适度的平衡，或相匹配，也就是以尽可能少的物流费用支出获得最大限度地满足各种需要的物流服务水平。

物流系统的目标还可用物流系统的输入与输出的比例来表示。

物流系统的基本输出是为顾客服务。作为物流系统服务性的衡量标准，可以列举如下：

(1) 对用户的订货能很快地进行配送。
(2) 接受用户的订货时商品的在库率高。
(3) 在运送中交通事故以及货物损伤、丢失和发送错误少。
(4) 保管中货物的变质、丢失、破坏现象少。
(5) 具有能很好地实现运送、保管功能的包装。
(6) 装卸搬运功能能满足运送和保管的要求。
(7) 能提供保障物流活动流畅进行的物流信息系统，并能够及时反馈信息。
(8) 合理的流通加工，以保证生产费、物流费之和最少，以及减少或消除对环境的不良影响。

物流系统的输入是输送、储存、搬运、装卸、物流信息、物流加工等环节所消耗的劳务、设备、材料等资源，这些都构成了物流费用（成本）。

对于一个物流系统的效益评价，必然是以系统的输出效果与输入成本相比较为依据的。因此，物流系统的目标可表示为：

$$\max\left[\frac{提供各种顾客服务水平的年收益 - 物流各环节的作业成本}{物流系统的年投资额}\right]$$

（二）系统构成分析

物流系统的构成分析主要是层次构成分析、业务活动构成分析以及功能构成分析。这些结构各不相同，但都是对物流系统的构成进行分析，只是分析的角度不同，因此它们之间也存在着一定的联系。

1. 物流系统的层次构成分析

物流系统的层次构成分析，是按物流活动范围的大小来进行的层次构成分析，主要分微观物流系统和宏观物流系统两个层次。

(1) 微观物流系统。微观物流系统主要是指企业物流系统。在社会经济系统中，企业是社会－经济－技术的结合体，是组成社会经济体系的相对独立的经济单元。根据系统论的观点，企业应是由各种形式的输入（人力、物资、资金等）转化为各种有形产品和劳务输出的开放系统。企业系统的输入－转化－输出的过程，都伴随着物流活动。企业为保证本身的生产节奏，不断组织原材料、零部件、燃料、辅助材料供应的物流活动，这些就是企业的供应物流，它对企业生产的正常、高效进行起着重大作用；在企业生产工艺中的物流活动是企业的生产物流，它是与整个生产工艺过程伴生的，实际上已构成了生产工艺过程的一部分；企业为保证本身的经营效益，伴随着销售活动，不断地将产品所有权转给用户的物流活动就是企业的销售物流；企业在生产、供应、销售的过程中总会生产各种余料和废料，这些东西的回收是需要伴随物流的，这就是企业回收物流；对企业排放的无用物进行运输、装卸、处理等物流活动构成企业废弃物物流。因此，企业物流系统就是由供应、生产、销售、回收、废弃物处理物流子系统构成的。

(2) 宏观物流系统。宏观物流系统又称社会物流系统，它是超出企业范围的物流活动。宏观物流系统是以社会再生产的全过程作为研究分析对象的。马克思在《政治经济学批判导言》中曾精辟地描述了生产—分配—流通—消费的社会再生产系统图。他指出"它们构成一个总体的各个环节,一个统一体内部的差别。"(《马克思恩格斯选集》第2卷,第103页)。"不同要素之间存在着相互作用,每一个有机整体都是这样。""流通本身只是交换的一定要素,或者也是从总体上看的交换。""当市场扩大,即交换范围扩大时,生产的规模也就增大,生产也就分得更细。"(《马克思恩格斯选集》第2卷,第102页)。一方面,流通把生产与消费联系起来;另一方面,企业这个开放系统的运作也需要流通才得以完成。这样就形成了社会再生产过程,即社会经济系统。由此可看出,流通是社会经济系统得以运行的中心环节,也是社会经济系统中的一个子系统。

在现代科学技术条件下,商品流通已发展成为以信息流为先导的商品价值流和商品实物流三流一体的流通集成,这也就是社会物流系统的结构,如图2-7所示。

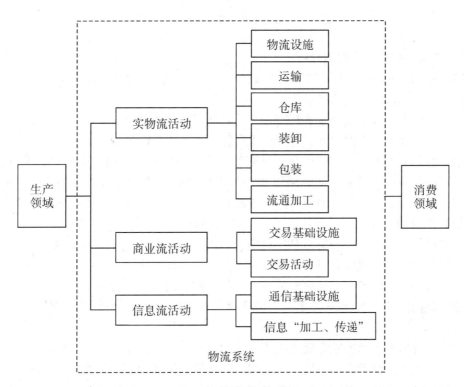

图2-7 社会物流系统

整个物流系统的活动,既有经济问题,又有技术问题;既涉及工业经济,又涉及商业经济、运输经济、生产力经济;既运用工业工程学知识,又运用机械工程学、运输工程学知识。这些都是由物流系统多维的、复杂的结构所决定的。

2. 物流系统的业务活动构成分析

这是按照物流活动业务性质的不同,分类进行的分析。根据物流活动不同的业务,物流系统可分为供应物流子系统、生产物流子系统、销售物流子系统、回收物流子系统和废弃物流子系统。相关子系统将在以后的章节中分别予以介绍,现仅列出物流系统业务活动的构成图，如图2-8所示。

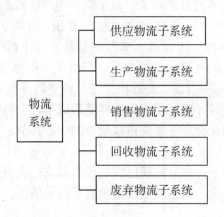

图2-8　物流系统的业务活动构成示意

3. 物流系统的功能构成分析

物流系统功能构成分析，主要是通过分析物流过程的各项活动，对功能进行定义，形成功能区域，从而形成功能系统。

一个系统内部各构成要素都具有相应的功能，并且依据各功能之间的内在联系形成功能体系，从而为系统的设计、开发提供条件。在系统内部各功能的联系中，有两种关系：第一种是上下关系，第二种是并列关系。前者是指在一个功能系统中某些功能之间存在着目的与手段的关系，即如果甲功能是乙功能的目的，则乙功能就是甲功能的手段；与此同时，乙功能又可能成为丙功能的目的，丙功能又是实现乙功能的手段。一般地，把起"目的"作用的功能称为上位功能，而把起"手段"作用的功能称为下位功能。上位功能与下位功能的关系是相对的，因为一个功能对它的上位功能来说是手段，而对它的下位功能来说则是目的。后者是指在一个上位功能之下往往有若干个相对独立而又相互联系的功能存在，从而形成一个功能区域，构成一个功能子系统。

根据功能间的这种上下关系和并列关系，可用一个树形图表示系统功能分析的结果。

物流系统的整体功能就是提供物流的空间效用和时间效用。为了达到这个目的，需要进行一系列物流活动，即包装、装卸搬运、运输、储存保管、流通加工、废弃物的回收与处理以及与此相联系的情报信息等。所有这些功能对于整体功能来讲，都起的是手段作用；同时，这些起手段作用的功能又可能成为下一层次的起目的作用的功能。例如，运输功能的发挥，需要提高效益、保证安全、节约运费，这时运输功能就成为目的功能，而后者则成为手段功能。通过对物流系统功能分析，可构造一个物流系统的功能系统，如图2-9所示。

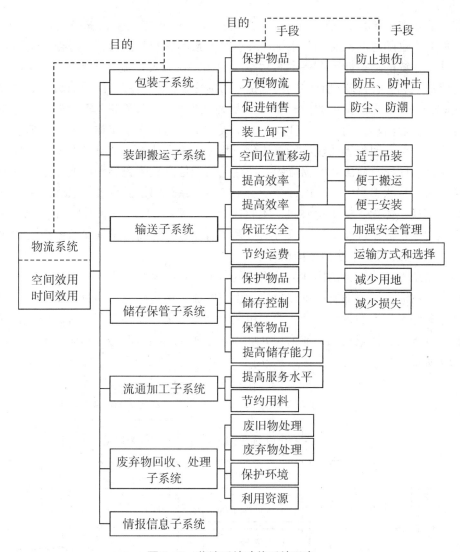

图 2-9 物流系统功能系统示意

(三) 系统综合分析

1. 物流系统的有序性和动态性分析

系统之所以能够成为一个整体，发挥较高的功效，就在于它的构成的有序性。系统的有序性主要表现在系统构成的层次性上。前面在分析物流系统的构成时，分为宏观物流和微观物流两个层次。宏观物流是连接生产领域和消费领域的桥梁和纽带，微观物流是宏观物流得以顺畅进行的基础，通过宏观物流和微观物流各子系统的功能作用，形成了整个社会经济大系统的有机整体。宏观物流为微观物流提供最佳的输入；而微观物流则将有效的输入进行合理的转化，为宏观物流提供最佳的输出。整个物流系统就是在这样一种复杂交替的输入-转化-输出的运动中，为整个社会经济大系统提供最佳的经济效益。

绝对静止的系统是不存在的，一切系统都处于不断的变化、发展过程中，这种变化、发展并不是随意的，而是受系统内外各种要素的影响和制约，并遵循一定的客观规律。因此，系统的动态性是有序中的动态。例如，在微观物流各子系统的运动发展中，生产物流的顺利流转，若没有供应物流是不可能完成的；销售物流的输出，如果没有生产物流的转化，也难以实现的。又如，在宏观物流中，若只有商业活动而无实物的分销配送等实体流通活动，则只是一种商品的空买空卖交易；而在实物流中，不把包装、装卸、运输、仓储、回收等功能统筹一体化，物流的综合功能也就难以发挥，综合效益也就难以实现。同样，商流和实物流的一切活动若无信息流的先导和沟通作用，整个物流系统将陷入盲目状态当中。所以，在物流系统各子系统间及系统各要素间，只有彼此同步协调，实现一体化、整体化协同，才能达到整个系统的合理化和最优化。也就是说，协同才能形成物流系统有序，而只有物流系统有序，才能充分发挥物流系统的功效。

2. 物流系统的整体性和结构性分析

物流系统的整体性和结构性是从不同的角度对系统进行分析的。无论是微观物流系统还是宏观物流系统，都要由供应物流、生产物流、销售物流、回收物流及废弃物流构成，都需要经过物流的各项活动，诸如包装、装卸搬运、储存保管、流通加工、废弃物的回收与处理以及情报信息的加工与处理等，才能完成物的流动。物流系统的整体性如图2－10所示。

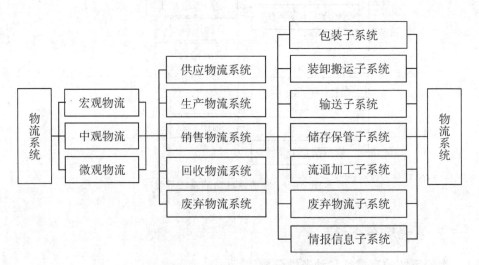

图2－10 物流系统的整体性示意

（四）系统评价

1. 物流系统评价的目的

系统评价是系统分析中复杂而又重要的一个环节。物流系统的评价是指从技术和经济两个方面对建立的各种物流系统方案进行评价，并从中选择出技术上先进可行、经济上合理的最优系统方案的过程。

系统功能、目标和要求的实现程度,是以系统的功能与为实现其功能所支付的费用之间的比例关系是否合理来衡量的。所以,物流系统评价的目的,主要是从系统功能、目标、要求以及费用方面,对系统进行分析和评价,考核其满足程度,借以发现问题,提出改进措施,并经过修改建立系统的最优方案,为决策提供科学依据。同时,通过对系统的分析和评价,肯定系统,运用系统,以及对系统的"价值"做出评价。

系统的价值是系统的功能与所支付的费用之间的比例关系,用公式可表示如下:

$$价值(Value) = \frac{功能(Function)}{费用(Cost)}$$

简记为:

$$V = \frac{F}{C}$$

这就是价值分析中所谓价值的含义。

价值分析方法,实际上也是从系统的技术上和经济上两个方面对系统进行的评价。因为系统功能的实现是以系统的技术上的先进适用为保障的,费用的多少体现了系统在经济上的合理程度。所以,系统的评价应从系统的总评出发,综合评价系统价值各方面的所得和所失,尽可能把不同方面的评价尺度统一起来,这样才能得到真实、完整的评价结果。

2. 物流系统评价的原则

物流系统是一个非常复杂的人造系统,它涉及范围广、构成要素繁多且关系复杂,这都给系统评价带来了一定的难度。为了对物流系统做出一个正确的评价,应遵循下列基本原则:

(1) 要保证评价的客观性原则。评价的目的是决策,因此,评价的质量影响着决策的正确性。也就是说,必须保证评价的客观性。必须弄清资料是否全面、可靠、正确,防止评价人员的倾向性,并注意人员的组成应具有代表性。

(2) 坚持技术上先进适用、经济上合理的原则。物流系统功能的发挥、目标和要求的实现,在很大程度上取决于物流技术本身的先进性和适用性。这是因为物流技术的先进适用性是影响物流速度高低、系统可靠性强弱的主要因素。经济上的合理性反映物流系统的物化劳动和活劳动消耗情况,以尽可能少的消耗获取良好的经济效果是经济管理工作的出发点和落脚点,也是物流系统目的所在。

(3) 坚持局部效益服从整体效益的原则。物流系统由若干个子系统或要素构成,如果每个子系统的效益都是好的,则整体的效益也会比较理想。在某些情况下,有些子系统是经济的,效益是好的,但从全局看却不经济,这种方案理所当然是不可取的。反之,在某些情况下,从局部看某一子系统是不经济的,但从全局看整个系统却是较好的,这种方案则是可取的。因此,我们所要求的是整体效益化和最优化,要求局部效益服从整体效益。

(4) 要坚持先进合理和可操作性原则。影响物流系统功能发挥的因素是非常多的,因此，物流指标体系的建立和评价指标的确定系统指标体系时，不可能面面俱到，应在突出重点的前提下，尽量做到先进合理，坚持可操作性。可操作性主要表现在评价指标的设置上，既要可行又要可比。可行性主要是指指标设置要符合物流系统的特征和功能要求，在具体指标的确定上，不能脱离现有的技术水平和管理水平而确定一些无法达到的指标。制定的评价标准不能过高过严，也不能偏低，应为平均先进水平。可比性，主要指评价项目的内容含义确切，便于进行比较，评出高低。

（5）坚持定性分析与定量分析相结合的原则。在定性分析的基础上坚持定量分析，对系统做出客观合理的评价结果。在对物流系统进行评价时，应在定性分析的基础上，以定量分析为主，既要反映物流系统实现功能的程度，又要确定其量的界限，才能对系统做出客观合理的评价结果，才能确定最优方案。

3. 物流系统评价指标体系的组成

要对不同的方案进行评价和选优，必须建立能对照和衡量各个替代方案的统一尺度，即评价指标体系。评价指标体系是指衡量系统状态的技术、经济指标，它是系统规划和控制的信息基础。建立一套完整的评价指标体系，有助于对物流系统进行合理的规划和有效的控制，有助于准确反映物流系统的合理化状况以及评价改善的潜力和效果。物流系统评价指标体系由如下两大部分组成：

（1）物流生产率。物流生产率指标是指物流系统投入产出转换效率的指标。物流系统的运行过程，是一定的劳动消耗和劳动占用（投入）完成某种服务（产出）的过程。物流系统的投入包括人力资源、物质资源、能源和技术等，上述各项投入在价值形态上统一表现为物流成本。物流系统的产出，就是为生产系统和销售系统提供的服务。物流生产率指标是物流系统指标体系的重要组成部分，它通常又包括实际生产率、资源利用率、行为水平、成本和库存五个方面的指标。

1）实际生产率。它是指系统实际完成的产出与实际消耗的投入之比，如人均年仓储物品周转量、运输车辆每吨年货运量等。

2）资源利用率。物流系统的资源利用率是系统需要的投入与实际投入之比，如运输车辆的运力利用率、仓储设施的仓容利用率等。

3）行为水平。物流系统的行为水平是系统实际的产出与期望的产出之比，也就是对系统各生产要素工作额完成情况的评价，如每人每小时的实际件数与定额数之比等。有时也用完成工作的规定时间与实际使用时间之比来衡量。

4）成本。物流系统的各项投入在价值形态上统一表现为物流系统成本。成本能有效地反映物流系统的运行状况，并且是评价物流过程中各项活动的共同尺度。因此，可通过比较成本与产出的价值量或实物量，来衡量物流系统的实际生产率；或者通过实际成本与成本定额的比较，来衡量物流系统的行为水平。

5）库存。库存是物流系统劳动占用形式的投入。库存的数量与周转速度是体现物流投入产出转换效率高低的重要标志，如库存周转天数、库存结构合理性等。

（2）物流质量。物流质量指标是物流系统指标体系的重要组成部分，它是对物流系统产出质量的衡量。根据物流系统的产出，可将物流质量划分为物料流转质量和物流业务质量两方面。

1)物料流转质量。物料流转质量是对物流系统所提供的物品在数量、质量、时间、地点上的正确性评价。①数量的正确性:指物流过程中物品实际数量与要求数量的符合程度,常见指标包括仓储物品盈亏率、错发率等;②质量的正确性:指物流过程中实际质量与要求质量的符合程度,常见的指标有仓储物品完好率、运输物品完好率、进货质量合格率等;③时间的正确性:指物流过程中物品流向的实际时间与要求时间的符合程度,常见指标有及时进货率、及时供货率等;④地点的正确性:指物流过程中物品流向的实际地点与要求地点的符合程度,常见指标有错误送货率等。

2)物流业务质量。物流业务质量指对物流系统的物流业务在时间、数量上的正确性及工作的完善性的评价。①时间的正确性:指物流过程中物流业务在时间上实际与要求的符合程度,常见的指标有采购周期、供货周期、发货故障平均处理时间等;②数量的正确性:指物流过程中物流业务在数量上实际与要求的符合程度,常见指标有采购计划完成率、供应计划完成率、供货率、订货率等;③工作的完善性:指物流过程中物流业务工作的完善程度,常见的指标有对用户问询的响应率、用户特殊送货要求满足率、售后服务的完善性等。

4. 物流系统评价指标体系的建立

根据系统的观点,系统的评价指标体系是由若干个单项评价指标组成的有机整体。它应反映出评价目的要求,并尽量做到全面、合理、科学、实用。根据不同的衡量目的,物流系统指标的衡量对象可以是整个物流系统,也可以是供应物流、生产物流、销售物流以及回收、废弃物流子系统,还可以是运输、仓储、库存管理、生产计划及控制等物流职能,乃至各职能中具体的物流活动,由此形成不同的指标体系。下面以最有代表性的物流职能——储运为对象,讨论如何建立指标体系。

(1)运输。可对运输中的自备运输和外用运输分别建立指标体系,衡量其生产率和质量。其指标体系如图 2-11 所示:

$$物品损坏率 = \frac{年货损总额}{年货运总额} \times 100\%$$

$$正点运输率 = \frac{年正点运输次数}{年运输总次数} \times 100\%$$

$$运力利用率 = \frac{年实际吨公里数}{年运输能力吨公里数} \times 100\%$$

(2)仓储。仓储有外用与自备两种,可分别对其建立指标体系,如图 2-12 所示:

$$物品完好率 = \left(1 - \frac{年物品损坏变质金额}{年储备总金额}\right) \times 100\%$$

$$物品盘盈额 = \frac{年物品盘盈额 + 年物品盘亏额}{年物品收入总额 + 年物品发出总额} \times 100\%$$

$$仓容利用率 = \frac{年储存物品实际数量或容积}{年可储存物品数量或容积} \times 100\%$$

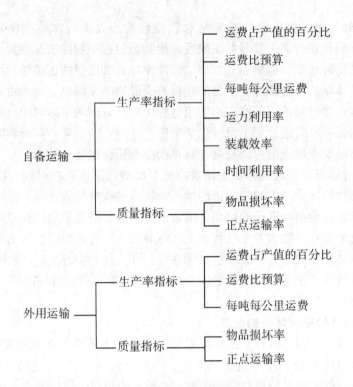

图 2-11 运输子系统指标体系

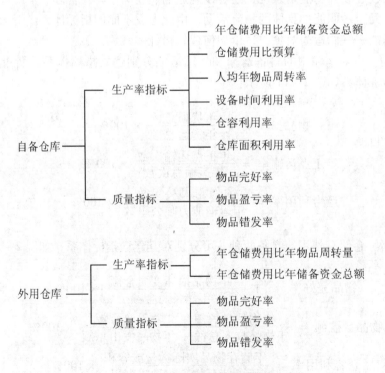

图 2-12 仓储子系统指标体系

5. 物流系统评价的步骤

评价是根据明确的目标来测定对象系统的属性,并将这种属性变为客观定量的计算值或主观效用的行为过程。这一过程包括三个步骤:一是明确评价目的,二是建立评价指标体系,三是选择评价方法并建立评价模型。故物流系统评价过程如下:

第一步,确定评价目的。对物流系统进行综合评价是为了从总体上把握物流系统现状,寻找物流系统的薄弱环节,明确物流系统的改善方向。为此,应将物流系统的各项评价指标的实际值与基准值进行比较。若以目标值作为基准值,可评价物流系统对预期目标的实现程度,寻找实际与目标的差距所在;若用物流系统运行的历史值为基准值,则可评价物流系统的发展趋势,从中发现薄弱环节;若基准值选用同行业的标准值、平均水平值或先进水平值,则可评价物流系统在同类系统中的地位,从而寻找出物流系统的改善潜力。

第二步,建立评价指标体系。物流系统评价指标体系影响因素多,应选择有代表性的评价指标,以便从总体上准确反映物流系统运行状况。例如,我们将物流按物流业务活动划分的物流子系统来建立物流系统的指标体系,并选取典型的物流生产率指标和物流质量指标,从而形成了具有递阶层次结构的评价指标体系,如图 2-13 所示。

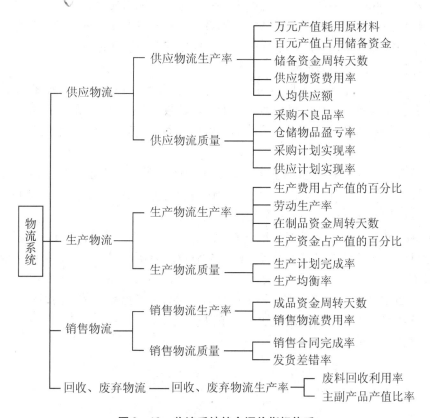

图 2-13　物流系统综合评价指标体系

图 2 – 13 中：

$$供应物流费用率 = \frac{年供应物流费用总和}{年原材料供应额} \times 100\%$$

$$销售物流费用率 = \frac{年销售物流费用总和}{年销售总额} \times 100\%$$

$$废物回收利用率 = \frac{经过综合利用的废弃物数量}{可能利用的废弃物数量} \times 100\%$$

第三步，选择评价方法并建立模型。从物流系统的综合评价指标体系中可以看出，在对物流系统进行评价时，要注意以下几个问题：

(1) 评价指标多，但可划分为不同层次。因此，可通过逐级综合得出对各部分的评价，然后再对系统做出总体的评价结果。

(2) 由于管理基础工作等方面的原因，有时指标无法精确量化。同时，由于物流系统是多属性的复杂系统，评价结果用一个数值来表示不够全面和准确，因而对各指标进行等级评价具有一定的模糊性。

对物流系统的评价一般采取综合评价方法。通常可采用模糊数学的方法对物流系统进行综合评价。为了便于说明，根据指标体系建立指标评价表，如表 2 – 1 所示。评价指标的值采用征询专家意见的方法确定，各指标按五个级别评定。

综合评价方法的具体步骤如下：

(1) 根据已建立的评价指标体系，首先根据各大类指标对评价对象的影响及重要程度确定其相应权重数，从而得到各大类指标权重数向量 A。权重的大小可以采用征询专家意见的办法平均求得，也可以采用经验估计的办法制订。现设定采用后一种办法制订大类指标的权重。

(2) 在制定大类指标权重的基础上，再制定各大类指标下层的指标的权重数，制定依据为该下层指标在其大类指标中所起的作用和所占的地位，确定方法同制订大类指标权重，从而得到评价指标的权重数矩阵 B。

(3) 根据给定各指标的等级标准（在此设为 1～5 五个等级），采用专家评审或征询专家意见的办法，计算出各大类指标的综合评价结果矩阵 R，再计算出该系统的综合评价向量 C。

(4) 根据对物流系统综合评价结果向量 C，对系统做出恰如其分的评价。

根据上述基本步骤，我们用数学符号予以说明。

设大类指标权重数向量：

$$A = (\alpha_1, \alpha_2, \cdots, \alpha_s, \cdots, \alpha_m)$$

其中：$0 < a_1 < 1$；$\sum_{i=1}^{m} a_i = 1$；m 表示大类指标个数。

表 2 – 1 指标评价

大类指标	大类指标权数	评价指标	评价指标权数	评价等级 1	2	3	4	5
指标 1	a_1	指标 1_1 指标 1_2 $\vdots$ 指标 1_k	b_2^1 $\vdots$ b_k^1					
指标 2	a_2	指标 2_1 指标 2_2 $\vdots$ 指标 2_p	b_1^2 b_2^2 $\vdots$ b_p^2					
$\vdots$	$\vdots$	$\vdots$	$\vdots$					
指标 s	a_s	指标 s_1 指标 s_2 $\vdots$ 指标 s_q	b_2^s $\vdots$ b_q^s					
$\vdots$	$\vdots$	$\vdots$	$\vdots$					
指标 m	a_m	指标 m_1 指标 m_2 $\vdots$ 指标 m_v	b_1^m b_2^m $\vdots$ b_v^m					

设评价指标权重数矩阵为 B：

$$B = \begin{bmatrix} B^1 \\ B^2 \\ \vdots \\ B^s \\ \vdots \\ B^m \end{bmatrix}$$

其中：$B^s = (b_1^s, b_2^s, \cdots, b_k^s)(s = 1, 2, \cdots, m)$；$b_i^s(i = 1, 2, \cdots, k)$ 表示为第 s 类的第 i 个指标在该类中的权重数；$0 < b_i^s < 1$；$\sum_{i=1}^{k} b_i^s = 1$；k 表示 s 大类指标下属指标个数。

设评价指标值矩阵为 P：

$$P = \begin{bmatrix} P^1 \\ P^2 \\ \vdots \\ P^s \\ \vdots \\ P^m \end{bmatrix}$$

$$P = \begin{bmatrix} P^s_{11} & P^s_{12} & \cdots & b^s_{15} \\ P^s_{21} & P^s_{22} & \cdots & b^s_{25} \\ \cdots & \cdots & \cdots & \cdots \\ P^s_{k1} & P^s_{k2} & \cdots & b^s_{k5} \end{bmatrix}$$

其中：$P^s_{ij}(s = 1,2,\cdots,m; i = 1,2,\cdots,5)$ 表示所有专家对第 s 类中第 i 个指标评价作为 j 等级的平均结果，则有：

$$P^s_{ij} = \frac{\text{第 } s \text{ 类中第 } i \text{ 指标被评为 } j \text{ 等级的次数}}{\text{参加评审的专家总人数}}$$

设大类指标评价矩阵为 R：

$$R = \begin{bmatrix} R^1 \\ R^2 \\ \vdots \\ R^s \\ \vdots \\ R^m \end{bmatrix}$$

其中：$R^s = (r^s_1, r^s_2, \cdots, r^s_5,)(s = 1,2,\cdots,m); r^s_j(j = 1,2,\cdots,5)$ 表示所有专家对第 s 大类指标评价为第 j 等级，并进行归一化后的综合结果。即令：

$$R^1_5 = B^s \cdot P^2 = (R^{s'}_1, R^{s'}_2, \cdots, R^{s'}_5)(s = 1,2,\cdots,m)$$

$$R^s = (r^s_1, r^s_2, \cdots, r^s_s)$$

$$= \left(\frac{R^{s'}_1}{\sum_{j=1}^{s} R^{s'}_j}, \frac{R^{s'}_2}{\sum_{j=1}^{5} R^{s'}_j}, \cdots, \frac{R^{s'}_5}{\sum_{j=1}^{s} R^{s'}_j} \right)$$

设 C 为物流系统的模糊评价结果并进行归一化后的向量：

$$C = (C_1, C_2, \cdots, C_5)$$

其中：$C_j(j = 1,2,\cdots,5)$ 表示为所有专家将系统评价为第 j 等级的意见集中程度。

令：

$$C' = A \cdot R = (C'_1, C'_2, \cdots, C'_5)$$

则：

$$C = (C_1, C_2, \cdots, C_5) = \left(\frac{C'_1}{\sum_{j=1}^{5} C'_j}, \frac{C'_2}{\sum_{j=1}^{5} C'_j}, \cdots, \frac{C'_5}{\sum_{j=1}^{5} C'_j} \right)$$

若，$C_i = \max\{C_1, C_2, \cdots, C_5\}$，则该物流系统的评价结果为 C_t 所代表的等级。即若 $C_t = C_2(t = 1, 2, \cdots, 5)$，则该物流系统被评为 2 级。

第三节 物流信息与信息系统

一、商流、物流、信息流和资金流的关系

在物流系统过程中存在着四流的融合，即商流、物流、信息流和资金流。商流、物流、信息流和资金流既互相区别又互相联系，它们合则形成同一的物流过程，分则拥有彼此独立的运动形式和客观规律。

信息流产生于商流和物流活动中，并为商流和物流活动服务。信息流是商流和物流活动的描述和记录，反映商流和物流的运动过程。信息流对商流和物流活动起指导和控制作用，是为商流和物流活动提供决策的重要依据。资金流（fund flow）指在物流渠道成员间随着商品实物及其所有权的转移而发生的资金往来流程，资金流是物流系统运行的重要支撑保障子系统。

在商流、物流、信息流和资金流之间，信息流是导向，商流是前提，物流是基础，资金流是支撑保障。一方面，信息流既制约商流，又制约物流，并且将商流和物流联系起来，完成物品流通全过程；另一方面，商流、物流和信息流相辅相成、相互促进，推动流通过程不断向前发展。在这个过程中，以信息流为媒介，通过商流实现物品的价值，通过物流实现物品的使用价值。

二、物流信息

（一）物流信息概述

物流信息是伴随着物流和商流而产生的数据，经过采集处理、传递形成的信息流，它引导和调节物流的流量、流向、速度，使物流按规定的目标和方向运动。国家标准《物流术语》（GB/T18354-2021）是对物流信息的定义，以及反映物流各种活动内容的知识、资料、图像、数据的总称。

物流是一个集中和产生大量信息的领域，由于物流的不断运动的性质，所以物流信息也随时间不断产生，并且信息量比一般的相对运动性较差的领域大得多。大量数据信息出现往往容易产生混乱，人们也很难从中发现和取得对物流管理和决策有用的那一部分，因此，物流信息的处理方法和处理手段便是物流信息工作的主要内容，否则物流便难以做到十分顺畅。

物流和信息关系十分密切，物流从一般活动成为系统活动，也依赖于现代信息技术的发展。如果没有物流信息，物流则是一个单向的活动；只有靠信息的反馈功能，物流才成为一个有反馈作用的信息系统，包括了输入、转换、输出和反馈四大要素的现代物流系统。

（二）物流信息和商流信息的关系

物流过程的信息流，从其信息的载体及服务对象来看，可分成物流信息和商流信息两大类。在两类信息中，有一些是交叉的、共同的，有许多则是商流及物流特有的、非共同的东西，其关系如图 2-14 所示。

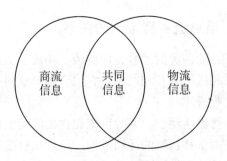

图 2-14 商流信息与物流信息的关系

物流信息主要是物流数量、物流地区、物流费用等信息；商流信息主要是与进行交易有关的信息，如价格信息、货源信息、合同信息、市场交易信息等。商流中交易、合同等信息，不但提供了交易的结果，也提供了物流的依据，是两种信息流的主要交汇处。物流信息中的库存量信息，不但是物流的结果，也是商流的依据，是两种信息流的交汇处。所以，物流信息不仅作用于物流，也作用于商流，是流通过程不可缺少的管理及决策依据。

（三）物流信息的分类

1. 按信息产生领域分类

按信息产生的领域和作用的领域，物流信息可分为物流系统内信息和物流系统外信息。

（1）物流系统内信息是伴随物流活动而发生的信息，包括物料流转信息、物流作业信息、物流控制层信息和物流管理层信息。其作用不但可以指导下一个物流循环，也可提供于社会，成为经济领域的信息。

(2) 物流系统外信息是指在物流活动以外的其他经济领域、工业领域产生的，对物流活动有作用的信息，主要用于指导物流活动，包括供货人信息、顾客信息、订货合同信息、交通运输信息、市场信息、政策信息，还有来自企业内生产、财务等部门的与物流有关的信息。

2. 按信息的作用不同分类

按物流信息作用不同，物流信息可分为以下四类：

（1）计划信息。指尚未实现的，但已当作目标确认的一类信息，如物流量计划、仓库吞吐量计划、与物流活动有关的国民经济宏观规划纲要、工农业产品产量计划。这种信息的特点是带有相对稳定性，信息更新速度慢。计划信息的作用是指导物流活动在这种计划前提下规划自己战略的、长远的发展，它是制定物流企业战略的决策依据。

（2）控制及作业信息。指物流活动过程中发生的信息，如库存种类、库存量、在途运量、运输工具状况、物价、运费等。这类信息的特点是具有较强的动态性，更新速度快，并且富有时效性，即只有及时得到信息才有用，否则将变得毫无价值。控制及作业信息的作用是控制和调整正在发生的物流活动和指导下一次即将发生的物流活动，以实现对过程的控制和对业务活动的微调。

（3）统计信息。指在物流活动结束后，对整个物流活动进行总结、归纳的信息。已产生的统计信息都是一个历史性的结论，是恒定不变的。但新的统计结果不断出现，从而从总体看来具有动态性。统计信息的作用是用以正确掌握过去的物流活动及规律，以指导物流战略发展和制订计划。物流统计信息也是国民经济统计中非常重要的一类信息。

（4）支持信息。指能对物流计划、业务、操作有影响或有关的文化、科技、产品、法律、教育、民俗等方面的信息，如物流技术的革新、物流人才需求等。这些信息不仅对物流战略发展有价值，而且也能对控制、操作起到指导、启发的作用，是可以从整体上提高物流水平的一类信息。

3. 按信息的加工程度不同分类

按加工程度不同，可将物流信息分为原始信息和加工信息。

（1）原始信息。指未被加工过的信息，是最有权威性的凭证性信息。原始信息是加工信息可靠性的基础保证。

（2）加工信息。加工信息是对原始信息进行分类、汇总、整理、检索等处理后的信息。这种信息是原始信息的提炼、简化和综合。加工信息对使用者有更大的使用价值。

4. 按活动领域分类

物流系统的各个子系统、各个功能系统都产生物流系统，按这些领域可将物流信息分为运输信息、仓储信息、装卸信息、配送信息、快递信息等。

(四) 物流信息的特点

与其他领域信息相比，物流信息的特殊性主要表现在以下三个方面：

（1）物流信息来源广、信息量大。这是由于物流系统涉及范围广、内容复杂而形成的。

(2) 物流信息动态性强,信息的价值衰减速度快。这就要求物流信息管理工作具有较强的及时性。

(3) 物流信息种类多。不仅物流系统内部各环节有不同种类的信息,而且由于物流系统与其他系统,如生产系统、销售系统、消费系统等密切相关,因而还必须收集这些类别的信息,这就使对物流信息进行分类、研究、筛选等的难度增加。

(五) 物流信息的作用

物流信息对整个物流系统起着融会贯通的作用,对物流活动起支持作用。物流系统内各子系统的相互衔接是通过信息进行沟通的,而且系统内基本资源的调度配置也是通过信息的传递来实现的。通过信息流的指导,才能保证物流各项活动灵活运转;物流系统也不再是各个独立活动的机构组合,而是有机的联系和密切的组合。

物流系统的优化、各个物流环节的优化所采用的办法和措施,如选用合适的设备、设计最合理的运输及配送路线、决定最佳库存储备等,都要切合系统实际,即都要依靠准确反映实际的物流信息,否则任何行动都不免带有盲目性。所以,物流信息对提高经济效益也起着非常重要的作用。

物流信息是物流现代化管理的重要基础。物流现代化管理具有五个特征:①供产销活动一体化、合理化;②管理组织系统化、网络化;③管理方法定量化、智能化;④管理手段自动化;⑤管理思想现代化。每一个特征都是与信息息息相关的。没有信息,就没有预测、计划、决策等,也就没有管理。在当前物流市场竞争日益激烈的市场经济环境中,准确、全面、可靠、及时地取得、使用、保持和传递信息,是任何系统、任何组织保持自身内在稳定性的最有效、最重要的措施。

三、物流信息系统

物流信息系统(logistics information system, LIS)是由人员、计算机硬件、软件、网络通信设备及其他办公设备组成的人机交互系统,其主要功能是进行物流信息的收集、存储、传输、加工整理、维护和输出,为物流管理者及其他组织管理人员提供战略、战术及运作决策的支持,以达到组织的战略最优,提高物流运作的效率与效益。

(一) 物流信息系统的主要工作

(1) 信息收集。信息的收集是信息流运行的起点,也是重要的一步。信息的质量(即真实性、可靠性、准确性、及时性)决定着信息时效价值的大小,是信息系统运行的基础。信息收集过程要求遵循一定的原则。首先,要有针对性。重点围绕物流活动进行,针对不同信息需求以及不同经营管理层次、不同目的的要求。其次,要有系统性和连续性。系统的、连续的信息是对一定时期经济活动变化概况的客观描述,它对预测未来经济发展具有很高的使用和研究价值。最后,要求信息收集过程的管理工作具有计划性,使信息收集过程成为有组织、有目的的活动。

(2) 信息处理。收集到的信息大都是零散的、相互孤立的和形式各异的,对于这些不规范的信息，要存储和检索，必须经过一定的整理加工程序。采用科学方法对收集到的信息进行筛选、分类、比较、计算、存储，使之条理化、有序化、系统化、规范化，才能成为能综合反映某一现象特征的真实、可靠、适用而有较高使用价值的信息。

(3) 信息传递。信息传递是指从信息源出发，经过适当的媒介和信息通道输送给接收者的过程。信息传递最基本的要求是迅速、准确和经济。信息传递方式有许多种：①从信息传递方向看，有单向信息传递方式和双向信息传递方式；②从信息传递层次看，有直接传递方式和间接传递方式；③从信息传递时空看，有时间传递方式和空间传递方式；④从信息传递媒介看，有人工传递方式和非人工的其他媒体传递方式。

(4) 信息应用。信息的应用是指对经过收集、加工处理后的信息的使用，以实现信息使用价值和价值的过程。信息的使用价值是指信息这一商品所具有的知识性、增值性、效用性等特征决定其能满足使用者某种特定的需要，给使用者带来一定的效益。信息的价值是指信息在收集、处理、传递、存储等过程中，需要一定的知识、特殊的工具和方式，要耗费一定的社会劳动，是人类一种创造性劳动的结晶，这种凝结在信息最终产品中的一般人类劳动即为信息的价值。

物流信息的应用过程，就是物流信息用于物流活动经营管理过程中，使信息间接创造经济效益和社会效益的过程。信息只有通过应用过程，才能实现信息的增值，产生信息的放大效益，实现信息的使用价值。

(二) 物流信息系统的层次结构

按信息的作用及加工程度不同，物流信息系统可分为业务层、控制层、决策层。

(1) 业务层。主要包括日常经营和管理活动所必需的信息，一般来自具体的物流作业业务部门，由基层管理者使用，供控制业务进度及作用计划调整时使用。

(2) 控制层。主要包括系统内部管理人员进行物流运营管理控制过程所需要的信息，其目的是使物流业务符合活动目标的要求，并监督内部各分目标的实现。

(3) 决策层。是物流企业最高管理层，主要包括制定物流活动的战略目标、方针、计划所需要的信息。

(三) 物流信息网络

1. 物流信息网络的概念

物流信息网络是传递物流信息的组织形式和工作系统。在物流系统中，要发挥信息流的作用，促使信息流能正常地、合理地流动，就必须建立一个物流信息网络。

2. 构成物流信息网络的基本条件

(1) 物流信息的传递者。信息的传递者是指有意识、有目的地通过不同形式传递信息流的个人或组织。它是信息流运动的前提和基础。

(2) 物流信息传递的路线及信息。信息的流动是由传递者直接将信息传递给信息的接收者，或中间经过某些环节、某些组织机构才能传递到信息接收者。

(3) 物流信息传递载体。物流信息的交流必须依赖一定的传递载体或工具才能进行。互联网是信息传递的主要载体和工具。

（4）物流信息的接收者。物流信息的接收者是指接收物流信息的个人或组织。

只有对以上几个基本环节的合理组织，才能构成物流信息的网络系统。

3. 物流信息网络的建立

将若干个物流信息系统以一定形式连接起来，就构成一个物流信息网络。物流信息网络可采用自动化的计算机网络式，也可采用低水平的信件、文件传递式，但其建立都必须做好以下工作：

（1）标准化。联入信息网的系统，必须将物资分类及编码、物流专业用语、单据、账表、信息传递方式进行标准化，为信息的交流、共享提供条件。

（2）选择数据及其存储方式。数据是信息处理的对象。选择数据的来源、内容，并根据数据的特点、要求决定其存储方式是物流信息系统的基础。

（3）设计工作流程。即确定信息汇总、整理的程序。

（4）确定基础设施。即确定对信息进行收集、汇总、存储、处理、发布等相适应的物质技术手段。

（5）建立通信系统。采用移动互联网的通信系统，可使信息在网络内传递、交换，形成信息网，提高信息传递速度。

（6）综合设计。从硬、软件设施着手，通过对系统的综合研究，决定中央机、小型机或终端机的配置方式，软件系统，通信交换手段，信息工作程序以及管理、使用方法。

（7）培训信息工作者。

（四）物流信息系统的工作方式

1. 手工系统

手工系统是信息系统的初级方式，其特点是信息载体是单据、卡片、台账，手工填写单据、卡片，手工分类、整理汇总单据卡片，以表格等形式输出信息，一般用通信方式进行常规远程传递及交换，还要定期进行传递、交换、分析会议。

这种方式投资少，简单易行，是传统的信息处理，但信息处理能力差、处理速度慢，不能满足现代物流信息系统的需要。所以，在物流领域中常采用的是电子计算机系统。

2. 电子计算机系统

（1）电子计算机及计算机网络在物流信息系统的应用。物流信息来源广、处理量大、加工方式多样，而电子计算机具有处理速度快、存量大等特点。因此，将电子计算机技术应用于物流信息系统是物流信息系统的一大发展。并且，在物流系统中，计算机不可能集中在一个点上使用，而需要分放在仓库、码头、车站、管理部门、物流园区、物流枢纽、配送中心等多处，形成计算机网络才能将一个跨度很大的物流系统联结起来；同时也能更好地使计算机发挥最大的潜力。因此，电子计算机系统是利用计算机网络实现存储、传递、处理信息的系统。

（2）电子计算机信息系统的建立有几个基本条件：①建立中心电子计算机及网络电子计算机或终端机；②建立通用的软件系统；③建立信息传输系统，决定信息传输方式。一般来讲，中心电子计算机是处理能力强、运算速度快、存储容量大的大型电子计算机。网络终端如果需要进行信息处理，则采用较小的计算机，否则用能够进行输入、输出的终端机就可以了。

（3）计算机信息处理技术在物流信息系统中的应用：①物流管理信息系统（MIS）。管理信息系统产生于20世纪60年代初到70年代初期，但是，它至今仍是物流领域最重要的信息系统，其应用范围广泛，实用价值很高。国内外在物流领域中应用管理信息系统的结果证实，物流的各个领域都可以通过以计算机为基础的管理信息系统得到改善。统计证实，应用管理信息系统，常常可使生产率提高10%～15%。物流管理信息系统以物流过程为特定的对象，把物流和物流信息结合成一个有机的系统。这个系统用各种方式选择收集、输入物流计划的、业务的、统计的各种有关数据，经过有针对性的、有目的的计算机处理，即根据管理工作的要求，采用特定的软件技术，对原始数据处理后输出对管理工作有用的信息。②物流决策支持系统（DSS）。决策支持系统兴起于20世纪70年代中期到80年代初，它是以现代信息技术为手段，以支持半结构化和非结构化决策过程为特征的计算机决策辅助系统。决策支持系统是管理信息系统的高级形式和向纵深的延伸，其任务是利用信息系统所提供的信息和辅助决策的计算机软件辅助管理者和领导者进行决策，甚至模拟思维过程进行智能化的模拟决策，向更高级的人工智能自动化系统发展。在物流领域中，需要依靠决策支持系统。在物流活动开始之前科学地做好决策，才能保证最高的成功率。③电子数据交换系统（EDI）。电子数据交换系统是对信息进行交换和处理的网络自动化系统，是将远程通信、计算机及数据库三者有机结合在一个系统中，实现数据交换、数据资源共享的一种信息系统。这个系统也可以作为管理信息系统和决策支持系统的重要组成部分。采用电子数据交换系统之后，信息交换可由两端直接进行，而越过很多中间环节，这就使物流过程中每个衔接点的手续大大简化，由于减少甚至消除了物流各个过程中的单据凭证，不但减少了差错，而且大大提高了工作效率。

随着现代科技的快速发展，特别是大数据、人工智能、物联网、区块链、5G（第五代移动通信技术）等的发展，现代物流日益向智慧物流发展，物流信息系统的发展方向是信息采集的在线化、储存设施空间的大型化、规模化、信息传递的网络化、信息处理的智能化及信息输出的图形化。

第四节　现代物流系统规划

"规划"具有筹划、谋划、策划之意。物流系统规划从客观上讲，是经济社会发展规划的组成部分，在一定意义上讲是现代物流发展战略部署、一些重大物流设施的空间布局和建设。物流自身的特性和物流效用所具有的特点，对创造物流时间效益、空间效益和社会效益具有重要的意义。

一、物流系统规划的重要性和必要性

（一）现代物流系统规划的重要性

1. 物流规划的系统性

现代物流由于涉及的面非常广泛，存在于社会再生产的全过程，存在于国民经济的各个部门，也关系到可持续发展和生态环境的保护，是一个庞大而又复杂的系统。因此，现代物流的规划，不是一个部门的事情，也不是一个领域的事，而是整个经济社会发展的大事，这就决定了现代物流系统规划要与整体经济发展规划相衔接，必须按其规划的总体要求来制订现代物流系统的规划。然而，就我国目前的情况，现代物流的基础设施的建设还没有实现部门之间的统一，交通、铁道、航空、仓储、外贸、内贸分兵把守，条块分割没有得到解决，物流规划各自制订，缺乏沟通和协调。正是由于这种情况，各自的物流规划更多的是从局部的自身利益考虑，再加上资源的有限性，不可避免地不利于现代物流大系统的统一性、整体性和有效性，对整体物流的发展造成不良影响。所以，只有建立一个高层次的、全面的、综合的现代物流系统规划，才有可能把现代物流发展纳入有序的轨道上来。

2. 物流功能实现的协调性

物流功能的实现，是由一系列的物流活动和物流作业来实现的。物流过程的这些活动和作业，由于物流的动态性，并不是在同一地完成的；又由于物流的各种功能，其性能各异；再加上流动的物品不同，物流活动和物流作业在形式上和内容上千变万化。物流过程的这种复杂性，决定了物流功能的实现是由每个部门、每个行业，按照一定的程序，相互合作共同来完成的。任何一个部门的行为，将直接或间接地影响其他部门的物流行为的实施，甚至会形成物流流动的阻力。因此，物流过程中的包装、装卸搬运、储存保管、运输、配送、流通加工等的能力之间，必须相互协调，必须有一个物流系统的规划，各部门共同遵守、相互制约，才有可能实现现代物流的共同发展。

3. 实现物流设施资源的科学配置

现代物流设施的建设，特别是物流基础设施的投资规模相当巨大，如果没有统一规划，就有可能造成巨大的损失。例如，物流园区、港口、车站、货场、仓储等设施的建设，公路、铁路、输油气、电力等基础设施的建设等，无论是一个国家，还是一个地区，都必须有一个规划的引导，合理布局，这样才能有效地利用资源，才能有效地运用市场机制，实现资源的合理配置。

4. 提高物流资源的利用率

就目前我国现代物流系统的建设来讲，与先进国家相比，还处于比较低水平的发展阶段，要实现我国物流跨越式的发展，就需要有一个体现新时代精神的规划作指导，这样才能赶上时代的步伐来发展现代物流。近年来我国无论从国家层面、部门层面，还是地方政府层面相继出台了许多物流规划，目的就是提高社会物流资源的利用率；如果没有一个规划的引导和制约，各行其是，就有可能造成资源的浪费。

5. 促进物流企业可持续发展

从生产企业来讲，物流规划也是非常重要的。新的"数字供应链""第三方物流""快递物流"等新物流经济组织形式的出现，要求企业在合理组织好生产物流的基础上，对企业整个物流，包括供应物流、销售物流、回收物流、废弃物流的"再造"，特别是在经济全球化、一体化中，在新的竞争格局下，进行系统的物流规划，对物流企业的生存与发展，实现可持续发展，必然起到重要的推动作用。

（二）现代物流系统规划的必要性

人们虽然认识到了物流是"第三利润的源泉"，是经济社会发展的基础条件，也认识到现代物流系统规划的重要性。但是，由于物流系统规划是一项庞大而复杂的系统工程，涉及经济社会的各个方面，涉及国民经济的各个部门，涉及不同的科学技术领域；再加上国家在宏观上对物流发展的政策、战略和规划还处在探索和研究之中，尚未成型；还由于具体规划者对于现代物流发展理念、运作模式、物流系统整合以及物流市场开拓等核心问题缺乏统一认识，对现代物流服务所包含的内容、绿色物流的具体要求及其影响因素在考虑上也各不相同，因此，在各地区、各部门所做的物流系统的规划还存在着一些不规范、不明确的地方，而且操作性较差，与经济社会发展的客观要求有一定的差距。所以，我们应从全局出发，理性地研究解决现代物流系统的规划问题，按照市场经济规律的要求，有计划、有步骤、有节奏、有预见地推动发展现代物流，这是一项非常重要而有现实意义的物流发展要求。

二、现代物流系统规划的层次及其内容

现代物流系统规划，在层次上可分为国家级、省市级、经济运行部门和企业物流规划，以及物流科技、物流教育和大型物流企业的培育和发展规划等。

（一）国家级物流规划

无论是哪一层次的物流规划，在内容上都应包括物品流动的基础条件，即点、线及其网络。对于国家一级的物流规划，应当着重于以物流基础设施、物流基地及其物流基础网络为内容的物流基础平台规划。很显然，这个物流基础平台应当和国家基础设施的规划与建设相吻合。但是，作为国家级的物流基础平台，仅把铁路、公路等几纵几横的线路看作规划内容，还是很不够的。更重要的是，应当从物流系统的整体功能出发，而不是从部门的角度，全面规划综合物流系统基础网络，包括不同线路的合理布局、综合物流结构——物流基地以及相应的综合信息网络的规划建设等。

近年来我国从经济社会发展的战略需求出发，制定发布了多部国家物流发展规划。例如：①国务院发布的《物流业调整和振兴规划》（国发〔2009〕8号）；②国务院发布的《物流业发展中长期规划（2014—2020）》（国发〔2014〕42号）；③国家发改委、交通运输部2018年发布的《国家物流枢纽布局和建设规划》；等等。这些规划，从宏观上对我国新的物流业及供应链的发展进行了战略规划，对我国物流业发展的空间布局、网络及枢纽的建设，以及各种政策的支持等，都指出了明确的发展方向，是我国现

代物流产业发展的重要指导。

政策指引

国家制定"十四五"物流规划

由国家发改委牵头编制的"十四五"现代物流发展规划，在"十四五"时期，将以推动现代物流业高质量发展为重点，以支撑构建新发展格局为目标，以深化供给侧结构性改革、推动现代物流业实现由大到强转变为主线，深入推进现代化物流提质增效降本。

"十四五"时期，我国将重点推进现代物流八大体系建设：①构建"通道+枢纽+网络"的物流运行体系；②建立安全可靠的现代供应链体系；③发展集约高效的物流服务体系；④完善创新赋能的物流经济体系；⑤健全保障有力的应急物流体系；⑥打造内联外通的国际物流体系；⑦培育分工协调的物流市场主体体系；⑧夯实科学完备的物流基础体系。通过八大体系建设，加快推进我国物流业高质量发展，为建设现代产业体系、培育强大国内市场、促进区域经济协调发展和构建现代流通体系，奠定坚实的基础。

作者依据《国家"十四五"现代物流业高质量发展规划》整理。

（二）省、市级的物流规划

省、市一级的物流系统的规划，在国家级物流规划的指导下，在实施国家级物流系统基础网络的同时，侧重于区域内物流通道和物流设施网络的总体规划建设，如区域内的物流枢纽、物流园区、物流中心、配送中心和物流园区规模和布局的规划。这些不同的物流网点，是省、市物流外接内联不同规模、不同功能的物流设施，是较大规模的投资项目，也是省、市物流合理运行的重要物质基础。在"十三五"期间，我国许多省、市都编制了《"十三五"物流业中长期发展规划》，对促进省市区域物流发展发挥了重要的推动作用。

在进入新时代的"十四五"期间，我国进入高质量发展阶段。因此，各省市在制订《"十四五"物流业发展规划》时，应以物流业的高质量发展为重点，结合区域比较优势，制订符合区域实际需求的物流业发展规划。例如：《海南省"十四五"现代物流业发展规划》《浙江省现代供应链发展"十四五"规划》《陕西省"十四五"物流业高质量发展规划》等。

（三）经济运行部门的物流规划

经济运行部门的物流规划着重物流本身的功能以及服务于各项经济事业发展的规划。这种规划是从"物流服务营销"的观点出发，在这个物流基础平台上，将有大量的企业、事业单位进行运作，包括供应、分销、配送、供应链、运销经营等。例如，重要企业、重要产品的供应链规划，以现代物流配送支持的分销和连锁经营规划等。

在我国物流业涉及国民经济的多个部门，如国家发改委、商务部、工信部、交通运输部等，不同的部门在物流业发展过程中发挥着不同的作用，依据需要制订物流业发展的行业专项规划，促进行业物流的发展，其中2019年发布的《关于推动物流高质量发展促进形成强大国内市场的意见》就是由国务院24个相关部门联合发布的。

（四）企业物流规划

企业物流规划，是生产企业，尤其是大型生产企业，从"营销支持"和"流程再造"的角度，进行的企业物流系统的建设规划，包括企业仓库位置的选择布局、物流设施的购买与配置、物料在企业内部的流转流程规划、采购战略规划、供应链的计划与控制等。这种物流规划能有效地提高企业的综合效率，减低企业物流运营成本，增强企业的整体运营能力。

（五）物流科技、教育和大型物流企业培育和发展规划

现代物流产业的发展，同其他部门一样，也应按"科学技术是第一生产力""教育为本"的思想，把物流科技、物流教育的布局和发展规划放在重要的战略位置，以科学技术和人才做保证，发展现代物流产业。制订《物流科技发展规划》《物流人才培养发展规划》《物流技能人才培训规划》等，应纳入国家、地方政府及教育部门的重要工作，为我国现代物流的发展，提供技术及人才支撑，培育一批大型的、专业物流企业集团，尤其是第三方物流企业的培育应给予足够的重视，既要培育发展，又要防止过度竞争，这就需要通过规划进行科学的指导。

三、现代物流系统规划的基本原则

由于现代物流管理是一个庞大而又复杂的系统工程，如何发挥现代物流系统规划在现代物流管理中的指导作用，这就要求在现代物流系统规划时，应遵循以下五项基本原则。

（一）服从和服务于经济社会的发展规划

无论哪一级的经济社会发展规划，都是从经济社会发展战略的部署上来考虑的，其目的在于为经济社会建设发展提供依据，保证经济社会各项建设事业有秩序地、协调地发展，促使经济社会建设取得良好的经济效益、社会效益和生态效益。现代物流规划是各级经济社会规划的重要组成部分，与经济社会发展规划密切关联，必须把物流规划纳入国家、区域整个经济社会发展规划中，才有可能实现现代物流规划的目标。这就要求在制订经济社会发展规划时，要充分考虑现代物流系统规划，与经济社会发展总体战略部署上保持协调，制订出多层次的协调规划，使整个经济社会发展规划与物流系统规划相互协调、相互补充、共同发展。

（二）遵循系统分析的基本原则

由于现代物流系统由许多相互联系、相互作用和相互制约的因素所构成，因此，在

制定各级别的物流系统规划时，应遵循系统分析的一般原则，包括整体性原则、层次性原则、结构性原则、相关性原则和目的性原则。

整体性原则是物流规划的一个基本思想，是实现物流活动整体优化、发挥物流综合功能、提高物流经济效益的基本要求。层次性原则是由物流系统自身的特征和不同物流系统的不同要求所决定的。在这里有两层意思：一是物流系统规划的级别所决定的不同层次的物流系统；二是影响物流系统功能各要素的层次性。结构性原则和相关性原则是指物流系统各要素之间的这种结构性和相关性，才构成了物流系统的整体功能。目的性原则，即物流系统的建立总是为实现某一目的而运行的。所以，这些原则在制订物流系统规划时应该予以遵循。

（三）坚持市场化原则

现代物流系统规划的合理化主要体现在物流系统总体的经济运行取得最佳效益的分工与合作上，体现在物流系统各因素之间相互依存、相互作用的关系上。同时，物流系统功能的发挥，是决定物流系统的各要素共同作用的结果，与这些因素相适应的产业就构成了物流产业。所以，物流产业化的支持才是现代物流系统规划的实质内容。这就要求物流系统规划要按照市场配置资源的基本要求，实现资源优势向经济优势的转换，根据不同条件发挥各物流系统的潜力，进行合理的产业分工布局，使整体物流系统合理化，达到物流资源的优化配置。另外，坚持市场原则是指现代物流系统的规划和建设，要根据经济社会发展的需要，坚持以市场物流需求为导向，尽量减少不必要的行政干预；要使物流产业的发展作为一个新的经济增长点，就不能回到计划经济体制上，各级政府所要做的事情主要放在制定政策、规划、标准上，从政策上引导物流产业科学可持续发展，努力营造一个公平有序的物流市场竞争环境。

（四）整合各种物流资源，发挥物流系统的整体效应

物流系统功能的实现是由组成该系统的各子系统功能的发挥及其之间的相互作用的结果来完成的。从物流产业对经济社会的发展所起的作用来看，它是通过对各物流产业及其相应的物流要素的优化组合和合理配置，来实现物流效益的提高和物流总成本的降低，并且反过来促进经济社会健全、稳步、持续地发展。

（五）坚持创新驱动原则

我国的物流已进入了一个高质量发展时期，创新发展是重要的新发展理念。为适应新时代现代物流业发展的要求，在现代物流系统规划工作中，无论从指导思想上、体制上、组织上、管理上，还是从规划方法上，都应坚持创新驱动的原则，这样才能使现代物流系统规划具有指导作用。

首先，在指导思想上，物流系统规划工作必须面对现实、面向未来，适应中国特色社会主义市场经济发展的要求，从现代物流发展的需要出发，树立改革开放、物质文明和绿色物流的观念，正确处理好经济社会发展和现代物流发展之间的关系，使它们之间相互促进、协调发展。

其次，在体制上，物流系统规划工作应以新时代高质量发展为主线，根据物流市场的需求，按市场规律办事，改变条块分割的局面，积极培育和发展现代物流市场体系，充分发挥市场在优化资源配置上的作用。

再次，在组织与管理上，依据现代组织管理理论，在积极组织、管理现代物流规划工作的同时，要特别注意扶持新的物流组织形式和管理模式，促进现代物流的新发展。

最后，在方法上，现代物流规划工作应当按科学决策的方法和程序来制订现代物流系统的规划，使其规划建立在科学的基础上，具有适应性和可操作性等。

关键词

系统　物流系统　物流系统分析　系统价值　物流信息系统　物流信息网络

思考题

（1）简述系统及其特征。
（2）简述物流系统的概念及其模式。
（3）什么叫系统分析？系统分析应坚持哪些原则？
（4）物流系统的分析方法有几种？
（5）什么是物流系统评价？应坚持哪些原则？
（6）物流系统评价的指标体系有哪些内容？
（7）简述物流信息及其分类。
（8）何谓物流信息系统？层次结构包括哪些？
（9）为什么要重视物流的系统规划？
（10）物流系统规划应坚持什么原则？
（11）物流规划有哪些层次的规划？

案例分析

网络货运信息系统的开发与应用

（一）西安货达网络科技有限公司发展过程

西安货达网络科技有限公司是国内领先的大宗商品物流及供应链互联网集团企业。集团公司是全国首批5A级网络货运企业，陕西煤炭交易中心和榆林能化交易中心战略合作企业、指定承运商，中物联大宗商品电子运单（电子仓单）标准参编单位。公司研发有业内知名的大宗商品企业"产运销一体化系统"，涵盖煤炭、电力、冶金、化工、建材等行业，服务中煤、神华、陕煤、晋能、华能、国电、大唐、华电等实体企业超过1000家，累计整合运力70余万辆，年营收逾百亿元，业务覆盖陕蒙晋、环渤海、中原、成渝等主要经济区，是业内煤炭大宗商品物流的领先品牌。

(二) 网络智慧供应链货运信息系统的功能及结构

货达网络的承运服务在货运领域极具竞争力，其优势主要表现为：①企业内部运销业务数据互联互通；②运输全过程智能化透明监管；③在线结算形成完善闭环等优势；④SaaS（软件即服务）云平台高效智能，多端协同操作，数据安全可靠。

货达网络智慧供应链系统主要由网络货运SaaS平台、智能运销系统和智能硬件设备组成，系统连接大宗上下游厂矿企业、物流园区、铁路集运站等业务主体，以及车辆、司机、信息部、物流公司等运力主体，提供覆盖产运销管理、车后油品、供应链金融的一体化服务。

网络货运信息系统由货主端、承运商端（网络货运平台）、经纪人端、司机端、商户端五大结构组成：①货主端的有货源发布、货源管理、运单管理、运单跟踪、支付管理、统计分析、用户管理、金融服务（运力采购融资）等功能；②承运商端的功能包括合同管理、车货匹配、智能调度、在途监管、结算支付、信用体系（打分）管理、监管上报数据、基础数据（车辆、司机、货主、经纪人、商户等）管理、大数据统计分析、金融服务（运费保理）；③经纪人端的功能包括：派单管理、财务账户管理、基础数据（私有运力、承运线路）管理；④司机端的功能包括：货源大厅、抢单接单、运单管理、电子钱包、电子油卡、资质管理认证、车后增值服务［加油、维修、ETC（电子不停车收费系统）］、物流金融（运力贷、融资租赁等）；⑤商户端面向油站、维修站提供线上收款记账。

另外，货达网络帮助客户定制化开发适应其自身业务的网络货运系统。同时，公司开放自有网络货运SaaS平台，为物流企业提供政策、资质、系统、运营、资金等全方位支持服务，协助企业低成本、低风险、快速高效构建可独立运营的网络货运平台，打造高效安全、智能共享的行业生态圈，推进货运行业转型升级。

(三) 系统运营的主要效果

经过近6年的发展，从网络货运平台运营情况来看，2020年实现了年营业额78亿元、年货运总量1.6亿吨、服务货主2万多名、累计整合运力近70万辆，公司获得软件专利共计80项，服务了数千家企业。从定制化系统开发服务来看，货达网络服务的实体企业涉及煤炭、钢铁、建材、化工等企业，其中包括淮北矿业集团、山西宏达钢铁、内蒙古庆业煤矿等；大型物流公司，如郑州交通运输集团、三志物流等；贸易商类企业，如徐州四季兴能源有限公司等；园区类企业，如宁夏然尔特实业。业务面涉及31个省份，340个城市，2.5万条线路日均运输达45万吨，日均成功支付运单1.6万单（每秒约2单）。

货达网络的网络货运平台在应用推广中得到了业界市场的认可和政府部门的关注，国家交通运输部副部长刘小明在2020年9月21日调研货达网络时对货达的网络货运平台给予了高度评价。2021年5月21日，全国政协副主席、交通运输部党组书记杨传堂来陕西调研，货达网络作为全省最大的网络货运企业代表汇报工作时也得到杨书记的肯定与赞扬。

网货货运平台服务中,以陕煤集团红柳林煤矿智能运销系统为例,该系统实现了煤矿在排队、过磅、装车、销售、运输等环节的自动化管理,对销售调拨数据统一管理。系统上线一年,红柳林煤矿的运销系统受到多方的夸赞,并在陕煤集团的各煤矿起到示范作用,装车人员在集控室只需远程操作即可,无须到筒仓现场,大大提升了效率,同时降低了成本(如下表所示)。

序号	系统	对比项	运营前	运营后	对比
1	无人值守	过磅效率	2~3分钟/车	15秒/车	效率提升87%~92%;降低排队时间,运费平均降3~5元/吨,年节约运费总成本约6000万元
2	无人值守	磅房人员	18人	9人	人员成本降低50%,月薪5000元/人计,年节约成本54万元
3	远程装车	筒仓装车环境	现场装车	集控室远程装车	系统远程自动启停装车按钮,装车准确率提高80%,在错装、误装方面年节约100万元
4	运销系统	人工误差损失估算	0.2%误差率估算	0	年运量1500万元吨,单车净重30吨,年拉运50万车次计,年误差1000车次;年损失成本降低1200万元
5	运销系统	合计			总降本约7369万元/年

(四)进一步面临的发展问题

(1)大宗商品供应链场景下上下游的贯通整合不充分。具体表现为系统独立、数据不能完全互通,比如煤炭运输过程中,车辆入矿时需要司机刷身份证手动领卡进入矿区,车辆通过过磅系统后再打印纸质磅单,司机再通过手机端对过磅数据和榜单进行手动上传,这个过程中数据不能实时同步。运销系统和网络平台都需要车辆、司机、过磅等数据,但是两个系统彼此独立,需要纸质运单的线下流转才能分别上传以上数据,系统数据不互通,形成"数据孤岛"。

(2)财务合规、单车司机的税收核算问题。物流行业进项费用获取困难,尤其是个体司机运费无法开具增值税专用发票,虽然目前已经有相关的税务文件支持,但是还需进一步明确司机个税代开的问题。

(3)平台信用体系的问题。需要从司机端的用户画像、承运数据等维度进一步完善相应的信用模型,开展金融衍生业务所需要的风控模型有待开发建立。

(4)运力资源池(自有运力、合同运力、社会运力)的构建和运营。目前阶段还需要对平台运力进行分层管理、标签化处理,最大限度地实现车货的自动匹配,优化物流组织效率,降低物流运输费用。

资料来源:郝渊晓依据西安货达网络科技有限公司提供的资料改写。

案例讨论题
(1) 简述网络智慧供应链货运信息系统的功能及结构。
(2) 目前西安货达网络科技有限公司面临哪些发展问题？
(3) 如何发展网络货运物流？

第三章 现代采购物流

【本章要点】 采购是重要的物流职能，它既是保障供应的基础，也是企业生产活动及流通企业经营活动的起始阶段，是保障供应链有效运营的重要支撑。

本章主要内容：首先，介绍现代物流采购的基本概念；其次，对采购进行科学的分类；再次，介绍采购制度；最后，论述采购方式及采购决策、采购管理组织和采购者素质。

第一节 采购与物流

一、采购与现代采购

采购活动是人类经济活动的基本环节，也是现代企业从事生产经营活动的物质基础。无论是生产企业还是流通企业，离开了采购，其经营活动都是无法进行的。因此，采购在企业管理中占有非常重要的地位。为了加强企业的采购管理，就首先要了解采购的概念及其特点。

（一）采购

采购活动在人们的生活中是一种经常出现的行为，只是用在不同的场所，有不同的称谓。同时采购行为的出现是由需求引起的，没有了需求也就没有采购。但是，对什么叫"采购"，人们有不同的理解。在现实生活中，与采购相关的词有购买、订货、供应、供应链、物资、物料管理、货源、后勤等，它们之间有时可以实现互换。而常用的主要有购买和采购。

购买（buying）通常指消费者为了满足需要而发生的一种经济行为。如消费者为了解渴需要购买饮料，为了防寒需要购买衣服等。这种购买是以"货币"为媒介的交易行为，是以消费者具有货币支付能力为前提的，并且在购买行为发生后，随之发生商品所有权的转移。因此，"购买"通常适用于家庭和个人为了满足生活资料消费需要，而发生的交易活动。

采购与购买相比，其含义更加广泛。从采购反映的经济活动过程来看，通常主要指组织或企业的一种采购行为，其采购的对象主要是生产资料。采购（procurement）包含两层基本含义：一层为"采"，即选择，从许多对象中选择若干个之意；另一层为"购"，即购买，通过商品交易的手段把所选对象从对方手中转移到自己手中的一种活动。

所谓采购是指在一定的时间、地点、条件下通过交易手段，实现从多个备选对象中，选择购买能够满足自身需求的物品的企业活动过程。从这一定义中，可以看出采购包含了如下要点：①采购是一种交易行为；②采购的实现须具备一定的条件；③采购的过程是一个选择的过程；④采购的目的是满足自身的需求；⑤采购过程是商流、物流、信息流的有机统一，离开了任何一个流程，采购工作都无法正常进行。

（二）现代采购

传统采购是企业一种常规的业务活动过程。即根据企业生产需要，首先，由各需要单位在月末、季末或年末，编制需要采购物资的申请计划；其次，由物资采购供应部门汇总成企业物资计划采购表，报经主管领导审批后，组织具体实施；最后，所需物资采购回来后验收入库，组织供应，以满足企业生产需要。传统采购存在市场信息不灵，库存量大、资金占用多、库存风险大的不足，经常可能出现供不应求的状况，影响企业生产经营活动正常进行；或者库存积压、成本居高不下，影响了企业的经济效益。

现代采购是指运用现代科学的采购技术和方法，通过计算机网络实现信息收集、供应商选择，采购、运输、库存以及使用全过程的信息化、网络化，最大限度地满足生产需要，降低采购物流成本，实现采购目标。科学的采购技术和方法主要有：经济批量采购法、MRP（物资需求计划）采购法、JIT（准时制）采购法、ERP（企业资源计划）采购技术、供应链采购技术、网络采购技术等。

二、采购物流

在过去的物流研究中，采购物流是被忽视的一个领域。物流系统的功能要素中，如运输、储存保管、包装、装卸、搬运、流通加工、配送、物流信息，离开了采购，物流系统运行就失去了一个前提和基础。因为，无论从生产企业的角度，还是从流通商贸企业的角度分析，采购物流都是企业物流过程的起始环节。

采购物流和销售物流是一个问题的两个方面。假如从生产企业的角度分析，生产商从供应商手中采购物资，运回企业验收入库，这一过程发生的物流活动称为"采购物流"；而从供应商角度分析，因为物流方向是从供应商向生产商流动，则称为销售物流。因而，从生产企业的角度分析，生产企业物流可以分为四种物流形式：一是从生产企业到进入市场销售之前发生的物流，称为生产物流（内部物流）；二是产品进入市场送到顾客手中发生的物流，称为销售物流（市场物流）；三是生产商从供应商那里购买物资发生的物流，称为采购物流；四是生产商接受包装容器或退货等发生的物流，称为回收物流。

以上四种生产企业物流形式之间关系如图3-1所示。

从图3-1可以看出，采购物流在整个生产企业物流系统中处于基础性地位，离开了采购物流，生产企业的制造、销售过程就无法正常进行。同样，对于流通企业，采购物流仍然是一个关键的环节。流通企业的物流过程如图3-2所示。

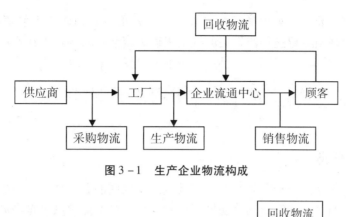

图 3-1 生产企业物流构成

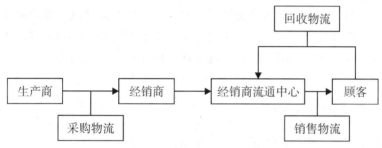

图 3-2 流通企业物流构成

三、采购物流与企业物流系统的关系

现代采购是从企业的角度研究采购,而不是从人们生活的角度研究购买活动。因此,采购物流构成了企业物流系统的重要组成部分。从上面的分析可以看出,无论是生产企业的物流系统,还是流通企业的物流系统,对整个企业物流系统而言,采购物流是一个基础物流。离开了采购,生产企业的生产供应就会中断,生产活动就无法进行;流通企业就会出现缺货,造成机会损失。要保证企业物流系统的良性运行,就必须加强和重视采购物流,因为它们之间互相联系、相互制约、共同发展。其表现为:①采购物流是生产物流、销售物流的前提和基础;②生产物流和销售物流是采购物流实现途径。

四、物联网与现代物流的关系

物联网是指通过各种信息传感设备,如传感器、射频识别(RFID)技术、全球定位系统、红外感应器、激光扫描器、气体感应器等各种装置与技术,实时采集任何需要监控、连接、互动的物体或过程,它是采集其声、光、热、电、力学、化学、生物、位置等各种需要的信息,与互联网结合形成的一个巨大网络。其目的是实现物与物、物与人,所有的物品与网络的连接,方便识别、管理和控制。物联网技术包括信息、网络以及 IC(集成电路)技术,这些是业界公认的,同时物联网还是一项经济技术与管理技术的交叉学科。

将物联网看成一种社会经济发展模式和独立的产业,物联网与物流的关系就较明确了。物联网与物流的关系如同电子商务与物流的关系,主要表现为物流支持物联网各种物的移动（处理）活动，同时物联网产业扩大物流的服务市场以及物联网对智能物流发展的推动。物联网对智能物流发展的推动表现为当前物联网技术在物流中的应用。

第二节 采购分类与采购制度

一、采购分类

人类的采购活动的出现，是社会分工及生产力发展的必然结果。当生产力发展，出现剩余产品，人们之间就需要通过交换，从对方手中获取能够满足自身需要的产品，这时对交换的双方都存在一个"采购"问题。因此，依据不同的标准，对采购进行分类，有助于企业依据每一种采购的特点，合理选择采购方式。一般情况下，按如下标准对采购进行分类。

（一）按照采购范围分类

企业的物流采购，按照采购范围分类如图3-3所示。

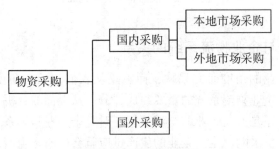

图3-3 采购范围分类

1. 国内采购

所谓国内采购指企业以本币向国内供应商采购所需物资的一种行为。如机械制造企业，向国内供应商采购钢材、轴承等原材料、配件。国内采购主要指在国内市场采购，并不是指采购的物资都一定是国内生产的，也可以向国外企业设在国内的代理商采购所需物资，只是以本币支付货款，不需以外汇结算。国内采购又分为本地市场采购和外地市场采购两种。通常情况下，采购人员首先应考虑在本地市场采购，可以节省采购成本，减少运输、节约时间，同时保障供应；在本地市场不能满足需要时，再考虑从外地市场采购。

2. 国外采购

所谓国外采购指国内采购企业，直接向国外厂商采购所需物资的一种行为。这种采购方式一般通过直接向国外厂方咨询，或者向国外厂方设在本地的代理商咨询。主要采购对象为成套机器设备、生产线等，如我国进口的电视、电脑生产线以及与之相配套的仪器、仪表及配件等。国外采购的优点主要有：①质量有保证；②影响国内价格；③利用"汇率"变动获利。其也存在一些不足,主要有:一是交易过程复杂,影响交易效率;二是需要较大的库存,加大了储存费用;三是纠纷追索困难、无法满足急需交货。尽管国外采购存在一定的风险,但由于我国在新型材料、设备等方面技术相对落后,国外采购仍然是我国企业采购的一种重要途径。

国外采购的对象为:①国内无法生产的产品,如电脑制造需要的CPU(中央处理器)、汽车制造需要的光电控制系统等;②无代理商经销的产品,通常直接进行国外采购;③价格上具有优势的产品,如进口汽车、农产品等。

(二) 按照采购的时间分类

企业的物资采购,按照采购商与供应商之间交易时间长短不同,一般分为长期合同采购和短期合同采购两类,如图3-4所示。

图3-4 采购时间分类

1. **长期合同采购**

长期合同采购即采购商和供应商通过合同,以稳定双方的交易关系。合同期一般在一年以上。在合同期内,采购方承诺在供应方采购其所需产品,供应方承诺满足采购方在数量、品种、规格、型号等方面的需要。长期采购合同优点为:①有利于增强双方的信任和理解,建立稳定的供需关系;②有利于降低双方价格洽谈的费用;③有明确的法律保证维护双方各自的利益。但是,这种方式也存在如下不足:一是价格调整困难。如市场供求关系变化,采购方要求供应商调整价格有一定难度;二是合同数量固定,采购数量调整有难度;三是供应商变更困难。在合同期内,即使采购商有了更好的供货渠道,也难以重新变更供应商。

长期合同采购,供需关系稳定,主要适应于采购方需求量大且需要连续不断,如企业的主要原材料、燃料、动力、主要设备及配套设备。

2. **短期合同采购**

短期合同采购指采购商和供应商通过合同,实现一次交易,以满足生产经营活动需要。短期采购双方之间关系不稳定,采购产品的数量、品种不随时间变化,对采购方来讲有较大灵活性,能够依据变化的环境,调整供应商。但由于这种不稳定性,也将出现价格洽谈、交易及服务等方面的不足。短期采购适用于如下情况:①非经常消耗物品。如机器设备、车辆、电脑等;②补缺产品。由于供求关系变化,为弥补长期合同造成的供货中断,以签订短期合同补充;③价格波动大的产品。因为这种产品价格波动大,供应商和采购商都不希望签订长期合同,以免利益受损;④质量不稳定产品。这种产品如农产品、试制新产品等一般也是一次性采购。

(三) 按照采购主体分类

采购主体即承担具体采购任务的人员。按采购主体不同,将采购可分为个人采购和组织采购两类,如图3-5所示。

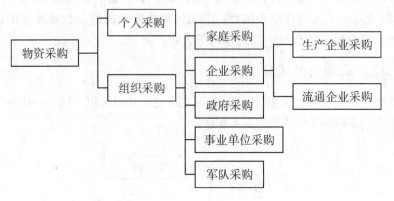

图3-5 采购主体分类

1. 个人采购

个人采购是指消费者为满足自身需要而发生的购买消费品的行为,如购买生活必需品、耐用品等。个人采购实质上是一种购买(习惯上)活动,购买对象主要为生活资料,其特点为单次、单品种、单一决策,购买过程相对简单。

2. 组织采购

所谓组织是指"事物特定的结构形式"。即人和事物按照一定的任务和形式所进行的有效组合,是实现既定目标的手段。因此,组织采购是为实现组织目标而发生的采购行为。组织可以按不同标准进行分类,但从组织的经济活动,特别是从采购的角度,一般可分为家庭组织、企业组织、政府组织、事业单位组织、军队组织等。①家庭是标准组织,又是一个特殊的群体组织,通常以生活资料的购买为主;②政府、事业单位、军队通常按照国家相关的法律、法规,在一定价值以上实行招标采购;③企业组织,是社会经济活动的主体部分,因而,企业采购也就成为我们研究的重点。

企业采购一般分为生产企业采购和流通企业采购。生产企业采购是为了生产而采购,是一种生产性消费,因而,采购对象以生产资料为主;流通企业采购是为了销售而采购,是一种生活消费,采购对象为生活资料。当然流通企业除了商业流通企业,还有物流流通企业、粮食流通企业、外贸流通企业等。这些企业又可分为批发企业、零售企业等。现代采购研究的重点是生产企业的采购,即生产资料(也称物资)的采购。服务产品采购不进行重点研究。

(四) 按采购的方法分类

按照企业采用的采购方法不同,通常将采购分为传统采购和现代采购两种,如图3-6所示。

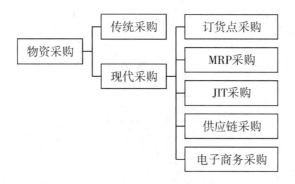

图 3-6 采购方法分类

二、采购联合体

所谓采购联合体指由两家或多家独立企业的采购商联合起来，形成一个采购主体向某供应商采购共同需要的商品的一种新型采购方式。采购联合体在非营利性组织中较多使用，如教育机构，公共医疗机构进行的联合采购。这种由不同企业、组织组成的采购联合体也称为采购方横向联盟。其优点主要有：①可以扩大采购规模，实现批量采购；②减少交易次数，提高交易效率；③获得价格折扣，降低采购成本；④形成买方垄断，促使供应商提高质量；⑤共享市场商品采购信息。

企业采购联合体典型例子如下所示：

企业联合采购

科龙和小天鹅经过协商，达成了联合采购的意向，通过联合，重要目标是降低采购成本。第一步是通过电子商务采购。共同推出由双方合作、第三方独立运营的"易达网"和"易联网"，同时兼容 B to B 和 B to C 两种模式，B to B 为商业对商业，将供应商纳入网络中，通过电子商务签订采购合同下定单；B to C 是企业对消费者的，通过网络互动，以满足消费者的个性需求。通过这两个网，科龙和小天鹅实现了资源整合，共享采购信息资源，逐步实现联合共同采购，以降低采购成本。仅仅从采购费用的角度，这种联合采购模式可为制造商节约 10%～15% 的采购成本，为供应商增加 20%～30% 的供应量。

资料来源：余启军《浅论采购联盟体》，载《经济问题》2001 年第 9 期，第 13-14 页。

三、采购程序

在企业建立一个高效的采购系统是保证企业经营活动正常进行的重要环节。因此，采购流程设计一定要科学合理，能反映采购活动内在的逻辑联系，并为应用现代计算机系统进行管理奠定基础。

采购程序通常包括如下九个步骤,如图3-7所示。

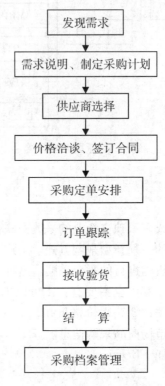

图3-7 采购程序步骤

(一) 发现需求

发现需求是采购行为的前提。企业采购需求通常由物资使用部门提出采购申请单,说明需要什么、需要多少、何时需要。企业内部不同职能部门提出的采购申请不同,这里主要指保证生产正常进行的物资采购需要。企业应制定统一规范的"请购单",以便明确责任,防止出现物料供不应求或库存积压过多的情况。请购单应包括:申请部门、编号、预算额、日期、需要数量、规格、需要日期等。

(二) 需求说明、制订采购计划

物料请购者需求确定后,为了采购部门工作能顺利进行,要求对所申请采购的物品的细节做详细说明,如对数量、质量要求、包装、售后服务、运输、检验方式等进行准确描述。在描述时应采用统一术语,以防止理解上的错误。为了保证术语的统一,采购部门应制定一份经常采购物品目录表,并将其输入计算机进行统一管理。

在需要分析的基础上,应制订一份采购计划,包括市场采购资源分析、物资、价格调查、供应商分析、采购方法、日程计划、运输、交货结算等。

(三) 供应商选择

供应商选择是采购流程中的关键环节。企业应选择信誉好、产品质量、交货期等有保证的供应商，并着手和供应商联系，可派人前去采购看样，也可通过电话、电子邮件、微信联系，也可实施电子商务采购。

(四) 价格洽谈、签订采购合同

洽谈价格是采购的重要环节。洽谈的过程是一个反复的讨价还价过程，并就质量、数量、交货期、货款支付方式、违约责任等进行洽谈。在互利共赢的基础上，签订采购合同，实现成交。

(五) 采购订单安排

采购订单是采购商向供应商发出的采购书面通知，是在价格洽谈达成签订和约基础上下达的。同样具有法律约束。一般公司都有设计好的采购订单，但在洽谈中还须进行关键条款的修改，以最后双方认可的条款为准。采购单的要素主要包括：序列编号、发单日期、接收订单的供应商的名称、地址、采购商品数量、质量、发货日期、运输要求、价格术语、价款支付方式、违约等。

采购订单适用于有长期供货关系的双方，采购方发出的标准采购单一式两份，供应商确认签字盖章后，留存第一联，作为发货依据；第二联返回采购方作为结算依据，同时表明供应商已正式接受采购单。

(六) 订单跟踪

采购订单得到供应商确认（或签订采购合同）后，采购商的主要任务就是对订单的跟踪及催货。①跟踪是对订单进行的例行工作，目的是促使供应商能够履行发货承诺。大型采购可派人员实地跟踪，小额采购可通过电话或网络进行跟踪。②催货是要求供应商履行发货承诺或加快延误货物的发运。

(七) 接收和验货入库

供应商按承诺发货后，采购商负责接收和验货入库的人员应做好接货准备，一般由仓库管理部负责。接收保管员须填写"收货单"，上面应载明收货日期、供应商名称、物料数量、规格等主要数据。

(八) 结算

指收到供应商的货物，并进行了验收入库，以"入库单"作为货物结算的依据。保管部门将收货单一联反馈给采购部门，二联反馈给财务部门，三联反馈给供应商以备查询，四联存根。采购部门依据验收入库单，便可发指令通知财务部门按照合同规定向供应商支付货款。通常情况下以支票通过银行账户进行货款支付。以上这些结算流程，目前已经完全采用数字化的信息系统完成。

(九) 采购档案管理

经过以上流程,企业完成一次系统的采购活动;当这次采购工作结束后,要进行采购总结及采购文件、资料的分类归档,并做好长期保管的各项工作。通常采购部门档案管理主要包括:①对采购合同(或采购订单)进行分类编号;②验收入库单;③供应商记录等。

四、采购制度

所谓采购制度,是指企业采购中使用的采购方式及采购行为准则。在采购工作实践中,采购制度通常主要有三种方式:集中化采购、分散化采购和混合制采购。

(一) 集中化采购

所谓集中化采购,是指由企业的采购部门全权负责企业采购工作。即企业生产中所需物资的采购任务,都由一个部门负责,其他部门(包括分厂、分公司)均无采购职权。集中化采购的优点主要有:①降低采购费用;②实现批量采购,获得供应商的价格折扣;③有利于实现采购作业及采购流程的规范化和标准化;④有利于对采购工作实施有效控制;⑤可以统一组织供应,合理配置资源,最大限度地降低库存。当然,这种采购制度也存在不足:一是采购过程复杂,时效性差;二是非共用性物资集中采购,难以获得价格折扣;三是采购与使用分离,缺乏激励,采购绩效较差。

集中化采购的适用范围:①企业物资需求规模小,集中采购能够解决企业的供应问题;②企业供应与需要同处一地,便于集中组织供应;③为了管理与控制,需进行集中采购。如连锁店的采购配送中心,实行的便是集中采购制度。政府公共资源许多也要求集中采购,如药品集中采购。

(二) 分散化采购

所谓分散化采购,是指按照需要单位自行设立采购部门负责采购工作,以满足生产需要。这种采购制度适用于大型生产企业或大型流通企业,如实行事业部制的企业,每一事业部设有独立的采购供应部门。分散化采购的优点:①针对性强;②决策效率高,权责明确;③有较强的激励作用。但这种采购制度,如果管理失控,将会造成供应中断,影响生产活动的正常进行。

(三) 混合制采购

所谓混合制采购,是指集中化采购和分散化采购组合成的一种新型采购制度。依据采购物资的数量、品质要求、供货时间、价值大小等因素,需求量大且价值高,进口货物等可由总公司采购部集中采购;需要量小,价值低的物品,临时性需要采购的物资,由分公司和分厂的采购部门分散采购,但在采购中应向总公司反馈相关的采购信息。

第三节　采购决策与采购管理

一、采购方式

所谓采购方式，是指企业在采购中运用的方法和形式的总称。从企业采购的实践来看，经常采用的采购方式主要有议价采购、比价采购、招标采购三种。

（一）议价采购

所谓议价采购，是指由买卖双方直接讨价还价实现交易的一种采购行为。议价采购一般不进行公开竞标，仅向固定的供应商直接采购。

议价采购分两步进行：第一步，由采购商向供应商发询价表，邀请供应商报价；第二步，如果供应商报价基本达到预期价格标准，即可签订采购合同，完成采购活动。议价采购主要适用于需要量大、质量稳定、定期供应的大宗物资的采购。

议价采购的优点主要有：①节省采购费用；②节省采购时间；③采购中心灵活性大，可依据环境变化，对采购规格、数量及价格做灵活的调整；④有利于和供应商建立互惠关系，稳定供需关系。当然，这种议价采购方式也存在一些缺点：一是议购往往价格较高；二是缺乏公开性，信息不对称；三是易形成不公平竞争等。因而，在议价采购中应尽量掌握供应商的信息，特别是"信誉"，防止采购"陷阱"，保证企业在采购中处于有利地位。

（二）比价采购

所谓比价采购，是指在买方市场条件下，在选定两家以上供应商的基础上，由供应商公开报价，最后选择报价最低的为企业供应商的一种采购方式。实质上这是一种供应商有限条件下的一种招标采购。这种采购方式优点为：①节省采购的时间和费用；②公开性和透明性较高，能够防止采购"黑洞"；③采购过程有规范的制度。其不足之处：一是在供应商有限情况下，可能出现轮流坐庄；二是可能出现恶性抢标；三是供应品种规格上的差异，可能影响生产效率提高，并加大消耗。

我国山东省潍坊亚星集团通过实施比价采购管理，强化了企业核心竞争能力，降低了成本，提高了经济效率，在采购中使"隐蔽的权力公开化、集中的权力分散化"。为此，国家经贸委在全国推广亚星集团的"比价采购管理"，以实现我国企业管理体系的整体创新。

（三）招标采购

所谓招标采购，是指通过公开招标（open tender）的方式进行物资和服务采购的一种行为，是政府及国有企业采购的基本方式之一。在招标采购中，其最大的特征在于"公开性"。凡是符合资质规定的供应商都有权参加投标。招标采购主要分为政府招标采购和企业招标采购,在我国进行政府招标采购,应贯彻执行《中华人民共和国采购法》的相关规定,依法招标采购。

公开招标采购的优点:①有利于做到采购工作的"公开、公正、公平";②有利于形成符合市场的真实价格;③有利于提高采购物品的质量;④有利于采购方建立供应商的信息资源库,增大选择范围;⑤有利于降低采购成本。这种采购方式的主要缺点:一是采购费用较高;二是容易出现供应商合谋或者"抢标"——即过度压低价格而中标,出现偷工减料,以次充好,影响产品质量;三是采购程序复杂,应变性差;四是如果底价泄密易带来巨大风险。公开招标采购主要适用于需求量大且标准化产品,或者高度技术产品,如计算机、通信产品等。

二、采购决策

所谓采购决策指企业采购人员对采购中一些重大问题进行选择的一种行为。任何决策都是为了实现一定的组织目标,因而采购决策也是为了实现一定的采购目标。

(一) 企业采购目标

企业采购目标主要是:①通过物资供应采购,保证生产、经营活动的正常进行;②科学采购,保证合理库存;③保证供应商产品质量的不断提高;④发展有竞争力的供应商,建立长期合作关系;⑤实现采购的低成本等。

(二) 采购决策的内容

对于一个企业来讲,采购决策是否科学,将直接影响企业运作的成本。企业采购决策包括如下内容:①采购价格决策;②采购质量决策;③采购数量决策;④采购品种、规格决策;⑤供应商选择决策;⑥交货期决策;⑦采购中的运输方式选择;⑧采购中货款结算决策。

三、采购管理

采购和采购管理是两个不同的概念,采购是一种具体的业务活动,而采购管理是指为保障企业物资供应而对企业的整个采购活动进行的计划、组织、指挥、协调和控制活动。因而,企业的采购管理的目的是保证供应,满足生产经营需要,是企业管理系统的一个重要子系统,是企业战略管理的重要组成部分,一般由企业的中高层管理人员承担。采购是一项具体的业务活动,是作业活动,一般由采购员承担具体的采购任务。当然,采购业务活动也需要加强管理,包括采购人员选择、每一具体环节的衔接等。

一般情况下,有采购就必须有采购管理。但是,不同的采购活动,由于其采购环境、采购的数量、品种、规格的不同,管理过程的复杂程度也不同。个人采购、家庭采购,尽管也需筹划决策,但毕竟相对简单,一般可在"家庭理财"学中研究,这里我们重点研究的是面向企业的采购管理活动(组织、集团、政府等)。当然,在企业的采购中,工业制造和商贸流通企业的采购目标、方式等还存在差异,但有共同的规律,所以一般也就不再进行过细的划分。

（一）采购管理的目标

采购管理的总目标是为了保证企业的物资供应，怎样才能保证物资供应的有效性，通过实施采购管理应做到：在确保适当质量下，能够以适当的价格，在适当的时期从适当的供应商那里采购到适当数量的物资和服务所采取的一系列的管理活动。

1. 选择合适的供应商

选择供应商是采购管理的首要目标。对于采购方来讲，选择的供应商是否合适，会直接影响采购方的利益，如数量、质量是否有保证，价格是否降到最低，能否按时交货，等等。供应商的选择，主要应考察供应商的整体实力、生产供应能力、信誉等，以便建立双方相互信任长期合作关系，实现采购与供应的"双赢"战略。

2. 选择适当的质量

采购商进行采购的目的，是为了满足生产需要。因而，为了保证企业生产的产品的质量，首先应保证所采购材料的质量能够满足企业生产的质量标准要求。保证质量应该做到"适当"：一方面，如果产品质量过高，会加大采购成本，同时也造成功能过剩，如目前在电视、手机、电脑等产品中，就出现功能多余；另一方面，如果所采购原材料等质量太差，就不能满足企业生产对原材料品质的要求，影响到最终产品质量，甚至会危及人民生命财产安全，如：水泥、钢材质量的不合格，可能造成楼房建筑、桥梁等"豆腐渣"工程，存在巨大安全隐患。

3. 选择适当的时间

采购管理对采购时间有严格的要求，即要选择适当的采购时间：一方面要保证供应不间断，库存合理；另一方面又不能过早采购而出现积压，占用过多的仓库面积，加大库存成本。

4. 选择适当的数量

采购数量决策也是采购管理的一个重要目标，即要科学地确定采购数量。在采购中要防止超量采购和少量采购。如果采购量大，易出现积压现象；如果采购量小，可能出现供应中断，采购次数加大，使采购成本增大。因此，采购数量一定要适当。

5. 选择适当的价格

采购价格的高低是影响采购成本的主要因素，因此，采购中能够做到以"适当的价格"完成采购任务是采购管理的重要目标之一。其原因是：①采购价格过高，加大了采购方的生产成本，产品将失去竞争力，供应商也将失去一个稳定的客户，这种供需关系也不能长久；②采购价过低，供应商利润空间小，或无利可图，将会影响供应商供货积极性，甚至出现以次充好，降低产品质量以维护供应，时间稍长，采购方将失去一个供应商。

（二）采购管理的内容

为了实现上面提出的企业采购目标，企业就必须重视加强采购管理。企业的采购管理的主要任务：一是通过采购管理，保证企业所需物资的正常供应；二是通过采购管理，能够从市场上获取支持企业进行物资采购和生产经营决策的相关信息；三是与供应商建立长期友好的供需关系，建立企业稳定的资源供应基地。

企业物资采购管理的主要内容如图3-8所示：

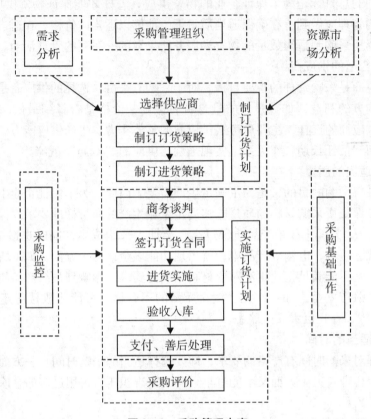

图3-8 采购管理内容

资料来源：王槐林主编《采购管理与库存控制》，中国物资出版社2013年版，第12页。

第四节 采购管理组织与采购者素质

采购工作要保证企业生产经营活动的正常进行，就必须建立一套科学的采购组织机构，培养一批训练有素的采购人员队伍。

一、采购管理组织及功能

（一）采购管理组织的含义

"组织"通常有两种含义：一是指作为实体本身的组织，即按照一定的目标、任务和形式建立起来的社会集体，如企业、政府、大学、医院等；二是指管理的组织职能，即通过组织机构的建立运行和变革以实现组织资源的优化配置，完成组织任务和实现组织目标。因此，组织是实现目标的重要保证。

采购管理组织是指为了完成企业的采购任务，保证生产和经营活动顺利进行，由采购人员按照一定的规则组建的一种采购团队。无论生产企业还是流通商贸企业，都需要建立一支高效的采购团队，通过科学采购，降低采购成本，保证企业生产经营活动的正常进行。

（二）采购管理组织的功能

1. 凝聚功能

采购组织的凝聚力的表现就是凝聚功能。凝聚力来自目标的科学性与可行性。采购组织要发挥其凝聚功能，就须做到：一是明确采购目标及任务；二是良好的人际关系与群体意识；三是采购组织中领导的导向作用。

2. 协调功能

采购组织的协调功能是指正确地处理采购组织中复杂的分工协作关系。这种协作功能，包括两个方面：一是组织内部的纵向、横向关系的协调，使之密切协作、和谐一致；二是组织与环境关系的协调，采购组织能够依据采购环境的变化，调整采购策略，以提高对市场环境变化的适应能力和应变能力。

3. 制约功能

采购组织是由一定的采购人员构成的，每一成员承担的职能，有相应的权利、义务和责任，通过这种权利、义务、责任组成的结构系统，对组织的每一成员的行为都有制约作用。

4. 激励功能

采购组织的激励功能是指在一个有效的采购组织中，应该创造一种良好的环境，充分激励每一个采购人员的积极性、创造性和主动性。因而，采购组织应高度重视采购人员在采购中的作用，通过物质和精神的激励，使其潜能得到最大限度的发挥，以提高采购组织的激励功能。

二、采购组织设计的原则

（一）目标可行原则

采购组织是实现采购目标的工具，因而首先必须确定企业的采购目标，依据不同的采购目标而建立企业的采购组织。一般来讲，组织目标应具备如下特征：①社会性；②共同性；③清晰性；④层次性；⑤参与性。

（二）合理分工原则

在采购组织内部，应按照不同人员的能力、职责进行合理分工，以便各负其责，提高采购效率。防止出现"有事无人做"的现象。

(三) 统一指挥的原则

在采购组织中，每一个采购人员应该接受一个采购主管所委派的职权和职责，并且对其上级负有责任。

(四) 管理幅度原则

管理幅度是指每一管理者直接管理下属的人数。在建立采购管理组织时，应合理确定管理的层次及每一层次的人员安排。

(五) 权责相符原则

有效的采购管理组织必须是责权相互制衡。有责无权，责任难以落实；有权无责，就会滥用职权。因此，应该实现责权的对等和统一。

三、采购管理组织结构的形式

(一) 直线制的采购组织结构

直线制是由一个上级主管直接管理多个下级的一种组织结构形式。直线制的采购组织的优势在于"直接指挥"，可以做到：①有利于加强管理控制和责任的力度；②实现有效交流沟通，使管理符合实际；③能够实现个性化管理。这种结构适用于中小型企业的采购管理，由采购经理直接管理采购员。

(二) 直线职能制的采购组织结构

这种组织结构，是在直线制的基础上，再加上相应的职能管理部门，帮助采购经理决策，承担管理的职能。

(三) 采购事业部制

事业部制又称分权结构或部门化结构，首创于美国通用汽车公司，由通用汽车公司副总裁斯隆研究设计。事业部一般按"地区"或"产品类别"，对公司赋予的任务负全面责任。采购事业部组织结构适用于进行规模大、品种、需求复杂、市场多变的企业采购。

这种采购组织是一种集中化与分散化相结合的组织结构。各事业部实行的是集中化采购，而从总公司的角度分析则实行的是分散化采购，即将采购权分散到各事业部。

(四) 矩阵制采购组织结构

矩阵制是为了完成指定任务（项目），由各个方面的人员临时组成的一个组织机构。当任务完成后，人员各自回原单位工作。这种组织结构突破了一名采购人员只受一个主管领导的管理原则，而同时接受两个部门的领导。其优点是采购的目的性强，组织具有柔性化的特点，能够提高企业的采购效率，降低采购成本。缺点是双重领导容易导致职能部门之间意见的不一致,影响业务活动的正常进行。

四、采购管理人员素质

采购人员是企业采购工作的执行主体,因此,采购人员的素质高低,会直接影响企业采购的效率、质量和效益。应加强采购人员的培训,提高采购人员的综合素质,设置科学合理的岗位,使人尽其才,以保证采购任务的完成。

(一) 企业采购岗位设置

要保证采购工作顺利进行,在企业内部应建立一个高效率的团结协作的采购团队,不同的团队成员发挥不同的采购职能。

企业采购组织的人员,一般由如下人员组成:①市场及需求分析员;②供应商管理人员;③采购计划员;④进货管理人员;⑤采购质量管理人员;⑥库存管理人员;⑦采购统计分析人员;⑧财务与成本核算人员;⑨采购人员;⑩采购经理人员等。

(二) 采购人员的选拔标准

采购人员的选择,是企业一项重要的人力资源配置。选择标准的实质是对采购人员总体素质的基本要求。当然在企业内部,不同的采购岗位的人员的素质要求不同,采购经理、采购主管和采购员的要求也是不同的。作为一个采购人员,其选拔标准分为如下三个方面:

1. 良好的气质

气质指影响人的心理活动和行为的个性特征,即人们通常所说的"脾气""性情"。人的气质分为:①胆汁质——对人直率、热情、活泼,但易于激动、暴躁;②多血质——待人热情、稳重,容易理解别人,易成为具有显著效率的活动家;③黏液质——对人对事态度持重、安详,交际适度,适合从事有条理的和持久性工作;④抑郁质——较孤僻、谨慎。采购工作是一项与人打交道的工作,因此,采购人员应以多血质型气质的人员担任,对采购工作有热情、善交往,才能保证采购的成功。

2. 性格

性格是人在对他人或外界事物的态度和行为方式上所表现出来的特征,是个人对外界态度行为方式的习惯化的表现。通常将人的性格划分为外向型性格和内向型性格。从采购工作的要求来看,外向型性格比内向型性格更具优势。

3. 能力

能力是指完成某种活动所必须的个性心理特征。人的能力分为一般能力和特殊能力。一般能力是人的基本能力,如观察能力、记忆能力、思维能力、想象能力等;特殊能力指从事某种专业活动的能力,如艺术能力、运动能力等。采购人员除具备一般能力外,还应具备进行采购工作的特殊能力,如发现新客户的能力、交往洽谈能力、协调能力等。

(三) 采购人员应具备的基本素质

1. 智能

智能主要包括敏锐的观察能力、严谨的思维能力、良好的交际能力、创新的开拓能力。

2. 良好的心理品质

良好的心理素质主要包括强烈的事业心、广泛的兴趣、坚定的意志等。

3. 高尚的品德

高尚的品德主要包括为人正派、待人真诚、谦虚礼貌和宽容大度等。

4. 丰富的知识

丰富的知识主要包括理论知识、企业知识、客户知识、市场知识、法律知识、采购实务等。

关键词

采购　现代采购　物联网　组织采购　集中化采购　采购联合体　采购方式　议价采购　比价采购　采购决策　招标采购　采购管理组织

思考题

(1) 简述采购和购买的异同。
(2) 采购物流在生产企业的地位如何？
(3) 简述物联网与现代物流的关系。
(4) 采购联合体有哪些优点？
(5) 如何进行采购的分类？
(6) 简述采购程序。
(7) 简述采购制度的三种方式。
(8) 采购方式有哪三种？
(9) 采购管理的主要目标有哪几种？
(10) 简述采购管理组织的功能。
(11) 采购组织设计的主要原则有哪些？
(12) 采购人员选择的主要标准有哪些？

案例分析

海尔"一流三网"同步的JIT物流模式

1999年开始，海尔开始进行以"市场链"为纽带的业务流程再造，创造了富有海尔特色的"一流三网"同步的JIT物流模式。"一流"是指以订单信息网为中心；"三网"分别是指全球供应资源网络、全球配送资源网络和计算机网络。"同步"即"三网"同步运行，为订单信息流的增值提供支持。

海尔进行的以"一流三网"为主要标志的物流革命，其核心就是以订单信息流为中心对仓库进行革命，即 JIT（Just In Time 准时生产制或无库存生产方式）革命。通过同步模式以高效物流运作实现"与用户零距离"的战略目标，使海尔通过现代物流一只手抓住用户的需求，另一只手抓住可以满足用户需求的全球供应链，获得企业核心竞争力。

1. **实施了采购 JIT**

海尔物流整合的第一步是整合采购，将集团的采购活动全部集中，在全球范围内采购质优价廉的零部件。海尔一年的采购费用约 150 亿元，有 1.5 万个品种，有 2000 多个供应商。通过整合采购，海尔将供应商的数目减少到 900 家，世界 500 强企业中有 44 家为海尔的供应商，集团采购人员优化掉 1/3，成本每年环比降低 4.5% 以上。

2. **实施了原材料配送 JIT**

建立了现代化的立体仓库及自动化物流中心。在立体库建立之前，海尔的平均库存时间为 30 天，仅海尔工业园企业的外租仓库就达 20 余万平方米。两个立体库建成后，平均库存周转时间已经减至 12 天，整个集团仓库占地仅为 2.6 万平方米，即以原仓储面积 1/10 的空间承担起原仓储的全部功能。对订单的响应速度从原来的 36 天，降低到目前的不到 10 天。

3. **实施了成品分拨物流 JIT**

海尔在采购整合后，又整合了全球配送网络，将产品及时按要求送到用户手中。目前，海尔与 300 多家运输公司建立了紧密的合作关系，全国可调配的车辆达 1.6 万辆。目前可做到中心城市 6 至 8 小时配送到位，区域配送 24 小时到位，全国主干线分配配送平均 4 天，形成全国最大的分拨物流体系。海尔还在德国的汉堡港等地建立了物流中心，向欧洲客户供货的时间也因此缩短了一半以上。值得一提的是，海尔物流运用已有的配送网络和资源，借助较完备的信息系统，积极拓展社会化物流业务。目前已成为日本美宝集团、乐百氏集团的物流代理商，同时与 ABB 公司、雀巢公司、万家香酱园、伊利奶粉的物流及配送业务也在顺利开展。

资料来源：作者依据 https://zhidao.baidu.com/question/72208720 改写。

案例讨论题

（1）海尔为什么要对采购物流进行整合？
（2）海尔的 JIT 包括哪些内容？
（3）海尔推进"一流三网"同步的 JIT 物流模式效果如何？你认为可否推广？

第四章 包装技术

【本章要点】 从社会再生产的角度来看,要实现货物从生产领域向消费领域的转移,保持物流系统运行通畅,每一环节的物流活动,都与包装材料、包装容器、包装标准等的选择与管理密切相关。所以,包装便成为物流系统的起始环节;而且随着科学技术的发展,它在整个物流系统中的地位也日益重要。

本章主要内容:首先,介绍包装的概念、功能、分类,以及环境和物流环节对包装提出的要求;其次,概括地介绍包装材料及其相应的包装容器;再次,扼要地介绍包装技术;最后,从包装合理化、标准化等方面阐明包装现代化问题。

第一节 包装的功能、分类和要求

一、包装的概念和功能

(一) 包装的概念

任何产品,要从生产领域转移到消费领域,都必须借助于包装。所谓包装,是指采用适当的材料,制成与物品相适应的容器,以便进行装卸、搬运、运输、保管和销售,使之不受外来因素的影响,顺利地实现商品的价值和使用价值而采用的一种综合性的经济措施。国家标准《包装通用术语》(GB 4122—83)明确指出:"所谓包装,是指在流通过程中保护产品、方便储运、促进销售,按一定的技术方法而采用的容器、材料及辅助物等的总体名称,并且包括了为了达到上述目的而进行的操作活动。"具体来讲,包装包含了两层含义:一是静态的含义,指能合理容纳商品、抵抗外力、保护宣传商品、促进商品销售的物体,如包装容器等;二是动态的含义,指包裹、捆扎商品的工艺操作过程。人们对包装概念的理解应用,是随着社会生产的发展不断变化的。早期人们对商品进行包装,主要是为了保护商品;随着科学技术的不断进步和商品经济的发展,人们对包装的认识不断深化,对其赋予了新的内容,即要方便商品运输、装卸和保管,它是商品在生产领域的延续。现代包装,又向消费领域延伸,成为"无声的推销员"。从物流的角度来看,包装是生产的终点,但却是物流的起点。

从现代物流发展的趋势来看,包装在物流系统以及整个国民经济中的地位越来越重要。在传统的产品经济体制下,我国的包装工业不但起步晚,而且发展非常缓慢,给国民经济造成了巨大的损失,特别是在国际贸易中出现了许多"一等商品,二等包装,三等价格"的现象。改革开放以来，我国包装工业发展迅速，包装工业产值从1980年的72亿元人民币增加到2016年的1.9万亿元人民币，复合增长率约为15.5%。根据中国包装联合会统计数据显示，2019年中国包装行业规模以上企业数量达7916家。包装不仅成为物流的重要环节，而且逐步成为国民经济的一个重要的产业部门。

包装成为一个独立的产业部门是社会经济发展到一定阶段的必然产物。一方面，随着科学技术的发展，现代产业内部的专业化分工越来越精细，产品的生产已不是哪家企业能独立完成的事情，而是在分工的基础上多家企业联合协作的结果，这样，促使更多的半成品、在制品进入流通过程，从而使包装需求成倍增长；另一方面，社会分工的细化使包装不仅仅限于产品的生产领域，而且向流通领域、消费领域延伸，促使包装成为国民经济的一个重要产业。从目前来看，世界上发达国家包装工业的发展速度都超过了经济的平均发展速度。近年来，我国包装工业的发展速度之快，也是令人欣慰的。实践反复证明，随着经济体制改革的深化和市场经济的发展，市场活动范围的不断扩大，对发展商品流通和交换必不可少的包装的要求将会越来越高，包装在国民经济中的作用也越来越重要。

（二）包装的功能

包装之所以成为国民经济的一个重要产业部门，并得到了迅猛发展，主要是包装在促进国民经济发展中具有独特的功能。其主要功能表现在以下三个方面。

1. 保护的功能

商品包装的保护功能是其最重要和最基本的功能，主要保护商品在流通过程中使其价值和使用价值不受外界因素的损害。

（1）防止商品的破损变形。为了防止商品的破损变形，商品包装必须能承受在装卸、运输、保管等过程中的各种冲击、振动、颠簸、压缩、摩擦等外力的作用，形成对外力的防护。

（2）防止商品发生化学变化。为防止商品出现受潮、发霉、变质、生锈等化学变化，商品包装必须能在一定程度上起到阻隔水分、潮气、光线，以及空气中各种有害气体的作用，避免外界不良因素的影响。

（3）防止有害生物对商品的影响。鼠、虫及其他有害生物对商品有很大的破坏性。包装封闭不严，会给细菌、虫类造成可乘侵入之机，导致商品变质、腐败，特别是对食品危害性更大。

（4）防止异物混入、污物污染、丢失、散失。

2. 方便的功能

（1）方便储存。从装卸、搬运的角度看，包装的规格尺寸、重量、形态要适合作业。从商品保管的角度看，商品的包装为保管工作提供了方便条件，便于维护商品本身的原有使用价值。包装物的各种标志，使管理者易于识别，易于存取，易于盘点，有特殊要求的商品易于引起注意。从验收角度上看，易于开包，便于重新打包的包装方式为验收提供了方便。包装的集合方法、定量性，对节约验收时间、加快验收速度也起到十分重要的作用。

(2) 方便装卸。商品经适当的包装后便于各种装卸、搬运机械的使用，有利于提高装卸、搬运机械的生产效率。包装的规格尺寸标准化后，为集合包装提供了条件，从而能极大地提高装载效率。

(3) 方便运输。包装的规格、形状重量等与货物运输关系密切。包装尺寸与运输车辆、船、飞机等运输工具箱、仓容积的吻合性，方便了运输，提高了运输效率。

3. 销售的功能

包装的销售功能是商品经济高度发展、市场竞争日益激烈的必然产物。在商品质量相同的条件下，精致、美观、大方的包装可以增强商品的美感，引起消费者注意，诱导消费者的购买欲望和购买动机，从而产生购买行为，起到"无声推销员"的作用。20世纪50年代中期，美国杜邦公司通过市场调查，提出了著名的"杜邦定理"，即63%的消费者首先是根据商品的包装做出购买决策的。忽视包装是一些企业产品在市场上遭受冷落的重要原因。包装的外部形态、装潢、广告说明等都具有很好的促销作用。

二、包装的分类

包装作为国民经济的一个重要产业部门，门类繁多，品种复杂，方法各异，因此很有必要对包装进行科学的分类。包装可以按照不同的标志进行分类。这里主要介绍按照包装在流通中的作用，将包装分为运输包装和销售包装两大类。

（一）运输包装

运输包装又称工业包装或外包装，它是以保护商品安全输送、提高运输效率为目的的包装。商品的销售量较大，采用适合于大批量高效率的运输包装是非常必要的。商品流通中，对运输包装的基本要求如下。

1. 确保商品运输安全

运输包装的外径尺寸和外部结构必须具有抵抗外界因素损害的能力，一般采用瓦楞纸箱、木箱、托盘集装箱等容器，其构成材料强度要高，容品的结构要坚固结实，外部进行捆扎包裹。在包装外形设计及包装材料的选择上，要考虑商品的物理化学性质、物态、外形、体积、重量、结构，流通过程中的冲击、震动负荷，装卸中的强度和次数，贮存中的耐压、防雨、防潮等因素，确保商品在运输过程中不损坏、不变质、不变形、不变色、不污染，安全地到达消费者手中。

2. 要有明确的包装标志

运输包装的外形上一般都标有"小心轻放""切勿倒置"等储运标志以及易燃易爆等危险品标志，同时还标有如发运地、到达地以及商品品名、规格、件数、号码、重量、体积、生产厂家等标志，便于商品的识别，加速流转，使商品正确无误地运往目的地。

3. 要采用先进的包装技术和包装材料

随着新技术、新材料的不断出现，运输包装必须进行革新，逐步实现包装的标准化、规格化；特别是要大力开展集装箱运输，提高运输效率，节约流通费用。

（二）销售包装

销售包装又称为商品包装，它是以促进商品销售为主要目的的包装。在商品流通中，越接近用户，就越要求包装具有促进销售的功能及鲜明的特性。销售包装可分为内包装和中包装两类。内包装是商品销售最小单位的包装形式，它同商品实体同时到达消费者手中，如工具、仪表等。中包装是将一个或几个商品再进行合并包装，便于保护商品质量和方便流通，如十件工具放入一个纸盒。为了发挥包装对商品销售的促进作用，对销售包装的基本要求如下：

1. 包装的外形要美观大方、醒目新颖

要突出商品的形象和特点，并选择符合市场习惯和用户心理因素的造型、图案和色彩，以增强商品的感染力和吸引力。

2. 突出商标

商标是消费者选购商品的主要依据之一，商标应设计在包装容器最显眼的位置，并且要简单明了，便于用户识别商品；此外还要树立企业的信誉，宣传商品，促进销售。

3. 要有简单和必要的文字说明

文字要如实地介绍商品的性能和使用方法，方便用户携带和使用。

4. 经济实用

根据生产资料商品的特点，在包装材料的选用及包装设计上要尽量降低包装成本、减轻用户负担。

三、绿色包装

（一）绿色包装的定义

绿色包装（green package）又可以称为无公害包装和环境之友包装，是指对生态环境和人类健康无害，能重复使用和再生、符合可持续发展的包装。

绿色包装理念有两个方面的含义：一个是保护环境，另一个就是节约资源。这两者相辅相成，不可分割。其中保护环境是核心，节约资源与保护环境又密切相关，因为节约资源可减少废弃物，其实也就是从源头上对环境的保护。

从技术角度讲，绿色包装是指以天然植物和有关矿物质为原料研制成对生态环境和人类健康无害、有利于回收利用、易于降解、可持续发展的一种环保型包装。也就是说，其包装产品从原料选择、产品的制造到使用和废弃的整个生命周期，均应符合生态环境保护的要求，应从绿色包装材料、包装设计和大力发展绿色包装产业三方面入手实现绿色包装。

具体言之，绿色包装应具有以下含义：①实行包装减量化（reduce）。绿色包装在满足保护、方便、销售等功能的条件下，应是用量最少的适度包装。欧美等国将包装减量化列为发展无害包装的首选措施。②包装应易于重复利用（reuse）或易于回收再生（recycle）。通过多次重复使用，或通过回收废弃物、生产再生制品、焚烧利用热能、堆肥化改善土壤等措施，达到再利用的目的。既不污染环境，又可充分利用资源。③包装废弃物可以降解腐化（degradable）。为了不形成永久的垃圾，不可回收利用的包装废弃物要能分解腐化，进而达到改善土壤的目的。世界各工业国家均重视发展利用生物或光降解的包装材料。Reduce、Reuse、Recycle 和 Degradable 即是现今 21 世纪世界公认的发展绿色包装的 3R 和 1D 原则。④包装材料对人体和生物应无毒无害。包装材料中不应含有有毒物质或有毒物质的含量应控制在有关标准以下。⑤在包装产品的整个生命周期中，均不应对环境产生污染或造成公害。即包装制品从原材料采集、材料加工、制造产品、产品使用、废弃物回收再生，直至最终处理的生命全过程均不应对人体及环境造成公害。

以上绿色包装的含义中，前四点应是绿色包装必须具备的要求，最后一点是依据生命周期评价，用系统工程的观点，对绿色包装提出的理想的、最高的要求。从以上的分析中，绿色包装可定义为：绿色包装就是能够循环复用、再生利用或降解腐化，而且在产品的整个生命周期中对人体及环境不造成公害的适度包装。也可以称为环保包装，指包装节省资源，用后可回收利用、焚烧时无毒害气体、填埋时少占耕地并能生物降解和分解的包装。

（二）发展绿色包装的意义

绿色包装之所以为整个国际社会所关注，是因为环境问题与污染的特殊复杂性。环境的破坏不分国界，一国污染，邻国受损，不仅危害到普通人的生存、社会的健康、企业的生产、市场的繁荣，还通过种种途径引发有关自然资源的国际争端。绿色包装的积极意义主要体现在以下方面。

1. 包装绿色化可以减轻环境污染，保持生态平衡

包装若大量采用不能降解的塑料，将会形成永久性的垃圾，塑料垃圾燃烧会产生大量有害气体，包括产生容易致癌的芳香烃类物质；包装若大量采用木材，则会破坏生态平衡。因此，应采取绿色包装来保护环境和维持生态平衡。

2. 绿色包装顺应了国际环保发展趋势的需要

在绿色消费浪潮的推动下，越来越多的消费者倾向于选购对环境无害的绿色产品。采用绿色包装并有绿色标志的产品，在对外贸易中更容易被外商接受。

绿色包装，是指 WTO 及有关贸易协定要求在 WTO 一揽子协议中的《贸易与环境协定》，其目的是促使各国企业必须生产出符合环境要求的产品及包装。

3. 绿色包装是绕过新的贸易壁垒的重要途径之一

国际标准化组织（ISO）就环境制定了相应的标准 ISO 14000，它成为国际贸易中重要的非关税壁垒。另外，1993 年 5 月欧共体正式推出"欧洲环境标志"，欧共体的进口商品要取得绿色标志就必须向其各盟国申请，没有绿色标志的产品要进入上述国家会受到极大的限制。

4. 绿色包装是促进包装工业可持续发展的唯一途径

可持续发展要求经济的发展必须走"少投入、多产出"的集约型模式，绿色包装能促进资源利用和环境的协调发展。

2020 年 7 月 28 日，由国家市场监管总局、国家发展改革委、科技部、工业和信息化部、生态环境部、住房城乡建设部、商务部、邮政局印发并实施的《关于加强快递绿色包装标准化工作的指导意见》，是为升级快递绿色包装标准体系、充分发挥标准对快递业绿色发展的支撑和引领作用、提高快递包装资源利用效率、降低包装耗用量、减少环境污染，经国务院同意提出的指导意见。

政策指引

快递包装绿色转型

**国务院办公厅转发国家发展改革委等部门
关于加快推进快递包装绿色转型意见的通知**

国办函〔2020〕115号

（1）指导思想。以习近平新时代中国特色社会主义思想为指导，全面贯彻党的十九大和十九届二中、三中、四中、五中全会精神，深入践行习近平生态文明思想，认真落实党中央、国务院决策部署，坚持以人民为中心，落实新发展理念，强化快递包装绿色治理，加强电商和快递规范管理，增加绿色产品供给，培育循环包装新型模式，加快建立与绿色理念相适应的法律、标准和政策体系，推进快递包装"绿色革命"。

（2）基本原则。坚持绿色发展；坚持创新引领；坚持协同共治。

（3）主要目标。到2022年，快递包装领域法律法规体系进一步健全，基本形成快递包装治理的激励约束机制；制定实施快递包装材料无害化强制性国家标准，全面建立统一规范、约束有力的快递绿色包装标准体系；电商和快递规范管理普遍推行，电商快件不再二次包装比例达到85%，可循环快递包装应用规模达700万个，快递包装标准化、绿色化、循环化水平明显提升。到2025年，快递包装领域全面建立与绿色理念相适应的法律、标准和政策体系，形成贯穿快递包装生产、使用、回收、处置全链条的治理长效机制；电商快件基本实现不再二次包装，可循环快递包装应用规模达1000万个，包装减量和绿色循环的新模式、新业态发展取得重大进展，快递包装基本实现绿色转型。

（4）主要任务。完善快递包装法律法规和标准体系，强化快递包装绿色治理，加强电商和快递规范管理，推进可循环快递包装应用，规范快递包装废弃物回收和处置，完善支撑保障体系。

四、环境因素和物流环节对包装的要求

物流系统是由包装、运输、装卸、储存等组成的有机整体。包装作为物流系统的起始环节，一方面我们需要研究流通环境因素对包装的要求；另一方面还必须研究包装与物流其他环节之间的关系，以保证物流系统的高效协调运转。

（一）影响包装的环境因素

包装的首要功能是保护货物流通中的安全，顺利实现其价值和使用价值。要充分发挥包装的功能，就必须分析影响包装的环境因素。一般来讲，影响包装的环境因素主要有如下方面。

1. 物理环境因素

物流环境因素是指外力作用于包装物，对包装物产生的影响。从物理环境分析，在设计包装时要符合下列基本要求：

（1）堆码负荷产生的堆压力。堆压力一般发生在保管储存和运输环节。因此，在设计包装时既要考虑包装物所能承受的堆压力，又要考虑堆垛所采用叉车的工作高度和仓库堆垛的高度，一般应为 4.5～5.5 米；在运输中，要考虑货车、卡车、集装箱的最高高度，一般为 2.4 米；船舶运输取决于船型，一般按 4～6 米确定堆压条件。

（2）装卸、运输、储存过程中产生的震动和冲击力。由于装卸形式和运输工具的不同，对包装物产生的震动和冲击力也不同。卡车运输时，汽车运输负荷计算标准规定，上下方向强度为 2.5 g 标度，前后方向为 0.6 g 标度，左右方向为 0.5 g 标度，同时还需考虑弹性冲击。

2. 气象环境因素

气象环境因素主要指气候、温度、湿度等因素的变化对包装物产生的影响。气象环境对物质产品的影响，可以从集装箱测定中看出。从经验和实测数据可以得到，金属制品一般在温度 30 ℃、相对湿度 70% 时不会锈蚀，否则都将对金属制品产生锈蚀破坏。

3. 生物环境因素

生物环境因素主要指霉变、虫害以及动物等对包装造成的损害。

（二）包装与物流环节的关系

1. 包装与运输的关系

运输的主要功能是保证物品空间位置转移，具有流动性。货物运输的基本要求是安全、迅速、准确、方便。包装直接关系着运输过程中商品的安全、装卸的便利和充分利用车船容积。所以，不同的运输方式对包装有不同的要求。包装的设计必须和运输方式、运输工具、运输距离等相适应，才能避免损失。

2. 包装与装卸搬运的关系

装卸是物品运输和储存的两个独立的作业环节，包括物品的装上和卸下。在这个过程中，都会因包装材料选择不当或设计不合理，造成包装的损坏，增大物流成本，给国民经济造成重大损失。因此，包装的设计要适应装卸工作中的装上卸下、搬运、拣选、分类等环节的物流作业需要，以防止商品的损坏。

3. 包装与储存的关系

储存主要是解决商品流通过程中时间上不一致的矛盾，它是社会再生产顺利进行必不可少的条件。可以说，没有物品的储存，就没有物品的流通。物品的任何储存方式都与包装有着密切的关系。例如，在潮湿的环境下，需要对商品进行防湿、防潮包装；户外堆放，需要采用"茧式封存包装"；一般商品储存，为了适应高层堆码，包装需考虑堆码负荷（也称堆压）。所以，储存离不开包装对物品的保护，包装要适应储存的需要。

第二节 包装材料和容器

从包装的概念可以看出，包装材料与包装容器的选择设计是否合理，是保证包装质量的关键。不同的包装容器，采用不同的包装材料，是为了适应不同商品包装的要求。因此，包装容器的设计、制作过程，也就是对包装材料选择的决策过程。

一、木制包装容器

木制包装容器的主要特性是能抗弯曲破裂，它在包装容器中所占比重较大。采用的材料主要是木材，这种容器一般用于商品的外包装，主要是因为它抗压、抗冲击、机械性能较好；同时它便于商品在运输、储存中垛码，充分利用仓库容积，对商品起到良好的保护作用。

木制包装容器主要有以下两种类型。

（一）木制箱

它是物品流通中广泛采用的一种包装容器，其用量仅次于瓦楞纸箱。木制包装箱主要有以下三种：

（1）钉板箱。它是一种用钉子钉制而成的包装箱，一般用于小型包装容器，能装载多种性质不同的商品。其优点主要有：①具有抵抗碰撞和冲击的良好性能；②能耐较大的堆积负荷；③制作方便；④便于排列整齐和设置支撑。但钉板箱的箱体较重，体积大，不便回收，而且防水性能差。

（2）捆板箱。它是一种轻量木制包装箱。箱的六面拆开时可以折合起来，两端用两块加强板作支撑，用其余四块板捆包起来，即成为一个六面体的捆板箱。其主要特点是可折叠、存放占空间小、质轻板薄，其装载货物重量一般不应超过150～200公斤。

（3）框架箱。它是一种将木板条钉合成各种结构形式的框架，用这种框架再组合成包装箱。框架实质上成为箱子的骨架，因此具有较好的抗震和抗阻能力。其适合包装的重量为500～1500公斤。框架箱按其外板的覆盖方法和组合方式可以分为密封式、密封胶合板式和条板式三种。

（二）木桶、圆桶

（1）木桶。它是一种传统的木制容器，用来盛装酒、酱、醋等液体。其主要优点是耐盐碱的腐蚀，不变味，不变色。

（2）圆桶。它是一种圆形的木制包装容器。其优点有：①搬运时可滚动，减轻搬运人员的劳动强度；②成本低，可反复使用；③有较强的化学抵抗力；④有较强的耐冲击力，牢固耐用。但圆桶储运不便，空桶存放占空间大。

二、纸制包装容器

纸制包装容器在商品包装中占有非常重要的位置，一般占包装材料的30%～40%。这种容器所用包装材料主要是各种纸。商品的内包装、中包装及外包装，根据商品营销及物流的要求，都可采用纸包装。

（一）纸板箱

纸板箱是一种按照国际纸板箱协会的规定，使用各种纸，制成不同形状、规格的包装箱，用以包装不同的商品。国际通用统一编号的纸箱从0200开始到0900，有几百种箱型。例如，0510（双层滑动式箱）主要用来包装印刷品及作为邮寄包装，或作内包装容器。

（二）瓦楞纸箱

瓦楞纸箱是指用瓦楞纸板制成的箱型容器。其强度较大，一般用于商品外包装。按照瓦楞纸箱的外形结构可分为三种：折叠式瓦楞纸箱、固定式瓦楞纸箱和异形瓦楞纸箱。在使用瓦楞纸箱包装时，应考虑包装容器所能承受的压缩强度，它由原纸的强度、箱的尺寸和形状、瓦楞纸新含水分等因素决定。所以，箱的实际压缩强度的确定，主要是通过压缩实验测定，也可通过近似的计算方法求得。

（三）纸盒、纸筒和纸罐

（1）纸盒。用纸板做成盒形的包装容器，称为纸盒，其形状主要为长方体。纸盒包装一般分为固定纸盒、折叠纸盒和瓦楞纸盒。纸盒包装的功能主要有：①对商品的包装和保护作用；②对产品的宣传和促进销售的作用；③成本较低，便于推销。

（2）纸筒、纸罐。它是一种预先制造成型，由主体和盖子两个大件所组成的纸质包装容器。纸筒一般分为：①耐水（不漏水）型，它先对包装纸进行防水处理，然后制成包装容器，如冰淇凌等的包装；②不耐水（漏水）型，制作这种包装容器一般不做防水处理，主要适用于包装粉状商品，如爽身粉、化妆品、药品等。

三、塑料包装容器

塑料包装是随着科学技术的发展、新型材料的使用而出现的一种现代包装容器，主要采用各种塑料，如低密度聚乙烯、高密度聚乙烯、聚丙烯、聚氯乙烯、聚苯乙烯、乙烯-醋酸乙烯共聚物、热塑性聚酯等。塑料包装已经渗透到人们生活的各个方面，特别是在食品包装方面，日益广泛地被采用。从发展的前景来看，塑料包装容器仍然是大有前途的一种包装材料。

(一) 塑料袋类包装容器

1. 塑料袋

塑料袋是指用塑料薄膜粘合成袋状的包装容器。在人们的生活中，塑料袋包装随时随处可见，特别是在零售商品销售活动中，大有取代纸包装的趋势。塑料袋一般用于软包装。例如：①盛装粉状（洗衣粉）、块状（饼干）、粒状（糖果）等干燥商品；②盛装含有水分的酱菜、水果、肉食等，这种塑料袋需采用无毒塑料，如聚丙烯；③盛装化肥、水泥、洗衣粉、润滑脂等，一般采用略带毒质的聚氯乙烯薄膜制作的塑料袋。塑料袋包装适应范围广，它具有极强的防潮性以及透明、耐折叠、耐冲击、耐挤压等优点，是现代社会主要的包装容器之一。

2. 集装袋

集装袋主要用于对粉状、粒状的化工产品、矿产品及农产品等的运输包装。常采用聚丙烯软集装袋。其主要优点是经济性，如比棉织品经济45%；负荷重，一般为2.5吨左右，有的高达13吨。集装袋分为一次性使用和多次使用两种。一般运程短、储存条件好的，可采取回收再用的集装袋，材料选择外用聚氧乙烯涂布的聚酯纤维，使用寿命达6～7年，可周转400次，负荷量达4吨左右；若运距长，周转储存不方便，常采用一次性集装袋，材料选用高强度聚丙烯，负荷一般不应超过1.5吨。

3. 塑料编织袋

塑料编织袋主要用于水果、蔬菜等的包装。一般采用聚丙烯制造塑料编织袋，其优点是重量轻、透气性好、携带方便、美观漂亮，目前在人们日常生活中被广泛使用。

(二) 塑料软管类包装容器

塑料软管是一种采取塑料、铝箔和纸等复合材料制作的包装容器。复合材料的主要优点为：①延长产品储存期，提高储存质量；②可代替金属、玻璃等包装材料，降低包装成本；③有利于实现自动化包装；④外表美观，方便运输。所以，近年来复合材料包装容器发展迅速，特别是在食品包装上应用广泛。

(三) 塑料瓶类包装容器

塑料瓶是采用聚丙烯和聚酯等无毒塑料树脂，采用中空吹塑成型工艺制成的，主要用于灌装液体商品，如各种饮料瓶、啤酒瓶、奶瓶、化妆品瓶等。

（1）聚酯瓶。主要用于饮料包装。这种用聚酯塑料树脂生产的瓶子的优点有：①保持商品不变味；②防止氧气渗入，内装物不会氧化变质；③避免光线照射，保护内装液体不变色、不变味。但聚酯瓶在防止碳酸气散失和防止氧化方面不如玻璃瓶，所以啤酒包装目前仍以玻璃为主。

（2）罐装饮料的塑料瓶。它用丙烯腈树脂制成，对二氧化碳有特殊的不透气性，机械性能好，能回收再用。

除以上几种，塑料包装还有塑料组合罐、小件塑料容器等。随着科技的发展和生活的丰富多彩，人们对塑料包装的需求量在扩大，对外形设计方面的要求也将越来越高。

四、金属包装容器

金属容器具有机械强度高、抗冲击能力强、不易破碎等优点。金属容器所用材料主要有马口铁、铝箔、焊接剂、内层涂料（防腐、防毒）、外层涂漆等。金属容器按外形和使用一般分为罐和桶。下面介绍几种主要的金属包装容器。

（一）马口铁罐

马口铁是一种很薄的镀锡薄钢板（俗称白铁皮），它是制作金属罐的主要材料。马口铁罐可以较长时间保存食品。马口铁罐传统的制作方法是由罐身（筒型）、罐盖和罐底三片马口铁制成，所以又称"三片罐"。"两片罐"是由一片金属（马口铁成铝情）拉伸而成的一种新型金属罐（俗称易拉罐），主要用来盛装饮料、啤酒，在市场上很受消费者欢迎。它与"三片罐"比较主要有三个特点：①不需焊接，采用机械加工可保证不受污染；②具有在较短的时间内高温杀菌的特点，能够保证商品不变质、有营养；③罐壁可拉伸到0.135～0.32毫米，可节省金属材料费用25%～30%，这种罐具有容器轻、不易破碎、便于运储等优点。

（二）铝箔软管

铝箔软管主要用于包装化妆品及膏脂的药品。这种软管具有三大优点：①空气不易侵入，能防止产品氧化变质；②挤压操作方便卫生，防止污染（如牙膏、药膏）；③携带方便（如化妆品等）。随着经济的发展、生活的丰富多彩，这种包装会得到更大的发展。

（三）金属桶

金属桶主要用于以石油为主的非腐蚀性半流体粉状、固体等的运输，容量一般为20～200升，如运输煤油、汽油及各种染料。

五、玻璃包装容器

玻璃是一种无机物，它的基本材料是石英、烧碱和石灰石，在高温下熔融后迅速冷却，形成透明固体。玻璃包装容器主要用于包装液体、固体药物及液体饮料类商品。用玻璃制作包装容器，是由玻璃材料本身的优点决定的，其优点有：①原材料丰富，价格便宜；②生产连续，供应稳定；③玻璃的化学稳定性好，适宜于包装液体；④可回收利用；⑤透明度好；⑥造型变化快，有利于宣传和美化商品；⑦没有气味，不会污染；⑧长期保存不变质；⑨没有透气性；⑩坚硬而不变形。由于以上的优点，玻璃被广泛地用于包装材料，但同时也存在着耗能高、易破碎、重量重等不足。从国际市场来看，各国玻璃容器的销售呈稳定的逐年递增趋势。玻璃瓶罐的发展趋势是要逐步推广标准化、轻量化。

玻璃容器按形状分有圆瓶、方瓶、高瓶、长颈瓶、矮瓶、曲线型玻璃瓶等。玻璃包装容器一般盛装下列产品：片状产品、半固体产品、黏性液态产品、自由流动的液态产品、易挥发的液态产品、含气体的液态产品、颗粒状产品和粉末状产品。

（一）覆盖塑料保护层的玻璃瓶

这种玻璃容器是在容器外表覆盖一层起保护作用的塑料薄膜，它具有较强的抗撞击能力、能适应温度的变化，而且不脱落等优点，是一种新型的玻璃包装容器。

（二）薄壁轻量玻璃瓶

玻璃包装容器尽管有上面谈到的十大优点，但易破碎、重量重等缺点影响了其发展。近年来，世界各国都在研究包装玻璃瓶的轻量化。所谓轻量瓶，就是在保证使用质量的前提下，通过降低瓶壁厚度以减轻瓶重量的一种玻璃包装瓶。轻量瓶可分为一次性使用瓶和多次回收瓶两种。

（三）强化轻玻璃瓶

玻璃强化方法主要有急速冷却的冷强化和化学方法强化两种。这种瓶子具有重量轻、耐热性能好、强度高等优点。自从1974年问世至今，其在成型技术、强化技术和涂层技术上，都得到较快的发展。

（四）玻璃包装容器的发展趋势

玻璃包装容器的发展方向，是在不降低强度的前提下，向轻量化方向发展。减重增强的方法主要有以下几种。

（1）表面涂层。主要分冷端涂层和热端涂层两种。冷端涂层所用涂层材料主要有硬脂酸盐、聚乙烯水溶剂和油酸。热端涂层所用涂层材料主要有四乙丁基钛酸盐、氯化钛和氯化锡。

（2）塑料包胶。采用聚苯乙烯泡沫套或聚乙烯收缩薄膜套，将其套在玻璃瓶表面，用以保护瓶子。

（3）钢化。主要分化学钢化和物理钢化两种。化学钢化是将钾盐喷在瓶子表面，在高温下使玻璃表面钢化。物理钢化是将瓶子加热到260～540℃后，用冷风急骤均匀冷却，使玻璃表面变硬出现应力，提高玻璃强度。

六、包装的辅助材料

包装容器是商品包装的主体，要保证包装的安全，除研究包装容器外，还需研究包装的辅助材料。

（1）黏合剂。主要用于包装袋和包装箱的封口等。黏合剂分类如下。

$$\text{黏合剂} \begin{cases} \text{水型} \begin{cases} \text{水溶液：淀粉、胶、聚乙烯丙醇等} \\ \text{乳胶：聚醋酸乙烯酯、丁腈、橡胶、丁苯橡胶} \end{cases} \\ \text{溶液型：聚醋酸乙烯酯、氯化乙烯树脂、聚酯胺} \\ \text{热熔型：聚烯烃塑料、聚酰胺} \\ \text{压敏型} \begin{cases} \text{永久黏结型：橡胶系、树脂系} \\ \text{冷密封型} \end{cases} \end{cases}$$

(2) 黏合带。按接合方式不同，分为橡胶带、热敏带、黏结带三种。

(3) 捆扎材料。捆扎的作用表现在打捆、压缩、缠绕、包扎、保持形状、提高强度、封口防盗、便于处置、防止破损等。传统捆扎材料主要为天然材料，如草绳、麻绳、纸绳等。目前几乎都采用塑料材料。

第三节 包 装 技 术

一、包装技术概述

由于产品种类繁多、性能各异，对包装的要求不同，这就要求在包装设计、材料选择、型号和规格确定等方面，采取正确的包装方法和相应的包装技术，以最低的物质消耗，保证产品安全输送到用户手中。

（一）包装技术的分类

1. 按功能划分

（1）销售包装技术。其主要包括热封技术、塑料封技术、外壳包装技术、收缩包装技术、真空减压及充填包装技术、灭菌包装技术、防霉包装技术、印刷技术等。

（2）运输包装技术。主要分外装技术和内装技术两类。外装技术包括容器设计技术和印记技术等，内装技术包括防震包装技术、防潮及防水包装技术、防锈包装技术、防虫及防鼠包装技术等。运输包装技术的重点是容器设计技术、包装尺寸和强度设计、印记技术。

2. 按照产品在运输、销售过程中的经济性划分

（1）单个包装技术。指对单个商品所进行的包装。主要有机械性保护包装、防护剂包装、防水包装、防水气包装、存放吸湿剂的防水包装、可剥除的化合物保护包装等。

（2）内包装技术。产品经过单个包装后，放入内包装容器，并加以衬垫，即完成内包装。内包装的目的主要是防震、防摩擦、保护产品。内包装应粘贴适当标志。

（3）外包装技术。主要目的是方便运输。其包括挡塞与支撑、衬热、防水设施、包装容器、捆扎与标志。外包装要求具有一定的强度，具有抗挤、抗压等性能，并且外形尺寸设计要便于运输。产品外包装后，根据具体情况，可采用如钢皮带、塑料编织带等对包装物进行捆扎，以方便装卸，防止散失。

（二）防震包装技术

为了防止商品在运输过程中的震动、冲击对商品造成损害，在内装材料中插入各种防震材料以吸收外部冲击的技术，称为防震包装技术。

任何物体由于外力的作用，都会产生震动，商品运输也不例外。冲击力的大小，可根据牛顿运动第二定律计算求得。

任意瞬间运动的物质的质量（m）和加速度（a）的乘积等于其瞬间的作用力，作用力的方向和加速度的方向相同。

公式表示为：
$$F = ma \qquad ①$$

式中：F——作用力（kg）；
$\quad m$——质量（kg·s²/cm）；
$\quad a$——加速度（cm/s²）。

物体重量（W）计算公式为：
$$W = mg \qquad ②$$

式中：W——重量（kg）；
$\quad g$——重力加速度（980 cm/s²）。

由式①、②可得：
$$\frac{F}{W} = \frac{ma}{mg}$$

所以有：
$$F/W = a/g \qquad ③$$

式③说明了外力作用于物体所产生的加速度为重力加速度的倍数，我们把这个值定义为 g 标度值。也就是说，g 标度值意味着物体所受的力和重量相比的倍数。在振动场合，用重力加速度的倍数表示震动加速度。

防震包装主要是确定采用何种防震材料及材料的厚度。防震材料厚度，由制品的落下能力和防震材料的吸收能量的关系式得到，其计算公式为：

$$t = C \cdot \frac{h}{G_m} \qquad ④$$

式中：t——防震材料厚度；
$\quad h$——装卸中产生的落下高度（cm）；
$\quad G_m$——制品的允许冲击值（g）；
$\quad C$——缓冲系数。

而缓冲系数（C）为应力的函数，即：

$$C = f(p)$$

应力的计算公式如下：

$$P_m = \frac{W}{A} \cdot G_m \quad ⑤$$

式中：P_m——最大应力（kg/cm^2）；

　　　W——制品重量（kg）；

　　　A——防震材料接触面积（cm^2）。

选择防震材料时，对应于 P_m 值的 C 值最小时为防震材料；如果用这个 C 值求得 t 值，则 t 值为防震材料的最小厚度。

（三）防锈蚀包装技术

防锈蚀包装技术是一种将防锈蚀材料，采用一定的工艺，涂在被包装的金属制品上，以防止其锈蚀损坏的包装方法。

1. 防锈剂的分类

防锈剂主要分为防锈油和气化性防锈剂两类。防锈油是在防锈矿油（空气、水分的绝缘材料）中加入防锈添加剂的产品。气化性防锈剂是一种在常温下易挥发的物质，挥发出的气体附着于金属表面，从而防止金属产品生锈。

2. 防锈包装的方法

首先，对包装的金属制品表面做清洗处理，涂封防锈材料；其次，选用透湿率小且易封口的防潮包装材料进行包装，如轴承、机电产品配件等均采用此包装。为了取得更好的防锈效果，在内装金属制品周围还需放入适量的吸潮剂，以吸收内存的或外界侵入的水分，保持相对湿度在50%以下。

（四）防霉腐包装技术

防霉腐包装技术是通过劣化某一不利的环境因素，达到抑制或杀死微生物、防止内装物霉腐、保护产品质量的包装方法。这种方法主要适用于保鲜的水果、食品、粮食。

1. 防霉腐包装技术的分类

（1）耐低温包装。它一般由耐冷、耐潮的包装材料制成，使包装件较长时间地处于低温下，包装材料不变质，从而抑制包装物内微生物的活动，保护商品不变质，如鲜肉、鲜鱼、鲜蛋、水果和蔬菜常采用此方法。

（2）防湿包装。它是采用防潮性能良好的密闭容器或薄膜包装材料，将干燥的物品密闭起来，防止包装物内水分的增加，达到抑制微生物的生长和繁殖，以延长内装物储存期的一种包装方法。

2. 防潮包装容器的种类

防潮包装容器主要有陶瓷容器、金属罐、玻璃瓶等。这些容器的防潮性能好，但质硬体重、易破碎，装运和使用不便。从发展的趋势来看，防潮包装将采用新型材料，如聚乙烯、聚丙烯、聚偏二氯乙烯等。

（五）防虫害包装技术

防虫害包装技术，是指为了防止商品因储存被虫咬坏而采用驱虫剂，达到保护商品不受损害的一种包装技术。

常用的防虫药品有有机磷酸酯系列杀虫剂、艾氏剂、狄氏剂、安妥、六六六粉等。用这些防虫药品对包装材料进行处理，以防虫害。为了防止虫害、鼠害，包装材料应尽量不选用有虫蛀的木材和糊纸盒的浆糊等，应放防虫剂，防止蛀虫的生长。

（六）真空包装和充气包装技术

1. 真空包装

真空包装是将物品装入气密性容器后，在容器封口之前抽真空，使密封后的容器内基本上没有空气的一种包装技术。

一般来讲，真空包装主要用于肉类食品（如罐头）、谷物加工品及易氧化变质的商品。真空包装方面能减少脂肪氧化，另一方面具有抑制细菌生长的功能。所以，对食品类商品常采用真空包装技术处理。

2. 充气包装

充气包装是采用二氧化碳（CO_2）或氮气（N_2）等不活泼气体置换包装容器中空气的一种包装技术。这种方法的基本特点是不采用高度真空，使氧气浓度在 1% ～ 2% 之间，由于所充气体能够控制，所以能防止物品的变质、发霉，抑制氧化，实现商品保鲜。火腿、香肠、腊肉、烤鱼肉和水产加工产品常用充气包装。

（七）收缩包装和拉伸包装

1. 收缩包装

收缩包装指用收缩薄膜裹包物品或内包装件，再对薄膜进行适当加热处理，使薄膜收缩紧贴于物品或内包装件的包装技术。

收缩包装用于销售包装，具有使内装物形体突出、形象鲜明、质感性强、利于销售的作用；用于运输包装，具有包装方便、效率高、便于装卸搬运、方便交换点验的作用。

2. 拉伸包装

拉伸包装是依靠机械装置，在常温下将弹性薄膜围绕待包装件拉伸紧裹，并在其末端进行封合的包装技术。拉伸包装不需加热，可节约能源 1/20。它既可用于单件商品包装，也可用于集合包装。

二、现代集合包装技术

现代集合包装是一种先进的包装技术，推行集合包装，有利于节约包装费用，提高经济效益。下面主要介绍集装箱、托盘和集装袋。

（一）集装箱

1. 集装箱的概念

集装箱是一种用于货物运输，便于使用机械装卸的组合包装容器。它的原意就是"运输货物的容器"，也称"货箱"。国际上正式使用民用集装箱运输开始于1955年。近年来，集装箱运输得到了迅速发展，并且逐渐走向规格化、标准化和大型化。随着大型标准集装箱的发展，集装箱专用码头和专用船舶也出现了。在陆地，建立了集装箱陆上运输系统，还大量发展了铁路和公路专用集装箱车辆。

2. 集装箱的优点

（1）集装箱结构坚固，能长期反复使用。

（2）途中转运，可以不动容器内货物而直接换装。

（3）能够进行快速装卸，并且能够从一种运输工具上直接方便地换装到另一种运输工具上。

（4）能够提高货物的完好率，大大减少破损率。

（5）能够充分利用包装容积。

3. 集装箱的分类

（1）按规格、尺寸分类。集装箱的规格尺寸由国际标准化组织（ISO）技术委员会统一制定，共分3个系列、12种箱型；目前，国际上通用的是1A、1B、1C、1D和1E等五种。其型号和尺寸如表4-1所示。

表4-1　1A等五种箱型型号和尺寸

尺寸	型号	型号	型号	型号	型号
	1A	1B	1C	1D	1E
长度（英尺）	40	30	20	10	7
宽、高度（英尺）	8	8	8	8	8
重量（吨）	30	25	20	10	7

（2）按使用材料分类。一般分为三类：①铝合金集装箱，主要优点是重量轻、外表美观、防腐蚀；②钢制集装箱，主要优点是强度大、结构牢、焊接性好、水密性好、价格便宜，其缺点是防腐性差；③玻璃钢制集装箱，主要优点是强度高、刚性好、能承受应力。

（3）按结构分类。一般分为内柱式与外柱式集装箱、折叠式集装箱和薄壳式集装箱三种。

（4）按使用目的分类。一般分为干货类集装箱、侧开门集装箱、侧壁全开式集装箱、通风集装箱、开顶集装箱、可折叠集装箱、吊挂服装集装箱、航空运输集装箱等。

4. 现代集装化应遵循的基本原则

集装化是实现物流标准化和批量化的前提和基础，发展集装化有利于实现运输和装卸的机械化和快速化，加快货物周转。所以，要实现物品包装集装化就应遵守以下基本原则：

（1）通用化。实行集装化，必须使之与物流系统的设备与工艺相适应，各种集装工具之间要相互协调，以便在"门对门"运输过程中畅通无阻。

（2）标准化。它是指为了方便流通，在集装工具的外形和重量、刚度和耐久性试验方法、装卸搬运加固规则到编号及标准，都要按照国家标准、国际标准化组织的标志，以实现集装标准化。

（3）系统化。集装化不仅是指集装工具，而且是一个包括成套物流设施、工艺和管理，联系生产与生产、生产与消费在内的动态系统。

（二）托盘

1. 托盘的概念

托盘，是指在运输、搬运和储存过程中将物品规整为货物单元时，作为承载面并包括承载面上辅助结构件的装置（GB/T18354－2021）。因为它好似盘子可以托起食品一样，所以形象地称之为"托盘"。

现代托盘是随着集装箱和集合包装而出现的一种新的物流技术。托盘最早产生于美国、日本等发达国家。初期它是作为叉车的附属装卸工具与叉车配套使用，以便实现机械化作业。"二战"后，托盘逐渐成为一种储存工具。至20世纪60年代，托盘已成为一种必不可少的运输工具和销售工具。目前，托盘已渗透到整个物流过程，成为一种物流工具，是实现物流合理化的一个重要条件。

2. 托盘的主要优点

（1）可以有效地保护商品，减少物品的破损。

（2）可以适应港口、货物机械化作业的要求，加快装卸、运输速度，减轻工人的劳动强度。

（3）可以节省包装材料，降低包装成本，节约运输费用。

（4）可以促进国际和国内港口作业的机械化，加快包装向规格化、标准化和系列化迈进的步伐。

3. 托盘的分类

托盘按照不同的标准可以进行不同的分类，如按使用范围、使用寿命、制作材料等。这里主要介绍按托盘的结构进行分类，一般分为平托盘、柱式托盘、箱式托盘等（如图4-1所示）。

（1）平托盘。平托盘主要以木制为主，也有钢制、塑料、复合材料等制作的平盘，它的应用范围最广。平托盘一般分为单面使用、双面使用、两向进叉、四向进叉四种。

（2）柱式托盘。它是在平托盘上安装四个柱的托盘。安装立柱的目的是在无货架多层堆码时保护最下层货物不受损害。立柱一般可卸下，高度为1.2米，常采用钢制材。可负荷3吨货物。

（3）箱式托盘。它是在平托盘上安装上部构造物（平板状、网状构造物等），制成箱式设备。箱式托盘一般分为可卸式、固定式和折叠式三种。这种托盘具有使包装简易并可形成不规则的货物集装，方便运输，防止塌垛等优点。箱式托盘主要适用于装载蔬菜、瓜果、薯类等农产品。

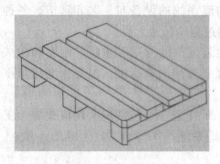

两向进叉的平托盘

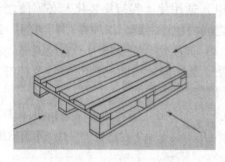

四向进叉的平托盘

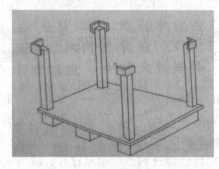

柱式托盘

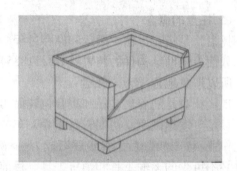

箱式托盘

图 4-1 托盘的类型

（三）集装袋

1. 集装袋的概念

所谓集装袋，是一种柔软、可曲折的包装容器，是由可折叠的涂胶布、树脂加工布及其他软性材料制成的大容积的运输袋。采用这种包装，不仅有利于提高装卸效率，特别适宜于散装粉粒状货物的包装，有利于促进散装货物包装的规格化、系列化，降低运输成本，而且还具有便于包装、储存及造价低等优点。因此，近年来世界各国都广泛地采用集装袋来运输粉粒状货物。集装袋的出现和使用是粉粒状货物装运方式的一次质的革命。

2. 集装袋的操作过程及环节

（1）装料。它是将集装袋放在托盘上，然后将集装袋对准罐料漏斗口，先将袋身拉直，装料后扎紧封口，以便运输。

（2）运输。根据集装袋的种类和形状，选择适当的运输工具进行运输。

（3）卸料。运输到目的地，用吊车（或铲车）将集装袋吊起，对准料槽的进料口，打开集装袋底漏料口的扎绳，即可迅速完成卸料。

（4）回收。多次反复使用的集装袋卸完货物，一般要进行回收，以备再用。

(四) 发展散装水泥，实现水泥包装改革

传统的水泥包装是以纸袋包装为主，由于这种纸袋抗压、耐挤强度低，在水泥装卸、搬运中常常造成破袋，仅此一项每年造成的直接损失高达 300 万吨。因此，采用先进技术和新型包装材料，加快水泥包装的技术改造，就成为非常迫切的问题。

1. 发展散装水泥的意义

发展散装水泥是水泥生产、流通和消费的重大改革，水泥从袋装向散装的发展，是社会化大生产和实现流通现代化的必然要求。所谓散装水泥，是指采用专用的装运设备、装卸工具和运输工具，实现从水泥厂储罐向散装火车、船装水泥，经过运输，到达大型散装水泥储罐储存，然后采用专用水泥罐车运输，向用户供应散装水泥的整个流通过程。散装水泥的装卸一般采用气力装卸，利用低压风力，压缩空气或吸力进行装卸。散装水泥的运输工具主要有 K15 型（装载 650 吨）和 U60 型（装载 60 吨）两种专用火车车皮，以及载重 10 吨左右的专用汽车。散装水泥储存采用大型储存设备（如储罐）。在我国推行散装水泥，对于促进从水泥包装形态到水泥的装、卸、储、运整个物流过程的改革，提高经济效益，具有非常重要的意义。

(1) 节省包装材料。据测算，使用 1 万吨散装水泥可为国家节约煤碳 113.5 吨、木材 330 立方米。

(2) 减轻劳动强度，提高劳动效率。散装水泥的装卸效率比人工高几十倍，减少工人的搬运、装卸、拆袋工作，防止了环境污染，改善了工作条件。

(3) 减少了水泥损失。散装水泥采用专用设备，有效地防止了散装水泥因破损造成的损失。散装可将水泥损失降至 0.5%，而袋装破袋损失一般为 10%，有的高达 30%。

(4) 提高经济效益。散装水泥节省包装费用，降低了水泥成本；且由于在物流的各环节实现机械化，节约活劳动消耗和物耗，有利于创造较高的综合经济效益。据测算，使用 1 万吨散装水泥可创造综合经济效益 32.1 万元。

2. 发展散装水泥的措施

(1) 思想观念的更新。要把发展散装水泥提高到实现物流社会化、现代化的高度，克服互相牵制，打破部门、地区界限，实施从思想观念到组织实现的彻底变革。

(2) 制定统一规划。应把发展散装水泥列入物流规划，这是发展散装水泥的一项重要措施。在散装水泥生产、流通和使用的基础设施建设上，要统筹规划、合理部署、相互协调、相互支持。

(3) 积极筹措资金。发展散装水泥需要投资兴建大批散装基础设施，但仅依靠目前"以散养散"的办法，根本无法解决发展散装水泥的资金问题。可供采用的措施有：① "以袋养散"，即水泥厂销售袋装水泥，向用户征收"扶散费"，作为发展散装水泥的专用基金；② 争取国家给予一定的基建贷款和技改贷款；③ 生产、运输、流通和使用部门自筹部分资金。

(4) 加强基础设施建设。主要是大力发展专用火车、汽车、水泥船的生产，兴建大型储存设施。近期要加快散装水泥船的试制和生产。

(5) 加强领导，组织实施。各级地方政府的散装水泥办公室在当地政府的领导和支持下，行使推动本地区散装水泥工作的职能，组织生产、流通、运输，使用单位分头实施，"散办"要搞好协调工作，推动散装水泥工作的正常开展。

三、包装机械

（一）包装机械的含义及作用

1. 包装机械的含义

包装是工业生产必不可少的组成部分，是产品离开生产领域进入流通领域的最后一道工序。对产品进行包装，在产业革命前主要以手工为主；产业革命后，随着劳动效率的提高，对包装的效率要求也越来越高。所以，机械操作日益应用于产品的包装。

所谓包装机械，包含两层含义：从狭义上讲，是指在机械化、自动化的批量生产中对产品进行包装的一种机械工具或设备；从广义上讲，包括各种自动化和半自动化的销售包装机械、运输包装机械、包装容器的加工机械、集合包装机械和搬运机械等，这些相互联系的机械设备联合组成现代化的包装机械体系。

2. 包装机械的作用

实现包装机械化，对于加速实现物流现代化具有十分重要的作用，主要表现在以下几方面：

（1）提高效率，保证包装质量，保护商品。传统手工包装，包装质量受劳动者熟练程度影响较大；而采用机械包装，能按照统一设计，机械操作，所以有利于提高效率，确保包装质量，更好地保护商品。

（2）降低工人劳动强度，改善劳动环境条件。用机器操作代替人工包装，能够减轻包装工人的劳动强度，改善劳动条件，也有利于提高效率和质量。

（3）降低包装成本，减少物流费用。对有些商品，如棉花、羽毛、针织品，采用压缩包装机顶压包装，可以缩小包装件体积，节省包装材料，降低包装成本；同时，也有利于节省仓储容积，减少保管费用，运输时缩小运输空间，节省运输成本。所以，从整体上有利于减少物流费用。

（4）提高出口商品的包装质量。采用机械包装，有利于实现包装的标准化、规格化，更适应集装箱、托盘等现代化运输方式，适应不同地区和国家港口装卸，提高商品在国际市场上的竞争能力。

（5）有利于促进包装工业的发展。在发达国家，包装工业已成为一个独立的工业体系。在我国发展包装机械，有利于促进涉及包装工业的机械、电子、自动控制等工业的发展，促进科学技术转化为现实的生产力。

（二）包装机械的分类

按照包装工序，包装机械分为以下几类：

（1）裹包包装机械。裹包包装机械主要用于包装块状产品。按照不同的裹包工艺，裹包包装机械分为扭结式包装机、端折式包装机、枕式包装机、信封式包装机、拉伸包装机等。

（2）充填包装机械。充填包装机械主要用于包装粉状、颗粒状的固态物品。充填包装机械包括直接充填包装机和制袋充填包装机两类。直接充填包装机是利用预先成型的纸袋或塑料袋进行充填，也可直接充填于其他容器。制袋充填包装机是既要完成袋容器的成型，又要将产品充填入容器内两道工序的包装机械。

（3）灌装包装机械。灌装包装机械主要用于灌装液体或半液体的商品。按照灌装产品的工艺，灌装包装机械分为常压灌装机、真空灌装机、加压灌装机等。灌装包装机械常与封口机、贴标机相连成一条机械化灌装流水线，如啤酒、饮料、纯净水等的包装常采用这种包装机械。

（4）封口机械。封口机械主要用于各种包装容器的封口。按封口工艺不同，封口机械一般分为玻璃瓶加盖机械（压盖、旋盖）、布袋口缝纫机械、封箱机械、各种塑料袋和纸袋封口机械等。

（5）贴标机械。贴标机械是主要用于将商标纸或标签粘贴于包装容器上。贴标机械分类为标签未上胶和上胶两种。

（6）捆扎机械。捆扎机械主要用于对包装容器进行捆扎，根据被捆扎产品的特点和捆扎要求的不同，可分为带状捆扎机、线状或绳状捆扎材料的捆扎机等。

（7）热成型包装机械。根据包装容器成型工艺的不同，热成型包装机械可分为泡罩包装机和贴体包装机。泡罩包装是目前广泛采用的包装，是一种将产品封合在预成型的泡罩与底板之间的一种包装方法。贴体包装是将贴体包装的产品做成模型，泡罩包装由专用模具成型；它可使产品固定，防止流通中的碰撞。

（8）真空包装机械。真空包装机械主要用于从包装容器内抽取空气，一般分为真空包装机和充气包装机两种。

（9）收缩包装机械。收缩包装机械是一种用经过拉伸定向的热收缩薄膜包装物品，再对薄膜进行适当的加热处理，使薄膜收缩而紧裹物品的包装机械。

（10）其他包装机械。除以上主要包装机械外，还有洗瓶机、烘干机、检测机、盖印机、计量机等，它们和其他机械共同组成包装机组。

第四节　包装现代化

包装现代化是实现我国物流现代化的关键，而要实现包装现代化，就要研究包装的合理化和标准化。

一、包装合理化

所谓包装合理化，是指在包装过程中使用适当的材料和适当的技术，制成与物品相适应的容器，节约包装费用，降低包装成本，既满足包装保护商品、方便储运、有利销售的要求，又要提高包装的经济效益的包装综合管理活动。包装合理化一方面包括包装总体的合理化，这种合理化往往用整体物流效益与微观包装效益统一来衡量；另一方面也包括包装材料、包装技术、包装方式的合理组合即运用。包装合理化与标准化是"一胞双胎",二者相互依存、相互促进。

要实现包装合理化,需要从以下五方面加强管理:

(1) 广泛采用先进包装技术。包装技术的改进是实现包装合理化的关键。要推广诸如缓冲包装、防锈包装、防湿包装等包装方法,使用不同的包装技法,以适应不同商品的包装、装卸、储存、运输的要求。

(2) 由一次性包装向反复使用的周转包装发展。

(3) 采用组合单元装载技术,即采用托盘、集装箱进行组合运输。托盘、集装箱是包装-输送-储存三位一体的物流设备,是实现物流现代化的基础。

(4) 推行包装标准化。

(5) 采用无包装的物流形态。对需要大量输送的商品(如水泥、煤炭、粮食等)来说,包装所消耗的人力、物力、资金、材料是非常大的,若采用专门的散装设备,则可获得较高的技术经济效果。散装并不是不要包装,它是种变革了的包装,即由单件小包装向集合大包装的转变。

知识拓展

TECH PLASTUS 联合公司包装管理的合理化

TECH PLASTUS 联合公司是《财富》杂志上排名 500 强的塑料容器生产商。其产品主要是装食物的塑料容器,容器由盒与盖两个组件组成。公司原来的作业方式是将配套好的盖和盒,以一对的形式包装储存。传统的操作过程要求首先分别生产盒与盖,然后在生产线上完成盒与盖的配套包装过程,再将其送到仓库中,随着业务的发展,产品的品种从 80 种增加至 500 种,而这些产品的盒与盖又有许多是可以相互匹配的。这样,传统的操作过程使得产品库存迅速增加,同时,缺货的现象却又经常发生。仓库操作人员经常需要从现有库存中打开包装,拿出产品,进行重新装配,以使产品满足已有订单的需求。这样做,一方面使工作效率降低,另一方面也常常不能满足客户的需求,产品库存的精确性也受到了影响。

TECH PLASTUS 联合公司的解决方法是在生产线末端重新设计包装过程,将盒与盖进行独立的包装,并独立地进入仓库中的一个配套装配工作区,而不先进行盒与盖的配套。每天当收到客户订单时,再根据需要将所需的盒与盖放入包装线,两者被压缩包装在一起,并按顾客的要求打上标签,然后将成品放上拖车运走。对于需求量大的盒与盖,平时可以多装配一些,然后包装入库储存,再进行大量库存的打标签和装运。

TECH PLASTUS 联合公司用于包装线的投资不到 2 万美元。把配套包装作业放到仓储过程中去完成,使流动资金的周转效率大大提高,仓库的空间利用率也得以提高,同时,库存的精确度也达到一个更能接受的水平。

二、包装标准化

包装标准化，是指对包装类型、规格、材料、结构、造型、标志及包装实验等所做的统一规定以及相关的技术政策和技术措施，其中主要包括统一材料、统一规格、统一容量、统一标记和统一封装方法。推行包装标准化是任何国家的一项重要技术经济政策，是实现包装合理化需要研究的重要课题，它适应于日益扩大了的国际贸易发展的需要，成为产品走向国际市场的重要条件之一。若包装不按国际标准包装，产品的国际集装袋、集装箱运输就会受到影响，最终会影响产品的出口。

（一）推行包装标准化的意义

（1）适应输送、保管、装卸的要求。包装的标准化是提高物流效率、减少损失的有效手段，它是运输工具和运输机械标准化的基础。

（2）适应于包装机械化的要求。现代工业生产是采用机械化、自动化、系列化的社会化大生产，只有实现包装的标准化，才能适应大规模、大批量生产的要求，才能促进包装机械化、自动化的发展，迅速形成现代包装工程体系。

（3）有利于国际贸易的发展和商品流通范围的扩大。

（二）包装标准的分类

（1）包装基础标准和方法标准。它是包装工业基础性的通用标准，包括包装通用术语、包装尺寸系列、运输包装件实验方法等。

（2）产品包装标准。它是对产品（包括工业品和农副产品）包装的技术要求和规定。一种是产品质量标准中对产品包装、标志、运输、储存等做的规定，另一种是专门单独制定的包装标准。

（3）包装工业的产品标准。它是指包装工业产品的技术要求和规定，如普通食品包装纸、高压聚乙烯重包装袋、塑料打包带等。

（三）包装标准化的效果

（1）增强通用性。实行包装标准化，包装的规格、型号减少，同类产品的包装可以通用。

（2）提高效率。实行包装标准化，在生产过程中减少了机器更换规格尺寸和印刷标志的时间，一方面减轻了工人操作的劳动强度，另一方面又提高了劳动生产率。

（3）降低包装费用。包装标准化使包装设计简易化，避免过重包装，从而节约了包装材料，降低了容器的制作费用；同时还降低了包装的作业费，提高了仓库的利用率，减少了储存费等。

（4）促进产品销售。由于推行包装标准化，可以降低产品价格，包装整齐美观，可以促使消费者发生兴趣，有利于扩大产品销售。

三、包装现代化的要求

所谓包装现代化,是指在包装产品的包装设计、制造、印刷、信息传递等各个环节采用先进、适用的技术和管理方法,以最低的包装费用,使物质产品经过包装顺利地进入消费领域。要实现包装的现代化,就需要大力发展现代化的包装产品,加快开发现代化的包装机械设备和推广普及先进的包装技术,加快新型包装材料的研制和生产。在物资的运输包装方面,要充分发挥集装箱、集装袋、纸箱和托盘的作用,逐步实现包装集装化;同时,包装要和运输工具、储存、装卸手段相互配套,以便实现包装的系列化、规格化和标准化。

包装工业已经成为国民经济的一个重要产业,以先进的科学技术对包装工业进行技术改造,是促进我国包装工业发展的主要途径。目前,我国已经形成了由纸制品、塑料制品、玻璃制品、包装印刷、包装机械、包装科研测试多门类构成的现代包装工业体系,它分布在国民经济的20多个部门,是一个横向型的跨部门、跨地区的大行业。因此,实现包装现代化有利于推动包装工业的发展,进而促进物流的现代化。

"十四五"规划期间,随着农副产品深加工包装的发展及出口商品包装需求的迅速增加,农产品冷链物流将加快发展,对包装的要求是:

(1) 抓好保证有效供给的包装。有效供给的包装主要是指国民经济生产、建设中急需产品的包装,人民生活必需品的包装,特别是要搞好运输包装的开发和推广。

(2) 搞好出口商品的包装。出口商品要在包装外形设计、材料选择、图案构思、色彩线条运用上跨上新台阶。

(3) 进一步改进商品包装,减少因包装不善而造成的经济损失。

(4) 研究包装产品的发展战略,要以纸包装技术及可降解包装材料的开发利用为重点,控制发展塑料包装制品,稳定提高玻璃包装制品,合理开发金属包装制品。

(5) 发展"绿色包装"。所谓绿色包装,是指对生态环境和人体健康无害,能循环使用和再生利用,促进可持续发展的包装。从发展的角度出发,绿色包装将会成为21世纪包装产业发展的一个主要趋势。因此,要重点开发绿色包装材料,改进包装工艺,加大包装材料的回收和综合利用。

物流的现代化,离不开包装的现代化。因此,只要我们从发展社会主义市场经济的高度来认识包装在现代经济中的功能,实现观念更新,按照经济规律办事,我国的包装工业一定会在"十四五"规划时期得到更大更快的发展,在促进国民经济增长中发挥重大的作用。

关键词

包装　集装箱　托盘　集装袋　包装合理化　包装现代化　包装标准化　杜邦定理

思考题

(1) 简述包装的概念及功能。

(2) 分析包装与物流系统的关系。

(3) 包装材料的主要分类及应用有哪些？
(4) 包装技术有哪些种类？
(5) 简述集装箱的分类标志。
(6) 托盘及其优缺点是什么？
(7) 为什么要发展散装水泥？
(8) 如何推进包装标准化？
(9) 何谓"绿色包装"？

案例分析

京东的绿色包装

京东包装袋背后的故事：耗费上亿元，只为给世界多一点绿色。

从 2013 年开始，京东包装袋一共经历了三个阶段：①普通手提袋+透明袋热封封口；②专利防撕袋；③全降解包装袋。

早期京东使用的外包装是 PE（聚乙烯）材质的普通手提袋。这种手提袋不是为电商定制的，它缺少封口，为了保障货品安全，京东在打包时需要先粘贴胶带再套上透明袋。这种手提袋耗材多且不够环保，对消费者来说拆封麻烦，并且拆撕胶带时容易损害袋身，很难重复利用。此外，这种手提袋回收成本较高，因此电商和快递公司不会回收，而废品回收公司则因处理成本过高也不会主动回收，从而造成快递包装垃圾数量增多。

基于此，2014 年京东研发了专利防撕袋，并于 2014 年年底推广至全国七大区域，取代了传统的"普通手提袋+透明袋热封封口"的包装形式。对消费者而言，这种密封型包装袋无疑能使商品更加安全。更巧妙的是，京东在防撕袋上设计了两个手提型封口，消费者取出商品后可以撕开这两个封口，让包装袋瞬间变身成便捷的手提袋。这种防撕袋不仅设计更加人性化，使用的材料也更加环保。取消透明袋还可以降低综合耗材成本，提高打包过程的操作效率。据了解，京东一年在绿色物流方面的设备和研发投入过亿元，从建仓、库内设备系统配备到运输、包装，各个环节都实现了节能环保。这不仅使京东成为"绿色物流"的标杆，而且降低了能耗成本数亿元，提高了服务效率。

全降解包装袋于 2016 年 6 月正式投入使用，它不仅承重能力增强，而且可以在堆肥条件下 3 周分解为二氧化碳和水，对环境无污染。除材料外，京东全降解包装袋在细节方面也注重绿色环保，如在包装袋上印刷使用的油墨是水性油墨，相较以前使用的油性油墨，无刺激性气味，也更加环保。

正如京东集团 CEO（首席执行官）刘强东在 2016 年年会上说："希望有一天京东集团在全国大型企业里、在年收入过万亿元的企业里碳排放量、能源消耗量都最低，污染趋向零排放,为社会创造更大的价值。"

资料来源:老胡《一个包装袋背后的故事——耗费上亿元,只为给世界多一点绿色》,见 hup://www.toutino.rem/i628I141428835844609/,最后访问时间:2016年5月5日。

案例讨论题

结合京东的绿色包装,分析如何推广绿色包装?

第五章 装卸搬运

【本章要点】 在物流过程中，装卸活动是不断出现和反复进行的，它出现的频率高于其他各项物流活动。每次装卸活动都要花费一定时间，往往成为决定物流速度的重要方面。装卸活动所消耗的人力很多，所以，装卸费用在物流成本中所占的比重也较高。以我国为例，铁路运输的始发和到达的装卸作业费大致占运费的20%，船运占40%左右。

本章首先介绍了装卸搬运的含义、作用和分类问题；其次，阐明装卸搬运的原则及其合理化问题；最后，根据装卸搬运作业的特点和要求，对装卸搬运机械的选择及其运营组织进行阐述。

第一节 装卸搬运概述

一、装卸搬运的含义和特点

（一）装卸搬运的含义

装卸搬运，是指同一地域范围内进行的、以改变物品存放状态和空间位置为主要内容和目的的活动。一般情况下，物品存放的状态和空间位置是密切相联、不可分割的，因此，人们常常用"装卸"或"搬运"来代替装卸搬运的完整意义。例如，在流通领域里，把装卸搬运活动称为"货物装卸"，而在生产领域则称之为"物料搬运"。在整个物流活动中，如果强调存放状态改变时，一般用"装卸"一词反映；如果强调空间位置改变时，常用"搬运"一词反映。

装卸搬运活动在整个物流过程中占有很重要的位置。一方面，物流过程各环节之间的衔接，以及同一环节不同活动之间的联系，都是以装卸作业把它们有机地结合起来，从而使物品在各环节、各种活动中处于连续运动或所谓的流动；另一方面，各种不同的运输方式之所以能联合运输，也是由于装卸搬运作业才使其形成。在生产领域中，装卸搬运作业已成为生产过程中不可缺少的组成部分，成为直接生产的保障系统，从而形成装卸搬运系统。

装卸搬运是对物品进行搬运，以改变其存放状态和空间位置。要完成这种移动，就要有移动的物品和实现这种移动所需要的人员、工作程序、设备、工具、容器、设施及其设施布置等构成的作业体系。

（二）装卸搬运的特点

装卸搬运不仅是生产过程不可缺少的环节，而且是流通过程物流活动的重要内容，装卸搬运的特点主要表现在以下四个方面。

（1）均衡性与波动性。装卸搬运的均衡性主要是针对生产领域而言的，因为生产过程的基本要求是保证生产的均衡，因此，作为生产过程的装卸搬运活动必须与生产过程的节拍保持一致。从这个意义上讲，装卸搬运基本上是均衡的、连续的、平稳的，具有节奏性。而在流通领域的装卸搬运，其作业是突击的、波动的、间歇的。装卸搬运作业的波动性程度一般可用波动系数进行定量描述。对波动作业的适应能力是装卸搬运的特点之一。

（2）稳定性和多变性。装卸搬运的稳定性主要是指生产领域的装卸搬运作业，这是与生产过程的相对稳定相联系的，特别是在大量生产的情况下更是如此，或略有变化但也具有一定的规律性。在流通领域里，由于物质产品本身的品种、形状、尺寸、重量、包装、性质等各不相同，输送工具类型又各异，再加上流通过程的随机性等，所有这些都决定了装卸搬运作业的多变性。因此，在流通领域里，装卸搬运应具有适应多变作业的能力，这是它的又一特点。

（3）局部性与社会性。生产领域是由各生产企业单元所组成的，因此，生产领域的装卸搬运作业所使用的设备、设施，以及其管理工艺等涉及的部分，一般限于企业内部。在流通领域里，装卸搬运作业恰恰相反，它涉及的面和因素是整个社会。因此，任何一个物流据点（车站、码头等）的装货都有可能到任一个物流据点去卸货，任何一个货主都有可能向任何一个收货人发货，任何一个发货点都有可能成为收货点。所以，流通领域里所有装卸作业点的装备、设施、工艺、管理方式、作业标准都必须相互协调，这样才能发挥装卸搬运活动的整体效益。

（4）单纯性与复杂性。在很多情况下，生产领域中的装卸搬运是生产过程的一项生产活动，它只单纯改变物料存放状态或改变空间位置，其作业较为简单。而流通过程中，由于装卸搬运与运输、存储紧密衔接，为了安全和输送的经济性原则，需要同时进行堆码、满载、加固、计量、取样、检验、分拣等作业，并且较为复杂。因此，装卸搬运作业必须具有适应这种复杂性的能力，这样才能加快物流的速度。

正是由于装卸搬运作业的这些特点，决定了装卸搬运作业在不同领域里的研究内容。在本章中，笔者把装卸搬运看作物流过程中的一个环节，即主要从流通领域来阐明装卸搬运的内容。

二、装卸搬运的功能

装卸搬运的基本功能是改变物品的存放状态和空间位置。无论在生产领域还是在流通领域，装卸搬运都是影响物流速度和物流费用的重要因素。因此，不断提高装卸搬运合理化程度，对提高物流系统整体功能有极为重要的意义。装卸搬运在物流系统中的功能表现在以下三个方面。

（1）装卸搬运既是伴随生产过程和流通过程各环节所发生的活动，又是衔接生产各阶段和流通各环节之间相互转换的桥梁。因此，装卸搬运的合理化，对缩短生产周期、降低生产过程的物流费用、加快物流速度、降低物流费用等，都起着重要的作用。例如，据典型调查，我国机械工业企业1吨的产品，需要经过252次吨的装卸搬运；通过铁路运输的货物，少则需要6次搬运，多则需要十几次乃至数十次的装卸搬运，其费用约占运输费用的25%～30%。

（2）装卸搬运是保障生产和流通其他各环节得以顺利进行的条件。装卸搬运活动本身虽不消耗原材料，不产生废弃物，不大量占用流动资金，工作质量却对生产和流通其他各环节产生很大的影响，或者生产过程不能正常进行，或者流通过程不畅。所以，装卸搬运对物流过程其他各环节所提供的服务具有劳务性质，具有提供"保障"和"服务"的功能。

（3）装卸搬运是物流过程中的一个重要环节，它制约着物流过程其他各项活动，是提高物流速度的关键。无论在生产领域还是在流通领域，装卸搬运功能发挥的程度，都直接影响着生产和流通的正常进行，其工作质量的好坏，关系到物品本身的价值和使用价值的实现。由于装卸搬运是伴随着物流过程其他各环节的一项活动，因而往往不引起人们的足够重视。可是，一旦忽视了装卸搬运，生产和流通领域轻则发生混乱，重则造成停顿。例如，我国铁路运输曾由于忽视装卸搬运，出现过"跑在中间、窝在两头"的现象；我国港口由于装卸设备、设施不足以及装卸搬运组织管理等原因，曾多次出现过压船、压港、港口堵塞的现象。所以，装卸搬运在流通和生产领域具有"闸门"和"咽喉"的功能，制约着物流过程各环节的活动。

由此可见，改善装卸搬运作业，提高装卸业合理化程度对加速车船周转，发挥港、站、库功能，提高物流速度，减少流动资金占用，降低物流费用，提高物流服务质量，发挥物流系统整体功能等，都具有重要的意义。

三、装卸搬运作业分类

装卸搬运作业可以按照不同的标志进行分类，诸如作业场所、装卸搬运对象的属性和作业特点等。

（一）按作业场所不同进行分类

（1）铁路装卸。它是指在铁路车站进行的装卸搬运作业，包括汽车在铁路货场和站旁的装卸作业，铁路仓库和理货场的堆码拆取、分拣、配货、中转作业，铁路车辆在货场及站台的装卸作业，装卸时进行的加固作业，以及清扫车辆、揭盖篷布、移动车辆、检斤计量等辅助作业。

（2）港口装卸。它是指在港口及陆港进行的各种装卸搬运作业，包括码头前沿的装卸船作业，前沿与后方间的搬运作业，港口仓库的码摆拆垛作业，分拣理货作业，港口理货场的堆取用转作业，后方的铁路车辆和汽车的装卸作业，以及清舱、平舱、扫车、破拱、配料、计量、分装、取样等辅助作业。

（3）厂矿及仓库装卸。它是指在货主处进行的装卸搬运作业，即铁路车辆和汽车在厂矿或储运企业的仓库、理货场、集散点等处所进行的装卸搬运作业。

（二）按装卸搬运物品的属性进行分类

（1）成件包装物品的装卸搬运。有些物品虽然并不需要包装，但是为了方便装卸搬运作业，需要经过临时捆扎或装箱，从而形成装卸搬运单元。对这些装卸搬运单元的装卸搬运作业，称之为成件包装物品的装卸搬运。

（2）超大超重物品的装卸搬运。在流通过程中所谓的超大超重物品，一般是根据人力可以方便装卸搬运的重量和体积来制定标准的。例如，单件物品的重量超过50千克，或单件物品体积超过0.5立方米，都可算作超大超重物品。

（3）散装物品的装卸搬运。散装货物本身是在物流过程中处于无固定的形态，如煤炭、水泥、粮食等。因此，对这些散装物品的装卸搬运可以进行连续装卸搬运作业，也可以运用装卸搬运单元技术进行装卸搬运。

（4）流体物品的装卸搬运。流体物品是指气态或液态物品。如果对这些气体、液体物品进行包装，盛装在一定的容器内，如瓶装、桶装，即形成成件包装物品；如果对这些物品采取罐装车形式，则需要采用特定的装卸搬运作业。

（5）危险品的装卸搬运。危险品是指化工产品、压缩气体、易燃易爆物品等。这些物品在装卸搬运过程中有特殊的安全要求，如果装卸搬运不慎，随时都有发生重大事故的危险。因此，对其的装卸搬运作业有特殊要求和严格操作程序，以确保装卸搬运作业的安全。

（三）按装卸搬运作业的特点进行分类

（1）堆垛拆垛作业。堆垛拆垛又称堆码取拆，它包括堆放作业、拆垛作业、高垛作业和高垛取货作业。如果按这些堆垛拆垛作业的场地不同，堆垛拆垛作业又区分为车厢、船舱内、仓库内和理货场的堆垛拆垛作业等。

（2）分拣配货作业。它是将货物按品种、到站、货主等不同特征进行分类的作业，并且按去向、品类构成等一定的原则，将已分类的货场集合车辆、汽车、集装箱、托盘等装货单元的作业。

（3）搬运移动作业。为了进行上述各项作业而发生的，以进行这些作业为主要目的搬运移动作业。它包括水平、垂直、斜行等几种搬运移动作业以及由它们几种形式组成为一体的作业。显然，这属于改变空间位置的作业。

除此之外，装卸搬运作业还可按物流设施属性分为自用和公用物流设施的装卸搬运；可按货物形态分为单个物品的装卸搬运、集装货物的装卸搬运和散装货物的装卸搬运；可按输送设备的不同分为卡车装卸、货车装卸、船舶装卸和飞机运输的装卸；可按装卸机械分为传送带装卸、吊车装卸、叉车装卸和各种装载机装卸；等等。

第二节 装卸搬运的原则与合理化

装卸搬运活动，由于是伴随物流过程其他各环节的作业活动，因此未能引起企业的足够重视。但是随着社会经济的进一步发展，生产的社会化和专业化程度的不断提高，装卸搬运业形成，人们开始意识到装卸搬运在社会再生产过程中的重要性。人们长期的生产实践，经过不断总结经验，探索装卸搬运的活动规律，总结出了装卸搬运的原则和装卸搬运合理化的基本途径，这对于提高物流系统整体效用具有重要的作用。

一、装卸搬运的基本原则

(一) 减少环节，装卸程序化

装卸搬运活动的本身并不增加货物的价值和使用价值，相反地却增加了货物损坏的可能性和成本。因此，首先应从研究装卸搬运的功能出发，分析各项装卸搬运作业环节的必要性，千方百计地取消、合并装卸搬运作业的环节和次数，消灭重复无效、可有可无的装卸搬运作业。例如，车辆不经换装直接过境、大型的发货点铺设专用线、门到门的集装箱联运等，都可以大幅度减少装卸环节和次数。

必须进行的装卸搬运作业，应尽量做到不停顿、不间断，像流水一样地进行。工序之间要紧密衔接，作业路径应当最短，消灭迂回和交叉，要按流水线形式组织装卸作业。例如，铁路车辆的装卸，可组织 1～2 条流水线；船舶的装卸，根据吨位的大小，开一条或多条流水线作业。装卸搬运作业流程尽量简化，作业过程不要移船、调车，以免干扰装卸作业的正常进行。必须进行换装作业的，尽量不使货物落地，直接换装，以减少装卸次数、简化装卸程序等。

(二) 文明装卸，运营科学化

杜绝"野蛮装卸"是文明装卸的重要标志。

由于装卸搬运作业而造成各种环境污染，应采取措施使其污染限制在有关标准的范围内；各种装卸搬运作业一定要按工艺要求，缓起轻放，不碰不撞；堆码定型化，重不压轻，货物标志面放置在外；通道和作业场地的各种号码标志要明显；设备安全装置和安全标示要齐全、有效；装卸搬运职工按劳动保护要求，配备整洁美观的工作服装，体力劳动、脑力劳动强度和负荷都应控制在生理的合理范围内；在组织装卸搬运作业时，其作业环境的色调、温湿度、卫生状况等要符合人体劳动心理学的科学原理。

装卸搬运设备和设施的负荷率和繁忙程度要合理，应控制在设计的范围之内，严禁超载运转；能源消耗和成本要达到合理甚至先进水平；设备与设施采用科学的综合管理和预修保养制度；按照经济合理的原则，确定设备和设施的寿命周期，及时更新改造，设备和设施都要有合理的储备能力，留有发展的潜力。

(三) 推广集装处理，装卸组合化

在装卸作业过程中，根据不同物资的种类、性质、形状、质量的不同来确定不同的装卸作业方式。在物资装卸中，科学地处理物资装卸的方法有三种：①普通包装的物资逐个进行装卸，叫作"分块处理"；②将颗粒状物资不加小包装而原样装卸，叫作"散装处理"；③将物资以托盘、集装箱、集装袋为单位进行组合后进行装卸，叫作"集装处理"。对于包装的物资，尽可能进行"集装处理"。

装卸组合化具有如下优点：①装卸单位大、作业效率高，可节约大量装卸作业时间；②能提高物资装卸搬运的灵活性；③操作单位大小一致，易于实现标准化；④不用手去触及各种物资，可达到保护物资的效果。

(四) 省力节能，努力促"活化"

节约劳动力，降低能源消耗，是装卸搬运作业的最基本要求，也是低碳绿色时代的要求。因此，要求作业场地尽量坚实平坦，这对节省劳力和减少能耗都有作用；在满足作业要求的前提下，货物净重与货物单元毛重之比尽量接近1，以减少无效劳动。

提高货物装卸搬运的灵活性，这也是对装卸搬运提出的基本要求。装卸搬运作业的灵活性是指货物的存放状态对装卸搬运作业的难易程度，亦称为货物的"活性"。在物流过程中，为了对货物活性进行度量，常用"活性指数"来表示，它表明货物装卸搬运的方便程度。我们把作业中的某一步作业比它前一步作业的活性指数高的情形，即该项作业比它前一项作业更便于装卸搬运的状况，称为"活性"。因此，对装卸搬运工艺的设计，应使货物的活性指数逐步增加，这就是努力促"活化"的基本含义。货物的活性指数如图 5-1 所示。

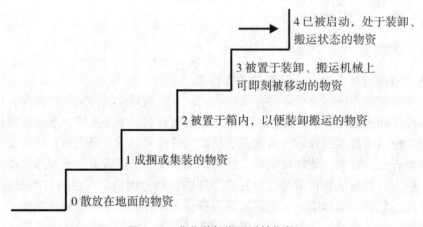

图 5-1　货物装卸搬运活性指数

从理论上讲，活性指数越高越好，但也必须考虑到实施的可能性。例如，物资在储存阶段中，活性指数为4的输送带和活性指数为3的车辆，在一般的仓库中很少被采用，这是因为大批量的物资不可能存在于输送带和车辆上。为了说明和分析物资搬运的

灵活程度，通常采用平均活性指数的方法。这个方法是对某一物流过程物资所具备的活性情况，累加后计算其平均值，用 δ 表示。δ 值的大小是确定改变搬运方式的信号。

当 $\delta<0.5$ 时，所指分析的搬运系统半数以上处于活性指数为 0 的状态，即大部分物资处于散装情况，其改进方式可采用料箱、推车等存放物资。

当 $0.5<\delta<1.3$ 时，则是大部分物资处于集装状态，其改进方式可采用叉车和动力搬运车。

当 $1.3<\delta<2.3$ 时，指装卸、搬运系统大多处于活性指数为 2 的状态，可采用单元化物资的连续装卸和运输。

当 $\delta>2.3$ 时，则说明大部分物资处于活性指数为 3 的状态，其改进方法可选用拖车、机车车头拖挂的装卸搬运方式。

（五）兼顾协调，通用标准化

装卸搬运作业既涉及物流过程的其他各环节，又涉及它本身的工艺过程各工序以及装卸搬运系统各要素。因此，装卸搬运作业与其他物流活动之间，装卸搬运作业本身各工序、各工步之间，以及装、卸、搬、运之间和系统内部各要素之间，都必须相互兼顾、协调统一，这样才能发挥装卸搬运系统的整体功能。例如，铁路车站在实践中总结的"进货为装车做准备，装车为卸车做准备，卸车为出货做准备"的作业原则，正是这种兼顾协调原则的体现和应用。

标准化最简洁的解释是对重复事物和概念通过判定、发布标准，达到统一，以获得最佳的秩序和社会效益。标准化往往与系列化、通用化相联系。装卸搬运标准化是对装卸搬运的工艺、作业、装备、设施、货物单元等所制定、发布的统一标准。装卸搬运标准化对促进装卸搬运合理化起着重要作用，它又是实现装卸搬运作业现代化的前提。

（六）巧装满载，安全效率化

装载作业一般是运输和存储的前奏。运载工具满载和库容的充分利用是提高运输和存储效益和效率的主要因素之一，在运量大于运能、储量大于库容的情况下尤为重要。所以，装卸搬运时，要根据货物的轻重、大小、形状，物理化学性质，以及货物的去向、存放期限、车船库的形式等，采用恰当的装卸方式，巧妙配装，使运载工具满载，库容得到充分利用，以提高运输、存储效益和效率。

装载作业完成之后，或者运输或者储存。为了保证运输储存安全，在装载时要采取一定的方法保持货物稳固，以克服运输或储存过程中所产生的各种外力的破坏作用，诸如纵向、横向、垂直惯性力以及风力、重力、摩擦力等。

运输工具、集装工具、仓库地面、货架等既要求满载，以提高其利用率和效率，又要求所承载能力在一定的限制下，并采取一定的方法，使装货载荷均匀地分布在承受的载面上；这样可以保证运输、装卸搬运设备和仓储设施的安全，并能达到延长使用寿命的目的。

二、装卸搬运作业合理化

装卸搬运作业除了要遵循上述基本原则外,还要求实现装卸搬运合理化。事实上,装卸搬运的基本原则是装卸搬运合理化经验的总结,也是合理化的基本要求。

(一)装卸搬运合理化的基本要求

装卸搬运作业合理化的目的是提高作业系统效率,是设计、改善和管理生产物流作业系统的一种综合技术。装卸搬运合理化的基本要求的具体内容如下:

(1)不让等——闲置时间为零,即通过正确安排作业流程和作业量使作业人员和作业机械能连续工作,不发生闲置现象。

(2)不让碰——与物品接触为零,即通过利用机械化、自动化机械化物流设备进行物流装卸、搬运、分拣等作业,使作业人员在从事物流装卸、搬运、分拣等作业时尽量不直接接触物品,以减轻劳动强度。

(3)不让动——缩短移动距离和次数,即通过优化仓库内的物品放置位置和采用的自动化搬运工具,减少物品和人员的移动距离和次数。

(4)不让想——操作简便,即按照专业化、简单化和标准化原则进行分解作业活动和作业流程,并应用计算机等现代化手段,使物流作业的操作简便化。

(5)不让找——整理整顿,即通过作业现场管理,使作业现场的工具和物品放置在一目了然的地方。

(6)不让写——无纸化,即通过应用条形码技术、信息技术等,使作业记录自动化。

(二)实现装卸搬运合理化的措施

实现装卸搬运合理化,首先必须坚持装卸搬运的基本原则,其次是采取装卸搬运合理化的措施。

1. 防止和消除无效作业

所谓无效作业,是指在装卸作业活动中超出必要的装卸、搬运量的作业。显然,防止和消除无效作业对装卸作业的经济效益有重要作用。为了有效地防止和消除无效作业,可以从以下四个方面入手:

(1)尽量减少装卸次数。物流过程中,货损发生的主要环节是在装卸环节,而在整个物流过程中,装卸作业又是反复进行的,从发生的频数来讲,超过了任何其他活动,过多的装卸次数必然导致损失的增加。从发生的费用来讲,一次装卸的费用相当多。因此,每增加一次装卸,费用就会有较大比例的增加。此外,装卸又会大大阻缓整个物流的速度,减少装卸次数是提高物流速度的一个重要因素。

(2)提高被装卸物料的纯度。进入物流过程中的货物,有时混杂着没有使用价值或使用价值与用户所需不相符的各种掺杂物,例如煤炭中的矸石、矿石中的表面水分、石灰中的欠火石灰及过石灰等。在反复装卸时,这些无效物质反复消耗劳动,而形成无效装卸。物料的纯度越高则装卸作业的有效程度越高;反之,则无效作业就会增多。

(3) 包装要适宜。包装过大过重，装卸时，实际上是在包装上反复消耗较大的劳动，因而形成无效劳动。包装的轻型化、简单化、实用化会不同程度地减少无效劳动。

(4) 缩短搬运作业的距离。物料在装卸、搬运中，要实现水平和垂直两个方向的位移，选择最短的路线完这活动，就可避免超越这一最短路线以上的无效劳动。

2. 利用重力作用，减少能量消耗

在装卸搬运时应尽可能消除货物重力的不利影响；同时，尽可能利用重力进行装卸搬运，以减轻劳动力和其他能量的消耗。消除重力影响的简单例子，是在进行人力装卸时"持物不步行"，即货物的重量由台车、传送带等负担，人的力量只用于使载货车辆水平移动。利用重力装卸的实例很多，如将槽或无动力的小型传送带倾斜安装在货车、卡车或站台上进行货物装卸，使货物依靠本身重量完成装卸搬运作业。

3. 提高搬运活性

物料或货物平时存放的状态是各式各样的，可以是散放在地上，也可以是装箱放在地上或放在托盘上等。由于存放的状态不同，物料的搬运难易程度也不一样。搬运活性指数是用来表示各种状态下物品搬运的方便程度。活性指数分为0、1、2、3、4共五个级别。

从经济的角度来看，搬运活性高的搬运方法是一种好方法。散乱堆放在地面上的货物，进行下一步装卸必须进行包装、打捆或只能一件件地操作处理，因而不能立即实现装卸或装卸速度很慢，这种全无预先处理散堆状态，定为"0"级活性。将货物包装好或捆扎好后放置于地面，在下一步装卸时可直接对整体货载进行操作，因而活性有所提高，但操作时需支起、穿绳索，因而装卸搬运前预操作要占用时间，不能取得很快的装卸搬运速度，活性仍然不高，定位"1"级活性。将货物形成集装箱或托盘的集装状态，对以组合成捆、成堆或捆扎好的货物，进行预垫或预挂，装卸机具你能立刻起吊或起叉，活性有所提高，定为"2"级活性。将货物预置在搬运车、台车或可移动挂车上，动力车辆能随时将车、货拖走，这种活性比较高，定位"3"级活性。如果货物已预置在动力车辆或传送带上，就可以即刻进入运动状态，而不需做任何预先准备，活性更高，定为"4"级活性。

由于装卸搬运是在物流过程中反复进行的活动，因而其速度可决定整个物流速度，每次装卸搬运时间的缩短，多次装卸搬运的累计效果则十分可观。因此，提高装卸搬运活动对于促进装卸搬运合理化是一个很重要的因素。

4. 合理选择装卸搬运机械

装卸搬运机械化是提高装卸效率的重要环节。装卸机械化程度一般分为三个级别：第一级是使用简单的装卸器具，第二级是使用专用的高效率机具，第三级是依靠电脑控制实行自动化、无人化操作。以哪个级别为目标实现装卸机械化，不仅要从是否经济合理来考虑，而且还要从加快物流速度、减轻劳动强度和保证人与物的安全等方面来考虑。

装卸搬运机械的选择必须根据装卸搬运的物品的性质来决定。对配以箱、袋或集合包装的物品可以采用叉车、吊车、货车装卸，散装粉粒体物品可使用传送带装卸，散装液体物可以直接向装运设备或储存设备装取。

5. 合理选择装卸搬运方式

在装卸搬运过程中，必须根据货物的种类、性质、形状、重量来确定装卸搬运方式。在装卸时对货物的处理大体有三种方式：第一是"分块处理"，即按普通包装对货物逐个进行装卸；第二是"散装处理"，即对粉粒状货物不加小包装而进行的原样装卸；第三是"单元组合处理"，即货物以托盘、集装箱为单位进行组合后的装卸。实现单元组合，可以充分利用机械进行操作，其优点是：操作单位大，作业效率高；能提高物流"活性"；操作单位大小一致，易于实现标准化；装卸不触及货物，对物品有保护作用。但这种装卸搬运方式并不是对所有货物都适用的。

6. 改进装卸搬运作业方法

装卸搬运是物流过程中重要的一环。合理分解装卸搬运活动，对于改进装卸搬运各项作业、提高装卸搬运效率有着重要的意义。例如，采用直线搬运，减少货物搬运次数，使货物搬运距离最短；避免装卸搬运流程的"对流""迂回"现象；防止人力和装卸搬运设备的停滞现象，合理选用装卸机具、设备等。在改进作业方法上，尽量采用现代化管理方法和手段，如排队论的应用、网络技术的应用、人－机系统等，实现装卸搬运的连贯、顺畅、均衡。

7. 创建"复合终端"

近年来，工业发达国家为了对运输线路的终端进行装卸搬运合理化的改造，创建了所谓的"复合终端"，即对不同运输方式的终端装卸场所，集中建设不同的装卸设施。例如，在符合终端内集中设置水运港、铁路站场、汽车站场等，这样就可以合理配置装卸、搬运机械，使各种运输方式有机地连接起来。"复合终端"的优点在于：第一，取消了各种运输工具之间的中转搬运，因而有利于加快物流速度，减少装卸搬运活动所造成的货物损失；第二，由于各种装卸场所集中到复合终端，这样就可以共同利用各种装卸搬运设备，提高设备利用率；第三，在复合终端内，可以利用大生产的优势进行技术改造，大大提高转运效率；第四，减少了装卸搬运的次数，有利于提高物流系统功能。

装卸搬运在某种意义上是运输、保管活动的辅助活动，因此，特别要重视从物流全过程来考虑装卸搬运的最优效果。如果单独从装卸搬运角度考虑问题，不但限制了装卸搬运活动的改善，而且还容易与其他物流环节发生矛盾，影响物流系统功能的提高。

第三节 装卸搬运设备及其运营组织

装卸搬运设备是进行装卸搬运活动的物质技术基础，是提高装卸搬运技术水平的重要保证。装卸搬运的运营组织是发挥装卸搬运设备功能的重要条件，也是物流经济管理的重要内容。

一、装卸搬运设备及其分类

流通过程中商流、物流的分离，是流通过程各环节专业化程度提高的必然结果；特别是物流过程的输送、保管的大型化、专业化，促进了装卸搬运业的发展。同时，装卸搬运业的发展，对装卸搬运合理化提出了新的要求，首先表现在装卸搬运工具的更新上。为了适应装卸搬运业发展的需要，我国生产领域的机械制造工业部门形成了一个门类齐全的装卸搬运设备制造业，即起重运输机械制造行业。这个行业的形成必将为我国装卸搬运机械化、自动化、智能化水平的提高发挥重要的作用。为了对装卸搬运设备进行分类管理，装卸搬运设备可以按不同的标准进行分类，如按用途分类、按设备的结构分类等。

（一）按装卸搬运设备的用途分类

装卸搬运设备按用途可分为单件作业设备、集装作业设备、散装作业设备三大类，其具体分类如表 5-1 所示。

表 5-1　装卸搬运设备按用途分类

按用途分类	装卸搬运设备名称	备注
单件作业	桥式类型起重机 门式类型起重机 臂式类型起重机 梁式类型起重机 悬挂输送机 辊子输送机 带式输送机 板式提升机 电梯、升降台、升降机 大型叉车、侧叉、跨车 件货装（卸）船（车）机 各种类型分拣设备 盘式输送机 链式输送机	单件作业使用的各种装卸搬运设备也可用于各种集装单元的装卸搬运作业

续上表

按用途分类	装卸搬运设备名称	备注
集装作业	集装箱龙门起重机 岸臂集装箱起重机 集装箱叉车 集装箱跨车 侧面类型集装箱装卸车 水平类型集装箱装卸车 滚袋类型集装箱装卸车 挂车和底盘车 牵引车 叉车 托盘搬运车、移动器 堆垛机 码盘机、卸盘机 给盘机 汽车尾板装卸装置	/
散装作业	斗式类型装卸机 斗轮类型装卸机 侧翻类型装卸机 抓斗类型装卸机 连续输送机 气力输送装置	/

（二）按装卸搬运设备的结构特点分类

按装卸搬运设备的结构特点可分为起重机械、输送机械、工业车辆、专用机械四大类，其具体分类如表 5-2 所示。

表5-2 装卸搬运设备按结构特点分类

类别	设备名称	特点
起重机械	轻小起重设备： 　葫芦 　绞车 升降机： 　电梯/升降机 起重机： 　桥式类型起重机 　门式类型起重机 　臂式类型起重机 　梁式类型起重机	间歇作业 重复循环 短时载荷 升降活动
输送机械	有牵引构建的输送机： 　带式输送机 　板式输送机 　悬挂输送机 　斗式提升机 　板式提升机 　链式输送机 　自动扶梯 无牵引构建的输送机： 　螺旋输送机 　振动输送机 　辊子输送机 气力输送装置： 　悬浮式气力输送装置 　推送式气力输送装置	连续作业 循环运动 持续载荷 路线一定
工业车辆	叉车： 　前移式叉车 　插腿式叉车 　平衡重式叉车 　电梯/升降机 　跨车 　侧叉 单斗装载机 牵引车 挂车、底盘车	轮式无轨底盘上装有起重、输送、牵引或承载装置，进行流动作业

续上表

类别	设备名称	特点
专用机械	翻车机 堆取料机 堆垛机、拆垛机 分拣专用机械设备 集装箱专用装卸机械 托盘专用装卸机械 船航专用装卸机械 车辆专用装卸机械	带有专用取物装置的起重、输送机械，一般进行专用作业

二、装卸搬运机械的合理选择

不同类的货物或不同的装卸搬运场所，所需要的装卸搬运机械不尽相同。合理选择装卸搬运机械，无论在降低装卸搬运费用上，还是在提高装卸搬运效率上，都有着重要的意义。

（一）选择装卸搬运机械的基本原则

装卸搬运机械的选择，应本着经济合理、提高效率、降低费用的总要求。在装卸搬运机械的选择上，具体应遵循以下三项基本原则：

第一，安全效率原则。应根据不同类物品的装卸搬运特征和要求，合理选择具有相应技术特性的装卸搬运设备。各种货物的单件规格、物理化学性能、包装情况、装卸搬运的难易程度等，都是影响装卸搬运机械选择的因素。因此，应从作业安全和效率出发，选择适合的装卸搬运机械设备。

第二，作业匹配原则。应根据物流过程输送和储存作业的特点，合理选择装卸搬运机械设备。货物在输送过程中，不同的运输方式具有不同的作业特点。因此，在选择装卸搬运机械时，应根据不同运输方式的作业特点选择与之相适应的装卸搬运机械设备。同样，货物在储运中也有其相应的作业特点，诸如储存物品各类规格各异、作业类别较多、进出数量难以控制、装卸搬运次数较多和方向多变等。因此，为适应储存作业的特点，在选用机械作业时尽可能选择活动范围大、通用性强、机动灵活的装卸搬运机械。

第三，使用效益原则。根据运输和储存的具体条件和作业的需要，在正确估计和评价装卸搬运的使用效益的基础上，合理选择装卸搬运机械。这就是说，在选择机械设备时一定要坚持技术经济的可行性分析，这样使设备的选择建立在科学的基础上，以达到充分利用机械设备和提高作业效率的目的。

（二）装卸搬运机械的合理选择

根据装卸搬运机械选择的基本原则，在考虑货物重量、货物移动状态和移动距离的情况下，有关装卸搬运机械器具的合理选择可参照表5-3所示的选择。

表 5-3 装卸搬运条件对装卸搬运机械器具的选择

作业	物的运动	货物重量(kg)	移动距离(m)	手车	手推车	搬运车	电动搬运车	手推平板车	电动平板车	电动步行操纵叉车	叉车	侧面升降叉车	电动小型自动装卸货车	动力牵引车	运货汽车
搬运、移动	水平(间歇)	50~100	5~15	√	√										
			15~50												
		100~250	5~50		√	√									
			50~200		√	√	√	√							
		250~500	5~15			√				√			√		
			50~200		√	√	√	√	√	√	√				
			200以上				√	√	√						
		500~1500	5~15				√	√	√	√	√	√			
			50~200					√			√			√	
			200以上											√	√
		1500~3000	15~200				√				√	√		√	
			200以上											√	√

注：表中"√"表示被选择的装卸搬运机械或器具。

对输送机的选择，可参照表 5-4 所示的装卸搬运条件对输送机进行选择。

表 5-4 装卸搬运条件对输送机的选择

作业	物的运动	货物重量(kg)	移动距离(m)	重力式 自由辊轮	重力式 算盘式输送机	重力式 滚轮式输送机	动力式 带移送轮 传送带	动力式 固定设备 板条式输送机	动力式 固定设备 传送带	动力式 固定设备 辊轮输送机	动力式 固定设备 链式输送机	动力式 固定设备 吊运式输送机	动力式 固定设备 盘式输送机	动力式 固定设备 台式输送机
搬送、移送	水平(连续)	单个物品 1~10	3~10		√	√	√	√					√	
			10~50							√			√	
		单个物品 10~30	3~10	√			√	√						
			10~50							√			√	
		30~50									√			√
		500~10000	50~500							√	√			√
		集装 300~1500	50~500							√	√			√
	斜面(连续)	单个物品 1~10	3~10				√	√					△	
			10~50					√					△	
		单个物品 10~30	3~10				√	√						
			10~50											
		30~50									△	√		△
		500~10000	50~500								△	√		△
		集装 300~1500	50~500									√		△

注：符号"√"意义同表 5-3；符号"△"表示某种机种、货物可能使用的设备。

不同的输送方式，对装卸搬运机械的选择具有特殊要求。例如，铁路、船、飞机的货物装卸搬运多数是在特定的设施内，使用特殊的专用机械进行或用集装方式进行，以求得高效率；对于散装物、流体货物、钢材等特殊货物进行大量的连续装卸时，分别采用各种专用装卸搬运机械进行作业。卡车的装卸作业有很多情况，如在物流设施内外，卡车终端站、配送中心等。所以，装卸搬运机械的选择不尽相同。

三、装卸搬运设备的运营组织

装卸搬运设备的运营组织，是指以提高装卸搬运设备利用效率为中心的组织管理工作。装卸搬运效率的高低，取决于设备本身的性能和装卸搬运设施的完善状况，这是从"硬"技术的角度来看的。而装卸搬运设备的运用组织，是从"软"技术的角度来考虑的，诸如设备的完好状况、利用程度等，即所谓的管理技术，这也是影响装卸搬运效率高低的重要因素。

装卸搬运设备是充分发挥装卸搬运设备效能的基本条件，是为装卸搬运作业提供场所的各种建筑物、构筑物的总称，例如，存仓、漏斗、装车隧洞、卸车栈桥、高路基、装卸线、站台、码头、前后方作业场、存料场、雨棚、中转仓库、运输仓库，各种机械走行线和基础，如各种渡桥渡板、调节站台、活动站台、照明、动力、维修、工休设施、防疫、计量检验、保洁设施等。显然，没有这些设施，装卸搬运作业是难以进行的，装卸搬运设备的效能也很难发挥。

装卸搬运设备效率或称生产率是指在一定的技术组织条件下单位时间单机完成的装卸搬运作业量，即吨数。装卸搬运设备生产率可分为技术生产率和运用生产率。前者是按设备的技术额定指标充分使用时所达到的生产能力；后者是在一定作业条件下或限制下所达到的生产作业能力。装卸搬运设备利用率是运用生产率与技术生产率之间的比例关系，它表明装卸搬运设备的利用程度和运用组织的好坏。

从装卸搬运作业过程的连续性上看，即反映了时间因素的影响，装卸搬运设备分为间歇式和连续式。它们两者在运用组织方面是不完全相同的，现分述如下。

(一) 间歇式装卸搬运设备

间歇式装卸搬运是指其在作业过程中存在空程和重程两个阶段。例如，叉车在两次装卸搬运之间有一个无负荷的空程。间歇式装卸搬运设备生产率的计算公式为：

$$P = q[d \times \frac{3600}{t_{装卸} + t_{重} + t_{空}} \times d_{工时} \times d_{工日} \times d_{完好率}]$$

式中：P 为间歇式装卸搬运设备的小时生产率，即平均每小时装卸搬运货物的吨位数；q 表示装卸搬运设备的设计作业能力；d 表示设备能力利用率；$3600/(t_{装卸} + t_{重} + t_{空})$ 表示小时平均装卸搬运次数；$d_{工时}$ 表示工时利用率；$d_{工日}$ 表示工日利用率；$d_{完好率}$ 表示设备完好率。

因此，提高装卸搬运设备生产率的主要途径包括以下几个方面：

(1) 提高设备能力利用率 (d)。设备能力利用率可用公式表示为：

$$设备能力利用率(d) = \frac{平均装卸搬运货物的重量}{设备的设计能力(q)}$$

式中，平均装卸搬运货物的重量是指各次作业的实际装卸搬运重量的平均值，它是在作业现场，通过对实际作业进行抽样调查，经计算后来求得。

提高设备能力利用率的主要途径有两条：一是合理选择装卸搬运设备型号，以便尽可能地充分利用设备的作业能力；二是提高装卸搬运技术，改进作业方法和改造设备，以提高平均装卸搬运重量。

(2) 增加平均装卸搬运次数。平均装卸搬运次数的计算公式为：

$$平均装卸搬运次数 = \frac{3600}{t_{装卸} + t_{重} + t_{空}}$$

式中：t 表示以秒计的作业时间，$t_{装卸}$ 表示装卸作业时间，$t_{重}$ 表示搬运作业过程重程所需的时间，$t_{空}$ 表示空程时间；3600 表示小时换算的秒数。

缩短作业时间、增加装卸搬运次数可以提高作业量和设备的生产率。增加装卸搬运次数的途径主要有：合理安排作业地点，以缩短搬运过程中设备的重程和空程的运行时间；提高设备操作技术，加速装卸搬运过程，增加单位时间内的装卸搬运次数；采取双向作业，消除空程，提高时间利用率；提高设备运行速度、缩短搬运时间等。

(3) 提高工时利用率（$d_{工时}$）。工时利用率的计算公式为：

$$工时利用率(d_{工时}) = \frac{平均每日实际作业时间}{工作日时间}$$

式中：工作日时间是指制度工作日工作时间；平均每日实际作业时间是指工作日内设备实际进行装卸搬运作业时间的平均值。

提高工时利用率的主要途径包括：合理核定设备的作业能力，确定必要的设备数量，防止设备能力的浪费；合理安排作业时间，保持作业的均衡性；加强作业定额管理，采取措施减少工时损失，提高工时利用率等。

(4) 提高工日利用率（$d_{工时}$）。工日利用率是制度工作日与日历数之间的比例。

(5) 提高设备完好率（$d_{完好}$）。设备完好率可用公式表示为：

$$设备完好率(d_{完好}) = \frac{年日历日数 - 设备维修日数}{年日历日数}$$

从公式中可以看出，减少修理时间可以提高设备完好率。提高设备完好率的主要途径有：根据设备能力合理使用，严防超负荷运转，保障设备不受损坏；精心维护保养，保证设备经常处于良好的工作状态；建立健全预防维护制度，严禁带病运转；安全操作，严肃操作纪律，保证设备正常运转，避免事故发生等。

（二）连续式装卸搬运设备

连续式恰恰与间歇式相反，它在作业过程中不存在空程阶段，如输送带。所以，连续式装卸搬运设备生产率的计算公式与间歇式设备生产率的计算公式在形式上有所差异。连续式装卸搬运设备生产率的计算公式按货物不同可区分为两种情况。

(1) 当装卸搬运货物为成件包装货物时，设备生产率的计算公式为：

$$P_{连件} = q \times \frac{3600v}{d} \times d_{工时} \times d_{工日} \times d_{完好}$$

式中：$P_{连件}$ 表示连续式输送机装卸搬运成件包装货物时的每小时吨位数，q 表示成件包装货物单件重量的公斤数，d 表示输送带上前后两件货物中心线距离的米数，v 表示输送机运行速度（米/秒），$(3600v)/d$ 表示输送机每小时输送货物的件数。

（2）当装卸搬运散装货物时，设备生产率的计算公式为：

$$P_{连散} = T \times 3600v \times F \times \Phi_{工时} \times d_{工日} \times d_{完好}$$

式中：$P_{连散}$ 表示连续式输送机装卸搬运散装货物时的小时生产率，T 表示散装货物容量（千克/立方米），v 表示输送带运行速度（米/秒），F 表示输送带上散装货物在输送过程中形成的断面面积（平方米），Φ 表示散装物断面利用系数。

对于连续式装卸搬运设备，如果是装卸搬运成件包装货物，则应注意在设备能力限制范围内，提高单件重量，缩短货物之间的间距，提高输送带的运行速度；如果是装卸搬运散装货物，则应注意提高断面利用系数和输送带的运行速度。

总之，在装卸搬运设备的运行组织中，应针对影响设备生产率的各种因素，采取相应措施提高设备的生产率，以发挥装卸搬运设备的效率。

关键词

装卸搬运   活性   活性指数   复合终端   装卸搬运设备效率   间歇式装卸搬运

思考题

（1）简述装卸搬运的概念及特点。
（2）装卸搬运应坚持哪些原则？
（3）实现装卸搬运合理化的途径是什么？
（4）怎样合理选择装卸搬运机械？

案例分析

云南双鹤医药有限公司的装卸搬运成本

云南双鹤医药有限公司的装卸搬运成本案例，表明装卸搬运活动是衔接物流各环节活动正常进行的关键。从云南双鹤医药有限公司的装卸搬运成本案例不难看出，装卸搬运应减少操作次数，提高装卸搬运活性指数，实现装卸作业的省力化，等等。

云南双鹤医药有限公司（以下简称云南双鹤）是北京双鹤医药有限公司这艘医药航母部署在西南战区的一艘战舰，是一个以市场为核心、现代医药科技为先导、金融支持为框架的新型公司，是西南地区经营药品品种较多、较全的医药专业公司。虽然云南双鹤已形成规模化的产品生产和网络化的市场销售，但其流通过程中的物流管理严重滞后，造成物流成本居高不下，不能形成价格优势。这种状况严重阻碍了物流服务的开拓与发展，成为公司业务发展的"瓶颈"。

装卸搬运活动是衔接物流各环节活动正常进行的关键，而云南双鹤恰好忽视了这一点。由于搬运设备的现代化程度低，只有几个小型货架和手推车，大多数作业仍处于人工作业为主的原始状态，工作效率低，且易损坏物品；另外，仓库设计不合理，造成长距离的搬运；并且库内作业流程混乱，形成重复搬运，大约有70%的无效搬运，这种过多的搬运次数，损坏了商品，也浪费了时间。

如果说物流硬件设备犹如人的身体，那么，物流软件解决方案则构成了人的智慧与灵魂，灵与肉的结合才是完整的人。同理，要想构筑先进的物流系统，提高物流管理水平，单靠物流设备是不够的。

装卸搬运合理化的措施有以下方面：

（1）减少装卸搬运环节。改善装卸作业，即要设法提高装卸作业的机械化程度，还必须尽可能地实现作业的连续化，从而提高装卸效率，缩短装卸时间，降低物流成本。

（2）防止和消除无效作业。尽量减少装卸次数，努力提高被装卸物品的纯度，选择最短的作业路线等都可以防止和消除无效作业。

（3）提高物品的装卸搬运活性指数。企业在堆码物品时事先应考虑装卸搬运作业的方便性，把分类好的物品集中放在托盘上，以托盘为单元进行存放，既方便装卸搬运，又能妥善保管好物品。

（4）积极而慎重地利用重力原则，实现装卸作业的省力化。装卸搬运使物品发生垂直和水平位移，必须通过做功才能完成。由于我国目前装卸机械化水平还不高，许多尚需人工作业，劳动强度大，因此必须在有条件的情况下利用重力进行装卸，将设有动力的小型运输带（板）斜放在货车、卡车上进行装卸，使物品在倾斜的输送带（板）上移动，这样就能减轻劳动强度和能量的消耗。

（5）进行正确的设施布置。采用"L"型和"U"型布局，以保证物品单一的流向，既避免了物品的迂回和倒流，又减少了搬运环节。

案例讨论题

（1）结合案例，试分析云南双鹤业务发展的"瓶颈"是哪些？
（2）对云南双鹤的现状，你能提出哪些改进措施？

第六章 运输及其合理化

【本章要点】 运输和储存是物流系统的两大支柱，物流过程其他各环节的活动都是围绕着运输和储存而进行的。从物流系统来讲，运输是实现物品空间位置的物理性转移，是创造物流空间效用的；从整个国民经济来讲，运输业是国民经济的一个重要经济部门，是实现物流系统输送功能的产业。因此，加强运输活动的研究，实现运输合理化无论对物流系统整体功能的发挥，还是对促进国民经济持续、稳定、协调地发展，都有着极为重要的意义。

本章主要内容：首先，介绍运输的概念及其功能、运输的地位、作用以及运输的合理化问题；其次，介绍不同运输方式的特点、运输方式的选择以及运输组织合理化问题；最后，就物资合理调运的数学方法进行介绍。

第一节 运输及运输功能

一、运输的概念

国家标准《物流术语》（GB/T18354-2021）中对运输的定义是："利用运载工具、设施设备及人力等运力资源，使货物在较大空间上产生位置移动的活动。"这些活动主要包括集货、分配、搬运、中转、装入、卸下及分散等一系列操作。运输是实现物品"场所效应"的主要技术手段。

具体地说，运输是指物品借助于运力在空间上所发生的位置移动。运输是使用运输工具对物品进行运送的活动，是实现物流的空间效用。运输作为物流系统的一项主要功能来讲，包括生产领域的运输和流通领域的运输。生产领域的运输活动，一般是在生产企业内部进行，因此称之为厂内运输。它是作为生产过程中的一个组成部分，是直接为物质产品的生产服务的。其内容包括原材料、在制品、半成品和成品的运输，这种厂内运输有时也称之为物料搬运。流通领域的运输活动，则是作为流通领域里的一个环节，是生产过程在流通领域的继续。其主要内容是对物质产品的运输，是以社会服务为目的，是完成物品从生产领域向消费领域在空间位置上的物理性的转移过程。它既包括物品从生产所在地直接向消费所在地的移动，也包括物品从生产所在地向物流网点和从物流网点向消费（用户）所在地的移动。为了区别长途运输，往往把从物流网点到用户的运输活动称为"发送"或"配送"。本章所研究的物流运输，着重于流通领域的运输。

在研究物流系统功能时，为了区分国民经济的运输业，有时也把物流系统的运输功能称为"输送"。运输业是国民经济的一个经济部门，它是使用运输工具，实现货物和旅客在区域之间的位置移动，是连接城乡之间、工农业之间、各生产部门之间、各地区之间经济、政治、文化、技术联系的纽带。运输业的主要干线，构成国民经济运输的大动脉、大通道。没有运输业的活动，国民经济各方面之间的各种联系就会中断，社会主义市场经济就难以发展，社会再生产过程就会停滞。而物流过程中的运输或输送主要是针对所有物质产品的移动，不包括旅客的位置移动；而且是从物流系统的功能出发，来研究运输功能的发挥，以促进物流系统整体功能的实现，创造物流过程的空间效益。

二、运输的功能与原理

（一）运输的功能

1. 实现时间效用

运输能够实现物品的时间效用，这是运输的基本功能之一。无论物品处于什么形式，是材料、零部件、装配件、在制品，还是制成品，也不管它是在制造过程中，是将被移到下一阶段，还是接近最终的客户，运输都是必不可少的。运输对物品进行短期存储，实现了时间效用。物品在运输途中，运输工具则成为物品短期存储的场所，这种临时储存场所是移动的。运输的这项功能已经引起人们更多的关注。

2. 实现空间效用

空间效用是指同种物品由于空间场所不同，其使用价值的实现程度则不同，其效益的实现也不同。由于改变场所而最大限度发挥使用价值，最大限度地提高了产出投入比，因而称之为"空间效用"。通过运输，将物品运到空间效应最高的地方，就能发挥物品的价值潜力，实现资源的优化配置。

（二）运输的原理

运输的原理，是指导运输管理和营运的最基本的原理，是每次运输或配送中如何降低成本、提高经济效益的途径和方法。

1. 规模原理

规模原理是指随着一次装运量的增大，使每单位重量的运输成本下降，这是因为与货物运输有关的固定费用按整票货物的重量分摊时，一票货物越重，分摊到单位重量上的成本越低。货物运输的固定费用包括接受运输订单的行政管理费用，定位运输工具装卸的费用、开票以及设备费用等。铁路运输和水路运输的运输工具装载量大，其规模经济相对于运输量小的汽车、飞机等运输工具要好；整车运输由于利用了整个车辆的运输能力，固定费用也低，因而单位重量货物的运输成本也会低于零担运输。

2. 距离原理

距离原理，是指随着一次运输距离的增加，运输费用的增加会变得越来越缓慢，或者说单位运输距离的费用减少。运输成本与一次运输的距离有关：第一，在运输距离为零时，运输成本并不为零，这是因为存在一个与货物提取和交付有关的固定费用；第二,运输成本的增长随运输距离的增长而降低,即递减原理,这是因为货物提取和交付有关的固定费用随着运输距离增加,分摊到单位运输距离上的运输成本降低。

根据距离原理,长途运输的单位运输距离成本低,短途运输的单位运输距离成本高。配送一般属于短途运输,而且受多批次、少批量需求的限制,运量不可能大,运输工具的装载率也较低。因此,配送单位运输距离的成本高于一般运输。配送可以通过优化配货和运输路线,尽可能降低本身的运输成本,更重要的是配送可以降低库存、降低存储费用,以及为用户提供更多的服务,降低整个物流系统的成本和提高社会效益。

3. 速度原理

速度原理,是指完成特定的运输所需的时间越短,其效用价值越高。首先,运输时间缩短,实际是单位时间里的运输量增加,与时间有关的固定费用分摊到单位运量上的费用减少,如管理人员的工资、固定资产的使用费、运输工具的租赁费等;其次,由于运输时间短,物品在运输工具中停滞的时间缩短,从而使到货提前期变短,有利于减少库存、降低存储费用。因此,快速运输是提高运输效用价值的有效途径。提高运输工具的行驶速度,还包括其他辅助作业的速度及相互之间的衔接,如包装、装卸、搬运以及中途换乘等。快速的运输方式当然是影响运输速度的重要因素,但是运输速度快的运输方式一般运输成本较高,如铁路运输成本高于水路,航空运输成本最高。通过选择高速度的运输方式来实现快速运输时,应权衡一下运输的速度与成本之间的关系,在运输方式一定的情况下,应尽可能加快各环节的速度,并使其更好地衔接。

三、运输的地位和作用

(一)运输在国民经济中的地位

在整个国民经济运行中,专门从事货物和旅客运营的运输业是个独立的经济部门,是国民经济运行的基础。运输在整个国民经济中的地位主要表现在以下几个方面:

1. 运输是生产过程在流通领域内的继续

交通运输是国民经济的基础设施和先导产业,是社会再生产得以顺利进行的必要条件。马克思曾经指出,交通运输是社会生产过程的一般条件。为了完成货物运输,就要投入人类的劳动,包括活劳动和物化劳动。例如,运输工具、运输用能源,以及道路、港口、码头、机场、输送管道的建设等,还有活劳动的消耗。为了促使物质产品使用价值的最终实现,必须要有运输这种追加劳动,它表现为一种生产性的劳动,是生产过程在流通领域内的继续。

2. 运输是连接产销、沟通城乡的纽带

国民经济是由农业、工业、建筑业、交通运输业、商业等部门组成的庞大系统,各部门之间既是相互独立的,又是相互联系、相互促进和相互制约的。交通运输在整个国民经济中是一个极为重要的部门,是国民经济的大动脉,是社会发展的一个重要条件,起着连接生产、分配、交换、消费各环节和沟通城乡、各地区和各部门的纽带和桥梁作用。马克思指出,在产品从一个生产场所运到另一个生产场所以后,接着还有完成的产品从生产领域运到消费领域,产品只有完成这个运动,才是现成的消费品。社会再生产

过程的循环，是通过交通运输这条纽带把各环节构成为一个统一的整体，才使整个社会经济活动得以正常地运动和顺利地进行。

3. 运输是加速社会再生产和促进社会再生产连续不断进行的前提条件

交通运输业的生产目的是保证最大限度地满足国民经济发展对运输的需要。因此，交通运输作为个独立的经济部门，在社会再生产过程中处于"先行"的战略地位。只有通过运输业的活动，才能使社会经济活动得以顺利进行。把交通运输作为国民经济发展的"先行部门"就是这个道理。

4. 运输是保证市场供应、实现社会主义生产目的的基本条件

运输业作为国民经济的物质生产部门来讲，是不同于工业、农业、建筑业等其他物质生产部门的，它不增加物质产品的使用价值，却增加物质产品的价值。但是，随着社会主义市场经济的发展，市场活动日趋频繁，物质产品使用价值的最终实现，只有通过运输才能完成这个目的。所以，运输是保证市场供应、实现社会主义生产目的的一个基本条件。

（二）运输在物流过程中的作用

运输是物流过程的两大支柱之一。物流过程的其他各项活动，诸如采购、包装、装卸搬运、配送、供应链、物流信息情报等，都是围绕着运输而进行的。所以，运输是物流过程各项业务活动的中心活动。在科学技术不断进步、生产的社会化和专业化程度不断提高的今天，一切物质产品的生产和消费都离不开运输。降低物流成本、提高物流效率，实现物流合理化，在很大的程度上取决于运输的合理化水平。在物流过程的各项业务活动中，运输是关键，起举足轻重的作用，主要表现为：①运输成为物流的动脉系统；②运输是创造物流空间效用的重要环节；③运输是降低物流费用，提高物流速度，发挥物流系统整体功能的中心环节；④运输加快资金周转速度，降低资金占用时间，是提高物流经济效益和社会效益的重要途径。

在物流过程中，直接耗费活劳动和物化劳动，它所支付的直接费用主要有运输费、保管费、包装费、装卸搬运费和物流过程中的损耗等。其中，运输费用所占的比重最大，是影响物流费用的一项重要因素。因此，在物流各环节中，如何配置运输资源、开展合理运输，不仅关系到物流时间占用的多少，而且还会影响到物流费用的高低。不断降低物流运输费用，对于提高物流企业经济效益和社会宏观物流效益，都起着重要的作用。所谓物流的"第三个利润的源泉"，其意义也在于此。

四、运输合理化的意义

物流过程的合理运输，是从物流系统的总体目标出发，运用系统理论和系统工程原理和方法，充分利用各种运输方式，选择合理的运输路线和运输工具，以最短的路径、最少的环节、最快的速度和最少的劳动消耗，组织好物质产品的运输活动。物品运输合理化的重要意义主要表现在以下几个方面。

（1）合理组织物品的运输，有利于加速社会再生产的进程，促进国民经济持续、稳定、协调地发展。按照社会主义市场经济的基本要求，组织物质产品的合理运输，可以使物质产品迅速地从生产所在地向消费所在地转移,加速资金的周转,促进社会再生产过程的顺利进行,实现国民经济稳定、可持续发展。

(2) 物品的合理运输,能节约运输费用,降低物流成本。运输费用是构成物流费用(成本)的主要组成部分。在物流过程中,运输作业所消耗的活劳动和物化劳动占的比例最大。据统计,物流成本中运输费用的支出约占30%,如果把运输过程中的装卸搬运费加上,其比例更大。因此,降低运输费用是提高物流系统效益、实现物流系统目标的主要途径之一。物流过程的合理运输,就是通过运输方式、运输工具和运输路线的选择,进行运输方案的优化,实现物品运输的合理化。物品运输合理化必然会缩短运输里程,提高运输工具的运用效率,从而达到节约运输费用、降低物流成本的目的。

(3) 合理的运输,缩短了运输时间,提高了物流速度。运输时间的长短决定着物流速度的快慢。所以,物品运输时间是决定物流速度的重要因素。合理组织物品的运输,可使被运输物品的在途时间尽可能地缩短,能达到到货及时的目的,因而可以降低库存物品的数量,实现加快物流速度的目标。因此,从宏观的角度讲,物流速度的加快,减少了物品的库存量,节约了资金的占用,相应地提高了社会物质产品的使用效率,同时也利于促进社会再生产过程的顺利进行。

(4) 运输合理化,可以节约运力,缓解运力紧张的状况,还能节约能源。物品运输合理化,克服了许多不合理的运输现象,从而节约了运力,提高了货物的通过能力,起到合理利用运输能力的作用。同时,由于物品运输的合理性,降低了运输部门的能源消耗,提高能源利用率。这些对于缓解我国目前交通运输和能源紧张的情况,实现"双碳"达标具有重要的现实意义。

第二节　现代运输方式

现代运输方式包括铁路运输、公路运输、水路运输、航空运输和管道运输。另外,为了提高运输效果,在上述五种基本运输方式的基础上,还形成了联合运输、散装运输、集装箱运输等具有特殊功能的运输方式。

一、铁路运输

铁路运输是一种重要的现代陆地运输方式。它是使用机动车牵引车辆,用以载运旅客和货物,从而实现人和物发生位移的一种运输方式。铁路是我国国民经济的大动脉,铁路运输是我国货物运输的主要方式之一,特别是大宗货物运输。同时,铁路运输与水路干线运输、各种短途运输衔接,就可以形成以铁路运输为主要方式的运输网络。

(一) 铁路运输的特点

1. 适应性强

依靠现代科学技术,铁路几乎可以在任何需要的地方修建,可以实现全年、全天候不间断运营,受地理和气候条件的限制很少。铁路运输具有较高的连续性和可靠性,而且适合长短途各类不同重量和体积货物的双向运输。

2. 运输能力大

铁路是通用的运输方式，能承担大批量的大宗货物运输。铁路运输能力取决于列车重量（列车载运吨数）和昼夜线路通过的列车对数，如复线铁路每昼夜通过的货物列车可达百余对，因而其货物运输能力每年单方向可超过 1 亿吨。

3. 安全程度高

随着先进技术的发展和在铁路运输中的应用，铁路运输的安全程度越来越高。特别是许多国家的铁路广泛采用了电子计算机和自动控制等高新技术，安装了列车自动停车、列车自动控制、列车自动提纵、设备故障和道口故障报警、灾害防护报警等装置，有效地防止了列车运行事故。在各种现代化运输方式中，按所完成的货物吨千米计算的事故率，铁路运输时最低的。

4. 运送速度较高

常规铁路的列车运行速度一般为每小时 60～80 千米，少数常规铁路可高达 140～160 千米，高速铁路运行时速可达 210～300 千米。我国沪宁城际高铁和武广高铁最快时速已达 350 千米。2010 年 12 月 3 日，在京沪高铁枣庄与蚌埠的综合实验中，由中国南车集团研制的"和谐号"380A 新一代高速动车组在上午 11 时 28 分最高时速达 486.1 千米，刷新了世界铁路运营实验的最高速度。随着我国高铁网络的形成，"高铁快递物流"将是未来发展的方向。

5. 能耗低

铁路运输轮轨之间的摩擦阻力小于汽车车辆和地面之间的摩擦力。铁路机车车辆单位功率所能牵引的重量约比汽车高 10 倍，从而铁路单位运量的能耗也就比公路运输低得多。

6. 环境污染小

工业发达国家在社会及其经济与自然环境之间的平衡受到了严重的破坏，其中运输业在某些方面起了主要作用。对空气和地表的污染最为明显的是公路运输，相比之下铁路运输对环境和生态平衡的影响程度较小，特别是电气化铁路，其影响更小。

7. 运输成本较低

铁路运输固定资产折旧费所占比重较大，而且与运输距离长短、运量的大小密切相关。运距越长，运量越大，单位成本越低。一般来说，铁路的单位运输成本比公路运输和航空运输要低得多，有的甚至低于内河航运。

（二）铁路运输的主要技术设施

铁路运输的各种技术设施是组织运输生产的物质基础。它可分为固定设备和活动设备。其中，固定设备主要包括线路、机车、货车、车站等。

1. 线路

线路是列车运行的基础设施，由轨道、路基和桥隧等建筑物组成一个整体的工程结构。

2. 机车

机车是牵引和推送车辆运行于铁路线上、本身不能载荷的车辆，主要有蒸汽机车、内燃机车、电力机车。

3. 货车

货车是铁路运输的基本运载工具。传统的货车分为敞车棚车、平车、罐车和保温车五大类。

4. 车站

车站是运输生产的基地，是办理货物运输业务、编组和解体列车，组织列车始发、到达、交会通过等作业的基层单位。车站按业务性质可分为客运站、货运站、客货运站、编组站、区段站、中间站等。

（三）组织铁路货物运输的方法

1. 整车运输

整车运输是指根据被运输物资的数量、形状等，选择合适的车辆，以车厢为单位的运输方法。货车的形式有棚车、敞车、平车、矿石车、散装水泥车等。

2. 零担运输

零担运输也可称为小件货物运输。这种运输方法多是因待运量少而不够一个整车装载量时采用。与整车运输相比，这种运输方法费用较高。

3. 混装运输

混装运输是小件货物运输的一种装载情况。一般可将到达同一地点的若干小件物资装在一个货车上。不同的物资分装在同一个集装箱中也是种混装运输。

4. 集装箱运输

集装箱运输指采用集装箱专用列车运输物资。这种运输方法是发挥铁路运输量大、迅速的特点，并与其他运输方式相结合的理想运输方式。

知识拓展

我国的高铁快递

我国高铁网络已初步形成，对于涉足快递业的高铁来说，将更有利于快递业更快更全面地覆盖全国各地。高铁的发展为货运改革提供了坚实的硬件保障，而高铁的速度优势和高性价比也使得其更具竞争优势。

高铁快递充分利用了高铁运行的特点，发挥了高铁在速度、运输、开行频率、营运成本等方面的优势。从另外一个角度来看，高铁快递的出现还将推动快递业实现国内运输方式的新转变，通过利润的最大化，增强自身的竞争优势从而占领快递市场，快递业也将进一步整合。高铁拓展快递市场，是继货运改革之后的又一项改革的信号。高铁快递具有独特的优势，如受气候影响小、正点率高等。高铁进入快递业将进一步促进快递市场竞争，而竞争所带来的服务水平的提高也将惠及社会大众。

相对于航空运输,高铁具有突出的优势,高铁快运的出现还将给快递业带来有益补充。在对速度要求越来越高的今天,铁路部门巧用高铁速度优势,充分满足了各阶层对于快递市场的需求。我国高铁不但具有时速优势、地缘优势,还有列车开行频率的优势。综合来看,高铁运输比航空运输优势要明显。高铁运营以来,近似公交化的列车开行频率能够满足国内当日抵达、次日抵达的异地快递业务的需求。而在我国大部分地区,每天只有一趟或两趟航班,难以做到公交化的运行安排。

资料来源:庞彪《铁路建设稳步推进》,载《中国物流与采购》2016年第19期,第38-40页。

二、公路运输

(一) 公路运输的特征

1. 机动、灵活,可实现"门到门"运输

汽车不仅是其他运输方式的接运工具,还可进行直达运输,减少中转环节和装卸次数。在经济运距之内可以到广大的城镇和农村,在无水路或铁路运输的地区更是如此。

2. 货损货差小,安全性高,灵活性强

公路运输能保证运输质量,及时送达。随着公路网的建设和发展,公路的等级不断提高,汽车的技术性能不断改善,公路运输的货损和货差率不断降低,而安全水平不断提高。由于公路运输的灵活性强、送达速度快,它有利于保持货物的质量,提高货物运输的时间价值。

3. 原始投资少,资金周转快,技术改造容易

汽车车辆购置费较低,原始投资回收期短。据美国有关资料表明:公路货运企业每收入1美元,仅需投资0.72美元,而铁路则需2.7美元;公路运输的资本每年可周转3次,而铁路则需3~4年周转1次。

4. 适合中短途运输,不适合长途运输

公路运输在中短途运输中的效果最突出。公路运输在负担长途运输中费用较高,这是其难以弥补的缺陷。造成其长途运费高的原因主要有三个:一是耗用燃料多;二是设备磨损大,折旧费高;三是耗费人力多。

(二) 公路分类及载重汽车使用性能

1. 公路分类

(1) 高速公路。这是一种专供汽车快速行驶的道路。高速公路是一种具有分隔带、多车道(双向4~8车道)、出入口限制、立体交叉的汽车专用道。根据功能,它可以细分为联系其他城市之间的高速公路和城市内部的快速路。

(2) 一级公路。一般指连接重要的政治、经济中心的道路。汽车分道行驶并且部分控制出入,部分立体交叉。

(3) 二级公路。它是连接政治、经济中心或较大工矿区等地的干线公路,以及运输任务繁忙的城郊公路。

（4）三级公路。它是沟通县及县以上城市的公路。

（5）四级公路。它是沟通县、乡、村之间的支线公路。

2. 载重汽车类别及其使用性能

汽车使用性能表明汽车在具体使用条件下所能适应的程度，评价使用性能的主要指标有容载量、运行速度、安全性能、经济型、汽车有效载重量与汽车自重的比值等。一般的汽车都是以车厢或车台平板承载物资，但为了适应特殊要求的物资运输、具备特殊功能的汽车应运而生，其类别主要表现为装载容器不同。

（1）油罐汽车。这是运输各种油类的专用汽车。车台上的油罐代替了一般汽车的车厢。油罐分别设有注入油孔和出油孔。运输前将油罐注满，运达目的地后将油放出。油罐汽车运输实际上是散装运输的一种形式。

（2）混凝土搅拌汽车。这是专门用于建筑材料场地与建筑工地之间的特殊运输汽车。材料场将水泥、石子及其他所需的建筑材料和水，根据建筑现场的技术要求按比例配合好，装进混凝土搅拌汽车的搅拌罐内。汽车在开往作业现场的运输途中，搅拌罐同时在不停地转动搅拌。到达现场后，经搅拌好的材料可直接投入使用。混凝土搅拌汽车节省了生产所需要的时间，代替了施工现场的搅拌机械，体现了物流与流通加工的紧密配合。

（3）粉粒运输汽车。粉粒运输常被人们称为散装运输。这种汽车的车厢是个封闭的箱体。诸如粮食、水泥等被装进车厢后，关闭厢盖即可运输。

（4）冷藏冷冻汽车。这种汽车装有专门的制冷设备，可用于一些需要低温保鲜的食品。这是一种运输与储存相结合的特殊运输汽车。

（5）集装箱运输汽车。这是一种专门从事集装箱运输的汽车。汽车的车台规格尺寸与集装箱平放的规格相吻合，并在车台上设有与集装箱相对应的固定位置，以保证集装箱运输时的安全牢固。

（6）自动卸货汽车。由于车厢本身有可以向后或一侧倾斜的起升装置，在物资运达目的地后，将车厢倾斜，即可完成卸车任务。这种运输汽车体现了运输和装卸作业的密切配合，可节约物资卸货时间和人力。但是由于自动卸车，车厢内的物资自由滑落，故适用范围有一定的限制，多适用于一些坚固、不怕撞击的散体物资。

（三）组织公路货物运输的方法

1. 多班运输

多班运输是指在一昼夜内车辆工作超过一个工作班以上的货运形式。多班运输是增加车辆工作时间、提高车辆生产率的有效措施。

2. 定时运输

定时运输多指车辆按运行计划中所拟定的行车时刻表进行工作。行车时间表中一般对汽车从车场开出的时间、每个运次到达和开出装卸站的时间及装卸工作时间等进行规定。

3. 定点运输

定点运输指按发货点相对固定的车队，专门完成固定货运任务的运输组织形式。定点运输既适用于装卸地点都比较固定集中的货运任务，也适用于装货地点集中而卸货地点分散的固定性货运任务。

4. 直达联运

直达联运指以车站、港口和物资供需单位为中心，按照运输的全过程，把产供销部门、各种运输工具组成一条龙运输，一直把货物从生产地运到消费地。

5. 零担货物集中运输

零担货物运输，一般指一次托运量不满整车的少量货物的运输。而零担货物集中运输，是指以定线、定站的城市间货运班车将沿线零担货物集中起来进行运输的一种形式。

6. 拖挂运输

拖挂运输是指利用由牵引车和挂车组成的汽车列车进行运营的一种运输形式。比较常见的搭配是由载货汽车和全挂车两部分组成的汽车列车。通常说的列车拖挂运输是指牵引车与挂车不分离，共同完成运行和装卸作业，这种形式又称定挂运输；如果根据不同装卸和运行条件，载货汽车或牵引车不固定挂车，而是按照一定的运输计划更换拖带挂车运行，则叫作甩挂运输。

三、水路运输

水路运输由船舶、航道和港口组成。水路运输是历史悠久的货物运输方式。

（一）水路运输的特征

1. 运输能力大

在海洋运输中，超巨型油船的载重量多为 20 万～30 万吨，最大的达 56 万吨；矿石船载重量达 35 万吨；集装箱船已达 13.7 万吨，可装载 13800 标准箱。海上运输利用天然航道，不像内河运输受航道限制较大，如果条件许可，可随时改造为最有利的航线。因此，海上运输的通过能力比较强。

2. 运输成本低

水运成本之所以能低于其他运输方式，主要是因为其船舶的运载量大、运输里程远、路途运行费用低。

3. 投资省

海上运输航道的开发几乎不需要支付费用。内河虽然有时要花费一定的开支疏通河道，但比修筑铁路的费用小得多。

4. 劳动生产率高

水路因运载量大，其劳动生产率较高。一艘 20 万吨的油船只需配备 40 名船员，平均人均运送货物达 5000 吨。在内河运输中，采用分节顶推船队运输，也提高了劳动生产率。

5. 航速较低

船舶体积较大，水流阻力高，所以航速较低。低速航行所需克服阻力小，能够节约燃料；反之，如果航速提高，所需克服的阻力则直线上升。例如，船舶行驶速度从每小时5千米上升到每小时30千米时，所受阻力将会增加到35倍。因此，一般船只的行驶速度只能达到40千米/小时，比铁路和汽车运输慢得多。

（二）船舶的种类及其特征

1. 船舶的种类及特征

（1）客货船。以载运旅客为主，兼运一定数量货物的船舶，其结构和营运技术特征是多种多样的。

（2）杂货船。一般是指定期行驶于货运繁忙的航线，以装运杂货为主要业务的货船。

（3）散装船。指供装运无包装的大宗货物，如煤炭、粮谷、矿砂等货物的船。

（4）冷藏船。这是利用冷藏设备使货舱可保持一定低温，从事运输易腐货物的船舶。

（5）油船。指用来专门装运散装石油（原油及石油产品）类液体货物的船只。

（6）液化气船。它是专门用来装运液化了的天然气体和液化了的石油气体的船舶。专门装运液化天然气体的船称为液化天然气船（LNG），专门装运液化石油气体的船称为液化石油气船（LPG）。

（7）滚装船。它是专门用来装运以载货车辆为货物单元的船舶。货物在装船前已装在牵引车上，装船和卸船时，载货车辆通过设在船上的跳板（一般在船的尾部）开往船上或岸上。滚装船装卸速度快、效率高，是实现水陆联运的好方法，还可实现门到门运输。

（8）载驳船。它是用来专门装运以载货驳船为货物单元的船舶。载驳船的运输方法是先将各种货物装在统一规格的货驳里，然后再将货驳装到载驳船上，到达中转港后，卸下货驳，用拖船或推船把成组的货驳拖带或顶推到目的港。

（9）集装箱船。它指专门用来装运规格统一的标准货箱的船舶。

（10）内河货船。内河货船本身带有动力，并有货舱可供装货，具有使用方便、调动灵活等优点。

2. 技术指标

（1）船舶的航行性能。船舶为了完成运输任务，经常在风浪大、急流多等极为复杂的条件下航行，因此，要求船舶具有良好的航行性能。船舶的航行性能主要包括浮性、稳性、抗沉性、快速性、适航性和操纵性等。

（2）船舶的排水量和载重量。排水量是指船舶浮于水面时所排开水的重量，也等于船的空船重量和载重量之和。载重量是指船舶所允许的装载重量，包括营利载重量和非营利载重量。排水量和载重量的计量单位都以吨表示。

（3）船舶的货舱容积和登记吨位。货舱容积是指船舶货舱实际能容纳货物的空间，以立方米或立方英尺表示。登记吨位是指为船舶注册登记而规定的一种根据船舶容积大小而折算出的专门吨位。

（4）船舶的装卸性能。船舶的装卸性能是由船舶的结构、容积和装卸设备所反映的装卸效率指标。船舶装卸效率的高低在很大程度上决定了船舶在港的停泊时间。

(三) 港口分类及其现代化的要求

港口是海上运输和内陆运输之间的重要联系枢纽。船舶的装卸、修理，货物的集散都要在港口进行。

1. 港口的分类

（1）按港口位置划分，可以分为海港湾、河口港和内河港：①海湾港。它地处海湾，常有岬角或岛屿等天然屏障做保护，具有同港湾容纳数港的特点，如大连港、秦皇岛港等。②河口港。它位于河流入海口处，如上海港、广州港。③内河港。它位于内河沿岸，一般与海港有航道相通，如南京港、汉口港等。

（2）按使用目的划分，可分为存储港、转运港和经过港：①存储港。它一般地处水陆联络的枢纽，同时又是工商业中心。其港口设施完备，便于进出口货物和转口货物的存储、转运，如伦敦、纽约、上海等港。②转运港。它位于水陆交通衔接处。一面将陆路货物转由海路运出，一面将海运货物疏散，转由陆路运入。港口本身对货物的需求不多，如鹿特丹、香港等港。③经过港。它地处航道要塞，为往来船舶必经之地。船舶如有必要可作短暂停留以便补充给养的港口。

（3）按国家政策划分，分为国内港、国际港和自由港：①国内港。它是指经营国内贸易，专供本国船舶出入的港口；外国船舶除特殊情况外，不得任意出入。②国际港，又称开放港，它是指进行国际贸易，依照条约或法则开放的港口，任何航行于国际航线的外籍船舶，经办理手续，均准许进出港口，但必须接受当地航政机关和海关的监督。我国 14 个对外开放港口均属国际港。③自由港。所有进出该港的货物，允许其在港内储存、装配、加工、整理、制造再转运到他国，均免征关税。只有在转入中国内地时才收取一定的关税。

2. 现代化港口的条件

港口的生产效率是由港口的通过能力来衡量的。港口的通过能力指在一定时期内港口能够装船、卸船的货物数量，也就是港口的吞吐量。

（1）拥有大量的泊位。港口的泊位数取决于港口码头的建设，码头岸线的长度决定了能够停泊船舶的数量。为了适应运量的不断发展，同时防止堵塞现象，要求港口具有大量的泊位数和较长的码头岸线。

（2）具有深水航道和深水港区。为了高效率地接纳大型船舶，新建或扩建的现代化港口或港区都建有深水港区。目前，油船泊位已超过 50 万吨级，矿石船泊位达 35 万吨级，集装箱泊位已达 10 万吨级。

（3）具有高效率的专业化装卸设备。港口的装卸设备包括岸上起重机、水上起重机、堆码机械和拖车、抓斗等。集装箱装卸桥作业效率可达 60～70 箱/台时，新型连续式卸粮机可达 100 吨/小时以上，煤炭专业化泊位使用抓斗卸船机最高作业效率为 4200 吨/小时，输送机输送效率则高达 10000 吨/小时。

（4）具有畅通的集疏运设施。港口的集疏运设施包含仓储设施和交通设施等。仓储设施包括仓库货场、货棚、贮煤厂、贮油库等；交通设施则包括陆上交通的铁路与公路，水上交通的驳船、海船等。

（5）其他设施。包括供船舶安全通行的航道、防止港外风浪海流袭击的防波堤、安全与助航设备，如灯塔、浮标、海岸电台等。

（四）水路营运方式

1. 国际营运

国际航运的经营方式主要有班轮运输和租船运输两大类。前者又称定期船运输，后者又称不定期船运输。

（1）班轮运输。这是指船舶在固定的航线和港口间按事先公布的船期表航行，以从事客货运输业务，并按事先公布的费率收取运费。班轮运输具有"四定"的特点，即固定航线、固定港口、固定船期和相对固定的费率。

（2）租船运输，又称为不定期运输。它没有特定的船期表、航线和港口。船主将船舶出租给租船人使用，以完成特定的货运任务。租船运输以承运价值较低的大宗货物为主，如粮食、矿砂、煤炭、石油等，而且整船装运。据统计，国际海上货物运输总量中，租船运输量约占4/5。国际上使用的租船运输方式主要有三种：①定程租船，又称航次租船。它是以航程为基础的租船方式。船方按租船合同规定的船程完成货运任务，并负责船舶经营管理及支付航行费用，租船人按约定支付租金。②定期租船。这是由租船人使用一定的期限，并由租船人自行调度与管理，租金按月计算的租船方式。③光租船。光租船是定期租船的一种，但船主不提供船员。由于船主不放心把光船给租船人，故此种方式较少使用。

2. 航线营运

航线营运方式也称航线形式，即在固定的港口之间，为完成一定的运输任务，配备一定数量的船舶并按一定的程序组织船舶运行活动。在国内的沿海和内河运输中，航线形式是主要的运营形式。它定期发送货物，有利于吸收和组织货源，缩短船舶在港时间，提高运输效率，并为联运创造条件。

3. 航次营运

航次营运方式是指船舶的运行没有固定的出发港和目的港，船舶仅为完成某一特定的运输任务按照预先安排的航次计划运行，其特点是机动灵活。

4. 客货船营运

这是一种客运和货运同船运输形式，其运营特点是需要定期、定时发船。

5. 多式联运

多式联运是指以集装箱为媒介，把铁路、水路、公路和航空等单一的运输方式有机地结合起来，组成一个连贯的运输系统的运输方式。1980年的《联合国国际货物多式联运公约》定义的国际多式联运是："按照多式联运合同，以至少两种不同的运输方式，由多式联运经营人将货物从一国境内承运货物的地点，运送至另一国境内指定交付货物的地点。"

四、航空运输

(一) 航空运输的特点

1. 航空运输的高科技

航空运输的主要工具是飞机,其本身就是先进科学技术及其工艺水平的结晶。此外,如通信导航、气象、航行管制、机场建设等无不涉及高科技领域。

2. 航空运输的高速度

与其他运输方式相比,高速度无疑是航空运输最明显的特征。它在物流中具有无可比拟的价值。

3. 航空运输的灵活性

航空运输不受地形、地貌、山川、河流的影响,只要有机场、有航空设施保证,即可开辟航线。如果用直升机运输,机动性更强。对于自然灾害的紧急救援、对于各种运输方式不可达到的地方,均可采用飞机空投方式,以满足特殊条件下应急物流的要求。

4. 航空运输的安全性

航空运输平稳、安全,货物在物流中受到的震动撞击等均小于其他运输方式。

5. 航空运输的国际性

严格说起来,任何运输方式都有国际性,都有可能在国家间完成运输任务。这里所要体现的国际性是指国际交往中航空运输的特殊地位。国际间航空运输的飞行标准、航空器适航标准、运输组织管理、航空管制、机场标准等都有国际上统一的规范和章程。国际民航组织制定了各种法规、条例公约来统一和协调各国的飞行活动和运营活动。

6. 航空运输在物流中占的比重小

航空运输与其他运输方式相比,其运输量少得多。一方面受其运量少的限制,另一方面其运输成本高,主要适合高科技、价值大、体积小、重量轻的产品运输,一般的货物运输使用航运方式在经济上不合算。

(二) 航空运输的经济技术指标

航空运输把实际载运量与最大载运能力之比称为载运比率。载运比率又分为两种情况。

1. 航站始发载运比率

航站始发载运比率,是指某航站出港飞机实际运载与最大运载之比,即:航站始发载运比率 = 实际运载/最大运载 × 100%。

2. 航线载运比率

航线载运比率 = 实际总周转量/最大周转量 × 100%。

其中,实际最大周转量是飞机在满载的情况下可完成的吨公里数,它等于最大运载与航距的乘积。

(三) 航空港

航空港又称机场,是航空线的运输物流枢纽,它供执行客货运业务和保养维修飞机、起飞、降落时使用。

按照设备情况航空港可分为基本航空港和中途航空港。前者配备有为货运及其所属机群服务的各种设备；后者是专供飞机作短时间逗留、上下旅客及装卸货物之用。

以飞行站距离为标准航空港可分为国际航空港、国内航空港及短距离机场等。航线上各航空港间的距离取决于沿线城镇的大小及其重要性、航空线的用途（短途或长途运输）、飞机类型、飞行速度及高度等。

中国航空港分级是以每昼夜起飞次数而定的。

（四）航空线

航空线是指在一定方向上沿着规定的地球表而飞行，连接两个或几个城市，进行运输业务的航空交通线。航班飞行一般分为班期飞行、加班飞行及包机或专机飞行。

航空线按其性质和作用可分为国际航线、国内航空干线和地方航线三种。

1. 国际航线

国际航线主要根据国家和地区政治经济和友好往来，通过建立双方的民航协定建立。它是由两个或两个以上的国家共同开辟，主要担负国际间旅客、邮件和货物的运送。

2. 国内航空干线

国内航空干线的布局首先要为国家的政治经济服务，其次是根据各种运输方式的合理分工，承担长途和边远地区的客、货运转任务。

3、国内地方航线

国内地方航线一般是为省内政治、经济联系服务，主要分布在一些省区面积大而区内交通不发达的地区和边疆地区。

物流信息

卢森堡与郑州两大航空枢纽间航空货运量突破十万吨

卢森堡货航与河南航投在 2014 年 6 月建立合作伙伴关系。根据卢森堡货航"双枢纽发展战略"，将郑州新郑国际机场打造成一个关键枢纽。该战略旨在为卢森堡货航建立一个真正全球化的航线网络，在亚太地区实现广泛的业务覆盖。2015 年 4 月，卢森堡货航开通了往返郑州和芝加哥航班，每周一班，极大地推动了这一目标的实现。该公司与郑州通航后不到 2 年的时间里货运量突破十万吨，这一里程碑数字标志着卢森堡货航"双枢纽发展战略"取得了成功。

除了往返于米兰、吉隆坡、新加坡以及芝加哥的多个周次航班之外，卢森堡货航在郑州和其另外一个重要枢纽——卢森堡芬德尔国际机场之间每周执飞七班。卢森堡每周有 100 多架次航班从世界各地飞往中国。另外，卢森堡货航携手河南航投推出了"新鲜卢森堡"项目，进一步落实"双枢纽发展战略"。"新鲜卢森堡"项目是一个电子平台，将卢森堡与欧洲其他地区具有价格竞争力的新鲜产品带给河南消费者。

作为"全球首选全货运航空公司",卢森堡货航是欧洲领先的全货运航空公司,拥有高效的货运机队,其中包括13架波音747-8货机和11架波音747-400货机,航线网络覆盖90个目的地,在全球50多个国家和地区设立了85个办事处,拥有覆盖全球250多个目的地的火车运输网络以及全包机和半包机服务。

资料来源:佚名《卢森堡与郑州两大枢纽间航空货运量突破十万吨》,载《中国物流与采购》2016年第13期。

五、管道运输

管道运输是使用管道输送流体货物的一种方式。

(一) 管道运输的特点

1. 运量大

由于管道能够进行不间断的输送,输送连续性强、不产生空驶、运输量大。如管径529毫米的管道,年输送能力可达1000万吨;管径为1200毫米的管道,年输送能力可达1亿吨。

2. 管道运输建设工程比较单一

管道埋于地下,除泵站、首末站占用一些土地外,管道占用土地少、建设周期短、收效快。同时,管道还可以通过河流、湖泊、铁路、公路,甚至翻越高山,横跨沙漠,穿过海底等,易取捷径,缩短运输里程。

3. 管道运输具有高度的机械化

管道输送流体货物,主要依靠每60～70千米设置的增压站提供压力能,设备运行比较简单,且易于就地自动化和进行集中遥控。先进的管道增压站已完全做到无人值守。

4. 有利于环境保护

管道运输不产生噪音,货物漏失污染少。它不受气候等自然环境影响,可以长期安全、稳定运行。

5. 管道运输适用的局限性

管道运输本身工程结构上的特点,决定其适用范围的局限性。

(二) 管道运输的形式

管道以所输送的介质命名。如输送原油,称之为原油管道;输送加工后的成品油称为成品油管道;此外,还有天然气管道、煤浆管道等。

1. 原油管道

被开采出来的原油经油气分离、脱水、脱沉淀物和经过稳定后进入管道。用管道输送时,针对所输原油的物性(如比重、黏稠度、易凝状况等),采用不同的输送工艺。原油管道输送工艺可分加热输送和不加热输送两种。稀质的原油(如中东原油)采用不加热输送,而我国的原油属于易凝高黏原油,则需采用加热输送。

2. 成品油管道

成品油管道是输送经炼油厂加工原油提炼出来、可直接供使用的燃料油，如汽油、煤油、航空煤油、柴油及液化石油气等。由炼制加工生产最轻质到重质的燃料油等，都是成品油管道输送的介质。成品油管道是等温输送，没有沿途加热的问题。由于成品油管道是多来源、多品种顺序输送，其管理的复杂程度远超过原油管道。成品油管道使连通多个炼油厂所生产的油品可进入同一管道，同时直接向沿线的各大城市及乡镇供应成品油。

3. 天然气管道

天然气管道是将天然气（包括油田生产的伴生气），从开采地或处理厂送到城市配气中心或企业用户的管道。天然气管道区别于煤气管道之处在于，煤气管道是用煤做原料转化为气体，起输压力比较低；而天然气则由气田中气井生产，并有较高的压力，可以利用气井的压力长距离输送。

4. 煤浆管道

煤浆管道是固体料浆管道的一种。将固体捣碎成粉粒状与适量的液体混合配制成浆液，经管道增压进行长距离输送。第一条煤浆管道是于1957年在俄亥俄州修建的一条长173千米、管径254毫米的输煤管道。世界著名的煤浆管道是从美国亚利桑那州北部黑梅萨地区的露天煤矿，到内华达州的莫哈电厂的输煤管道，它于1970年建成投产，全长439千米，管径457毫米，设计年输送500万吨。固体浆液管道除用于输送煤浆外，还可用于赤铁矿、铝矾土和石灰石等。

（三）输油管道的构成

大型输油管道是由输油站和输油管线两大部分组成的。

1. 输油站

输油站是管道运输的重要组成设备和环节。在管道运输过程中，通过输油站对被输送物资进行加压，克服运行过程中的摩擦阻力，使原油或其制品能通过管道由始发地运到目的地。输油站按其所在位置可以分为：

（1）首输油站。首输油站多靠近矿场或工厂，收集沿输油管输送的原油及其制品，进行石油产品的接站、分类、计量和向下一站的输油。如果是热油输送还要配有加热设备。

（2）中间输油站。中间输油站承担把前一站输来的油转往下一站的任务。

（3）终点基地。终点基地收受、计量储藏由输油管输来的油，并分配到各消费单位，或转交其他运输工具。

（4）输油站有关的其他主要设施。输油站设有一系列复杂的构筑物，它包括泵房、油池、阀房等。泵房的作用在于造成一定的压力，以便克服管道输送时产生的阻力，把油输往下一站。根据压力大小，在每一间隔距离的线路上设置一个泵站。在矿场、炼油厂和各输油站设有收油和发油的专用油池，利用管道从发油企业收油或从油池往外发油。

2. 输油管线

（1）内部输油管式辅助输油管。这是指炼油厂、石油基地中的各种线路系统，是输送加工原油和灌注油罐车、内河及港内驳船、远洋油轮及油桶用的。

（2）局部性输油管。这是指把石油从矿场输往石油基地与大型输油管首站的短距矿场管路。

（3）大型输油管或干线输油管。这是输油管线中的主体，这种输油管自成系统，形成独立的企业单位，其线路可长达数百千米乃至数千千米。除必要的检修工作外，能经常全年不间断地输送油品。

六、综合运输体系

所谓综合运输体系，是指各种运输方式在社会化的运输范围内和统一的运输过程中，按其技术经济特点组成分工协作、有机结合、连续贯通、布局合理的交通运输综合体。

（一）综合运输体系的内涵

1. 综合运输体系是铁路、公路、水路、航空和管道等运输方式的资源整合

随着经济和社会的发展及科学技术的进步，运输过程由单一方式向多样化发展，运输工具不断向现代化方向发展。因此，运输生产本身就要求把多种运输方式组织起来，形成统一的运输过程。综合运输体系表现为生产力发展到一定阶段的产物。

2. 综合运输体系是各种运输方式通过运输过程本身的要求实现有机联系

从运输业发展的历史和现状上看，各种运输方式一方面在运输过程中存在着协作配合、优势互补的要求，另一方面在运输市场和技术发展上又存在相互竞争。如果没有这种内在的要求，或者这种内在要求受到限制，也就不可能建立和完善综合运输体系。各种运输方式在分工的基础上，在运输生产过程中要求有机结合，在各个运输环节上要求连接贯通，在各种交通运输网和其他运输手段上要求合理布局。

3. 综合运输体系由三个子系统组成

（1）有一定技术装备的综合运输网及其结合部系统。这是综合运输体系的物质基础。系统的布局要合理协调，运输环节要相互衔接，技术装备要成龙配套，运输网络要四通八达。

（2）各种运输方式的联合运输系统。这个系统要实现运输高效率、经济高效益、服务高质量，充分体现出各种运输方式综合利用的优越性。

（3）综合运输管理、组织和协调系统。这个系统要有利于宏观管理、统筹规划和组织协作。

上述三个方面构成了综合运输体系生产能力的主要因素。

（二）发展综合运输体系的意义

1. 发展综合运输体系是当代运输发展的新趋势、新方向

当代运输的发展出现了两大趋势：一是随着世界新技术革命的发展，交通运输广泛采用新技术，实现运输工具和运输设备的现代化；二是随着运输方式的多样化及运输过程的统一化，各种运输方式朝着分工协作、协调配合的方向发展。在世界范围内，把这两种趋势结合起来，成为当代运输业发展的新方向。

2. 发展综合运输体系是我国运输发展的新模式

我国传统的工业和交通运输管理基本上是以条条为主的，各种运输方式的横向联系欠缺。运输业的建设从单一的、孤立的发展模式，向综合的、协调的模式转变，无疑会给我国经济建设带来良好效果。

3. 发展综合运输体系可增强有效运输生产力，缓解交通运输紧张的状况

交通运输是一个大系统，各种运输方式、各条运输路线、各个运输环节，如果出现不协调，都不能充分发挥有效的运输生产力。多年来，我国交通运输出现了不平衡状况：如有些线路的压力过大，而有些线路的运力得不到充分发挥；有些运输方式严重超负荷，而有些运输方式又不能充分发挥作用等。采取综合运输体系将有效地改变这一不协调、不平衡的现状。

4. 发展综合运输体系是提高运输经济效益的重要方法

按照各种运输方式的技术特点，建立合理的运输结构，可以使各种运输方式扬其所长、避其所短，既可提高运输能力，又可提高经济效益。

（三）我国综合运输体系的发展方向

（1）要搞好各种运输方式的综合发展和协作，在全国范围内建设综合运输网，因地制宜地发展相适应的运输方式。发挥城市在综合运输网中的枢纽作用，大力发展各种运输方式的联合运输。

（2）要加快铁路的技术改造和新线建设，特别是以运煤为主的干线建设。要充分发挥铁路在中、长距离，以及大宗货物运输中的优势。对短途货运和运量大的成品油运输应逐步由其他运输方式分担。

（3）充分发挥公路运输的灵活性，发挥其在短途货运中的主力作用。随着公路状况的改善、汽车技术进步和大型车辆的增加，公路运输将逐步成为"门到门"运输的主要方式。

（4）沿海和内河水运是大宗和散装货物运输的主要方式之一。应加强内河航道建设及沿海和内河港口的改造和建设、发展沿海和沿江等主要内河运输，以实现干支直达运输和江海联合运输。

（5）除发展原油管道运输和天然气管道运输外，在成品油集中的流向上，要建设成品油管道，并逐步发展输煤、输矿浆管道。

（6）在航空运输货运中所占的地位虽不能与其他运输方式相比，但在急需物资运输中，航空运输有其特别优势。发展航空运输是运输现代化的主要标志。

知识拓展

中欧班列跑出新优势、释放新动能

自2011年首趟中欧班列开行以来，中欧班列不断增开班次、拓展线路。截至目前，中欧班列累计开行已达3.8万列，运送货物340万标箱，通达欧洲22个国家151个城市，物流配送网络覆盖欧洲全境。新冠肺炎疫情期间，中欧班列克服不利因素，持续畅通运行，跑出逆势上扬曲线，成为防疫物资运输和各国携手抗击疫情的生命通道和命运纽带，为护佑中欧班列沿线各国人民生命安全和身体健康发挥了积极作用。

据最新报道，从2020年6月开始至今，全球范围内的缺箱、爆舱、甩柜、运费疯狂涨价的现状一直持续。由于目前国外港口拥堵、装卸效率低等问题，导致集装箱轮船的准班率由通常的70%以上下降到了目前的20%左右。一舱难求、一箱难求已成为国际货运的常态，直接导致了海运、航运价格不断上涨。运价的暴涨、集装箱的紧缺，影响的是无数出口企业的生计，为此不少外贸企业开始尝试使用中欧班列运输货物，减少海运运费和时效增加带来的影响。

相对于海运和航运，铁路运输的优势十分显著，铁路运费大约是空运的1/4、海运的1.5倍，按货物+运费的到手价算，基本与欧洲本地的物价持平；此外铁路运输具有稳定、可靠、受天气影响小等诸多有利因素。因此，"中欧班列"受到了国内外商家游客的喜爱，也成为海外华侨口中的"热词"。

作为新时代中国名片的"中欧班列"，不仅打通了国内国际双循环，更是造福了沿线的各国人民，为维护国际产业链供应链安全稳定发挥了不可估量的作用，相信在不远的未来，中欧班列将持续领跑国际贸易，联通世界。

资料来源：张骁《江西网络广播电视台》，见http://cn.chinadaily.com.cn/a/202105/24/WS60ab1eb5a3101e7ce9751389.html，最后访问时间：2021年5月24日。

七、网络货运及其发展

网络货运是在无车承运人的基础上演变而来，是在传统物流的基础上诞生的网络环境下货运新模式，是不断健全和完善传统物流行业管理制度，它代表了现代物流市场货运业态的发展方向。我国交通运输部无车承运人试点工作于2019年12月31日结束，2020年1月1日起实施《网络平台道路货物运输经营管理暂行办法》。

（一）网络货运的概念

网络货运，是指经营者依托互联网平台整合配置运输资源，以承运人身份与托运人签订运输合同，委托实际承运人完成道路货物运输，承担承运人责任的道路货物运输经营活动。网络货运经营不包括仅为托运人和实际承运人提供信息中介和交易撮合等服务的行为。实际承运人，是指接受网络货运经营者委托，使用符合条件的载货汽车和驾驶员，实际从事道路货物运输的经营者。

（二）网络货运的作用

发展网络货运，是培育现代物流市场新业态，加快道路货运行业转型升级，实现我国物流业高质量发展的客观需要。其作用主要表现为以下方面。

（1）促进平台经济发展。网络货运是互联网与货运物流行业深度融合的典型代表，依托互联网平台汇聚大量物流信息，通过大数据、云计算分析实现要素资源精准配置、科学组织、合理调度，对优化市场发展格局、充分发挥平台企业规模经济效应、带动行业集约化发展具有重要作用。

（2）促进物流降本增效。网络货运经营者通过信息网络和移动互联技术，实现分散运输资源的集约整合、精准配置，解决了目前货运物流行业普遍存在的运力空驶、长时间等货等突出问题，有效减少了交易链条、降低交易成本，是促进物流降本增效的新抓手、新办法。

（3）促进物流行业转型升级。长期以来，我国公路货运市场主体呈现"多、小、散"特征，行业缺乏市场集中度高、整合能力强的龙头骨干企业。由于运输组织高度分散，市场主体间信息不对称、运输要素缺乏有效整合，行业运输组织效率低下。网络货运经营充分利用互联网平台信息互联互通的特点，将分散的运力资源聚集在一起，通过发挥平台经济规模效应，推动行业实现"零而不乱、散而有序"，带动传统运输企业向供应链现代物流综合服务商转型，带动行业转型升级高质量发展。

（三）网络货运企业类型

网络货运企业分为以下三大类。

第一类是由合同物流转化而来的网络货运平台。服务于合同物流的网络货运平台，大多是合同物流企业自身孵化的子公司，典型代表企业如中外运、安得、一站网、申丝、新杰、大田、大恩、荣庆等，都是早期无车承运人试点企业。这类平台建立的初衷是解决企业自身业务的物流问题。

第二类是由运输公司逐渐转型而来的网络货运平台。运输企业转型网络货运平台能够最大限度地利用有限的运力，解决了车货信息匹配问题，提升了物流效率，也加速了物流行业信息化、数字化的发展。

第三类是以平台为载体的网络货运平台。平台整合的是前端不确定的货主和后端不确定的车主，将两种资源高效匹配，比较典型的代表有西安货达网络、G7（一家智慧物联网平台）、中交兴路。拿G7举例，它属于"带货入局"，以车载传感器、GPS（全球定位系统）、SaaS支持、大数据、车联网等物流科技产品切入，以技术赋能物流企业，是典型的技术派平台。

（四）网络货运平台的业务流程

网络货运的载体主要是网络货运平台，其业务流程主要包括以下方面。

1. 信息审核

（1）托运人信息审核。网络货运经营者应在平台上登记并核对托运人信息：托运人为法人的，信息包括托运单位及法人代表名称、统一社会信用代码、联系人、联系方式、通信地址等基本信息，留存营业执照扫描件；托运人为自然人的，信息包括托运人姓名、有效证件号码、联系方式，留存有效证件扫描件。

（2）实际承运人信息审核。网络货运经营者应要求实际承运人在网络平台注册登记并核对以下信息：实际承运人名称、道路运输经营许可证号、统一社会信用代码（或身份证号）等基本信息。

网络货运经营者应留存以下有效证件扫描件：实际承运人营业执照、身份证等扫描件；驾驶员身份证、机动车驾驶证、道路运输从业资格证；车辆行驶证、道路运输证（挂车、4.5 吨及以下普通道路货物运输车辆从事普通道路货物运输经营的，无须上传道路运输经营许可证、道路运输证、驾驶员从业资格证）。网络货运经营者应对实际承运人资质信息进行审核，通过审核后方能委托其承担运输业务。

2. 签订合同

网络货运经营者应按照《中华人民共和国合同法》的要求，分别与托运人和实际承运人签订运输合同，主要内容应包括但不限于：

（1）当事人信息。包括托运人、收货人、网络货运经营者、实际承运人的名称、联系方式。

（2）服务内容：包括货物信息、运输方式、起讫地、运输价格、时效要求等。

（3）当事人权利义务关系。

（4）运费结算方式；合同保存时间自签订之日起不少于 3 年。

3. 运输过程监控

网络货运经营者应在生成运单号码后，实时采集实际承运车辆运输轨迹的动态信息，并在货物起运和确认送达时，经驾驶员授权同意后，实时采集和上传驾驶员地理位置信息，实现交易、运输、结算等各环节全过程透明化动态管理。

4. 交付验收

（1）交接装货。网络货运经营者应当在许可的经营范围内从事经营活动，不得违规承运危险货物。

（2）交付卸货。收货人确认收货后，实际承运人应及时将交付信息上传至货运经营者网络平台。

5. 运费结算

（1）结算流程。网络货运经营者应按照合同约定及时向实际承运人支付运费。

（2）支付方式。网络货运经营者宜与银行等金融机构、第三方支付平台合作，通过电子支付实现交易留痕。

6. 信息上传

网络货运经营者应按照《部网络货运信息交互系统接入指南》的要求，在收货人确认收货后，实时将运单数据上传至省级网络货运信息监测系统。

网络货运经营者应在结算完成后，实时将资金流水单信息上传至省级网络货运信息监测系统。

7. 保险理赔

鼓励网络货运经营者采用投保网络平台道路货物运输承运人责任险等措施,保障托运人合法权益。

8. 投诉处理

网络货运经营者应建立便捷有效的投诉举报机制,公开投诉举报方式等信息,包括服务电话、投诉方式、处理流程等。

9. 信用评价

网络货运经营者应建立对实际承运人公平公正的信用评价体系,围绕运输效率、运输安全、服务质量、客户满意度等方面进行综合考核评价,评价结果在网络平台上公示。根据信用评价结果建立实际承运人退出机制。

政策指引

加快发展多式联运

2016年12月,国家交通运输部等18个部门联合下发《关于进一步鼓励开展多式联运工作的通知》中指出:多式联运是依托两种及以上运输方式有效衔接,提供全程一体化组织的货物运输服务,具有产业链条长、资源利用率高、综合效益好等特点,对推动物流业降本增效和交通运输绿色低碳发展,完善现代综合交通运输体系具有积极意义。

该通知的主要内容如下。

(1) 依法加强监管,营造良好市场环境:①优化市场监管方式;②加快公路货运市场治理;③严格规范涉企收费行为;④加强市场运行监测。

(2) 夯实发展基础,提升支撑保障能力:①完善基础设施网络;②畅通转运微循环系统;③强化服务规则衔接;④健全法规标准体系。

(3) 深化行业改革,创新运输服务模式:①推广先进运输组织形式;②深化铁路和货运价格改革;③培育多式联运经营企业;④丰富联运服务产品。

(4) 推动信息共享,加快装备技术进步:①实现行业信息共享;②推广标准化载单元;③加强专业化联运设备研发。

(5) 深化对外合作,拓展国际联运市场:①统筹国际联运有序发展;②优化口岸通关监管模式;③深化国际运输交流合作。

资料来源:作者依据国家交通运输部等18个部门《关于进一步鼓励开展多式联运工作的通知》整理。

八、运输方式的选择

各种运输方式和运输工具都有各自的特点,不同类物品对运输的要求也不尽相同。

因此，合理选择运输方式，是合理组织运输、保证运输质量、提高运输效益的一项重要内容。

运输方式的选择，一般要考虑两个基本因素：一是运输方式的速度问题；二是运输费用问题。从物流运输功能来看，速度快是物品运输服务的基本要求。但是，速度快的运输方式，其运输费用往往较高。同时，在考虑运输的经济性时，不能只从运输费用本身来判断，还要考虑因运输速度加快，缩短了物品的备运时间，使物品的必要库存减少，从而减少了物品的保管费的因素等。运输方式或运输工具的选择，应该是在综合考虑上述各种因素后，寻求运输费用与保管费用最低的运输方式或运输工具（如图6-1所示）。

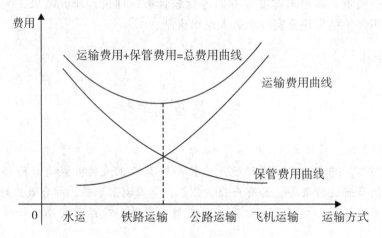

图6-1 运输方式选择示意

为了对运输方式或运输工具进行选择，我们还可以从物流运输的功能来研究，采用综合评价的方法来选择运输方式或运输工具。

物流的运输系统的目标是实现物品迅速安全和低成本的运输。但是，运输的迅速性、准确性、安全性和经济性之间，是相互制约的。若重视运输速度、准确、安全，则运输成本就会增大；反之，若运输成本降低，则运输的其他目标就不可能全面实现。因此，在选择运输方式或运输工具时，应综合考虑运输的各种目标要求，采取定性分析与定量分析相结合，选择出合理的运输方式或运输工具。如果我们以运输方式的经济性、迅速性、安全性和便利性四个标志来选择，或称之为运输的功能要求，那么，就可以采用综合评价的方法，得出合理的选择结果。这种评价方法的步骤如下：

（一）确定运输方式的评价因素

确定运输方式的评价因素有运输方式的经济性、迅速性、安全性和便利性等。如果用 F_1、F_2、F_3、F_4 分别表示运输方式的经济性、迅速性、安全性和便利性，且各因素对运输方式选择具有同等重要性，则运输方式的综合评价值 F 为：

$$F = F_1 + F_2 + F_3 + F_4$$

（二）对评价因素赋予不同的加权

由于货物的形状、价格、交货日期、运输批量和收货单位的不同，运输方式的这些特性对运输方式的选择起的作用也就各不相同，因此，可以通过对这些评价因素赋予不同的权数加以区别。例如，这四个评价因素的权数分别为 α_1、α_2、α_3、α_4，且有：

$$\alpha_1 + \alpha_2 + \alpha_3 + \alpha_4 = 1$$

则运输方式的综合评价值可表示为：

$$F = \alpha_1 F_1 + \alpha_2 F_2 + \alpha_3 F_3 + \alpha_4 F_4$$

如果可供选择的运输方式有铁路、公路、船舶，它们的评价值分别为 $F(R)$、$F(T)$、$F(S)$，则有：

$$F(R) = \alpha_1 F_1(R) + \alpha_2 F_2(R) + \alpha_3 F_3(R) + \alpha_4 F_4(R)$$
$$F(T) = \alpha_1 F_1(T) + \alpha_2 F_2(T) + \alpha_3 F_3(T) + \alpha_4 F_4(T)$$
$$F(S) = \alpha_1 F_1(S) + \alpha_2 F_2(S) + \alpha_3 F_3(S) + \alpha_4 F_4(S)$$

显然，其中评价值最大者为选择对象。

对于 F_1、F_2、F_3、F_4 以及 α 的确定，并使其数量化，可以采用以下方法：

1. 经济性 F_1 的数理化

运输方式的经济性是由运费、包装费、保险金以及运输费用的合计数来表示的。费用越高，运输方式的经济低，这是不利因素。这三种运输方式所需成本分别为 $C(R)$、$C(T)$、$C(S)$，则其平均值为：

$$C = \frac{C(R) + C(T) + C(S)}{3}$$

三种运输设备经济性的相对值分别为：

$$F_1(R) = \frac{C(R)}{C}, \quad F_1(T) = \frac{C(R)}{C}, \quad F_1(S) = \frac{C(R)}{C}$$

2. 迅速性 F_2 的数量化

运输方式迅速性是用从发货地到收货地所需时间（天数）来表示的。所需时间越多，则迅速性越低，这是不利因素。设三种运输方式所需时间分别为 $F(R)$、$H(T)$、$H(S)$，则其平均值为：

$$H = \frac{H(R) + H(T) + H(S)}{3}$$

三种运输方式迅速性的相对值分别为：

$$F_2(R) = \frac{H(R)}{H}, \quad F_2(T) = \frac{H(T)}{H}, \quad F_2(S) = \frac{H(S)}{H}$$

3. 安全性 F_3 的数量化

运输方式的安全性可以通过历史上一段时间货物的破损率来表示。破损率越高，安全性越差。例如，三种运输方式的破损率分别为 $D(R)$、$D(T)$、$D(S)$，则其平均值

$$D = \frac{D(R) + D(T) + D(S)}{3}$$

三种运输方式安全性的相对值分别为：

$$F_3(R) = \frac{D(R)}{D}, \quad F_3(T) = \frac{D(T)}{D}, \quad F_3(S) = \frac{D(S)}{D}$$

4. 便利性 F_4 的数量化

运输方式的便利性的数量化表示方法，可采用代办运输点的经办时间与货物运到代办点的运输时间之差来表示。其中，时间差愈大，表明便利性愈高。所以，时间差大是有利因素。如果各运输方式的时间差分别为 $V(R)$、$V(T)$、$V(S)$，则平均值为：

$$V = \frac{V(R) + V(T) + V(S)}{3}$$

三种运输方式的便利性相对值分别为：

$$F_4(R) = \frac{V(R)}{V}, \quad F_4(T) = \frac{V(T)}{V}, \quad F_4(S) = \frac{V(S)}{V}$$

各评价因素赋予权数的大小的确定，没有绝对的办法。一般来讲，是结合货物本身的特征，并尽可能吸收实际工作者或有关专家的意见而进一步确定。

第三节 运输合理化与物流输送现代化

一、不合理运输的表现形式

运输的合理与不合理是在满足客户需求的基础上，从社会运输资源能否发挥最大作用的角度分析问题。不合理运输是在现有条件下可以达到的运输水平而未达到，从而造成了运力浪费、运输时间增加、运费超支等问题的运输。目前，我国存在的不合理运输形式主要有以下八种。

(一) 返程或起程空驶

空车无货载行驶，可以说是不合理运输的最严重的形式。造成空驶的不合理运输主要有以下几种原因：

(1) 能利用社会化的运输体系而不利用，却依靠自备车送货提货，这往往会出现单程重车、单程空驶的不合理运输。

(2) 由于工作失误或计划不周，造成货源不实，车辆空去空回，形成双程空驶。

(3) 由于车辆过分专用，无法搭运回程货，只能单程实车，单程回空周转。

(二) 对流运输

对流运输亦称"相向运输""交错运输"，它是指同类的或可以互相代替的货物的相向运输。它是不合理运输中最突出、最普遍的一种，但不同品牌或具有差异性的产品除外。它有两种表现形式：①明显对流运输：同类的（或可以互相代替的）货物沿着同一线路相向运输；②隐藏对流运输：同类的（或可以互相代替的）货物在不同运输方式的平行路线上或不同时间进行相反方向的运输。倒流运输是隐藏对流运输派生出的一种特殊形式，是指同一批货物或同批中的一部分货物，由发运站至目的站后，又从目的站往发运站方向运输。

(三) 迂回运输

由于物流网的纵横交错及车辆的机动、灵活性，在同一发站和到站之间，往往有不同的运输路径可供选择。凡不经过最短路径的绕道运输，皆称为迂回运输，即平常所说的"近路不走走远路"。只有当计划不周、地理不熟、组织不当而发生的迂回，才属于不合理运输。如果最短路距离有交通堵塞，道路情况不好，或者有对噪音、排气等特殊限制而不能使用时发生的迂回，不能称为不合理运输。

(四) 重复运输

重复运输是指同一批货物由产地运抵目的地，没经任何加工和必要的作业，也不是为联运及中转需要，又重新装运到别处的现象。它是货物流通过程中多余的中转、倒装、虚耗装卸费用，造成车船非生产性停留，增加车船、货物的作业量，延缓了流通速度，增大了货损，也增加了费用。

(五) 过远运输

这是一种舍近求远的商品运输。它不是就地或就近获取某种物资，而舍近求远从外地或远处运来同种物资，从而拉长了运输距离，造成运力浪费。

(六) 无效运输

无效运输是指被运输的货物杂质（如煤炭中的矿石、原油中的水分等）或边角废料较多，使运力浪费于不必要的物资运输。

（七）运力选择不当

由于没有利用各种运输工具的优势，选择不恰当的运输工具而造成的不合理的现象，称为运力选择不当。常见的有以下若干形式。

（1）弃水走陆。在同时可以利用水运及陆运时，不利用成本较低的水运或水陆联运，而选择成本较高的铁路运输或汽车运输，使水运优势不能发挥。

（2）铁路、大型船舶的过近运输。这是指不是铁路及大型船舶的经济运行里程，却利用这些运力进行近距离运输的不合理做法。主要不合理之处在于火车及大型船舶起运及到达目的地的准备、装卸时间长，且机动灵活性不足，在过近距离中利用，发挥不了运速快的优势。相反，由于装卸时间长，反而会延长运输时间。另外，和小型运输设备比较，火车及大型船舶装卸难度大、费用也较高。

（3）运输工具承载能力选择不当。不根据承运货物数量及重量选择，而盲目决定运输工具，造成过分超载、损坏车辆及货物不满载、浪费运力的现象。尤其是"大马拉小车"的现象发生较多。由于装货量小，单位货物运输成本必然增加。

（八）托运方式选择不当

对于货主而言，没有选择最好托运方式，最终造成运力浪费及加大费用支出。例如，应选择整车而未选择，反而采取零担托运；应当直达而选择了中转运输；应当中转运输而选择了直达运输；等等，都属于这一类型的不合理运输。

值得注意的是，上述的各种不合理运输形式都是在特定条件下表现出来的，在进行判断时必须从系统角度来考虑加以避免。

二、组织运输合理化的有效措施

（一）提高运输工具实载率

实载率有两个含义：一是单车实际载重与运距之乘积和标定载重与行驶里程之乘积的比率。这是在安排单车、单船运输时，作为判断装载合理与否的重要指标。二是车船的统计指标，即一定时期内车船实际完成的货物周转量（以吨公里计）占车船载重吨位与行驶千米之乘积的百分比。在计算时，车船行驶的公里数不但包括载货行驶公里数，也包括空驶公里数。

提高运输工具实载率是指充分利用运输工具的额定能力，减少车船空驶和不满载行驶的状况，减少浪费，从而实现运输合理化。具体措施有：

（1）"满载超轴"。我国曾在铁路运输上提倡"满载超轴"。其中，"满载"的含义就是利用货车的容积和载重量，多载货，不空驶；"超轴"的含义就是在机车能力允许的情况下，加长列车或多加挂货车，在不增加机车的情况下增加运输量。

（2）汽车挂车。汽车挂车的原理与火车加挂基本相同，都是在充分利用动力能力的基础上，增加运输能力。但反对超载，因为超载易引发交通事故，降低运输资源利用率。

（3）配载运输。配载运输也是提高运输工具实载率的一种有效形式。配载运输往往是在载重量和容积允许的情况下，轻、重质商品的混合配载，以重质货物运输为主的情况下，搭载一些轻泡货物。如海运矿石、黄沙等重质货物时，配载木材、毛竹等轻质货物；铁路运矿石、钢材等重物时，可在上面搭运轻质农、副产品等。当前，国内外开展的配送运输，优势之一就是将多家需要的物品和一家需要的多种物品实行配装，以达到容积和载重的充分合理运用。在铁路运输中，采用整车运输、整车拼装、整车分卸等具体措施，都是提高实载率的有效途径。

（二）减少动力投入，增加运输能力，实现运输合理化

这种合理化的要点是：在设施建设已定型和完成的情况下，尽量减少能源投入，节约运费，降低单位物品的运输成本，达到合理化的目的。国内外在这方面的有效措施有以下几种：

（1）水运拖排和拖带法。竹、木等物资的运输，可利用竹、木本身的浮力，不用运输工具载运，而直接采取拖带法运输，可省去运输工具本身动力消耗，从而求得合理化。还可将无动力驳船编成一定队形，一般是"纵列"，用拖轮拖带行驶，可发挥比船舶载乘运输运量大的优点，求得合理化。

（2）顶推法。它是我国内河货运采取的一种有效的航行方法。它将内河驳船编成一定队形，然后由机动船顶推前进。其优点是航行阻力小，顶推力大，速度较快，运输成本很低。

（三）发展社会化的运输体系

实行运输社会化，可以统一安排运输工具，避免一家一户的小生产运输而产生的对流、倒流、空驶、运力不当等多种不合理形式。不但可以追求组织效益，而且可以追求规模效益。所以，发展社会化的运输体系是运输合理化的非常重要的措施。

当前，铁路运输的社会化运输体系已经较完善，而在公路运输中由于一家一户的小生产运输方式还非常普遍，因此，公路运输是建立社会化运输体系的重点。

（四）实行中短距离"以公代铁"运输

这种运输的合理性主要表现为两点：一是对于比较紧张的铁路运输，用公路分流后，可以得到一定程度的缓解，从而加大这一区段的运输通过能力。二是充分利用公路从门到门和在中途运输中速度快且灵活机动的优势，实现铁路运输服务难以达到的水平。

我国"以公代铁"，目前在杂货、日用百货运输及煤炭运输中较为普遍。一般控制在200千米以内，有时可达700~1000千米。

（五）发展直达运输

直达运输的要点是，通过减少中转换载，提高运输速度，省却装卸费用，降低中转货损。

如同其他合理化措施一样，直达运输的合理性也是在一定条件下才会有所表现。实践中要根据用户的要求，从物流总体出发做综合判断。

（六）"四就"直拨运输

"四就"直拨运输，是指在流通过程组织货物调运时，对当地生产或外地到达的货物，不运进流通批发仓库而采取直拨的办法，把货物直接分拨给市内批发、零售店或用户，从而减少一道中间环节。"就厂直拨，就车站、码头直拨，就库直拨，就车、船过载直拨"等，简称为"四就"直拨运输。

"四就"直拨运输和直达直线运输是两种不同的合理运输形式，它们既有联系又有区别。直达直线运输一般是指货物运输里程较远、批量较大；而"四就"直拨运输是指货物运输里程较近、批量较小，一般在大中城市批发站所在地办理直达运输业务。在运输过程中将"四就"直拨运输与直达直线运输结合起来，就会收到更好的经济效果。

（七）技术和运输工具

依靠科技进步是运输合理化的重要途径。例如：专用散装、罐车解决了粉状、液体物运输损耗大、安全性差等问题；专用运输车辆解决了大型设备整体运输问题；"滚装船"解决了载货车的运输问题；集装箱船比一般船能容纳更多的箱体；集装箱高速直达车船加快了运输速度；等等。

（八）通过流通加工，实现运输合理化

有不少产品，由于产品本身形态及特性问题，很难实现运输的合理化，如果进行适当加工，就能够有效地解决合理运输问题。例如，将造纸材料在产地预先加工成干纸浆，然后压缩体积运输，就能解决造纸材料运输不满载的问题；轻泡产品预先捆紧包装成规定尺寸，装车就容易提高装载量；水产品及肉类预先冷冻，就可提高车辆装载率并降低运输损耗。

三、物流输送模式及其现代化

（一）物流输送模式

物品从生产（供应）所在地向消费（用户）所在地的位置转移过程，可以采取不同的运输方式。但从物流过程的输送模式来讲，可区分为干线输送和配送两种模式。

（1）干线输送。大规模、高效率、远距离的输送干线称为干线输送。它一般适于以下两种情况：第一，工厂到存货地点之间的输送。例如，工厂的大型中转仓库，工厂到流通中心之间的输送等。第二，工厂到大量用户之间的直达输送。干线输送可以采用铁路整列、整车运输和船舶运输等方式。

（2）配送，又称二次输送或末端输送。与干线输送不同，配送是一种小规模、多用户的输送。它按照众多用户的不同要求，逐个将货物送到用户。例如，从工厂将少量货物分发给近区各用户，从中转仓库或配送中心将各种货物分发给众多用户等。配送一

般具有送量小、运距短、送达地点不固定且较分散等特点。配送多采用汽车运输方式。干线输送和配送往往有机地连接成一个整体。组织物流时，只有把二者恰当地配置，才能取得较好的技术经济效果。

（二）输送现代化的内容

输送现代化，是采用当代先进适用的科学技术和运输设备、设施，运用现代管理科学成就，组织、协调输送系统各组成要素之间的关系，达到充分发挥物流输送的功能。输送现代化的主要内容包括以下几个方面。

1. "第三次输送革命"——联运

第一次输送革命是从 19 世纪初，产业革命过程中铁路和船舶运输的出现开始的。第二次输送革命是从第一次世界大战以后，汽车和飞机的出现开始的。第三次输送革命，不是由新的运输工具带来的，而是把各种运输手段合理地结合在一起，以建立新的输送系统为重点内容的革命。第三次输送革命以各种运输工具的联合体制，即"联运"形式的出现为标志，按照迅速、准确、安全、经济的要求，通过技术革新为物流活动提供多样化的输送方式。

现代物流技术、输送手段不断革新，不断向多样化、效率化发展，使包装、装卸等物流活动也在不断地革新。货物的起运、到货，实行机械化，为连贯操作的输送体系奠定了基础，如发展了汽车—船舶—汽车、汽车—铁路—汽车、汽车—飞机—汽车、船舶（港口）—火车（站场）—汽车（集散场）等不同的联运方式。

2. 专用输送体系

所谓专用输送体系，主要指适用于矿石、石油、肥料、水泥、煤炭等大宗货物运输的输送方式。一次输送单位量大，具有一定形状的货物，多采用这种方式输送。其优点是：用专用输送工具在专用基地之间往返运输，能收到装卸速度快、节约装卸费、缩短输送时间等效果。例如，铁路按商品类别发展专用输送，船舶发展大型专用船舶，公路发展自动卸车、运输液体的罐式车等特殊载重车。

3. 单位组合包装—装卸—输送系统

所谓单位组合包装—装卸—输送系统，就是将以上提到的物流系统中的包装合理化、装卸合理化、输送合理化作为一个整体来考虑的，即实行包装—装卸—输送托盘化与集装箱化。

（1）连贯输送托盘化。就是把货物放在托盘上，使用万能叉车送到汽车、火车、船舶、飞机等运输工具上，进行装卸作业。推进连贯输送托盘化，可以使包装简易化和标准化，提高装卸作业效率，减少货物损坏，易于保管和有效地利用仓库面积。总之，连贯输送托盘化能使物流过程协调化、效率化，降低物流费用。

（2）集装箱化输送。集装箱化输送具有很大的优点。为了推行集装箱化输送，需要大力发展集装箱专用运输工具，如集装箱专用列车、专用船舶、专用汽车等，并相应建设铁路站场、港口、码头等集装箱运输专用设施。

4. 新交通系统

随着经济的发展、物流量的增大，现有铁路、公路、水路交通压力日益严重，越来越满足不了日益增长的物流需要。为了解决交通拥挤、道路阻塞、能源紧张等问题,一些发达国家已着手开发新交通系统。新交通系统大致有以下几种类型:

(1) 铁路传送带输送机械。它是指在铁路上用传递带输送 5 吨集装箱那样的大型设备,而不用机车牵引输送,以节约机车牵引所耗费的能源。

(2) 筒状容器管道系统。这是把装在筒状容器中的货物,利用管道中的压缩空气进行输送的一种系统。它又可以进一步发展为用管道中的直线发动机进行输送。

(3) 城市中无人操纵收发货物系统。它是根据城市条件并考虑到噪音问题,使用尼龙链索,把装货的台车吊在管道中的轨道上,再用特殊尼龙制作的绳索牵引传送。其特点是:代替汽车的机能把货物送到用户。这种形式速度慢,时速 10 公里左右,适用于重量为 200 公斤左右的小批货物运输,可在批发站和中转站之间使用。

第四节 物资合理调运的数学方法

货物的合理运输,除了选择合适的运输方式外,还需要确定合理的运输路线和货物的调运量。这就是线性规划中所谓的"物资调运问题"。我们知道,线性规划是研究线性函数在线性等式或线性不等式约束下的极值问题。在物流活动中,线性规划得到了广泛的应用,诸如资源的合理利用、合理下料、工作任务的分配,以及物资调运问题等。

一、物资调运的数学模型

物资的合理调运是关系到物流活动中最低物流费用的问题。它不仅对物质产品生产企业、供销企业以及运输业经济效益的提高有着重要意义,而且对于提高物流的社会效益有着更重要的意义。

物资调运问题的一般提法是,假定某种物资有 m 个地点(称为产地或发地)A_1,A_2,$\cdots$,A_m 的某种物资调至 n 个地点 B_1,B_2,$\cdots$,B_n (称为销地或收地),各个产地需要调出的物资量分别为 a_1,a_2,$\cdots$,a_m 单位,各个销地需要调进的物资量分别为 b_1,b_2,$\cdots$,b_n 单位,且各个发货点的供应量之和等于各个收货点的需求量之和。已知每个发货点 A_i 到每个收货点 B_j 的物资单位调运价格为 c_{ij}。现问如何安排调运,才能使总运费最小(如表 6-1 所示)。

表 6-1 产地调出物资量、销地销量及运价

运价\销地\产地	B_1	B_2	$\cdots$	B_n	产量
A_1	c_{11}	c_{12}	$\cdots$	c_{1n}	a_1
A_2	c_{21}	c_{22}	$\cdots$	c_{2n}	a_2

续上表

运价 销地 产地	B_1	B_2	...	B_n	产 量
⋮	⋮	⋮	⋮	⋮	⋮
A_m	a_m	a_m		a_m	a_m
销量	b_1	b_2	...	b_n	

如果我们设 X_{ij} 表示由产地 A_i 供应给销地 B_j 的物资数量，则运输问题的线性规划模型可分为三种情况：

(1) 产销平衡，即 $\sum_{i=1}^{m} a_i = \sum_{j=1}^{n} b_j$ 的情况下，求：

$$\min S = \sum_{j=1}^{n} \sum_{i=1}^{m} C_{ij} X_{ij} \text{（总费用最少）}$$

满足约束条件：

$$\begin{cases} \sum_{i=1}^{m} X_{ij} = b_j & (j = 1,2,\cdots,n)\text{（满足各销地的需要量）} \\ \sum_{j=1}^{n} X_{ij} = a_i & (i = 1,2,\cdots,m)\text{（各产地的发出量等于各地产量）} \\ X_{ij} \geqslant 0(i = 1,2,\cdots,m;j = 1,2,\cdots,n)\text{（调运量不能为负数）} \end{cases}$$

(2) 产大于销，即在 $\sum_{i=1}^{m} a_i > \sum_{j=1}^{n} b_j$，求：

$$\min S = \sum_{j=1}^{n} \sum_{i=1}^{m} C_{ij} X_{ij} \text{（总费用最少）}$$

满足约束条件：

$$\begin{cases} \sum_{i=1}^{m} X_{ij} = b_j & (j = 1,2,\cdots,n) \\ \sum_{j=1}^{n} X_{ij} \leqslant a_i & (i = 1,2,\cdots,m) \\ X_{ij} \geqslant 0(i = 1,2,\cdots,m;j = 1,2,\cdots,n) \end{cases}$$

(3) 销大于产，即在 $\sum_{i=1}^{m} a_i < \sum_{j=1}^{n} b_j$，求：

$$minS = \sum_{j=1}^{n}\sum_{i=1}^{m}C_{ij}X_{ij}(总费用最少)$$

满足约束条件：

$$\begin{cases} \sum_{i=1}^{m}X_{ij} \leq b_j & (j=1,2,\cdots,n) \\ \sum_{j=1}^{n}X_{ij} = a_i & (i=1,2,\cdots,m) \\ X_{ij} \geq 0 & (i=1,2,\cdots,m;\ j=1,2,\cdots,n) \end{cases}$$

物资调运问题可采用图上作业法或表上作业法求其最佳调运方案。

二、物资调运问题的表上作业法

物资调运问题的表上作业法，是把物资调运最优方案的确定过程在物资调运平衡表上进行的一种调运方法。物资调运平衡表如表6-2所示。

表6-2 物资调运平衡表

调运地	销地				产量
	B_1	B_2	$\cdots$	B_n	
A_1	c_{11}	c_{12}	$\cdots$	c_{1n}	a_1
A_2	c_{21}	c_{22}	$\cdots$	c_{2n}	a_2
$\vdots$	$\vdots$	$\vdots$	$\vdots$	$\vdots$	$\vdots$
A_m	a_m	a_m		a_m	a_m
销量	b_1	b_2	$\cdots$	b_n	$\sum_{i=1}^{m}a_i = \sum_{j=1}^{mn}b_j$

物资调运表上作业法步骤可归纳如下。

（一）确定初始基本可行解

确定初始基本可行解通常有两种方法：一是西北角法；二是最小元素法。

1. 西北角法

从表的西北角第一格开始，按集中供应的原则，依次安排调运量。由于集中供应，所以未填数值的格子的X_{ij}均为0，从而得到一个可行方案。

例如，设某种产品，有A_1、A_2、A_3三个生产厂，联合供应B_1、B_2、B_3三个需要地、需求量和生产厂产品的运价如表6-3所示。

表6-3 需要地、需求量和生产厂产品运价

运输成本 需要地 生产厂	B_1	B_2	B_3	产 量
A_1	4	8	8	56
A_2	16	24	16	82
A_3	8	16	24	77
需求量	72	102	41	215

按西北角法，制定初始运输方案如表6-4所示。

表6-4 按西北角法的初始运输方案

生产厂	需要地			产量
	B_1	B_2	B_3	
A_1	56 →			56
A_2	↑ 16 ←	↓ 66		82
A_3		36	41	77
需求量	72	102	41	215

由 $A_1 \to B_1$ 56 缺16，$A_2 \to B_1$ 16 余66，$A_2 \to B_2$ 66 缺36，$A_3 \to B_2$ 36 余41，$A_3 \to B_3$ 41 余0。

此时运输总成本为：

$$S = 56 \times 4 + 16 \times 16 + 66 \times 24 + 36 \times 16 + 41 \times 24 = 3624$$

2. 最小元素法

首先针对具有最小运输成本的路径，并且最大限度地予以满足；然后按"最低运输成本优先集中供应"的原则，依次安排其他路径的运输量。仍以上述例题为例，用最小元素法，制定初始运输方案如表6-5所示（每格左上角为单位运输成本）。

表6-5 按最小元素法的初始运输方案

生产厂	需要地			供应量
	B_1	B_2	B_3	
A_1	4 56	8	8	56
A_2	16	24 41	16 41	82
A_3	8 16	16 61	24	77
需求量	72	102	41	215

由 $A_1 \to B_1$ 56 缺16 余61，$A_3 \to B_1$ 16 余61，$A_3 \to B_2$ 61 缺41，$A_2 \to B_2$ 41 余41，$A_2 \to B_3$ 41 余0。

此时运输总成本为：

$$S = 56 \times 4 + 16 \times 8 + 41 \times 24 + 61 \times 16 + 41 \times 16 = 2968$$

（二）判断最优解

运输问题表上作业法，判定调运方案是否为最优解，有两种方法：一种是闭回路法；另一种是位势法。在这里我们仅介绍第一种方法，即闭回路法。

闭回路法是利用物资调运方案中的一个重要特征，即在任一可行的调运平衡表中，可以从任一空格（没有调运量的格）出发，作一个闭回路，除这个空格外，闭回路的其他顶点都是由有数字的格构成。如表6-6中，(A_1B_2) 为一空格。如果从 (A_1B_2) 空格出发，沿 (A_2B_2)、(A_2B_1)、(A_1B_1) 三个有数字的格，又回到 (A_1B_2) 空格，从而形成 $(A_1B_2) \to (A_2B_2) \to (A_2B_1) \to (A_1B_1) \to (A_1B_2)$ 回路。以此类推，可以作出所有空格的闭回路。有了闭回路，就可以求出检验数。检验数的求法，就是在闭回路上，从空格出发，沿闭回路，将各顶点的运输成本依次设置"＋""－"交替正负符号，然后求其代数和。这个代数和数字称为检验数，用 λ_{ij} 表示。例如，上述空格上的检验数 $\lambda_{12} = 8 - 24 + 16 - 4 = -4$，用同样的方法可以求其他各空格的检验数，如表6-6所示。

表6-6 闭回路法示意

生产厂	需要地			供应量
	B_1	B_2	B_3	
A_1	4 56	8 (-4)	8 (-12)	56
A_2	16 16	24 66	16 (-16)	82
A_3	8 (0)	16 36	24 41	77
需求量	72	102	41	215

有了检验数表6-6，就可以对调运方案作出判断。即如果全部检验数 λ_{ij} 为正数或零，则调运方案一定为最优方案；如果检验数中仍存在负数，则调运方案不是最优方案。

（三）闭回路调整

当初始基本可行解非基变量的检验数出现负数时，便需闭回路调整。其具体步骤如下：

（1）选择最小的检验数所对应的非基变量为调入变量。因为检验数越小，总成本改善愈显著。

（2）在调入变量对应的以基变量为顶点的闭回路上，选择偶数顶点上基变量值最小者为调出变量。因为闭回路上，自调入变量开始，奇数顶点增加一个单位，偶数顶点便要减少一个单位，才能达到新的平衡。为了保证可行性，必须取偶数顶点中之最小者，否则基本解不可行。

（3）使调出的变量值为零，进行闭回路调整。即偶数点都减去调出变量值，奇数点都增加同样大小的值。调整后，调出变量变成空格，其值转换到调入变量格中。

（4）再求检验数，重新判断。如此反复，直到求出最优解。现以上述实例完成求解的全过程，最后得到如表6-7所示的最优物资调运方案。

表6-7 最优物资调运方案

生产厂	需要地			供应量
	B_1	B_2	B_3	
A_1	4 (4)	8 56	8 (8)	56

续表 6-7

生产厂	需要地			供应量
	B_1	B_2	B_3	
A_2	16 41	24 (0)	16 41	82
A_3	8 31	16 46	24 (16)	77
需求量	72	102	41	215

在表 6-7 中，各检验数均非负，所以由表 6-7 确定的调运方案为最优方案。对应的最低成本为：

$$S = 56 \times 4 + 16 \times 8 + 41 \times 24 + 61 \times 16 + 41 \times 16 = 2968$$

物资调运的表上作业法的计算程序如图 6-2 所示。

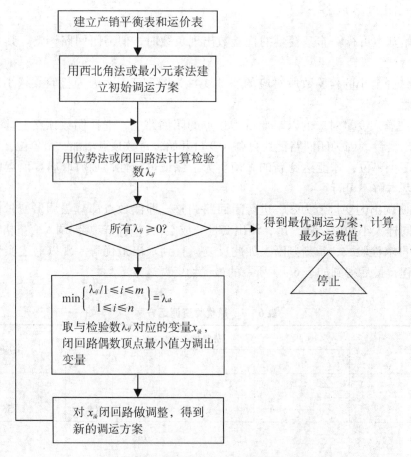

图 6-2 物资调运的表上作业法的计算程序

关键词

运输　直达运输　拖挂运输　"四就"直拨运输　整车运输　规模原理　距离原理　速度原理　运输合理化　网络货运　自由港

思考题

(1) 简述运输的概念及其功能。
(2) 运输方式有哪些？
(3) 合理运输有哪几种形式？
(4) 物资合理调运的数学方法有哪些？
(5) 简述运输合理化的概念及措施。
(6) 为什么要发展网络货运？
(7) 简述网络货运的业务流程。
(8) 什么是国际多式联运？
(9) 如何提高运输成本的实载率？
(10) 物流输送模式有哪两种？

案例分析

韩国三星公司的运输合理化之路

韩国三星公司长期以来致力于运输合理化的不断革新。三星公司根据其产品特性，将配送中心划分为产地配送中心和销地配送中心。前者用于原材料的补充，后者用于存货的调整。在此基础上，三星公司对每个职能部门确定了最优工序，从而使得配送中心的数量减少、规模得以最优化，便于向客户提供最佳的服务。

三星公司还通过全球性物流链使产品的供应路线最优化，并设立全球物流网络上的集成订货—交货系统，从原材料采购直至交货给最终客户的整个路径都实现物流和信息流一体化，提供给客户最低的价格和高质量的服务。

为了提高运输装载效率，三星公司将重货和轻货组装在一起；对一些体大笨重容易致损的货物进行解体运输，使之易于装卸和搬运；根据不同货物的包装形状，采取各种有效的堆码方法。

最终，三星公司在运输合理化方面的不断努力，使其运输效率不断提高，也提升了三星在客户心目中的形象。

案例讨论题

通过阅读韩国三星公司的运输合理化案例，试述哪些途径有利于提高运输的合理化程度？

第七章 储存保管

【本章要点】 储存保管是物流系统的一项重要功能，它与运输形成了现代物流管理过程的两大支柱，是物流的中心环节。在物流过程中，如果说运输的主要功能是实现物品空间位置上的转移，以提供物流的空间效用，那么，储存保管则主要是克服物品生产与消费在时间上的差异，以提供物流的时间效用。储存控制是否合理，保管工作质量的好坏，直接影响着物流系统整体功能的发挥。因此，实行物品的合理储存，不断提高保管质量，对加快物流速度，降低物流费用，发挥物流系统整体功能，都起着重要的作用。

本章主要内容：首先，介绍储存保管的意义和作用、仓储的功能；其次，在对仓库及其分类介绍的基础上，阐明仓库的合理布局、库址的选择、仓库规划和仓库建筑设施等有关问题；再次，介绍仓储保管作业及其组织管理、仓储保管技术、流通中心和流通加工等问题；最后，对库存物资的数量控制方法进行介绍。

第一节 储存保管与仓储

一、储存保管的意义与作用

（一）储存保管的意义

储存保管，从物流系统的功能来讲，可以说是物流系统中仓储子系统的一种功能定义，源于仓库是储存保管物品的场所。这就是说，实现物流系统储存保管功能，虽然说是仓库的主要职能，但不完全是由仓库来完成的，如密封包装技术就具有储存保管的功能；与此同时，仓库也不只是执行储存保管功能，在市场经济不断发展的状况下，它还具有物流据点、商业信誉等功能。

储存和保管是两个既有区别又有联系的概念。储存又称物品的储备，具有以备再用的性质，是指在社会再生产过程中离开直接生产过程或消费过程而处于暂时停滞状态的那一部分物品。物品的储备是生产社会化、专业化不断提高的必然结果，是保证社会再生产过程连续不断进行的物质技术条件，它与社会再生产过程相适应，既存在于流通领域，又存在于生产领域和消费领域。保管是储存的继续，是保护物品的价值和使用价值不致受到损害的过程，其主要任务是防止外部环境对储存物品的侵害，保持物品性能完整无损。因此，物品的储存是保管的前提，保管是保障储存物品能够以备再用。只要有物品的储存，就需要对物品进行保管。我们还可以这样来理解两者的不同：如果说储存主要是从研究经济和经济管理方面来考虑问题，如存货控制等，那么保管则主要是从研究技术和技术管理方面来考虑问题，如物品的保养、维护技术等。但是，它们两者又有密切的联系。只有把储存和保管两者有机地结合起来，才能更好地发挥物流过程的储存保管功能；也只有储存和保管两个方面的统一，才能实现储存保管在物流系统中的时间效用。

（二）物品储存的客观性

自人类社会开始有了剩余产品，物品储存就成为一切社会形态的一种社会经济现象。"积谷防饥"是中国古代的一句警世名言，其意思是将丰年剩余的粮食储存起来以防歉年之虞。特别是在社会化大生产占主导地位的现代社会，具有一定规模的物品储存更是经济社会发展的客观要求。

（1）生产与消费的时间匹配。随着生产的社会化和专业化程度的不断提高，物品的生产和消费在时间上产生背离。一方面，生产要求大规模、连续地进行，或以一定的批量、周期地进行；另一方面，消费有其自身的特点和规律性。物品的生产和消费在时间上的这种不一致性，就必须通过流通领域的物品储存加以调节，以解决供需之间的矛盾。

（2）生产与消费的空间匹配。生产社会化和专业化程度的提高，市场经济的发展，生产和消费同在一地的情况几乎成为不可能，也就是说生产和消费在空间位置上存在着矛盾，这就需要把生产出来的产品经过运输，实现物品从生产所在地向消费所在地的转移。由于运输需要时间，因而总会有一定数量的物品停留在运输过程中，形成物品的储存；或者出于经济运输的需要，进行集中运输，集中待运物品就形成了物品的储存。

（3）生产模式和消费方式匹配。生产的社会化、大量化与消费的多样化和复杂化之间也存在矛盾，也需要有一定数量的物品储存，以克服这种矛盾。例如，原材料和燃料的生产均属大量生产，而消费单位众多，需要量多少不一，品种规模复杂。所以，无论在流通领域还是在生产领域，都需要有一定数量物品的储存，以适应产需的不同需要。

（4）应急保障需要。为了克服偶然因素，如自然灾害、战争的爆发，或生产与消费过程中意外事件的发生等应急需要，也需要一定物品的储存，以克服这些偶然因素的影响，使社会再生产得以正常进行。

物品的储存表面上看是在社会再生产过程中某环节上的停滞，但从参与整个社会再生产过程来讲，它又是处于不断的运动过程中。这种暂时停滞是有计划的，且必要的。在流通领域里，情况更是如此。物品生产出来后进入流通领域形成储存，这种储存又源源不断地以物质形式供应市场，保证流通循环不致中断。

（三）储存物品保管的必要性

在市场经济的条件下，储存的物品具有价值和使用价值；但作为储存物品的保管来讲，则主要是保障物品在储存过程中其使用价值不致受到损害。物品的使用价值主要取决于物品的内在质量;但是,如果储存物品在储存过程中的内在质量发生了变化,其使用价值就会因此而降低或被破坏。实际上,储存条件、自然因素以及技术进步等经济因素都会影响物品的使用价值,特别是外界自然因素影响更大。物品内在质量的变化一般是在物品受到外部因素作用后而发生变化的,即所谓的内在质量和外部因素不相协调,或内在因素不具备抗御外界因素作用的能力。储存物品的保管,实质上就是根据不同物品的内在质量要求,采取相应的保管技术,克服外部因素对物品内在质量的影响,促进外部因素保持与内在质量因素的协调。显然,在物流过程中,对储存物品进行合理的保管,不断提高物品的保管技术水平,是非常重要的和必要的。

(1) 储存的物品,在保管时都需要有个适宜的温度范围,若超过了这个范围,温度过低或过高,都会影响物品的内在质量。因此,对储存物品的保管,应采取一定的技术措施,使物品储存的场所的温度控制在物品适宜的温度范围之内,保持物品的使用价值不受其害。例如,对于橡胶制品、塑料制品类,温度过高时最容易老化变质,温度过低时易变硬变脆而破裂。

(2) 储存的物品,最容易受到大自然即天气变化的影响,主要表现为空气湿度的影响。空气中湿度过大,如相对湿度超过80%,大量的水蒸气很容易被物品吸附,金属及金属制品会锈蚀,吸湿性强的化工产品会因水解、溶化而失效,以动植物为原料的制品在潮湿的环境中会发生霉腐,仪器仪表会因受潮而丧失某功能,等等。相对湿度过低,如在40%以下时,又会使某些非金属制品燥裂,因而失去弹性或降低强度等。因此,必须采取相应的防潮技术,使储存物品所处环境的湿度保持在允许范围内,以防空气中的湿气对物品产生影响。

(3) 空气是种混合物,空气中的氧会使金属氧化,也会促使还原剂的化工产品氧化变质。特别是在工矿地区,空气中含有大量的二氧化碳、二氧化硫等有害气体,这些有害气体和空气中的水蒸气相遇,形成碳酸、亚硫酸等,附着于金属制品表面,会成为电解质溶液,从而导致金属及金属制品锈蚀。所以,采取措施,净化物品储存环境,对保持物品使用价值起着重要的作用。

(4) 日光、雨露、尘土、杂物也会影响储存物品的内在质量,损害物品的使用价值。其中,适度的日光有时对储存物品还有利;但当紫外线长久直射着物品,就会使其丧失使用价值。雨、雪、露洒落在物品上,会导致金属锈蚀或有机物制品霉腐。尘土散落在金属及金属制品表面,会增加其吸湿性,从而加速其锈蚀等。所以,保护储存物品的环境,保持库房内的环境整洁卫生,不仅是物品保管的需要,而且也是建立文明仓库的需要。

(5) 物品储存时间的长短对物品的质量也会产生影响。一般情况下,储存时间愈长,其影响就会愈大。因此,对于需要较长时间储存的物品,也要根据不同物品的性质,采取一定的保管技术,确保物品在长期储存中不受损害,以保持物品的使用价值。

(6) 虫鼠雀害。商品在储存过程中,常常受到各种虫、鼠、雀等生物的侵袭,这些生物不仅能蛀食、污染动植物性商品,有时还会危害塑料、化学纤维等高分子商品,直接威胁着商品的安全,甚至使商品完全失去使用价值。虫鼠雀害与仓库环境,尤其是温度、湿度等有着极大关系,通常使用药物来进行防治。

总之，储存的物品，由于自身的内在质量、物理化学性质，以及它们受自然因素和时间因素的影响和作用，会影响物品的质量和使用价值。所以，在掌握这些因素对物品所引起的变化规律的基础上，必须采取相应的措施，不断提高保管技术，把影响储存物品质量变化的各种因素控制在其允许的范围内，以保证物品的使用价值不致受到损害。这就是储存物品的保管工作所需要完成的任务。

（四）储存保管的作用

根据上述储存保管的概念和意义，可以看出储存保管在物流过程中起着极为重要的作用，它不仅创造着物流的时间效益，而且保障物品的使用价值不致受到损害。其作用主要表现在以下几个方面：

（1）物品储存是保证社会再生产不断进行的物质条件。社会再生产过程是生产、流通和消费的统一。从生产领域来看，生产社会化、大量化的提高，投入到再生产过程中的原材料、燃料等物质产品的数量也会相应增加，处在生产领域中生产过程的储存物品的范围将会扩大。因此，要使生产过程能够顺利进行，就需要在生产过程中储存一定数量的不同形式的储存物品。如果生产过程中没有或不能保障所需要的储存物品，生产过程就难以顺利进行，甚至会出现再生产过程中断。从流通领域来看，流通过程储存物品是保证流通业务活动的条件，也是为生产、消费提供服务的物质基础。所以，一定规模的流通，就必须要求有一定数量的流通储存。也就是说，只有保持一定数量的流通储存，才能保证正常的市场供应，满足消费的各种需求。总之，无论是生产储存，还是流通储存，都是保证社会再生产不断进行的物质条件。

（2）物品储存是调整、协调各部门、各地区平稳发展的必要条件。从整个国民经济的持续、稳定和协调地发展来看，国民经济各部门和各地区的经济发展总是不平衡的，有些部门、地区发展较快，有些部门、地区发展较慢。这些相互联系、相互提供物质产品的部门、地区之间的产需衔接关系或比例关系就会相应地发生变化，或供不应求，或供过于求。所以，通过物品的储存，可以调节这种供求关系，发挥调节国民经济各部门、各地区经济发展不平衡的作用，起到流通的"蓄水池"作用。

（3）从物流过程来看，储存是解决时间背离的，它既是物流过程的一个中心环节，是物流系统的一项重要功能，又是物流过程中的一项主要作业活动，并通过其各项作业活动，才使物流提供了时间效用。正因为如此，才使物流过程得以正常进行，实现物流系统的整体功能。

（4）物品储存是应付发生意外情况的物质基础。在社会经济发展过程中，总会出现一些意外的情况，诸如自然灾害、战争、计划不周，或其他突然事故的发生等等。如果没有一定数量的物品储存，就会陷于被动；如果有了一定数量的物品储存，就可以及时应对各种意外情况，这样才能保证社会经济正常发展。

（5）储存物品的保管是储存作用发挥的根本保证。由于储存物品受自然条件和时间因素等的影响，使其内在质量发生变化，影响物品的使用价值，因此，需要对物品进行保管，不断提高保管技术水平，把影响储存物品的各种因素控制在允许的范围内，保障物品的使用价值不致受到损害。这就是说，储存的作用只有在保管活动能够保持物品原有使用价值不变的情况下才能发挥。因此，有效地保管物品，才能促进储存作用的充分发挥，否则就失去储存物品的意义。

（五）储存保管的要求

各种原材料、在制品、成品均应储存在适宜的场地和库房，储存场所条件应与产品要求相适应，如必要的通风、防潮、温控等条件，应规定入库验收、保管和发放的仓库管理制度或标准，定期检查库存品的状况，防止产品在使用或交付前受到损坏或变质。

（1）整理好储存区域。仓库的储存区域应整洁，具有适宜的环境条件。对温度、湿度和其他条件敏感的物资，应有明显的识别标志，并单独存放，提供必要的环境。

（2）使用适当的储存方法。储存中可能会变质和腐蚀的物资，应按一定的防腐蚀和防变质的方法进行清洗、防护、特殊包装和存放。

（3）做好储存品的监控。要对储存品进行监控，采取必要的控制手段。第一，定期检验、对在库产品实行先入先出的原则、定期熏蒸消毒等，做好库存品的检验记录。第二，物资入库应验收合格，并注明接收日期，做好适当标志，对有储存期要求的物资，应有适用的储存品周转制度，物资堆放要有利于存取，并防止误用。第三，定期检查库存品状况，限制非仓库人员进入，物资出库手续应齐全，加强仓库管理。第四，储存物品应有一套清楚完整的账物卡管理制度。

二、仓储与智慧仓储

储存保管是仓库的主要职能，在一般的情况下，物流系统的储存保管功能是通过仓储的各项活动来实现的。所以，有时不加区别地把物流的储存、保管概念统一起来，用仓储概念来抽象。即仓库同时承担着储存和保管的功能，以提供物流的时间效用。

（一）仓储与智慧仓储的概念

1. 仓储

仓储是仓库储藏和保管的简称。仓储是指从接受储存物品开始，经过储存保管作业，直至把物品完好地发放出去的全部活动过程，其中包括存货管理和各项作业活动。仓储的各项作业活动可以区分为两大类：一类是基本生产活动；另一类是辅助生产活动。基本生产活动，是指劳动者直接作用于储存物品的活动，诸如装卸搬运、验收、保养等；辅助生产活动，是指为保证基本生产活动正常进行所必需的各种活动，诸如保管设施、工具维修、储存设施的维护、物品维护所用技术的研究等。

在"仓储"一词中，"仓"是指存放物料的建筑物和场地，可以是房屋建筑、洞穴或者特定的场地等，具有存放和保护物料的功能；"储"则表示收存，以备使用，具有收存、保管、交付使用之意。"仓储"指利用仓库存放未及时使用或即将使用的物料的行为。

2. 智慧仓储

智慧仓储指在仓储管理业务流程再造基础上，利用 RFID、网络通信、信息系统应用等信息化技术及先进的管理方法，实现入库、出库、盘库、移库管理的信息自动抓取、自动识别、自动预警及智能管理功能，以降低仓储成本、提高仓储效率、提升仓储智慧管理能力。智慧仓储是当今仓储行业变革的重要方向，主要是针对传统仓储行业人力成本高、仓储效率慢、仓储管理复杂等问题结合现代科技设计的一套仓库管理系统。

（二）仓储的功能

仓储的功能，从本质上讲是对物品的储藏和保管。但是，储藏和保管并不是仓储全部功能的内容。也就是说，仓储的功能除了储藏物品和保管物品的基本功能外，还有其他诸如供需调节、运输调整、信用机构和物流据点等辅助功能。

1. 调节供需功能

创造物流的时间效用是物流系统的基本功能之一，物流系统的这一功能的实现是由仓储活动来完成的。生产的社会化、专业化程度的提高与消费的多样化和复杂性之间的矛盾，生产的连续性与消费的不均衡性之间的矛盾，或消费的连续性与生产的不均衡性之间的不协调等，所有这些都决定了生产与消费之间都不是同步进行的。为了使生产与消费、供应与需求之间协调起来，就需要仓储活动来调节，使社会再生产过程连续不断地进行。

2. 运输能力的调节

物品从生产所在地向消费所在地的转移，是通过各种不同的运输方式来实现的。各种运输方式和运输工具的运力是不相同的。例如，船舶的运力很大，海运船一般是万吨级；火车运输，每节车皮为 30～60 吨，一列火车的运力不过几千吨；汽车运输，每辆运载为 2～10 吨。所以，不同运输方式之间的衔接是非常困难的，这些能力上的差异是通过不同形式的仓储来进行调节和衔接的。

3. 流通配送加工功能

随着生产社会化、专业化程度的提高，社会分工的发展，仓储的功能已由单纯的保管型向流通型转变，从而形成了独立的经营型仓库业。仓储功能由储存保管物品中心，开始向流通、销售中心转变。因此，仓储不只是具有储藏、保管物品的设施和装备，而且增加了分拣、配套、捆袋、数据信息处理等设备。这样一来，仓储就扩大了其经营范围，提高了物质产品的综合利用率，而且起到了方便消费、提高顾客服务水平的作用等。

（三）仓储管理

仓储管理是指通过仓库对商品进行储存和保管。仓储管理是连接生产、供应、销售的中转站，对实现顺利生产、提高运作效率起着重要的作用。有效的仓储管理会为企业其他管理活动提供有力支持，并对库存物料的数量、质量以及及时供应程度产生积极影响。但同时，它也不可避免地会消耗一定的人力、物力，从而产生一定的成本支出，如仓储管理不善，会给企业造成重大的损失。

知识拓展

加快农产品仓储保鲜冷链设施建设

党中央高度重视农产品仓储保鲜冷链物流设施建设，2019年7月30日中央政治局会议明确提出实施城乡冷链物流设施建设工程。2020年中央一号文件要求，国家支持家庭农场、农民合作社建设产地分拣包装、冷藏保鲜、仓储运输、初加工等设施。加大对新型农业经营主体农产品仓储保鲜冷链设施建设的支持，是现代农业重大牵引性工程和促进产业消费"双升级"的重要内容，是顺应农业产业发展新趋势、适应城乡居民消费需求、促进小农户和现代农业发展有机衔接的重大举措，对确保脱贫攻坚战圆满收官、农村同步全面建成小康社会和加快乡村振兴战略实施具有重要意义。

1. 建设目标

以鲜活农产品主产区、特色农产品优势区和贫困地区为重点，到2020年年底在村镇支持一批新型农业经营主体加强仓储保鲜冷链设施建设，推动完善一批由新型农业经营主体运营的田头市场，实现鲜活农产品产地仓储保鲜冷链能力明显提升，产后损失率显著下降；商品化处理能力普遍提升，产品附加值大幅增长；仓储保鲜冷链信息化与品牌化水平全面提升，产销对接更加顺畅；主体服务带动能力明显增强；"互联网+"农产品出村进城能力大幅提升。

2. 建设内容

新型农业经营主体根据实际需求选择建设设施类型和规模，在产业重点镇和中心村鼓励引导设施建设向田头市场聚集，可按照"田头市场+新型农业经营主体+农户"的模式，开展仓储保鲜冷链设施建设。

（1）节能型通风贮藏库。在马铃薯、甘薯、山药、大白菜、胡萝卜、生姜等耐贮型农产品主产区，充分利用自然冷源，因地制宜建设地下、半地下贮藏窖或地上通风贮藏库，采用自然通风和机械通风相结合的方式保持适宜贮藏温度。

（2）节能型机械冷库。在果蔬主产区，根据贮藏规模、自然气候和地质条件等，采用土建式或组装式建筑结构，配备机械制冷设备，新建保温隔热性能良好、低温环境适宜的冷库；也可对闲置的房屋、厂房、窑洞等进行保温隔热改造，安装机械制冷设备，改建为冷库。

（3）节能型气调贮藏库。在苹果、梨、香蕉和蒜薹等呼吸跃变型果蔬主产区，建设气密性较高、可调节气体浓度和组分的气调贮藏库，配备碳分子筛制氮机、中空纤维膜制氮机、乙烯脱除器等专用气调设备，对商品附加值较高的产品进行气调贮藏。

作者依据2020年4月13日农业农村部《关于加快农产品仓储保鲜冷链设施建设的实施意见》改写。

第二节　仓库及仓库建筑设施

一、仓库与云仓

（一）仓库及云仓的含义

（1）仓库。进行仓储活动的主体设施是仓库。所谓仓库，一般是指具有储存设施，对物品（物资）进行集中、整理、保管和分发等工作的场所。在我国，最初"仓"和"库"是两个概念："仓"是指储藏粮食的地方，"库"是指储藏兵器的库房。后来人们将二者合一，凡是储存物品的场所均称为仓库。

在日本，对仓库的定义为：仓库是指防止物品丢失、损伤的工作场地，或为防止物品丢失或损伤作业而提供的土地、水面等用于物品储藏保管的场所。所以，可以描述为：仓库是储藏、保管物品的场所的总称。

（2）云仓。云仓是物流仓储的一种，它与我们知道的传统仓、电商仓不一样。云仓是指利用云计算以及现代管理方式，依托仓储设施进行货物流通的全新物流仓储体系产品。云仓在建设时花费的资金比较多，但可以提供高时效以及精细化的仓储管理。

云仓的作业流程效率高，主要依靠自动化装备和信息化系统，入库与出库的速度非常快。比如京东的云仓出库作业，即从接到订单，到拣货，到出库，基本只需要10分钟。这样的速度是传统仓不具备的。

云仓的类型主要有电商平台类、物流快递类和互联网化第三方仓储云仓三种，前两类直接为商家提供云仓服务，而互联网化第三方仓储云仓则致力于云仓供应链的解决方案。目前只有电商巨头阿里巴巴、京东、亚马逊等着手布局云仓。

（二）仓库的分类

仓库可以按不同的标准进行分类，以便对不同类型的仓库实行不同的管理。

1. 按仓库在社会再生产过程中所处的位置不同划分

（1）生产领域仓库，包括生产用物资储备仓库，半成品、在制品和产成品仓库。其中，物资储备仓库称为企业自用仓库，用于储备生产准备和生产周转用的物资，物资进入生产领域仓库，即结束了物资的流通阶段，进入生产准备阶段；产成品库，是指存放生产企业的已经制成并经检验合格、进入销售阶段的产品和成品，但还未离开生产企业；半成品、在制品仓库，是指在企业生产过程中，处于各生产阶段之间的半成品库和在制品库，其目的是衔接各生产阶段和保证生产过程连续不断地进行。

（2）流通领域仓库，包括专业储运中转仓库和供销企业的自用仓库。其中，专业储运中转仓库又称储运仓库，一般为各部门或各地区供销企业储运货物；供销企业自用仓库，一般规模不大，但较为灵活，有的采用"前店后库"形式，适用于零散的小额供应。

2. 按仓库的主要职能的不同划分

（1）企业仓库，是以储存物品为主要目的，它又可分为供应仓库（原材料库）、生产仓库（半成品仓库）、销售仓库（产成品库）。

（2）营业仓库，它的职能是以流通营业为主，其进出货频繁、吞吐量大、使用效率也较高，并且是提供物流时间效用的主要承担者。

（3）公用仓库，是由国家或一个主管部门修建的，为社会物流业服务的公用仓库，如车站货场仓库、港口码头仓库等。

3. 按保管物品的不同划分

（1）原料、产品仓库。主要是指针对生产企业而建造的仓库，其目的是保持生产的连续性，是专门用来储存原材料、半成品或产成品的仓库。

（2）商业、物资综合仓库。主要是指商业和物资部门为了保证市场供应、以解决生产与消费的时差，或季节性的时差所设置的综合性仓库。

（3）农副产品仓库。主要是指经营农副产品的企业专门用来储存农副产品的仓库，或经过短暂储存进行加工，再运出的中转仓库。

（4）一般专用仓库。主要是指专门用来储存某类大宗货物的仓库，如粮食、棉花、水产、水果、木材等仓库以及货场等。

（5）特种危险品仓库。主要是指专门用来储存些特殊物品，如危险品、易燃易爆品、毒品和剧毒品等的特种仓库。

（6）冷藏仓库。主要是指专门用来储藏鲜鱼、鲜肉或其加工食品的仓库，并设有专门的冷藏设施和装备。

（7）恒温仓库。主要是指专门用来储存怕冻物品的仓库，如储存水果、蔬菜、罐头等。

（8）战略物资储备仓库。主要是用来储备各种战略物资的仓库。一般情况下，这些物资属国家储备物资，军队后勤仓库就是其中的一种。

4. 按仓库建筑结构的不同划分

（1）简易仓库。它的构造简单，造价低廉，一般是在仓库能力不足而又不能及时建库的情况下，采取临时代用的办法，包括一些固定或活动的简易仓棚等。

（2）平房仓库。它的构造较为简单，造价较低，适宜于人工操作，各项作业也较为方便简单。

（3）楼房仓库。它是指两层及两层以上的仓库，它可以减少土地占用，进出库作业需要采用机械化或半机械化作业。

（4）高层货架仓库，也称为立体仓库。它是当前经济发达国家采用的一种先进仓库，主要采用电子计算机进行管理和控制，实行机械化、自动化作业。

（5）罐式仓库。它的构造特殊，或球形或柱式，形状像一个大罐子，主要用于储存石油、天然气和液体化工产品等。

5. 按仓库所处的位置划分

（1）港口仓库。这是指以船舶发到货物为储存对象的仓库，一般仓库地址选择在港口附近，以便进行船舶的装卸作业。

（2）车站仓库。这是指以铁路运输发到货物为储存对象的仓库，通常在火车货运站附近建库。

（3）汽车终端仓库。这是指在卡车货物运输的中转地点建设的仓库，为卡车运输提供方便。

（4）工厂仓库。这是工厂内保管设施的总称，如按物品类别分为原材料仓库、配件仓库、产成品仓库、半成品仓库或在制品仓库等。

（5）流通仓库。这是流通领域内各种保管设施的总称，诸如流通中转仓库、车站码头港口仓库、供销企业的自用仓库等。

另外，仓库还可按部门系统分类。例如：流通部门的商业仓库，物资仓库，粮食仓库，供销仓库，外贸仓库，医药仓库，各工业部门、公司、工厂的仓库，各出版社及新华书店仓库，以及部队的后勤仓库等。

6. 按仓库技术特征划分

（1）人力仓库。这是指其规模较小、采用人力作业方式、无装卸搬运设备的仓库。

（2）半机械化仓库。这是指物料入库时采用机械化作业（如叉车）、出库采用人工作业方式的仓库。

（3）机械化仓库。这是指采用机械作业的仓库，适合存放整批出入库或笨重的物料。

（4）半自动化仓库。这是指自动化仓库的过渡形式的仓库。它配备了高层货架和输送系统，同时采用人工操作巷道堆垛机，多用于备件储存。

（5）自动化仓库。这是指以高层货架为主体、配合自动巷道作业设备和输送系统的无人仓库。其技术含量较高。

（6）无人仓。这是指现代信息技术应用在仓储领域，实现了货物从入库、存储到包装、分拣等流程的智能化和无人化的仓库。目前，海内外多家电商巨头纷纷建立无人仓，以解决货物或包裹分拣等问题。

二、仓库的合理布局与库址选择

仓库的布局和库址的选择问题，主要是针对流通领域的中转仓库。至于其他相应的类型仓库，一般均属于其他物流设施，如港口仓库、车站仓库、汽车终端仓库，以及各种形式的自用仓库等。而流通中转仓库，它是组织物品流通、进行物品储存和运输所必不可少的物质技术基础，它布局得合理与否、地址选择是否得当，对物流合理化起着重要的作用。

（一）流通中转仓库的合理布局

流通中转仓库的合理布局，就是按照发展社会主义市场经济的基本要求，依据流通的客观规律合理摆布中转仓库，使其规模、结构、数量和地区分布适应生产和流通的需要，有利于合理组织物流、降低物流费用、加速物流速度。影响中转仓库布局的因素很多，其主要影响因素有以下几点：

（1）工农业生产布局。流通部门的中转仓库受工农业生产布局的制约，因此，中转仓库的布局，必须以我国资源的分布情况、工农业生产部门的配置、不同地区的生产发展水平以及发展规划为依据。这就是说，在进行中转仓库的布局时，要充分研究工农业生产布局，注意各地区生产和产品的特点，以及这些物质产品进入流通过程的规律，以适应工农业产品收购、储存和调运的需要。

（2）物品需求量的布局。我国各地区经济发展很不平衡，生产、消费又各不相同，这就决定了各地区对各种物品需求量的多少也有所不同，尤其对生活消费品的需求更是五花八门。所以，研究不同地区的消费特征，考虑各种物品的销售市场的分布及销售规律，是中转仓库布局的另一个重要依据。这就是说，中转仓库的分布应与商品市场的分布保持一致。实际上，这种要求也是销售物流合理化的基本要求。

（3）经济区域。所谓经济区域，是结合了生产力布局、产销联系、地理环境、交通运输条件等所自然形成的经济活动区域的简称。所以，按照经济区域组织流通，合理分布仓库，对于加速物流速度、缩短运输路线、降低物流费用，都有着重要的意义。

（4）交通运输条件。交通运输条件是组织物流活动的基本条件之一，如果交通不便，势必造成物品储存和运输的困难。因此，在仓库的布局上，特别要重视交通运输条件，仓库地址应尽量选择在具有铁路、公路、水路等运输方便和可靠的地方，这是合理组织物流的基础。

总之，仓库的合理布局，还应根据组织流通的需要，以及我国现有仓库设施和批发、零售网点的分布状况，在综合考虑上述因素的基础上，根据有利生产、加快物流速度、方便消费和提高物流效益的原则，统筹规划、合理安排，这对于提高物流系统的整体功能有重要的意义。

（二）仓库位置的确定与库址选择

仓库地理位置的合理程度，直接影响着物流速度和物流费用。如何根据工农业生产布局和消费市场的分布合理选择仓库的位置，显然是一个极为重要的问题。同时，具体仓库地址的选择，不仅要考虑经济要求，而且还要考虑工程技术和保护环境的要求。

1. 仓库位置的确定

为了较准确地确定仓库的最佳位置，首先，要求全面分析影响仓库位置选择的主要因素，如物品的运输量、运输距离和运输费用等；其次，要以这些影响因素来确定仓库地理位置的方法。

确定仓库地理位置的方法主要有以下几种：

（1）重心法。重心法是以物品的运输量为出发点来考虑仓库的地理位置。它是根据从仓库到各供应地或需要地运输量的大小不同，通过合理地选择仓库的位置，使总的运输费用为最小。

（2）最短距离法。最短距离法是从物品的运输距离的长短出发考虑仓库的地理位置。它的目的是通过选择仓库的地理位置，使从这点到各个供应地或需要地的直线距离之和为最短，从而达到节约物流费用的目的。

（3）最小吨公里法。这种方法是同时考虑了物品的运输量和运输距离，使选择的仓库位置到各需要地的吨公里数达到最小。

在考虑仓库地理位置确定的问题时，在上述各种确定方法中，都是以运输量、运输距离和运输费用的多少为依据的；但现实中影响仓库位置选择的因素是非常多的，诸如运输方式、社会经济的发展变化等。因此，在确定仓库位置时，除了上述各种因素外，还要考虑各种环境因素变化的影响，注重调查分析，对各种因素在近期、中期和长期的发展变化情况做出预测，这样才能使仓库位置的选择更加合理。

2. 仓库地址选择

仓库位置的确定，仅从经济的角度考虑是否合理，没有具体考虑仓库地点的工程技术条件。因此，在仓库地点的具体选择时，必须进一步进行现场调查，从工程技术条件上分析评价仓库地点的地质、水文、气候等自然条件和交通运输、水电供应、安全等环境条件。

（1）地质条件。仓库地点的选择，首先要对地质条件进行分析。对地质条件的分析是指与工程建设有关的工程地质方面的分析。根据仓库对地基的一般技术要求，应选择地质坚实、平坦、干燥的地点，其用地选用承载力较高的地基。因此，仓库地点的选择必须避免建筑在不良地质现象或地质构造不稳定的地段，防止因岩溶和滑坡造成的危害。在地震地区建仓库时，应避开断裂破碎地带和易于滑塌的地段。

（2）水文及水文地质条件。在沿靠江河地区选择仓库建筑地址时，要调查和掌握有关的水文资料，特别是汛期洪水最高水位等情况，防止洪水侵袭；同时，在水文地质条件方面还要考虑地下水位的情况，水位过高的地方不宜作为工程的基地。

（3）交通运输条件。仓库的地点应具有良好的交通运输条件，库址应选择靠近现有的水陆交通运输线，对于大型仓库还应考虑铺设铁路专用线或建设专用水运码头等。

（4）环境条件。仓库地点的选择要注意所处的环境条件，特别要对安全条件进行详细的调查分析。仓库地点应与周围其他建筑物，特别是工厂、居民区保持定的安全距离，避免各种潜在危险。同时，为了方便消防灭火，仓库周围建筑和道路必须保证交通通畅，防止阻塞。另外，还要考虑周围环境对储存物品安全的影响，如仓库应设在工厂上风处，以避免烟灰和有害气体对储存物品的侵蚀和污染。

（5）水电供应条件。仓库应选择靠近水源、电源的地方，保证方便和可靠的水电供应。特别应注意对水源的分析，了解和掌握仓库供水系统以及周围用水单位的情况，调查用水高峰期间消防水源的保障程度，以防紧急情况下供水的不足。

在选择库址时还应考虑建筑成本和将来仓库发展的需要，所以，仓库地址的选择，应尽可能减少工程的工作量，节约投资。同时，还要考虑仓库的发展规划，要留有余地，保证仓库扩展所需要的空间等。

此外，在工厂内部，货仓部门的位置取决于各工厂实际需要。在决定货仓部门的位置时，应该考虑以下因素：①物料验收、进仓、储存是否容易；②物料发料、搬运、盘点是否容易；③物料储存是否安全；④有无扩充的弹性与潜能。

三、仓库规划与仓库建筑设施

（一）仓库规划

1. **仓库规划的主要内容**

仓库规划对合理利用仓库和发挥仓库在物流中的作用有着重要意义。它包括的内容主要有：仓库的合理布局；仓库的发展战略和规模，如仓库的扩建、改造任务，仓库吞吐、储存能力的增长等；仓库机械化发展水平和技术改造方向，如仓库的机械化、自动化水平等；仓库的主要经济指标，如仓库主要设备利用率、劳动生产率，仓库吞吐储存能力、物资周转率、储存能力利用率、储运质量指标、储运成本的降低率等。因此，仓库规划是在仓库合理布局和正确选择库址的基础上，对库区的总体设计、仓库建设规模，以及仓库储存保管技术水平的确定。

2. **库区总体设计**

库区总体设计，是根据库区场地条件、仓库的业务性质和规模、储存物品的特性，以及仓储技术条件等因素，对仓库的主要建筑物、辅助建筑物、构筑物、货场、站台等固定设施和库内运输路线所进行的总体安排和配置，以最大限度地提高仓库储存能力和作业能力，降低各项仓储作业费用，更有效地发挥仓库在物流过程中的作用。仓库库区的总体设计，是仓储业务和仓库管理的需要，其合理与否直接影响着仓库各项工作的效率和储存物品的安全，以及仓库储存保管功能的发挥。为了保证库区物流畅通，使物品有次序地经过装卸搬运、检验、储存保管、挑选、整理、包装、加工、运输等完整的仓储过程，就必须进行库区的总体设计，即所谓的库区平面布置，这样才能为库区物流合理化奠定基础和提供条件。

对仓库的总体设计应满足以下条件：①方便仓库作业和物品的储存安全；②最大限度地利用仓库面积，减少用地；③防止重复装卸搬运、迂回运输，避免交通阻塞；④有利于充分利用仓库设施和机械设备；⑤符合安全保卫和消防工作的要求；⑥结合仓库当前需要和长远规划，要利于将来仓库的扩建等。

关于仓库规模的确定问题，主要是根据储存物品的性能和数量的多少，以及物品的储存量与仓库容量之间的比例关系等来确定。

（二）仓库建筑设施

1. **仓库建筑的一般要求**

仓库建筑是仓库储存保管物品的主要设施，主要包括货场、货棚、库房和其他建筑物、构筑物等。对仓库建筑的一般要求是：①有利于物品的保管和养护；②符合仓库业务需要和有利于组织仓储作业；③便于安装和使用机械设备；④保证仓库安全，应有安全设施；⑤有利于充分利用仓库空间等。

2. **仓库库房建筑形式和建筑构造的一般要求**

（1）仓库库房建筑形式。仓库库房的建筑形式多种多样，一般按库房的建筑结构和使用的建筑材料来划分库房的建筑形式。其中，按照建筑结构形式，库房可分为单层、多层和立体仓库；按照建筑材料，库房可分为木结构、砖结构、钢结构、钢筋混凝土结构等形式；另外还有地下库、半地下库和洞库形式。

（2）对仓库库房建筑构造的一般要求。库房一般由地基、地坪、墙体、屋顶和门窗等几部分组成，其他的建筑物也有特定的构造。由于仓库的类型和规模不同，以及储存物品的保管要求、安装的设备、使用的建筑材料、投资的情况等也不尽相同，因此为了保证仓库建筑质量，保证储存物品的作业操作安全，必须针对具体情况和条件，严格按库房建筑的各项技术准则，进行建筑和施工。

库房建筑的一般技术要求如下：

第一，关于地坪的问题。地坪的作用主要是承受货物、货架以及人和机械设备等的荷载，因此，地坪必须有足够的强度以保证安全使用。根据使用的建筑材料，地坪可分为三合土、沥青、砖石、混凝土以及土质地坪等。对地坪的基本要求是平坦坚实，耐摩擦和冲击，表面光洁不起灰尘。地坪的承载能力应视堆放物品的性质、当地地质条件和使用的建筑材料来确定，一般载荷量为 5～10 吨/米^2。

第二，关于墙体的问题。墙体是库房建筑的主要组成部分，起着承重、围护和分隔等作用。墙体一般可分为内墙和外墙；按承重与否可分为承重墙和不承重墙。对于起不同作用的墙壁，可以根据不同的要求，选择不同的结构和材料。对于外墙，因其表面接触外界，受外界气温变化、风吹、雨淋、日晒等大气侵蚀的影响，因此，对承重外墙除要求其满足具有承重能力的条件外，还需要考虑保温、隔热、防潮等围护要求，以减少外部温、湿度变化对库存物品的影响。

第三，关于屋顶的问题。屋顶的作用是抵御雨雪、避免日晒等自然因素的影响，它由承载和覆盖两部分构成。承载部分除承担自身重量外，还要承担风、雪的荷载；覆盖部分的主要作用是抵御雨、雪、风、沙的侵袭，同时也起到保温、隔热、防潮的作用。对屋顶的一般要求是防水、保温隔热，并具有一定的防火性能，符合自重要轻、坚固耐用的要求等。

第四，关于门窗的问题。门窗是库房围护结构的组成部分，要求具有防水、保温、防火、防盗等性能。其中，库房窗户主要是通风和采光，因此，窗户的形状、尺寸、位置和数量应能保证库内采光和通风的需要，而且要求开闭方便，关闭严密。库门主要是供人员和搬运车辆通行，同时作业完毕后要关闭，以保持库内正常温度、湿度，保证物品存放安全，因此，对库门要求关启方便、关闭紧密，库门的数量、尺寸应考虑库房的大小、吞吐量的多少、运输工具的类型、规格和储存物品的形状等因素。

第五，关于出入口和通道的问题。仓库出入口的位置和数量是由"建筑的开建长度、进深长度""库内货物堆码形式""建筑物主体结构""出入库次数""出入库作业流程""仓库职能"等因素所决定的。出入库口尺寸的大小，是由卡车是否出入库内、所用叉车的种类、台数、出入库次数和保管货物尺寸大小所决定的。库内的通道是保证库内作业顺畅的基本条件，通道应延伸至每一个货位，使每一个货位都可以直接进行作业，通道需要路面平整和平直，减少转弯和交叉。

第六，关于立柱间隔的问题。库房内的立柱是出入库作业的障碍，会导致保管效率低下，因而立柱应尽可能减少。但当平房仓库梁的长度超过 25 米时，建立无柱仓库有困难，则可设中间的梁间柱，使仓库成为有柱结构。不过在开间方向上的壁柱，可以每隔 5～10 米设一根，由于这个距离仅和门的宽度有关，库内又不显露出柱子，因此和梁间柱相比，在设柱方面比较简单。但是在开间方向上的柱间距必须和隔墙、防火墙的位置，天花板的宽度或是库内开间的方向上设置的卡车停车站台长度等相匹配。

至于一些特殊仓库的库房建筑，应按照其相应技术要求进行建筑，如立体仓库、冷藏仓库、有害物品仓库、地下仓库、洞库等，应严格按其建筑技术要求，确保库房安全，以适应特殊物品储存保管的需要。

第三节　仓储保管与流通加工

一、仓储保管作业及其组织管理

（一）仓储保管作业的内容

仓储保管作业按业务活动的内容分为以下三个阶段。

1．物品入库阶段

物品入库阶段是根据物品入库计划和供货合同的规定进行作业的。在接收物品入库时，需要进行一系列的作业活动，如货物的接运、验收、办理入库手续等。

2．物品储存保管阶段

这一阶段是物品在整个储存期间，为保持物品的原有使用价值，仓库需要采取一系列保管、保养措施，如货物的堆码，盖垫物品的维护、保养，物品的检查、盘点等。

3．物品发放阶段

物品的发放阶段是根据货主开的出库凭证，为使物品准确、及时、安全地发放出去，所进行的一系列作业活动，如备料、复核、装车等。

仓储保管业务活动和作业内容如表 7-1 所示。

表 7-1　仓储保管业务活动和作业内容

业务阶段	业务活动	作业内容
入库阶段	1．接运	（1）车站、机场提货 （2）短途运输 （3）现场交接
	2．验收	（4）验收准备 （5）实物验收，验收记录 （6）登账建卡

续表 6-7

业务阶段	业务活动	作业内容
储存保管阶段	3. 储物保管	(7) 分类、整理 (8) 上架、堆垛（特殊物资保管） (9) 倒垛 (10) 储存经济管理（定额、财产处理） (11) 安全管理
	4. 维护保护	(12) 温、湿度控制 (13) 维护保养 (14) 检查、盘点
出库阶段	5. 出库	(15) 核对凭证 (16) 审核、划价 (17) 备料、包装 (18) 改卡、记账
	6. 发运代运	(19) 领料或送料 (20) 代办托运

（二）仓储保管作业的组织管理

仓储保管作业组织包括空间组织和时间组织两方面的内容。

空间组织是指确定仓储保管作业过程在空间的运动形式，即划分作业及确定它们在一定平面上的布置，以求得劳动对象在空间上运动的路线最短，避免往返运转。这就要求合理划分作业班组。仓库班组主要是根据仓库的吞吐储存规模、储存物品的种类及作业流程的特点等因素来建立的。在一般情况下，仓库按专业化形式来设置，即集中同类的设备和同一种工人，完成作业过程中某一道工序。例如，装卸搬运队专门负责装卸、搬运、堆码等作业，验收组专门负责物品的检验作业，物品维护保养队专门负责物品的维护保养作业等。

时间组织是研究劳动对象（即储存物品）在整个储存保管过程中所处的各个阶段，如何在时间上得到合理的安排，保证作业连续不断地进行，并且尽可能地消除和减少工人和设备的停工时间。作业过程的时间组织与作业班组和工序结合形式等有很大的关系，需要综合各方面的情况合理地组织。时间组织形式有平行作业、顺次作业、顺次平行作业等。

（三）仓储保管规格化

仓储保管规格化是实行仓库有效管理的一项重要内容。实现仓储保管规格化，对仓库实行计划管理，保证仓库作业有条不紊地进行，加强库房安全管理等都有着重要的作用。

仓储保管规格化的主要内容有以下几点：

1. 货位规格化

货位，即货物储存的位置。货位规格化，是运用科学的方法，通过周密地规划设计，实行"四号定位"（库房号、货架号、层次号和货位号），使库内物品的货位排列系统化、规范化。实行货位规格化的主要依据是物品分类目录、物品储备定额以及物品本身物理、化学等自然属性。

（1）物品分类目录。为使仓库管理适应计划管理、业务管理和统计报表的需要，并同采购环节相衔接，采用按供应渠道的物品分类目录分类较为合适。在货位排列上，对不同类的物品在货架和层次安全上，都应另起货架或另行存放在一层上。

（2）物品储备定额。要按储备定额中的规定规划货位。如果无储备定额，可根据常备物品目录进行安排，并在货架上留有适当空位。

（3）物品本身的自然属性。物品本身的物理、化学性质相抵触，温、湿度要求不同，以及灭火方法相抵触等，这些不同物品不能安排在一起存放。

2. 货位编号

货位安排好之后，需要进行编号。编号应按下列原则进行：

（1）唯一原则。即库存所有物品都有自己唯一的编号，号码不能互相重复。

（2）系列化原则。编号要按物品分类的顺序分段编排。物品的编号不是库存所有物品的一般顺序号，而是运用分类的分段顺序号。编号的分段序列符合物品分类目录的分段序列。

（3）实用性原则。编号应尽量简短，便于记忆和使用方便。

（4）通用性原则。编号要考虑各方面的需要，使物品的编号既是货位编号，又是储备定额的物品编号，也是材料账的账号，还可以是计算机的物品代号。

货位编号具有广泛的用途。由于货位按分类序列编号，并且"四号定位"，知道了编号也就知道了该物品的位置，存取方便；即使不是本库专职人员，也能很快找到所需要的物品。保管人员和会计人员按出入库单据的物品编号可准确记入实物账和会计账，可减少和消除账物不符的现象。

（四）仓储保管的主要设施——货架

货架是指用支架、隔板或托架组成的立体储存货物的设施。在仓库中使用货架具有重要的技术经济意义：①货架可以使储存向立体发展，从而充分利用仓库空间，大大提高单位面积利用率；②货架是受力结构，因而物品入架后相互间保证着一定距离，避免物品相互之间的堆挤，防止了损害；③按货架分隔的空间位置，可以使物品对号入座，存取方便，维护保养作业也容易进行；④相互避免了堆压，有利于实现"先进先出"的管理要求。

在仓库中使用的货架，可分为普通货架和特殊货架两类。

1. 普通货架

普通货架是目前仓库中广泛使用的一类货架。这类货架可从不同的角度进行区分：①按载重量可区分为轻型、中型和重型三种货架；②按形状和用途可区分为 H 型、A

型通用货架，条型货架，悬臂型货架（用于存放钢筋、钢管等链条形物品），抽斗型货架（用于存放小件物品，如仪表、工具、零件等）。

2. 特殊货架

（1）阁楼型货架。阁楼型货架的基本结构是在一层货架的顶部铺设顶板，再在其上安放层货架。如果仓库的空间允许，还可以安装第三层货架。这种货架一般采用拆装方便的方式。显然，使用这种货架，仓库空间的利用可成倍提高。在改造旧仓库时，应用这种货架是提高仓库储存能力的有效措施。

（2）可进车货架。在仓库中，为了满足进出货物的要求，需要留出一定的通道，尤其在利用机械进出货的仓库中，通道所占的面积更多，往往达到仓库面积的 1/3 ～ 2/3，从而降低了仓库的平面利用率。为了减少通道的占用面积，专门设计了可进车的货架，使架和通道成为一体。叉车进入货架内将货物卸放在临时搭置的阁楼货架上然后顺序推移，直至装满，而在取货时则从外向内按顺序进行。这种货架由于节省了通道占地，因而提高了仓库的平面利用率。但是，这种货架不能实现"先进先出"的要求。

（3）传送带式货架（流动式货架）。传送带式货架是将链式传送带、柱式传送带或滚轮式传送带安装在货架的间隔内并保持一定坡度，从一端放入的货物就会在本身重力的作用下，沿传送带顺序移动到另一端准备出库。整个仓库只需在进出货的两端设置通道，从而提高了仓库的平面利用率。这种货架可以实现"先进先出"的要求，技术经济效果较好。

（4）密集型货架。对仓库货架的排列，显然是排列得越紧密，仓库的利用率就越高。但是，由于必须要留足工人的操作通道和搬运机械的运行通道，因而货架不可能排列得太密。如果在地面上铺设轨道，货架沿轨道运动，就可以使货架紧密排列而无需设置通道，存取货物时，只需将货架沿轨道拉出至室外进行存取操作。

（5）高层货架和立体仓库。为了节省用地，充分利用空间高度，工业发达国家近年来还大力发展了高层货架。高层货架是立体仓库的主要设施，它主要用于托盘等"单元组合货载"。在立体仓库中，一般不用叉车作业，而是采用沿货架运动的升降举货机。因而这种仓库也叫自动仓库或无人仓库。

（6）悬臂式货架。悬臂式货架适用于存放长物料、环型物料、板材、管材及不规则货物。悬臂可以是单面或双面，悬臂式货架具有结构稳定、载重能力好、空间利用率高等特点。悬臂式货架立柱多采用 H 型钢或冷轧型钢，悬臂采用方管、冷轧型钢或 H 型钢，悬臂与立柱间采用插接式或螺栓连接式，底座与立柱间采用螺栓连接式，底座采用冷轧型钢或 H 型钢。

（7）旋转式货架。旋转式货架是货架的一种，设有电力驱动装置（驱动部分可设于货架上部，也可设于货架底座内）。货架沿着由两个直线段和两个曲线段组成的环形轨道运行。用开关或小型电子计算机操纵。存取货物时，把货物所在货格编号通过控制盘按钮输入，该货格则以最近的距离自动旋转至拣货点停止。拣货路线短，拣货效率高。旋转式货架又可分为水平旋转式货架和垂直旋转式货架两种形式。

二、仓储保管技术

仓储保管技术，简单地讲是为克服影响储存物品使用价值的各种因素，使储存物品内在质量要素与外界影响因素之间相协调所采用的相应的技术措施的总称。仓储保管技术实际上就是对储存物品在保管过程的维护、保养和管理，目的在于保持物品的原有使用价值不至于在储存保管过程中受到损害。

仓储保管的技术措施主要有以下不同的形式。

（一）仓库温、湿度的控制和调节

仓库的温度、湿度对储存物品质量的影响是很大的。因此，采取措施，创造适合储存物品安全储存保管的温、湿度条件，就成为物品保管中一项重要的日常工作。仓库温、湿度的控制和调节主要从以下两个方面进行：

（1）观测和掌握库内外温、湿度变化规律，为对库内温、湿度控制和调节提供依据。为了观测和掌握库内外的温、湿度及其变化情况，需要配置一些气象设施和温、湿度仪器，建立一定的观测和报告制度，以及设施、仪器的使用和维护保养制度。例如，库内外温、湿度的观察和记录制度，气象报告制度，各种气象设施和温、湿度仪器的使用和维护、保养制度等。

（2）根据库内外观测和掌握的温、湿度及其变化情况，确定控制和调节库内温、湿度的方法。常用的方法是通风降温。通风降温是根据空气自然流动的规律，有计划地使库内外空气互相流通交换，以达到调节库内空气温、湿度的目的。在采用通风降温时，必须符合以下两个条件：一是库外空气的温度和绝对湿度低于库内空气的温度和绝对湿度；二是库外气温高于库内气温，库外绝对湿度低于库内绝对湿度，并且具备库内露点小于库内气温和库外露点小于库内露点。同时，还要注意通风时的气象条件，如在天晴且风力不超过5级时效果较好；通风的季节性，如秋冬季节较为理想；通风的时间性，虽然说夏季不宜采用通风降温，但有时会遇到有利的通风天气，可采取数小时的通风的办法降温等。正确地进行通风，可调节与改善库内的温湿度，及时地散发商品及包装物的多余水分。通风的分类：通风降温、通风升温、通风降湿、通风降温降湿、通风增湿。

（二）密封与吸湿

在春夏季节里，很少有自然通风降温的条件，并且湿热的空气又不断地侵入库内。在这种情况下，采取密封或封垛的技术，或采取吸湿剂，或采取机械除湿技术。

1. 密封

密封是保持库存物品所需的温、湿度条件的一种技术措施，它区分为封库和封垛两种情况。一般情况下，对物品出入不太频繁的库房可采取整库封闭；对物品出入较为频繁的库房，不能封库，可以采取封垛的措施。封库、封垛的办法可采取以下措施：

（1）关闭库房所有的门、窗和通风孔，并将缝隙用胶条、纸等涂以树脂封堵。

（2）用5厘米宽、2.5厘米厚的泡沫塑料条，刷上树脂后粘贴于门框四周，再在门的四边刻上槽，将胶管刷胶水按入槽内，使门关好后胶管正好压在泡沫塑料中间。

（3）库房大门上开一个人行小门，以减少湿空气侵入库内。

（4）利用塑料薄膜将货垛或货架全部遮盖包围直至地面，以隔绝或减少湿气与物品的接触等。

密封储存的方式有很多，主要有整库、整垛、整件、整柜密封等。

（1）整库密封。整库密封时，地面可以采用水泥沥青、油毛毡等制成防潮层来隔潮，内涂沥青和油毛毡，库内做吊平顶，门窗边缘用橡胶条密封，在门口可以用气帘隔潮，墙壁外涂防水砂浆。这种方法适用于储存量大、整进整出、进或出不频繁的商品。

（2）整垛密封。未经干燥处理的新仓库，里面的商品在进行储存时也必须实行分垛密封保管。在密封的过程中，先用塑料薄膜或苫布垫好底，然后将货垛四周围起，以减少气候变化时对商品的影响。此方法适用于临时存放的、怕潮易老或易干裂的商品。

（3）整件密封。整件密封就是将商品的包装严密地进行封闭，适用于数量少、体积小的易霉、易锈蚀商品。

（4）整柜密封。整柜密封时可在货柜内放一容器，内装硅胶或氯化钙等吸湿剂，以保持货柜内干燥；若要防虫，还可在货柜内放入适量的驱虫剂。这种方法适用于出入库频繁、零星但又怕潮易霉、易干裂、易生虫、易锈蚀的商品。

2．吸湿剂

吸湿剂是一种降湿的辅助办法，利用吸湿剂吸收空气的水汽来达到降湿的效果。常用的吸湿剂有生石灰、氧化钙、硅酸等。

（1）生石灰吸湿。生石灰吸湿性较强，吸湿速度也较快。每公升吸水量为 $0.2 \sim 0.25$ 千克，$5 \sim 7$ 天就可达到较高的吸水量。

（2）氧化钙吸湿。氧化钙是一种白色、多孔、有苦咸味的强电解质盐类，它分为含水氧化钙、无水氧化钙和蜂窝氧化钙。其中无水氧化钙每公斤吸水量为 $1 \sim 1.2$ 千克，含水氯化钙每公斤吸水量为 $0.7 \sim 0.8$ 千克。

（3）硅酸吸湿。硅酸又名为矽酸、硅酸凝胶、硅胶，为白色多孔状颗粒，其吸湿作用与氧化钙相似，还可以反复使用。

3．机械除湿

机械除湿、降湿是采用机械的工作原理，一种是使湿空气经过滤器并附着于蒸发器上，由于蒸发器的表面温度低于空气露点温度，空气中的水分就会凝结成水滴排出，使空气中的含水量降低。另一种是将吸湿剂装入特制的箱体内，箱体有进风口与排风口，在排风机械的作用下，将空气吸入箱体内，通过吸湿剂吸收空气中的水分，从排风口排出较干燥的空气。这样反复循环吸湿可以将空气干燥到一定的程度。吸湿剂用量的确定是根据库房内空间总含水量与所使用的吸湿剂单位重量的最大吸水量决定。我国常用的机械除湿有两大类除湿机：一类是冷冻降湿机，另一类是氯化锂转轮除湿机。

（三）金属材料和金属制品的保养技术

防止金属锈蚀是金属材料和金属制品保管的一项重要任务。金属锈蚀的原因很多，如大气锈蚀、土壤锈蚀、海水锈蚀、接触锈蚀等；而产生这些锈蚀的根本原因，是化学锈蚀和电化学锈蚀，而且电化学锈蚀最为普遍、最为严重。金属材料和金属制品的保养技术分为两大类，一类是除锈，另一类是防锈。

1. **金属除锈**

金属除锈可分为人工除锈、机械除锈和化学除锈三种形式。

（1）人工除锈。人工除锈是用简单的工具，如布、刷、砂纸、刻刀等并用手工进行的除锈。

（2）机械除锈。机械除锈是利用机械摩擦的方法，清除金属表面上的锈蚀。常用抛光机械和钢（铜）丝轮除锈。

（3）化学除锈。化学除锈是采取化学方法作用于被锈蚀的金属材料或其制品，达到除锈的目的。使用化学除锈方法除锈，主要使用除锈剂。例如，将铬酐、磷酸与水按一定的比例配成溶液，将锈蚀金属浸入其溶液中，至锈蚀除净取出，并用清水冲洗后，迅速放入钝化液（钝化液配方为：硅酸铜1.0%，碳酸钠2.0%，三乙醇胺0.5%，其他为水）即可。

2. **金属防锈**

金属除锈是一种不得已的措施，因此，仓储保管应以预防为主，加强物品的储存保养，更有其重要的经济意义。对金属材料和金属制品的防锈方法很多，有些在生产过程就予以考虑。在仓储保管中所能采用的防锈办法，主要有以下措施：

（1）防止金属表面形成水膜，特别要防止形成有电解液性质的水膜。

（2）按不同物品的物理、化学性质，选择适合其保管条件的储存场所，加强通风降温。

（3）采取行之有效的防锈措施，如垛位的上遮下垫、封垛、除湿、降温等。

（4）采取涂油保护措施，根据不同金属制品的不同要求，选择适合金属材料和金属制品使用条件的防锈油，如硬膜防锈油、软膜防锈油等。

（5）气相防锈。气相防锈是利用挥发性缓蚀剂，在金属制品周围挥发出缓蚀气体，来阻隔腐蚀介质的腐蚀作用，以达到防锈目的。气相缓蚀剂在使用时不需涂在金属制品表面，只用于密封包装或容器中，因它是挥发性物质，在很短时间内就能充满包装或容器内的各个角落和缝隙。既不影响商品外观，又不影响使用，也不污染包装，是一种有效的防锈方法。

（四）储存物品霉变的防治技术

储存物品霉变的防治，是针对物品霉变的原因，采取以预防为主的技术措施。物品的化学成分是决定物质可能霉变的内因，如有些工业品通过改变原有化学成分的化学结构来提高其抗霉能力。物品霉变的防治主要针对物品霉变的外因，改变霉腐微生物生存的环境条件，而采取相应的技术措施，以防物品的霉变。其具体措施有两条：一条是加强储存物品的保管工作；另一条是预防措施，采取药物防霉腐。

1. **储存物品的合理保管**

首先，加强每批物品的入库检查，检查有无水湿和霉腐现象，检查物品的自然含水量是否超过储存保管范围、包装是否损坏受潮、内部有无发热现象等。其次，针对不同物品的性质，采取分类储存保管，达到不同物品所需的不同储存保管条件，以防止物品的霉变。最后，根据不同季节、不同地区的不同储存保管条件，采取相应的通风降湿措施，使库内温、湿度达到具有抑制霉菌生长和繁殖的要求。

2. 药剂防霉腐

它是将对霉腐微生物具有抑制和杀灭作用的化学药剂放到物品上，达到防止霉腐作用。防霉腐药剂的种类很多，常用的工业品防腐药剂有亚氯酸钠、水杨酰苯胺、多聚甲醛等。另一种情况，由于多数霉腐微生物在有氧气条件下才能正常繁殖，所以，采用氮气或二氧化碳气全部或大部取代物品储存环境中的空气，使物品上的微生物不能生存，达到防霉腐效果。这种方法常用于工业品仓库。

三、流通中心和流通加工

流通中心和流通加工是现代物流管理中的新功能。流通中心是仓库在功能和形态上发生变化的产物；流通加工是仓库（或流通中心）为满足现代生产和消费要求所增加的一种新功能。

流通与加工是两个不同的范畴。加工是指改变物质的形状和性质，形成一定产品的活动；流通则是改变物资的空间状态与时间状态的过程。流通加工属于加工的范畴，是加工的一种，它具有生产制造活动的一般性质，与一般的生产加工在加工方法、加工组织、生产管理等方面并无显著区别。但是，在加工对象、加工程序等方面却差别较大。

（一）流通中心的典型设施和流程

不同的流通中心，其工作有不同的侧重点，因此，设备和流程也不尽相同。一般来讲，流通中心的设施有以下五类。

（1）进货设施。包括码头、火车专用线、汽车的终端站场、进货渠道系统和传送带等输送系统；还有接货搬运系统，如搬运车辆、料斗、叉车、起重设备等。

（2）储存设施。包括各种类型的保管仓库、料场、储罐、料仓、液槽和各种货架等。

（3）加工设施。包括多种机械加工设备、冷冻设备、加热设备、搅拌设备等，不同种类的流通中心拥有的加工设备种类和数量有很大的不同。

（4）分货设施。主要目的是将库存物品按发货配送的要求重新进行品种、规格、数量的组合，形成新的货载。其设备包括传送带分送机、自动流槽、电子识别与计数设备等。

（5）发货设施。包括发货输送及装卸设备，如传送带、叉车、搬运车辆等；还有发货站场、捆包设备、装箱设备、装车设备等。

不同性质的流通中心，作业流程的差别很大。例如，某汽车公司零配件流通中心具有集货、配货的作用，其作业流程如图 7-2 所示。

图 7-2　某汽车公司零配件流通中心的作业流程示意

例如，水泥流通中心的作业流程，一般如图 7-3 所示。这种流通中心的流通加工职能较强。

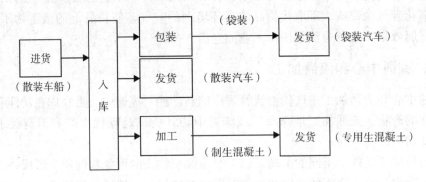

图 7-3　水泥流通中心作业流程示意

（二）流通中心的作用

不同的流通中心在流通中所起的作用不尽相同，大体可归纳为以下几点：

（1）重点在于配送的流通中心。这种流通中心是接受外地远程运来的大批量货物，然后化整为零配送到各个小的使用部门。它将整个流通过程分成干线输送和配送两个环节。干线输送定点于生产厂与流通中心之间，宜于采用轮船、火车等低成本、大批量的输送手段；配送的始点是流通中心，终点则是众多的用户，宜于采用汽车这种机动性强、到站可随需要变化的输送手段。用流通中心将干线输送和配送两个环节分开，起着有效的衔接作用，这样可避免它们相互牵制，以分别实现高效率的输送，避免火车不能直接到户和汽车长距离输送经济效果不佳的缺点。

（2）重点在于集配的流通中心。这种流通中心一般设有高效率的分货装置。对货物进行分货配送，可起到化整为零或集零为整的作用，同时还可以进行配套集货，实行配套供应，以此来衔接产需。

（3）重点在于储调的流通中心。这种流通中心能保持一定的库存储备，变分散库存为集中库存，大大加强了"蓄水"调节作用。同时，既降低了社会的库存总量，又能保证适时、适量的供应，因而有较好的技术经济效果。

（4）重点在于流通加工的流通中心。这种流通中心能促进物资的合理使用，既能以较经济的手段完成必要的简单加工，又能提高对用户的服务水平。

（三）流通加工的作用

一般认为，生产是通过改变物的形态来创造价值，流通则是保持物的原有形态和使用价值。但是，随着流通现代化的发展，上述概念已发生了很大变化。现在，工业发达国家广泛开展流通过程中的加工活动，以使流通过程更加合理。例如，日本东京、大阪、名古屋地区的90家公司，在仓库及流通中心中配有加工设备的超过了一半，流通加工的规模也很大。

流通加工这一新事物之所以会得到很大的发展，是因为在社会生产中，生产环节的加工活动往往不能完全满足消费（或再生）的需要。从生产方面，要想保持生产的高效率，要想使产品顺利地流通，产品的规模就不能太复杂；而从消费方面，则要求产品是多种多样的。因此，需要对生产出来的定型产品再做进一步的加工。这种加工过去往往是由用户来进行的，有很多缺点，如设备的投资大、利用率低、物资利用率不高、加工质量差等。于是，人们就将这种加工从生产和使用环节中抽出来，设置于流通环节，这就诞生了流通加工。

流通加工的作用主要有以下几个方面：

（1）可以提高原材料的利用率。下料环节的工作对产品消耗的高低有很大影响。实行集中下料、供应成材的方法，做到优材优用、小材大用、合理套裁，能提高原材料的利用率，降低产品的原材料消耗。例如，我国有些地区对平板玻璃实行集中裁制，玻璃的利用率由60%左右提高到90%左右，经济效果十分显著。

（2）由于是按照用户要求对原材料进行初级加工，从而方便了用户。一般的生产企业所需要的原材料种类繁多，其中有许多是未加工的初级产品。通过流通加工环节，对某些原材料按用户的要求进行简单的初级加工，可使用户省去进行初级加工的投资、设备及人力。这种初级加工对那些本身没有能力加工的企业，以及虽然进行初级加工但经济上并不合算的企业更为重要。

（3）提高加工效率及设备利用率。在流通领域实行集中加工，可以采用效率高、加工量大、技术先进的专门机具和设备，不但保证了加工质量，而且提高了设备利用率和加工效率。

（4）使物流更加合理。通过流通加工，改变了商品的形态和包装，更能合理地组织输送、配送，提高物流效益。

（四）几种重要生产资料的流通加工

（1）钢材的流通加工。经过流通加工的钢材数量，在工业发达国家所占的百分比较高，如日本有35%左右的钢材是经过流通加工再配送给各个用户的。钢材的流通加工方式以剪板、切制、轧钢、打孔、冷拉、集中下料等为主。

（2）水泥的流通加工。目前实行以下三种加工方式：①将大批量、长途、散装输送来的水泥，转换为纸袋包装或小规模的散装；②将出厂的熟料运到使用地区分散磨制成水泥；③将水泥与砂石一起加工搅拌成各种标号及特性的生混凝土作为商品出售。

（3）木材的流通加工。基本上有两种方式：一种是将木材磨制成碎屑，制成造纸原料，然后进行配送或输送；另一种是将木材加工成各种规格甚至加工成成品，如将原木加工成板材、方材、胶合板等。

（4）燃料的流通加工。对燃料进行流通加工的目的，主要是为了便于输送。例如，将炭磨成粉再用水调和成泥浆状,然后用管道输送;将天然气压缩成液体,然后装罐输送等,这些都是有效的流通加工方式。

(5) 机电产品的流通加工。机电产品一般采用半成品(部件)包装出厂,在消费地拆箱组装。这是因为机电设备不易包装,运输装载困难,效率低,但装配较简单,装配技术要求不高,装配后不需进行复杂的检测与调试。

知识拓展

"十四五"规划纲要为智慧仓储行业发展创造新格局

随着电商行业、新零售领域对物流配送时效性的要求越来越高,智慧物流、无人仓储、自动化分拣系统正在实际应用中发挥重要作用。而5G、物联网、人工智能等新兴技术将在智慧物流智能化转型的过程中扮演"关键角色"。

"十四五"规划纲要中明确提出推进产业链供应链现代化进程,这就为数字化仓库的发展提供了强大空间、为数字化仓库的发展创造了新的格局。

我们在过去组织方式创新的过程中,主要是做存量的调整,强调供给侧结构性改革,去库存、去产能、去杠杆、降成本、补短板,通过存量结构优化,提高效率,降低成本。这是我们过去在发展过程中的一个基本目标,也取得了很大成效。我们未来的目标是要通过供给侧创新,形成新的供给,通过新的供给形成新的需求、新的市场,最终形成新的价值。这个是我们在未来"十四五"规划期间在目标模式上的一个重大的转变。

我们现在非常强调的是创新,不创新,就不会有新价值。我们数字化仓库的目标模式也一样,如果仅仅是为了优化存量、提高效率、降低成本去做数字化仓库,那数字化仓库的价值、效益,就要大打折扣,也不适合于未来发展的基本方向。我们数字化仓库建设是一种创新,目标就是创造新的价值,这是衡量数字化仓库成功不成功的一个重要的标志,甚至是唯一的标志。

从物流角度来看,整个物流总额2021年要超过300万亿元,90%是工业品,10%才是消费品。若只是停留在消费领域,做生产组织方式或模式的变革,面太窄,很难适应创新型的实体经济发展、制造业发展的基本要求和方向。"十四五"期间将会加大制造业的扶植力度,加快实体经济发展。重心将会向工业互联网倾斜,从而对数字化技术形成了更广阔的需求。这对我们数字化仓库发展来讲,提供了巨大的空间。我们的仓库不仅仅是做消费品的,同样还要做大宗商品、做工业品。数字化仓库一方面要注重消费品互联网的转型升级,另外一方面要适应当前经济发展和结构优化的进程,推进我们工业物联网的转型升级。

现在,不仅是我们国家在做数字化创新,全球都推进数字化的改造。比如,美国在去年提出要在未来几年时间投资5000亿美元对现有的基础设施进行改造,其中一个重要节点就是传统仓库的数字化改造。因此,我们注意到,不仅数字化仓库发展势在必行,而且数字化仓库的发展也要成为对标国际水平、赶超国际水平的一个重要抓手。

作者摘自《2020—2025年中国智慧仓储行业深度发展研究与"十四五"企业投资战略规划报告》。

第四节　库存物资数量控制方法

一般看来,库存物资数量似乎越多越好,但事实上并不尽然。库存物资数量愈多,虽然愈能满足生产和消费的需要,但占用资金愈多、仓库保管费愈多,这种情况显然是很不经济的。因此,在仓库管理中,客观上存在着一个合理的库存物资数量的问题,这就是所谓库存物资数量的控制方法。

一、影响库存物资数量的因素

物资储存量的多少,是由很多客观因素决定的。例如,从物资本身的特性来看,它的物理和化学性质、价值的大小等;从物资管理和物资管理的具体业务来讲,物资的管理形式、运输条件、货源情况,以及在一个时期内物资的采购批量、批次等。显然,影响物资的储存量的因素是繁多的,而且也是千变万化的。但是,在这些因素中,我们总可以找到起主要作用的因素,同时也能找到某种形式的指标。对于所要找的指标,应该能综合地反映主要因素和其他非主要因素的内在联系。这样,我们就可以通过对这个指标的研究,达到解决问题的目的。在研究物资的储存量时,我们认为采购批量的大小是控制物资存量的基础。因此,我们研究企业的物资储存量,就可以归结为如何确定物资的采购批量了。

影响物资采购批量的因素有哪些呢?现仅从物资在采购、储存过程中所发生的各种费用加以考察,即以货币形式反映影响物资采购批量的因素。这些因素大体上包括以下方面:

(1) 订货成本(订货费用)。它泛指为采购一批物资所需要的各种费用的总和。这些费用不管门类多么繁多,它总是以以下两种形式出现的:一类随采购物资批量大小而成正比例变化,我们称之为可变费用(变动);另一类可视为固定费用,它与采购批量大小成反比例变化。

(2) 储备成本(储存费用)。生产用的各种物资,在一般情况下都应该有一定的储备。有物资储备就需要支付一定的费用,这种费用可分为两大类:第一是与储备资金多少有关的费用,如储备资金的利息、机会成本、税金,以及物资自然损失费等;第二是与储存物资数量有关的费用,如仓库管理费、仓库设施费,以及仓库内部搬运费等。为了计算方便,企业按某一时期、某单位物品的平均占用储备费用来计算。就一批物资来讲,从采购入库后,库存量最多,经过逐渐领用,数量就会慢慢地减少,所以一批物资购进入库后,在一个时期内,物资在库的数量既不是采购这批物资入库的最高数,也不是即将领完的最小数量,一般情况可以看作物资采购入库时数量的一半。

(3) 缺货损失费用。由于计划不周或客观条件发生变化,发生了缺货的现象,从而影响生产的顺利进行,造成生产上的损失,我们把这种由于缺货原因所造成的生产损失称为缺货损失。所以，为了防止缺货的损失，在确定采购批量时应予以事先考虑，虽然增大了采购批量，从而增加了采购费用，但比由于缺货而造成的损失要少得多，或者采取确定一个安全储存量的办法来弥补缺货的损失。

（4）运输时间。在物资采购过程中，随要随到的情况是不多的，从物资采购到企业内部仓库总是需要一定的时间。所以，物资的采购量中应该包括在运输期间生产上需要的物资量。

总之，只有对上述影响采购批量大小的各种费用和因素进行综合分析，才能科学地确定物资的采购批量。

二、物资采购批量的存货模式

采用数学方法确定的采购批量的公式，称为"数学模式"。又由于这种采购批量决定着物资的库存量，所以又称之为"存货模式"。对于存货模式的研究，根据已给定的条件，可以分以下几种类型：

（一）在非常理想的情况下，物资采购批量的确定

非常理想的条件在客观上一般是不存在的，但为了研究这一问题，往往还必须这样做。现在，我们假定在用户的需求相当稳定（即对原材料需要量均衡）、货源充足（视无缺货现象）、运输方便（不计运输时间）、仓库不受制约等条件下，来解决物资采购批量的确定问题。

设：根据生产上的需要，某材料的全年需要量为 N，该材料的单位价值为 C；每采购一次材料，需要的固定费用为 M；单位材料的年平均储备费用为 h；每批采购批量为 Q。根据上述条件，全年采购的总成本为：

$$f(Q) = \frac{N}{Q} \cdot M + CN + \frac{h}{2}Q$$

式中：$\frac{N}{Q}$——完成某材料全年采购任务，需要采购的次数；

M——采购一次的固定费用；

$\frac{N}{Q} \cdot M + CN$——全年采购成本（费用）；

$\frac{h}{2}Q$——这一批材料采购入库后，所分摊的储备费用。

要使全年总费用最低，必有：

$$f'(Q) = \left(\frac{N}{Q} \cdot M + CN + \frac{h}{2}Q\right)'$$

式中，N、M、C、h 均为常数且都大于零。得：

令：
$$f'(Q) = \frac{-NM}{Q^2} + \frac{h}{2}$$

$$\frac{-NM}{Q^2} + \frac{h}{2} = 0$$

得：
$$Q = \sqrt{\frac{2NM}{h}} \qquad ①$$

而
$$f''(Q) = \frac{2NM}{Q^3} > 0$$

二阶导数为正数，即保证了全年费用最低的要求。所以，当材料的采购批量为 $Q = \sqrt{\frac{2NM}{h}}$ 时，是最经济的。我们把这个采购批量称为经济批量。

很明显，要完成全年对该材料的需要量，需要采购的次数为：

$$n = \frac{N}{Q}(次)$$

而采购周期，或称采购间隔期应为：

$$T = \frac{365}{n}(天) \quad 或 \quad T = \frac{12}{n}(月)$$

在实际工作中，为了计算方便，某个时期的单位材料平均储备费用，可以采用某一时期的储备费用率来计算。它的计算方法是某时期总储备费用与该期的平均存货金额之比，即为：

$$某一时间的储备费用率 = \frac{该期(年)总储备费用}{该期(年)平均存货金额}(\%) \qquad ②$$

设某材料的储备费用率为 i，则采购的经济批量公式①就需要做相应的改变，这时的采购批量公式就变为：

$$Q = \sqrt{\frac{2NM}{Ci}} \qquad ③$$

公式③中，表示材料的单价乘上某期储备费用率，实际上就是某一时期的单位材料的平均储备费用，所以，公式③与公式①是等价的。

对于公式③，可以根据统计分析资料拟订相应的数值，可视为一常数，公式③可以变形为：

$$Q = \sqrt{\frac{2NM}{Ci}} = \sqrt{\frac{2M}{i}} \cdot \sqrt{\frac{N}{C}}$$

其中：$\sqrt{\frac{2M}{i}}$ 为一常数 r，则有：

$$Q = r\sqrt{\frac{N}{C}} = 常数 \times \sqrt{\frac{某一时期材料需要量}{该材料单价}} \quad ④$$

从公式④中我们可以看出：采购批量与材料的单价平方根成反比。这就是说，价格高的材料，材料尽量用小批量采购，这样较为经济；反之，对于单价较低的原材料，可采取大批量采购。实际工作中也是依照这个原则进行的。

（二）在考虑到运输时间的情况下，物资采购批量的确定

所谓物资的运输时间，这里一般指物资从采购开始，到物资入库为止所需要的间隔时间，也称之为在途日数。

设：某材料的平均日耗量为 $\bar{P}$，运输时间为 T'，这样物资采购的批量也需要相应地增大，否则会因运输的时间而发生仓库缺货现象，这时采购批量应为：

$$Q' = Q + \bar{P}T' \quad ⑤$$

式中：

Q ——最佳物资采购批量；

$\bar{P}T'$ ——由于运输时间而增加的物资数量。

这种关系我们用图 7-4 加以说明。

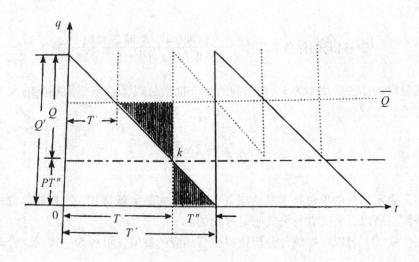

图 7-4　物资采购批量的确定

从图 7-4 可以看出，在考虑到运输时间的情况下，要满足用户对原材料的需要，可以采用两种方法：第一种方法是增大采购批量，即为公式⑤的形式（这时，物资的采购周期不变，而供应生产的间隔期增加了一个 T'，即为 $T^+ = T + T'$）。也就是说，当原材料消耗到 k 点，材料就要以 Q' 批量予以订购；经过材料的在途日数 T' 后，材料被消耗到最低点，这时材料又以 Q' 批量补充库存来满足生产的需要。我们把这种订购材料的方法称为订货点的方式，把 k 点称为订货点。第二种方法，采购批量以最佳经济批量为准。在此种情况下，物资采购周期应该缩短，用这个缩短的时间来弥补运输时间，从而也保证了生产的需要。此时，物资的采购周期就应当为 $T^- = T - T'$，采购批量不变化，仍为 Q。

上面两种方法实际上是一回事，只是从不同的角度予以考虑，前者可以看作定量控制物资存量，后者可视为定时控制，它们达到的目的是一致的。

（三）设置安全存量，以防缺货造成损失

安全存量，或称保险储备量，它是为克服不可避免的意外因素而增加的物资储备量。根据用户需要所确定的物资采购批量，按计划执行是不很多的，或者因质量不符合生产的退货现象，或者因货源暂时不足不能如数到货，或者因运输困难而不能按期到货，等等。因此，为了满足用户的需要，必须要有一定的物资储存（安全存量）。

安全存量的确定可以通过对物资实际统计资料加以分析研究，并结合储存物资对用户影响的程度予以综合考虑。企业对物资的需要虽然千变万化，但它还是有一定规律的。例如，根据用户对某原材料消耗量的统计分布情况，其安全存量可用如下公式：

$$A = a\sqrt{T(\sigma P)} + a'\bar{P}(\sigma T) \qquad ⑥$$

式中：σP——量的标准偏差；

σT——采购期间的标准偏差；

a——为应付消耗量的变动而设的安全系数；

a'——为应付采购期间的变动而设的安全系数；

T——采购间隔期；

$\bar{P}$——日平均消耗量；

A——安全存量。

公式⑥中，第一项 $a\sqrt{T(\sigma P)}$ 是为原材料消耗量（用户的需要）的变动而设的安全存量；第二项 $a'\bar{P}(\sigma T)$ 是在采购物资时因变动的因素（运输条件变动，采购量发生变动）所需要的安全存量。为计算方便起见，第二项可以忽略不计，则安全存量的计算公式可以简化为：

$$A = a\sqrt{T(\sigma P)} \qquad ⑦$$

这时，企业的物资储存量为：

$$W = Q + A$$
$$= Q + a\sqrt{T(\sigma P)} \qquad \text{⑧}$$

这样，在考虑到上述各因素的影响下，物资储存量可以用下面公式表示：

$$\sum = Q + \overline{PT'} + A$$
$$= \sqrt{\frac{2NM}{Ci}} + a\sqrt{T(\sigma P)} + \overline{PT'} \qquad \text{⑨}$$

式中：$\sqrt{\dfrac{2NM}{Ci}}$——经济采购批量；

$a\sqrt{T(\sigma P)}$——安全存量；

$\overline{PT'}$——因运输时间所需要的物资数量。

此时，我们把公式⑨称为物资储备的最高储备量；把安全存量 $A = a\sqrt{T(\sigma P)}$ 称为最低储备量。而经常储备量则为：

$$\overline{\sum} = \frac{Q + \overline{PT'}}{2} + A \qquad \text{⑩}$$

三、库存物资重点管理法——ABC 分析法

（一）ABC 分析法的基本原理

ABC 分析法，又称 ABC 分类管理法，它是运用数理统计的方法，对事物、问题分类排队，以抓住事物的主要矛盾的一种定量的科学管理技术。ABC 分析法用"关键的是少数，次要的是多数"的基本原理，将研究对象的构成要素，按一定的标准区分为 A、B、C 三部分。根据事物的特点，分别对 A、B、C 给予不同的管理，如重点管理和一般管理等。

无论是对物资的生产，还是对物资的经销，都需要经过物流过程的各个环节，都要购进各种不同品种的物资。当掌握了物资品种、价格等有关资料，并做出资金占用和不同品种的需要量的序列表时，就可以按价值进行分类。在物流管理中，一般来讲，A 类物资是关键的少数，它在品种上占总品种数的 5%～15%，而在资金上却要占到总金额的 60%～80%；B 类物资是一般的物资，它在品种和资金上都占总数的 15%～20%；C 类物资是次要的多数物资，它在品种上往往要占品种总数的 60%～80%，而资金只占到总金额的 5%～15%。对物资管理而言，ABC 分类可以简化为按品种分为 A、B、C 三类，其比例为 1∶2∶7；而按资金分为 A、B、C 三类，其比例为 7∶2∶1。

随着技术的进步和社会生产的发展，物资的品种、规格、性能和价格都在不断地发生变化，这不仅对物资产品的生产提出了新的要求，而且对物流过程的各环节也提出了更高的要求。为了提高物流过程的社会效益，便于对物资进行管理，就必须对成千上万种物资进行归类分析，以便抓住主要问题，进行管理。如在仓库管理中，有的物资品种

虽然不多，但占用的资金却很大；而有些小件物资如螺栓、螺帽、垫圈等，虽然品种很多、数量很大，但占用的资金却很少。在物资的供应上，有的品种不多，但采购难度较大；有的品种虽然很多，但需求量却很少；等等。所有这些问题，都可用 ABC 分类法进行管理。因此，ABC 分析法在物流管理中得到了广泛的应用，可以在物资分类订购、销售、资金管理、成本管理、仓库管理以及物资保管、运输、配送等方面使用。ABC 分析法是一种管理思想，在具体运用时需灵活应变，如：对货物可进行 ABC 分类，对客户也可进行 ABC 分类；可将货物分为 ABC 三类，也可根据需要将货物分为 ABCD 四类。

（二）ABC 分析法的一般程序

在库存管理中，对物资进行 ABC 分类，其一般程序如下：
(1) 计算分析期内（一年）各种物资所占用的总额（可按进货价格计算）。
(2) 按占用资金的大小，从大到小按顺序排队。
(3) 计算各种物资的累计金额，以及其占总金额的百分数。
(4) 计算品种累计数及品种累计百分数。
(5) 按 ABC 分类标准进行 ABC 分类。
(6) 在 ABC 分类的基础上，绘制 ABC 曲线。
(7) 根据 ABC 分类和绘制的 ABC 曲线图，对 A、B、C 三类物资采取不同的管理和控制方法，并提出相应的管理措施，借以加强对重点物资的管理，达到满足生产建设的需要和提高经济效益的目的。

为了说明 ABC 分析法在物资管理中的应用，现举一例。

设某企业仓库共有物资 6876 种，年占用资金 18000 万元，并按物资占用资金的多少排队，如表 7-2 所示。

表 7-2 某企业仓库物资品种和金额

物资类别	品种数	品种累计数	占全部品种/%	物资占用资金/万元	金额累计/万元	占总金额/%
1	605	605	8.8	9868.2	9968.2	54.8
2	28	633	9.2	3091.8	12960.0	72.0
3	274	907	13.2	1237.3	14197.3	78.8
4	333	1240	18.0	945.4	15142.7	84.1
5	30	1270	18.5	450.4	15593.1	86.6
6	529	1799	26.2	417.9	16011.0	89.0
7	109	1901	27.6	397.3	16408.3	91.2
8	916	2817	41.0	311.3	16719.6	92.9
9	475	3292	47.9	277.6	16997.2	94.4
10	820	4112	59.8	207.0	17204.2	95.6

续表 7-2

物资类别	品种数	品种累计数	占全部品种/%	物资占用资金/万元	金额累计/万元	占总金额/%
11	600	4712	68.5	150.0	17354.2	96.4
12	179	4891	71.1	142.0	17496.2	97.2
13	156	5047	73.4	139	17635.2	98.0
14	971	5918	86.0	133	17768.2	98.7
15	885	6803	98.9	126	17894.2	99.4
16	73	6876	100.0	105.8	18000.0	100.0

根据 ABC 的一般分类标准，进行 ABC 分类，如表 7-3 所示。

表 7-3 物资 ABC 分类

物资分类	品种数	占全部品种/%	物资占用金额/万元	占总金额/%
A	633	9.2	12960	72.0
B	1160	17.0	3051	17.0
C	5077	73.8	1989	11.0

在 ABC 分类的基础上，可绘制 ABC 曲线图。其中，横坐标为品种的累计百分数，纵坐标为金额累计百分数。上例 ABC 曲线如图 7-5 所示。

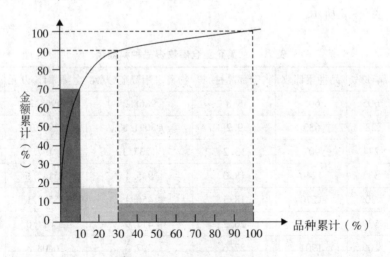

图 7-5 物资 ABC 曲线示意

从表 7-3 和图 7-5 中可以看出：A 类物资占总金额的 72%，而品种只占到总品种数的 9.2%，显然是关键的少数；C 类虽然只占总金额的 11%，但却占到总品种数的 73.8%，因此，它是次要的多数；B 类物资是介于 A 类与 B 类物资之间的，无论在资金占用上，还是在品种上，所占的比重一般来讲均是相当的，本例均占 17%。根据上述分析，就可以对各类物资进行不同的管理和采取相应的控制方法。

例如，对于物资的库存管理来讲，A 类物资，由于占用资金较大，应该严格按照最佳库存量的办法，采取定期订货方式，设法将物资库存压到最低限度，并对库存变动实行经常或定期检查，严格盘存等；C 类物资虽然数量很多，但占用的金额不大，因此在采购订货方式上，可以用定量不定期的办法，即按订货点组织订货，在仓库管理上可采取定期盘点保养，并适当控制库存；B 类物资，可根据不同情况，对金额较高的物资可按 A 类物资进行管理，对金额较低的物资可按 C 类物资进行管理。

关键词

储存保管　仓储　仓库　智慧仓储　云仓　货位规格化　ABC 分析法

思考题

（1）简述储存保管及其作用。
（2）简述仓储及其功能。
（3）如何选择仓库位置？
（4）简述各种仓储保管技术。
（5）简述流通中心及其设施构成。
（6）库存物资数量控制方法有哪些？

案例分析

正泰集团公司自动化立体仓库

自动化立体仓库的出现是物流技术的一个划时代的革新。它不仅彻底改变了仓储行业劳动密集、效率低下的落后面貌，而且大大拓展了仓库功能，使之从单纯的保管型向综合的流通型方向发展。自动化立体仓库是用高层货架储存货物，以巷道堆垛起重机存取货物，并通过周围的装卸搬运设备，自动进行出入库存取作业的仓库。

正泰集团公司是中国目前低压电器行业最大的销售企业。主要设计制造各种低压工业电器、部分中高压电器、电气成套设备、汽车电器、通信电器、仪器仪表等，其产品达 150 多个系列、5000 多个品种、20000 多种规格。近年来，该集团年销售额近 600 亿元，并且产品畅销世界多个国家和地区，集团综合实力被国家评定为全国民营企业 500 强第 5 位。在全国低压工业电器行业中，正泰首先在国内建立了 3 级分销网络体系，经销商达 1000 多家。同时，建立了原材料、零部件供应网络体系，协作厂家达 1200 多家。

一、立体仓库的功能

正泰集团公司自动化立体仓库是公司物流系统中的一个重要部分。它在计算机管理系统的高度指挥下，高效、合理地储存各种型号的低压电器成品。准确、实时、灵活地向各销售部门提供所需产成品，并为物资采购、生产调度、计划制订、产销衔接提供准确信息。同时，它还具有节省用地、减轻劳动强度、提高物流效率、降低储运损耗、减少流动资金积压等功能。

二、立体仓库的工作流程

正泰集团公司立体库占地面积达1600平方米，高度近18米，有3个巷道（6排货架）。作业方式为整盘入库，库外拣选。其基本工作流程如下：

1. 入库流程

仓库二、三、四层两端六个入库区各设一台入库终端，每个巷道口各设两个成品入库台。需入库的成品经入库终端操作员输入产品名称、规格型号和数量。控制系统通过人机界面接收入库数据，按照均匀分配、先下后上、下重上轻、就近入库、ABC分类和原则，管理计算机自动分配一个货位，并提示入库巷道。搬运工可依据提示，将装在标准托盘上的货物由小电瓶车送至该巷道的入库台上。监控机指令堆垛将货盘存放于指定货位。

2. 出库流程

底层两端为成品出库区，中央控制室和终端各设一台出库终端，在每一个巷道口设有LED显示屏，并提示本盘货物要送到装配平台的出门号。需出库的成品，经操作人员输入产品名称、规格、型号和数量后，控制系统按照先进先出、就近出库、出库优先等原则，查出满足出库条件且数量相当或略多的货盘，修改相应账目数据，自动地将需出库的各类成品货盘送至各个巷道口的出库台上，经电瓶车将之取出并送至汽车上。同时，出库系统在完成出库作业后，在客户机上形成出库单。

三、立体库主要设施

1. 托盘

所有货物均采用统一规格的钢制托盘，以提高互换性，降低备用量。此种托盘能满足堆垛机、叉车等设备装卸，又可满足在输送机上平衡运行。

2. 高层货架

采用特制的组合式货架，横梁结构。该货架结构美观大方、省料实用、易安装施工，属于一种优化的设计结构。

3. 巷道式堆垛机

根据本仓库的特点，堆垛机采用下部支承、下部驱动、双方柱形式的结构。该机在高层货物的巷道内按X、Y、Z三个坐标方向运行，将位于各巷道口入库台的产品存入指定的货格，或将货格内产品到运出送到巷道口出库台。该堆垛机的设计与制造严格按照国家标准进行，并对结构强度和刚性进行精密的计算，以保证机构运行平稳、灵活、安全。堆垛机配备有安全运行机构，以杜绝偶发事故。

四、计算机管理及监控调度系统

该系统不仅对信息流进行管理，同时也对物流进行管理和控制，集信息流与物流于一体。同时，还对立体库所有出入库作业进行最佳分配及登录控制，并对数据进行统计分析，以便对物流实现宏观调控，最大限度地降低库存量及资金的占用，加速资金周转。

正泰集团公司高效的供应链、销售链大大降低了物资库存周期，提高了资金的周转速度，减少了物流成本和管理费用。自动化立体仓库作为现代化的物流设施，对提高该公司的仓储自动化水平无疑具有重要的作用。

案例讨论题

试述正泰集团公司自动化立体仓库运作流程，自动化立体仓库给企业带来的价值体现在哪些方面？

第八章 物流配送与配送中心

【本章要点】 配送作为一种特殊的、综合的物流活动形式，几乎包括了物流的所有职能。从某种程度上讲，配送是物流的一个缩影或在特定范围内物流全部活动的体现；而配送中心则是专门从事配送工作的物流据点，它集信息流、商流、物流于一体，具有物流的全部职能，是现代物流一种先进的货物配送组织形式。所以，研究配送和配送中心的理论与实践问题，无疑对发展社会主义市场经济体制下的物流产业，并使其更好地为我国的经济建设提供物质资料和提高人们生活水平具有极为重要的意义。

本章主要内容：首先，介绍物流配送的概念与分类；其次，阐明配送中心的含义及其职能；再次，分析配送中心的作业布置；最后，探讨配送中心在我国物流业的发展等。

第一节 物流配送的概念与作用

一、物流配送的概念

配送是物流活动中一种特殊的、综合的具有商流特征的形式。从物流来讲，配送包括了物流的全部职能，是物流的缩影或在特定范围内物流全部活动的体现。一般地讲，配送是集包装、装卸搬运、保管、运输于一身，并通过一系列作业活动，将货物最终送达目的地。从商流来讲，物流是商物分离的产物，而配送则是商物合一的产物；从本质上讲，配送可以看作一种商业形式。虽然，配送在具体实施时，所有的作业活动是以商物分离的形式出现的，但是从配送的发展趋势来看，商流与物流越来越紧密地结合在一起，这是配送职能发挥的重要保障。配送的概念不同于运输也不同于旧时送货。国家标准《物流术语》（GB/T 18354—2021）对配送给出如下定义："在经济合理区域范围内，根据客户要求，对物品进行分拣、加工、包装、分割、组配等作业，并按时送达指定地点的物流活动。"可将"配送"广义理解为：配送是按用户订货的要求，以现代送货形式，在配送中心或其他物流据点进行货物配备，以合理的方式送交用户，实现资源的最终配置的经济活动。这个概念说明了以下几方面的内容：

（1）明确指出按用户订货的要求。所以，配送是以用户为出发点，用户处于主导地位，配送处于服务地位。因此，配送在观念上必须明确"用户第一""质量第一"。

（2）配送实质是送货，但与一般的送货有区别。一般的送货可以是一种偶然行为，而配送是一种固定的形态，是一种有确定组织、确定渠道，有一套设施、装备和管理力量、技术力量，有一套规范的制度和体制。

（3）配送是从物流据点至用户的一种特殊送货形式，表现为中转型送货，而不是工厂至用户的直达型。更重要的是，配送是用户需要什么送什么，而不是有什么送什么。

（4）配与送有机地结合。配送利用有效的分拣、配货等理货工作，使送货达到一规模，以利用规模优势取得较低的送货成本。

（5）强调合理的方式送交用户，即配送者在必须以用户要求为依据的同时，应该追求合理性，并指导用户，实现双方都有利可图的商业原则。

（6）配送对资源的配置作用，是最终配置，因而是接近顾客的配置。这种配置方式在市场环境下对实现经营战略具有重要的作用。

二、物流配送的分类

物流配送作为一种现代流通组织形式，具有集商流、物流于一身的职能。但由于配送者、主体、配送对象、服务对象，以及流通环境的不同等，配送可以按不同的标志进行不同的分类。

（一）按实施配送的结点不同进行分类

1. 配送中心配送

这种配送的组织者是配送中心，其规模大，有配套的配送设施、设备和装备等。配送中心配送专业性较强，一般和用户有固定的配送关系，配送设施及工艺是按用户专门设计的。所以，配送中心配送具有能力强、配送品种多、数量大等特点。但由于服务对象固定，其灵活机动性较差；而且由于规模大，要有一套配套设施、设备，使其投资较高，这就决定了配送中心的建设和发展受到一定的限制。

2. 仓库配送

它一般是以仓库为据点进行的配送，也可以是原仓库在保持储存保管功能的前提下，增加一部分配送职能，或经对原仓库的改造，使其成为专业的配送。

3. 商店配送

这种配送的组织者是商业或物资的门市网点。商店配送形式是除自身日常的零售业务外，按用户的要求将商店经营的品种配齐，或代用户外订外购一部分本店平时不经营的商品，和本店经营的品种配齐后送达用户。因此，从某种意义上讲，它是一种销售配送形式。连销商店配送也是商店配送中的一种形式，它分为两种情况：一种是独立成立专门从事为连销商店服务的配送企业，这种形式除主要承担连销商店配送任务外，还兼有为其他用户服务的职能；另一种是存在于连销商店内的配送，它不承担其他用户的配送，其任务是服务于连销经营。

4. 生产企业配送

配送业务的组织者是生产企业。一般认为，这类生产企业具有生产地方性较强的产品的特点，如食品、饮料、百货等。

（二）按配送商品的种类和数量的多少进行分类

1. 单（少）品种大批量配送

这种配送适用于那些需要量大、品种单一或少品种的生产企业。由于这种配送品种单一、数量多，可以实行整车运输，有利于车辆满载和采用大吨位车辆运送。

2. 多品种少批量配送

由于这种配送的特点是用户所需的物品数量不大、品种不多，因此在配送时，要按用户的需求，将所需的各种物品配备齐全，凑整装车后送达用户。

3. 配套成套配送

这种配送的特点是用户所需的物品是成套性的。例如，装配性的生产企业，为生产某种整机产品，需要许多零部件，需要将所需的全部零部件配齐，按生产节奏定时送达生产企业，生产企业随即将此成套零部件送入生产线装配产品。

（三）按配送时间和数量的多少进行分类

1. 定时配送

这种配送是按规定的时间间隔进行配送，每次配送的品种、数量可按计划执行，也可以在配送之前以商定的联络方式通知配送时间和数量。它可以区分为日配送和准时-看板方式配送。

2. 定量配送

它是指按规定的批量在一个指定的时间范围内进行配送。这种配送方式由于配送数量固定，备货较为简单，可以通过与用户的协商，按托盘、集装箱及车辆的装载能力确定配送数量，这样可以提高配送效率。

3. 定时定量配送

这种方式是按照规定的配送时间和配送数量进行配送，其兼有定时配送和定量配送的特点，要求配送管理水平较高。

4. 定时定路线配送

它是在规定的运行路线上制定到达时间表，按运行时间表进行配送，用户可按规定路线和规定时间接货，或提出其他配送要求。

5. 即时配送

这种配送是完全按用户提出的配送时间和数量随即进行配送，它是一种灵活性很高的应急配送方式。采用这种方式的物品，用户可以实现保险储备为零的零库存，即以即时配送代替了保险储备。

（四）按经营形式不同进行分类

1. 销售配送

这种配送主体是销售企业，这种配送的对象一般是不固定的，用户也不固定，配送对象和用户取决于市场的占有情况，因此配送的随机性较强，大部分商店配送就属于这一类。

2. 供应配送

用户为了自己的供应需要而采取的配送方式，它往往是由用户或用户集团组建的配送据点，集中组织大批量进货，然后向本企业或企业集团内若干企业配送。商业中的连锁商店广泛采用这种方式。这种方式可以提高供应水平和供应能力，可以通过大批量进货取得价格折扣的优惠，达到降低供应成本的目的。

3. 销售－供应一体化配送

这种配送方式是销售企业对于那些基本固定的用户及其所需的物品，在进行销售的同时还承担着用户有计划的供应职能，既是销售者，同时又是用户的供应代理人。这种配送有利于形成稳定的供需关系，有利于采取先进的计划手段和技术，有利于保持流通渠道的稳定等。

4. 代存代供配送

这种配送是用户把属于自己的货物委托配送企业代存、代供，或委托代订，然后组织对货物的配送。这种配送的特点是货物所有权不发生变化，只是货物的位置发生转移，配送企业仅从代存、代供中获取收益，而不能获得商业利润。

（五）按加工程度的不同进行分类

1. 加工配送

这种配送是与流通加工相结合，在配送据点设置流通加工，或是流通加工与配送据点组建共同体实施配送业务。流通加工与配送的结合，可以使流通加工更具有针对性，并且配送企业不但可以依靠送货服务、销售经营取得收益，还可以通过流通加工增值取得收益，如木料的流通加工，使之成为门或窗。

2. 集疏配送

这种配送只改变产品数量的组成形式，而不改变产品本身的物理、化学性质，并与干线运输相配合，如大批量进货后小批量多批次发货，或零星集货后形成一定批量再送货等。

（六）按配送企业专业化程度进行分类

1. 综合配送

这种配送的特点是配送的商品种类较多，且来源渠道不同，是在一个配送据点中组织对用户的配送，因此综合性强。同时，由于综合性配送的特点，决定了它可以减少用户为组织所需全部商品进货的负担，只需和少数配送企业联系，便可以解决多种需求。

2. 专业配送

它是按产品性质和状态划分专业领域的配送方式。这种配送方式由于自身的特点，可以优化配送设施，合理配备配送机械、车辆，并能制定适用合理的工艺流程，以提高配送效率。小件杂货配送、金属材料配送、燃料煤、水泥、木材、平板玻璃、化工产品、生鲜食品等的配送，都属于专业配送。

（七）共同配送

共同配送是为了提高物流效率，对某一区域用户进行配送时，由有许多个配送企业联合在一起进行的配送。它是在配送中心的统一计划、统一调度下进行的配送。这种配送以追求配送合理化为目的，有利于节省运费、提高运输车辆的货物满载率。共同配送可分为以下几种形式：

1. 由一个配送企业综合各用户的要求配送

在配送时间、数量、次数、路线等方面的安排上，在用户可以接受的前提下，做出全面规划和合理计划，以便实现配送的优化。

2. 由一辆配送车辆混载多货主货物的配送

这种是一种较为简易的共同配送方式。

3. 设置接收点配送

在用户集中的地区，由于交通拥挤，各用户按货场或处置场单独进行配置有困难，因而设置的多用户联合配送的接收点或处置点。

4. 对不同配送企业实施共同配送

在同一城市或同地区中有数个不同的配送企业，各配送企业可以共同利用配送中心、配送机械装备或设施，对不同配送企业的用户实施共同配送。

三、物流配送的作用

发展物流配送，对于物流系统的完善、流通企业和生产企业的可持续发展，以及整个经济社会系统效益的提高，都具有重要的作用。

（1）配送可以降低整个社会物资的库存水平。发展配送，实行集中库存，整个社会物资的库存总量必然低于各企业分散库存总量。同时，配送有利于灵活调度，有利于发挥物资的作用。此外，集中库存可以发挥规模经济优势、降低库存成本。

（2）配送有利于提高物流效率，降低物流费用。采用配送方式，批量进货，集中发货，以及将多个小批量集中于一起大批量发货，可以有效地节省运力，实现经济运输，降低成本，提高物流经济效益。

（3）对于生产企业来讲，配送可以实现低库存。实行高水平的定时配送方式之后，生产企业可以依靠配送中心准时配送或即时配送而不需要保持自己的库存，这就有利于实现生产企业的"零库存"，节约储备资金，降低生产成本。

（4）配送可以成为流通社会化、物流产业化的战略选择。实行社会集中库存、集中配送，可以从根本上打破条块分割的分散流通体制，实现流通社会化、物流产业化。

第二节 配送中心的含义与职能

一、配送中心的含义

配送中心（distribution center）是组织配送性销售或供应，专门从事实物配送工作的物流结点。物流活动发生于两类场所——物流线路（运输路线）和物流节点（车站、港口、仓库、物流园区等），配送中心是物流节点的一种重要形式。配送中心是物流领域社会分工、专业分工细化的产物，它适应了物流合理化、生产社会化、市场扩大化的客观需求，集储存、加工、集货、分货、装运、信息等多项功能于一体，通过集约化经营取得规模效益。

国家标准《物流术语》（GB/T 18354—2021）对配送中心的定义为："具有完善的配送基础设施和信息网络，可便捷地连接对外交通运输网络，并向末端客户提供短距离、小批量、多批次配送服务的专业化配送场所或组织。"

具体来讲，配送中心的含义可表述为：配送中心是从事货物配备（集货、加工、分货、拣货、配货）和组织送货，以高效率实现销售或供应的现代流通设施。理解这个含义应注意以下几个问题：

（1）含义中的"货物配备"，即配送中心按照生产企业的要求，对货物的数量、品种、规格、质量等进行的配备。这是配送中心最主要、最独特的工作，全部由其自身完成。

（2）含义中的"组织送货"，即配送中心按照生产企业的要求，组织货物定时、定点、定量地送抵用户。由于送货方式较多，有的由配送中心自行承担，有的利用社会运输力量完成，有的由用户自提。因此就送货而言，配送中心是组织者而不是承担者。

（3）含义强调了由于配送活动和销售供应等经营活动的结合，使配送成为经营的一种手段，以此排除这是单纯物流活动的看法。

（4）含义强调配送中心为"现代流通设施"，着意于和以前的流通设施诸如商场、贸易中心、仓库等相区别。这个流通设施以现代装备和工艺为基础，不但处理商流，而且处理物流、信息流和资金流，是集商流、物流、信息流和资金流于一身的全功能流通设施。

二、配送中心的类型

按照不同标准，配送中心可以分为以下几种类型。

1. 专业配送中心

专业配送中心大体上有两个含义：一是配送对象、配送技术属于某一专业范畴，在某一专业范畴有一定的综合性，综合这一专业的多种物资进行配送，如多数制造业的销售配送中心，我国目前在石家庄、上海等地建成的配送中心大多采用这形式。二是以配送为专业化职能，基本不从事经营的服务型配送中心。

2. 柔性配送中心

这种配送中心不向固定化、专业化方向发展，能够随时变化，对用户的要求有很强的适应性，不固定供需关系，不断发展配送用户和改变配送用户。

3. 供应配送中心

这是专门为某个或某些用户（如联营商店、联合公司）组织供应的配送中心，如为大型联营超级市场组织供应的配送中心、代替零件加工厂送货的零件配送中心。

4. 销售配送中心

这是以销售经营为目的、以配送为手段的配送中心。销售配送中心大体有三种类型：第一种是生产企业将本身的产品直接销售给消费者的配送中心，在国外这种配送中心很多;第二种是流通企业作为本身经营的一种方式,建立配送中心以扩大销售,我国目前拟建的配送中心大多属于这种类型;第三种是流通企业和生产企业联合的协作性配送中心。比较起来看,国外和我国的发展趋向,都以销售配送中心为主要发展方向。

5. 城市配送中心

这是以城市为配送范围的配送中心。城市一般处于汽车运输的经济里程,汽车配送可直接送抵终端用户。由于运距短、反应能力强,这种配送中心往往和零售经营相结合,在从事多品种、少批量、多用户的配送上占有优势。

6. 区域型配送中心

这是以较强的辐射能力和库存准备,向相当广大的一个区域进行配送的配送中心。这种配送中心规模较大,用户和配送批量也较大,配送目的既包括下一级的城市配送中心,也包括营业所、商店、批发商和企业用户;零星配送虽有从事,但不是主体形式。

7. 储存型配送中心

这是有很强储存功能的配送中心。一般来讲,买方市场下,企业成品销售需要有较大库存支持;卖方市场下,企业原材料、零部件供应需要有较大库存支持;大范围配送也需要较大库存支持。

8. 流通型配送中心

这是基本上没有长期储存功能,仅以暂存或随进随出方式进行配货、送货的配送中心。这种配送中心的典型方式是,大量货物整进并按一定批量零出,采用大型分货机,进货时直接进入分货机传送带,分送到各用户货位或直接分送到配送汽车上,货物在配送中心里仅作少许停滞。

9. 加工配送中心

从提高原材料利用率、提高运输效率、方便用户等多重目的出发,许多材料都需要配送中心的加工职能。

三、配送中心的职能

配送中心的职能全面完整,众多配送任务均通过配送职能完成。配送中心一般都具备下述职能,但侧重点各有不同,其中对某些职能重视程度的差异,决定了配送中心的性质及具体规划。

1. 集货职能

为了能够按照用户要求配送货物,首先必须集中用户需求规模备货,从生产企业取得种类、数量繁多的货物,这是配送中心的基础职能,是配送中心取得规模优势的基础所在。一般来说,集货批量应大于配送批量。

2. 储存职能

配送依靠集中库存来实现对多个用户的服务,储存可形成配送的资源保证,是配送中心必不可少的支撑职能。为保证正常配送特别是即时配送的需要,配送中心应保持一定量的储备;同时,为对货物进行检验保管,配送中心还应具备一定的检验和储存设施。

3. 分拣、理货职能

为了将多种货物向多个用户按不同要求、种类、规格、数量进行配送，配送中心必须有效地将储存货物按用户要求分拣出来，并能在分拣基础上，按配送计划进行理货，这是配送中心的核心职能。为了提高分拣效率，应配备相应的分拣装置，如货物识别装置、传送装置等。

4. 配货、分放职能

将各用户所需的多种货物，在配送中心有效地组合起来，形成向用户方便发送的货载，这也是配送中心的核心职能。事实上，分拣职能和配货职能作为配送中心不同于其他物流组织的独特职能，作为整个配送系统水平高低的关键职能，已不单纯是完善送货、支持送货的准备，它是配送企业提高竞争服务质量和自身效益的必然延伸，是送货向高级形式发展的必然要求。

5. 倒装、分装职能

不同规模的货载在配货中心应能高效地分解组合，形成新的装运组合或装运形态，从而符合用户的特定要求，达到有效的载运负荷，提高能动力，降低送货成本。这是配送中心的重要职能。

6. 装卸搬运职能

配送中心的集货、理货、装货、加工都需要辅之以装卸搬运，有效的装卸能大大提高配送中心的效率。这是配送中心的基础性职能。

7. 送货职能

虽然送货过程已超出配送中心的范畴，但配送中心仍对送货工作的指挥管理起决定性作用，送货属于配送中心的末端职能。配送运输中的难点是，如何组合形成最佳路线，如何使配装和路线有效搭配。

8. 信息职能

配送中心在干线物流与末端物流之间起衔接作用，这种衔接不但靠实物的配送，也靠情报信息的衔接。配送中心的信息活动是全物流系统中重要的一环。

政策指引

加快农村寄递物流体系建设

农村寄递物流是农产品出村进城、消费品下乡进村的重要渠道之一，对满足农村群众生产生活需要、释放农村消费潜力、促进乡村振兴具有重要意义。

一、指导思想

以习近平新时代中国特色社会主义思想为指导，深入贯彻党的十九大和十九届二中、三中、四中、五中全会精神，认真落实党中央、国务院决策部署，立足新发展阶段、贯彻新发展理念、构建新发展格局，坚持以人民为中心的发展思想，健全县、乡、村寄递服务体系，补齐农村寄递物流基础设施短板，推动农村地区流通体系建设，促进群众就业创业，更好满足农村生产生活和消费升级需求，为全面推进乡村振兴、畅通国内大循环做出重要贡献。

二、发展目标

到 2025 年，基本形成开放惠民、集约共享、安全高效、双向畅通的农村寄递物流体系，实现乡乡有网点、村村有服务，农产品运得出、消费品进得去，农村寄递物流供给能力和服务质量显著提高，便民惠民寄递服务基本覆盖。

三、体系建设

（1）强化农村邮政体系作用。在保证邮政普遍服务和特殊服务质量的前提下，加强农村邮政基础设施和服务网络共享，强化邮政网络节点重要作用。

（2）健全末端共同配送体系。统筹农村地区寄递物流资源，鼓励邮政、快递、交通、供销、商贸流通等物流平台采取多种方式合作共用末端配送网络，加快推广农村寄递物流共同配送模式，有效降低农村末端寄递成本。

（3）优化协同发展体系。强化农村寄递物流与农村电商、交通运输等融合发展。继续发挥邮政快递服务农村电商的主渠道作用，推动运输集约化、设备标准化和流程信息化。

（4）构建冷链寄递体系。鼓励邮政快递企业、供销合作社和其他社会资本在农产品田头市场合作建设预冷保鲜、低温分拣、冷藏仓储等设施，缩短流通时间，减少产品损耗，提升农产品流通效率和效益。

四、重点任务

（1）分类推进"快递进村"工程。在东中部农村地区，更好发挥市场配置资源的决定性作用，引导企业通过驻村设点、企业合作等方式，提升"快递进村"服务水平。

（2）完善农产品上行发展机制。鼓励支持农村寄递物流企业立足县域特色农产品和现代农业发展需要，主动对接家庭农场、农民合作社、农业产业化龙头企业，为农产品上行提供专业化供应链寄递服务，推动"互联网＋"农产品出村进城。

（3）加快农村寄递物流基础设施补短板。各地区依托县域邮件快件处理场地、客运站、货运站、电商仓储场地、供销合作社仓储物流设施等建设县级寄递公共配送中心。

（4）继续深化寄递领域"放管服"改革。简化农村快递末端网点备案手续，取消不合理、不必要限制，鼓励发展农村快递末端服务。

资料来源：作者依据国办发〔2021〕29 号文整理。

第三节　配送作业程序和配送中心布局

一、组织配送的作业步骤

为了发挥配送的作用，提高配送效益，配送工作可分为三个主要步骤：一是拟订配送计划；二是下达配送计划，按配送计划确定商品需要量，配送点向仓库、运输、分货、包装及财务部门下达具体配送任务；三是配送发运与送达。

（一）拟订配送计划

从物流的观点来看，配送几乎包括了物流的全部活动；从整个物流过程来讲，它又是物流与商流、信息流、资金流的统一体。因此，配送计划的制订是以市场信息为导向、商流为前提、物流为基础的基本思想，这就是说要以商流信息为主要依据来制订配送计划，并且还要具体考虑以下的条件：

（1）从商流信息的角度，订货合同所提供的信息是制订配送计划的重要依据。订货合同包括了用户的送达地、接货人、接货方式的要求，以及用户订货的品种、规格、数量、送货时间和其他送接货的要求等。

（2）研究分析所需配送的各种货物的性能、运输条件，并在考虑需求数量的条件下，确定运输方式及相应的运载工具等。

（3）根据交通条件、道路等级，以及运载设备、工具等条件，研究分析并制订运力配置计划，这对充分发挥运载设备、工具效率起着重要作用。

（4）各配送点的运力与货物的资源情况，包括货物的品种、规格、数量等。

在考虑上述条件的前提下，编制按用户所在地点和所需要的货物的品种、规格、数量，以及时间和其他要求的配送计划。

（二）下达配送计划与组织实施

当配送计划确定后，按照计划的职能，组织实施。

（1）将配送计划所确定的到货时间以及到货品种、规格、数量通知用户和配送以便使用户按计划准备接货，使配送点按计划准备发货。

（2）按配送计划确定需要的货物配送量。这一步主要是指对各配送点按配送计划有关货物配送能力情况来审定。如果不符合配送计划要求，或数量不足，或品种不齐等，需要组织进货。

（3）配送点下达配送任务。这里主要是指各配送点接到配送计划后，向其运输部门、仓储部门、分货包装部门以及财务部门等下达具体的配送任务，并由各部门完成配送的各项准备工作等。

（三）配送发运与送达

配送发运与送达是两个既有联系又有区别的步骤，前者由理货作业完成，后者由运输作业完成。

（1）配送发运。这一步骤是理货部门按要求将各用户所需的各种货物进行分货配货，然后进行适当的包装，并印制包装标记和标志，包括用户名称、地址、配送时间、货物明细，以及输送装卸搬运过程应注意的事项等。同时，还需按计划将用户货物组合、装车，并将发货明细表交于随车送货人或司机。

（2）送达。按指定的路线将货物送达用户，并由用户在回执上签字。配送工作完成后，通知财务部门结算。

二、配送方法

配送方法主要是指为完成配送任务所采用的具体工作方法，主要包括配货作业方法、车载货物的配装、配送路线的确定等。

（一）配货作业方法

配货作业是将储存的货物按发货要求分拣出来，放到发货场所指定位置的作业活动的总称。配货作业可以采用机械化、半机械化、无人机或人工作业，常采取"摘果方式"或"播种方式"完成配货作业。

（1）摘果方式。摘果方式又称挑选方式，它是用搬运车辆巡回于货物仓储保管场所，按配送要求，从每个货位或货架上挑选出所需货物，巡回一次完成一次配货作业。一般情况，这种方式适用于不易移动或每一用户需要货物品种多而数量较小的情况。

（2）播种方式。播种方式是将需要配送数量较多的同种货物集中搬运到发货场所，然后将每一用户所需要的数量取出，分放到每一货位处，直至配货完毕的过程。这种方式适用于较容易移动的货物，即储存货物的灵活性较强，以及需要量较大的货物。

（二）车载货物的配装

合理配装是充分利用运输车辆容积、载重量和降低物流运输成本的重要手段。为了避免运力浪费，推行轻重配装，实现满载满容。如何实现配装达到满载满容，采用的基本方法是以车辆的最大容积和载重量为限制条件，并根据各种货物的容量、单件货物的体积建立相应的数学模型，通过计算求出最佳方案。这里要注意以下两个问题：①在货物种类不多、车辆类型单一的情况下，可直接采用手算方式，达到货物与车辆的匹配，实现满载满容；②在配装货物种类较多、车辆类型也较多的情况下，采用人工计算有困难时，可采用计算机实现优化配装目的。如果不具备适用计算机的条件时，可以从多种配送货物中选出容量最大、最小的两种，利用手算配装；从其他货物中再选容量最大及最小配装，依此类推，得出配装结果。

（三）配送路线的确定

配送路线是否合理，直接影响到配送效率和配送效益。合理确定配送路线所涉及的因素较多且是一个较为复杂的问题，包括用户的要求、配送资源状况、道路拥挤情况等。在配送路线选择的各种方法中，都要考虑配送要达到的目标，以及为实现配送目标而存在的各种限制条件，即在一定约束条件下，选择最佳的方案。

（1）配送路线确定原则。配送路线确定的原则与配送目标在原则上是一致的，这些原则包括成本要低、效益要高、路线要短、吨公里要小、准时性要高、劳动消耗要少、运力运用要合理等。

（2）配送路线确定的限制条件。实现配送目标总是要受到许多条件的约束和限制。一般来讲，这些限制和约束包括所有用户对货物品种、规格、数量的要求，满足用户对货物发到时间范围的要求，在允许通行的时间（城市交通拥挤时所做的时间划分）内进行配送,车辆载重量和容积的限制,以及配送能力的约束,等等。

(3) 配送路线的确定方法。配送路线的确定方法很多,诸如方案评价法、数学模型法、经验法、节约里程法等。在这里我们介绍应用数学的一个分支——中国邮路问题,来解决配送路线的选择问题。

中国邮路问题非常类似于配送路线的选择问题。中国邮路问题是指一个邮递员在他所管辖的投递范围内投递邮件,每次必须走遍所有的街道,任务完成后又回到出发点的邮局,以什么样的顺序走完所有的街道,使其路线最短。

要解决这类问题,需要对路线进行分析研究。

图8-1中有三种情况,其中(a)、(b)两图从某一点出发的线段的条数均为偶数;在(c)图中,既有偶数条的点,如A、B、C、D,又有奇数条的点,如E、F。在这里,把有偶数线段经过的点称为偶点,把有奇数线段经过的点称为奇点。在一个图形中,可以证明奇数点的个数必为偶数。同时还可以证明,在一个连通图中,只要图中没有奇点,就可以不重复地一笔画成。因此,邮递员的投递路线就可以运用这个结论来寻求最短的投递路线。

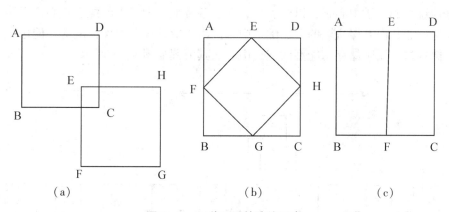

图8-1 三种不同的路线示意

中国邮路问题,寻求最短投递路线的步骤是先找路线图上的全部奇点,然后把它们分成若干对(因为奇点的个数一定为偶数),并且将其用线段联结起来,这样路线图内就没有奇点了。在没有奇点的路线图上,可以从任一点出发,不重复地回到原出发点,而对所添的线段总长为最短。要达到这一要求,必须满足两个条件:①所添线段不能重复;②所添线段总长不能超过它所在的圈长的一半。这样一笔画成的路线就是邮递员所经过的最短路线。配送路线的选择可以按中国邮路问题来解决。

三、配送工艺流程与配送中心的作业流程

(一) 配送工艺流程

配送工艺是配送作业过程的作业活动的规范、规则、手则等的总称,而配送工艺流程则是为完成配送任务所经过的工艺路线。配送工艺流程是根据配送货物的性质与状

态、配送工作流程、配送工艺装备等因素来制定的。一般来讲，配送工艺流程如图8-2所示。

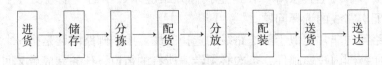

图8-2 配送工艺流程

配送工艺流程是从配送作业来讲的，事实上也反映了配送所应具有的一般职能。

(二) 配送中心的作业流程

1. 配送中心的作业流程

这是配送中心的典型流程，其主要特点是：有较大的储存场所，分货、拣选、配货场所及装备较大，理货、分类、配货、配装的功能要求较强，流通加工功能相对较弱。采用这种流程的配送中心有：以中、小、件、杂货配送为代表的配送中心，固体化工产品的配送中心，没有保质期的食品配送中心。由于货种多，为保证配送，配送中心需要一定的储存量，属于储存功能型的配送中心。其流程如图8-3所示。

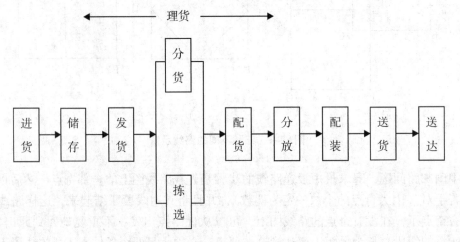

图8-3 配送中心的作业流程

2. 不带储存库的配送中心的作业流程

这种流程的特点是：配送中心无大量储存，只有满足一时配送之需的备货暂存。暂存地点设在配货场地中，在配送中心不单设储存区。采用这种流程的配送中心以配送为专职职能，将大面积储存场所转移到中心以外。其流程如图8-4所示。

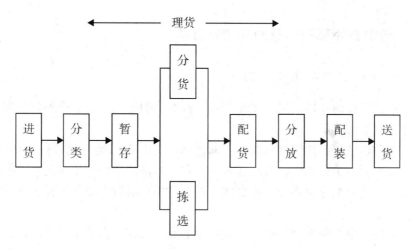

图 8-4　不带储存库的配送中心的作业流程

3. 加工配送型的配送中心的作业流程

这种流程的特点是：进货商品大批量、单（少）品种、分类工作不重或基本上无需分类；储存后进行的加工，一般按用户要求进行，和生产企业的标准、系列加工有所不同；加工或加工后分放部分占配送中心较大面积；加工后产品直接按用户分放、配货，有的配送中心不单设分货、配货或拣选环节。

加工配送型配送中心不只一种模式，随加工方式的不同，中心流程会有所区别。其流程如图 8-5 所示。

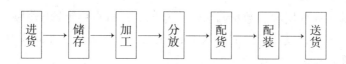

图 8-5　加工配送型的配送中心的作业流程

4. 批量转换型的配送中心的作业流程

这种流程的特点是：流程十分简单，基本不存在分类、拣选、分货、配货、配装等工序；进货商品批量大、品种单一，但发货时需转换成小批量；由于大量进货，储存能力较强，储存工序及装货工序是主要工序。采用这种流程的配送中心包括不需再经加工的煤炭、水泥、油料等产品的配送中心。其流程如图 8-6 所示。

图 8-6　批量转换型的配送中心的作业流程

四、配送中心外部布局原则和内部结构

(一) 配送中心外部布局原则

配送中心外部布局就是根据现状和发展的预期,确定配送中心应如何分布,特定条件下其地址又应如何确定。

由于配送中心是长期使用且难以更改的,因此,其布局是一项带有战略性的决策。事实证明,配送中心一旦建成,其现实布局对它的经济活动将产生举足轻重的影响,国内外不乏先例。由于配送中心分布不合理,难以与用户进行有效的衔接,活动功能将受到很大抑制乃至失败。

为了追求配送中心的合理分布,保证功效的充分发挥,在它未形成之前需要慎重规划。配送中心的布局受多方因素制约,是一项复杂的系统工程。解决这个问题应坚持原则,并辅以相应的数学实证方法。

1. 动态原则

影响配送中心的经济环境和相关因素处于时刻的变动之中,如交通条件的变化、价格因素的变化、用户数量的变化、用户需求的变化。在布局选址时,首先应摒弃绝对化的观念,从动态原则出发,对这些动态因素予以充分考虑,使配送中心建立在详细分析现状和准确预期未来的基础上。同时,配送中心在规划设计时还要留有宽容度,以便能够在一定范围内适应数量、用户、价格等多方面的波动,否则布局一旦实现,就可能出现不能满足配送要求或配送需求不足的被动情况。

2. 统筹原则

配送中心的布局、层次、数量与生产力布局、消费布局等紧密相关,存在相互促进和制约的关系。因此,设定合理的配送中心布局,必须从宏观和微观两方面加以考虑,统筹兼顾,全面安排。

3. 竞争原则

配送中心的业务活动贴近用户,服务性强,必须充分体现竞争原则。在市场机制中,配送服务竞争的强弱是由用户可选择性的宽窄范围决定的,为了扩大用户选择,配送中心的布局应体现出多家竞争,即每一家配送中心只能占领局部市场,只能从局部市场的角度规划。如果忽略了这种市场机理的作用,单纯从路线最短、成本最低、速度最快等角度片面考虑,一旦布局形成,用户的选择就会被弱化,从而导致垄断的形成和配送服务质量的下降。

但体现竞争并不等于过度竞争,在市场容量有限的情况下,过多设置和布局配送中心可能会导致过度竞争和资源浪费。

4. 低运费原则

配送中心利用规划的、技术的方法,组织对用户的配送运输,低运费原则在成本收益分析中至关重要,成为竞争原则在运费方面的具体体现。

由于运费和运距有关,最低运费原则可以简化为最短距离问题,用数学方法求解,得出配送中心与预计供应点之间的最短理论距离或最短实际距离,以此作为配送中心布

局的参考。但运费与运量也有关系，最短距离求解并不能说明抵达各供应点的运量；即使求出最短距离，也不等于掌握了最低运费。因此，最低运费原则也可以转化为运量问题（吨或吨公里），通过数学方法求解。在市场环境中，运量处于经常的波动之中，不像供应点位置那样固定不变，所以这种转化只能作布局上的参考。

5. **交通原则**

配送中心的内部活动依赖于该中心的设计及工艺装备；而配送中心的外部活动散布于中心周围相当广泛的一个辐射地区，依赖于交通条件。竞争原则、低运费原则的实现都和交通条件密切相关，通过交通条件最终得以实现。交通原则是配送中心布局的特殊原则。

交通原则的贯彻包括两方面：一是布局时要考虑现有交通条件；二是布局配送中心时，交通作为同时布局的内容之一。只布局配送中心而不布局交通，往往会导致布局的失败。

（二）配送中心内部结构

配送中心的内部结构和一般仓库有明显的不同，其内部设计必须体现配送职能要求，具有与商品流动相适应的装卸、搬运、储存、保管等多种作业功能，同时还应满足易于管理、灵活应付作业量调整、提高经济效益等要求。配送中心的内部区域结构一般配置如下工作区：

1. **接货区**

该区域完成接货及入库前的工作，如接货、卸货、清点、检验等各项准备工作。接货区的主要设施包括进货铁路或公路、装卸货站台、暂存验收检查区域。

2. **储存区**

该区域储存或分类储存所进的物资，属于静态区域，进货在此要有一定时间的放置。和不断进出的接货区相比，该区域所占面积较大，在许多配送中心里往往占总面积的一半左右。对某些特殊配送中心（如水泥、煤炭配送中心）而言，储存区面积甚至占总面积的一半以上。

3. **理货、备货区**

该区域进行分货、拣货、配货作业，是为送货做准备。该区域面积随配送中心不同而有较大变化，如对多用户、多品种、少批量、多批次配送（如中、小、件、杂货）的配送中心而言，分货、拣货、配货工作复杂，该区域所占面积很大；但在另一些配送中心，该区域面积却又甚小。

4. **分放、配装区**

在这个区域里，按用户需要，将配好的货暂放、暂存，等待外运，或根据每个用户货堆状况决定配车方式、配装方式，然后直接装车或运到发货站台装车。该区域对货物是暂存，时间短，暂存周转快，所占面积相对较小。

5. **外运发货区**

在这个区域里是将准备好的货装入外运车辆发出。该区的结构和接货区类似，有站台、外运线路等设施。有时候外运发货区和分放、配装区还联为一体，所分好之货直接通过传送装置进入装货场地。

6. 加工区

许多配送中心还设有加工区，在该区域内进行分装、包装、切裁、下料、混配等各种类型的流通加工。加工区在配送中心中所占面积较大，但设施装置随加工种类的不同而有所区别。

7. 管理指挥区（办公区）

这个区域既可集中于配送中心某位置，也可分散设置于其他区域中。其主要内涵是营业事务处理场所、内部指挥管理场所、信息场所等。除以上主要工作区域外，配送中心还包括其他附属区域，如内部道路、停车场等。

关键词

配送　配送中心　配货作业　配送工艺流程　定量配送　即时配送
共同配送　摘果方式　播种方式

思考题

(1) 简述物流配送及其分类。
(2) 配送中心有哪些主要职能？
(3) 配送的方法有哪些？
(4) 配送的工艺流程包括哪些环节？
(5) 配送中心的内部结构包括哪些内容？
(6) 配送中心的外部布局应坚持哪些原则？
(7) 简述配送中心的一般流程。

案例分析

日本 7-11 便利店高效的物流配送系统

日本 7-11 便利店（以下简称"7-11"）非常小，场地面积平均仅 10 平方米左右，但就是这样的门店提供的日常生活用品达 300 多种，所有商品必须能通过物流配送中心得到及时补充。7-11 这种多品种、小批量、高频率的物流特点需要高效的共同配送。

一、什么是共同配送

共同配送（common delivery），是指改变以往供应商直接往店铺送货的配送方式，由供应商先将货物送到店铺指定的配送中心，再由指定的配送中心于适当时间往店铺配送。它以计划订货和计算机系统支持为基础。采取的是在特定区域集中设店的高密度发展战略，而不是到处撒网来求得影响力的提升，这就使得共同配送成为可能。共同配送模式可以大幅度节省物流成本。据悉，7-11 通过集中化的物流管理系统成功地削减了相当于商品原价 10% 的物流费用，从而为其树立便利店业的霸主地位奠定了基础。由于特许经营的单店都是由特许经营总部进行统一领导、授权、管理、培训，同时对各单店的经营进行协调，并作为信息中心为各单店提供后台支持，因此，建立由特许经营总部指导下进行管理的共同配送中心，为不同的特许经营单店进行集约配送与共同配送不但成为可能，更是特许经营便利店的一大优势。7-11按照不同的地区和商品群划分，组成共同配送中心，由该中心统一集货，再向各店铺配送。地域划分一般是在中心城市商圈附近35千米，其他地方市场为方圆60千米，各地区设立一个共同配送中心，以实现高频度、多品种、小批量配送，为每个单店有效率地供应商品是配送环节的工作重点。配送中心首先要从批发商或直接从制造商那里购进各种商品，然后按需求配送到每个单店。此外，7-11公司还提供联机接受订货系统和自动分货系统，来协助配送中心实现运作的系统化和高效化。

二、高效的物流信息技术系统

信息技术系统是便利店提高运营质量的强大后盾。信息技术系统主要包括订货、销售信息记录分析、货架管理、订单处理的信息化。先进的信息技术系统可使公司对市场需求及时全面地获得反馈，并与供应商及物流服务提供商建立了强大的合作网络，可以极大地提高供应链以及便利店运营效率，加快订单流动。

早在1978年，7-11就开始了信息系统的建设。在20世纪80年代中期，7-11已经使用能够监控顾客购买行为的PO系统，取代了老式的现金出纳机；1987年安装了条形码识别系统。7-11的网络平台充分地发挥了它的功能。目前，7-11已发展为日本零售业信息化、自动化程度最高的企业。

通过其发达的信息系统，借助于卫星通信，7-11可以对商品的订货情况进行细分，对店铺给予积极的指导，而且能分时段对商品进行管理，真正做到了单品管理。这种能密切联系供应商、商店、员工和银行的物流信息技术系统，对许多零售企业来说，建设成本和复杂程度之高，甚至在互联网技术已经降低了的今天仍然是个梦想。

先进的物流信息技术系统帮助7-11收集详细的销售点数据，包括产品识别、数量、购买时日及对客户的年龄和性别的估计。这些数据在ISDN（综合业务数字网）线路上集合并传送至7-11总部，控制便利店全部电脑设备和外设的便利店计算机系统对数据进行处理。便利店计算机可使便利店经理对每小时销售趋势及客户群体的全部库存单位（SKU）脱销率进行分析。7-11总部使用统计方法对这些详细数据进行分析，预测每年的市场趋势，向供应商提供产品情况，以便生产厂家做出生产安排；有关客户喜好的预测及趋势信息将和供应商共享，共同制订引进新产品、进行货源补给的计划。高效的综合信息系统为7-11公司各部门有效沟通和紧密配合提供了强有力的保障，使以顾客需求为出发点的生产、物流、销售三个环节紧密结合。为准确、迅速地掌握客户需求，为给客户提供优质服务，7-11不惜投巨资构筑生产—物流—销售综合性网络，从接受订货到数据处理、传票发行到货款结算以及赊销管理等，均采用信息网络自动处理；使厂家、供应商、物流、店铺、总部各部门等各环节在商品信息上实现共享，形成信息上的互动，真正意义上实现了业务处理的自动化，工作效率因此而大幅度提高。

7-11凭借高效的物流配送系统，成功实现了物流低成本、高效率，在与其他零售企业的竞争中处于优势地位，是便利店业界的成功实例，其物流配送方略对我国便利店的发展有借鉴意义。

案例讨论题
(1) 什么是共同配送？
(2) 7-11高效的物流配送系统体现在什么地方？

第九章 企业物流

【本章要点】 随着社会主义市场经济体制的建立和改革开放的不断深化，作为市场主体的企业，必须建立与市场经济体制相适应的现代企业制度，实现企业的整体优化。如果把企业改革看作是调整、维护和完善社会主义生产关系的重要一环，那么，企业整体优化则是侧重于生产力的合理配置。在现代企业的生产经营活动中，物流活动贯穿于从原材料采购开始，到零部件的加工，最后把产成品销售出去，并送达用户的整个循环过程。企业物流活动的客观存在，必然促使企业重视物流问题的研究，实现企业物流合理化。物流合理化不仅对实现企业整体优化有重要的意义，而且也是企业合理组织生产力研究的重要课题。

本章主要内容：首先，介绍了企业物流的含义和特征、企业物流需要研究和解决的问题；最后，对企业物流活动合理化等问题进行了分析和讨论。

第一节 企业生产经营中的物流

一、企业物流的含义和特征

（一）企业物流的含义与企业物流的特征

1. 企业物流的含义

现代企业是经济社会系统的基本单元，是市场的主体。从系统原理来看，在市场经济这个大环境中，企业的生产经营活动是一个承受外界市场环境干扰作用的，具有输入、转换和输出功能，并通过市场信息反馈以不断完善自身功能的自适应体系。其中，企业购进原材料和投入其他生产要素表现为系统的输入；生产过程是对生产要素的加工处理，即生产要素向新产品的转换；而产成品的销售表现为系统的输出，以满足市场的需要；同时，产品的销售情况又表现为需求信息的反馈，从而使企业再生产过程进行自我调整，并按新的市场需求重新组织企业的生产经营活动。实际上，企业生产经营过程都是围绕物质资料使用价值的形态功能更替和价值的实现来完成的。所以，企业的生产经营活动，在物质资料使用价值的形态功能更替上，其中任何一个环节受阻，或购不进原材料、或生产不出满足质量要求的产成品、或产成品销不出去等，都会影响企业生产经营活动的顺利进行。可以这样讲，企业生产经营活动本身，是物质资料实体由一种形态功能转换为另一种形态功能的运动过程。物质资料在企业生产经营过程中的这种运动过程所发生的一切物流活动,就构成了企业的物流。

2. 企业物流的特征

企业物流系统除了具有一般系统的特征外,还有其自身的较为明显的特征。

(1) 强烈的集合性。企业物流系统,按其物流活动的业务性质可分为供应、生产、销售、废旧回收等既有区别又密切相关的分系统,每一分系统又由若干个子系统构成。例如,原材料供应分系统包括资源的筹集子系统和实物供应子系统等,每一子系统又需要考虑许多因素和变量。

(2) 密切的相关性。企业物流系统的结构相当复杂,供、产、销和废旧物流分系统之间存在着相互联系、相互依赖、相互制约的内在关系和外部联系。例如,供应分系统必须根据生产的需要按时、按质、按量均衡配套地输入生产要素,任何一种原材料的短缺都会引起连锁反应,造成生产过程的中断;同样,销售分系统必须及时地把产成品销售出去,否则就会由于商品完不成向货币的转化,影响生产要素的购进和供应。这就是说,供应是生产的源,生产是销售的源,销售又是供应的源,任何一个分系统出现障碍,都会影响企业物流的正常运动,都会影响企业生产经营活动的顺利进行。

(3) 具有明显的服务性。从企业物流活动本身来看,它与企业的生产经营活动紧密相连、不可分开,它受生产约束,为企业生产经营活动服务。一般来讲,由于工业生产的特点和组织管理的需要,要求生产过程具有连续性、平行性、节奏性和比例性。生产过程的这种客观需要,就决定了企业物流的流动特点。例如,生产过程的连续性决定了物流的方向和流程与生产过程一致,生产过程如何进行,物流就如何流动,物流不能脱离生产流程而存在;生产过程的平行性决定了物流网络与生产物流相一致,决定了物流的空间结构;生产过程的节奏性决定了物流在时间上的规律性,即物流在时间上要与生产过程同步,要符合生产过程的节拍,决定了物流的时间结构;生产过程的比例性决定了物流量的大小;等等。所有这些,都说明了物流必须服从于生产经营的需要,为生产过程服务。

(4) 企业物流系统的目的性。虽然与整个企业生产经营活动的目的是一致的,都是为了满足社会的某种需求和获取最满意的经济效益,但企业物流系统的目的在于追求物流合理化,提高物流速度,降低物流成本。也就是说,通过开发物流、促进物流合理化,来实现企业经济效益的提高,即所谓的挖掘企业"第三利润的源泉"。

(二) 企业物流与社会物流的联系与区别

1. 企业物流与社会物流之间的联系

它们之间的联系是相互依存和不可分割的,也反映了微观物流与宏观物流之间的关系。

(1) 从系统网络上看,如果把社会物流看作一个物流系统网络,那么企业物流则是物流系统的一个子系统和网络上的一个节点,或称为一个物流据点。所以,只有把社会物流和企业物流联系起来看,才能构成物流系统的网络体系。

(2) 从两者的物流关系上看,企业物流是社会物流的基础,而社会物流则是企业物流赖以生存的外部条件。这就是说,企业物流是社会物流之"源",又是社会物流之

"汇",只有当企业"流"出很多产品,并流入别的企业,或者企业所需的原材料从别的企业流入时,社会物流才能运动起来。

(3) 从两者的物流连续性上看,只有把社会物流同企业物流联系起来,才能理解物流在时间和空间上的连续性。物流的这种连续性保障了社会再生产循环过程的不断进行。

(4) 从物流系统功能的发挥上看,社会物流像一根无形的链条,把所有的企业物流联系在一起,发挥物流系统的整体功能。或者说,企业处在社会物流的环境之中,企业物流的输入功能表现为社会物流的输出功能,而社会物流的输入功能却表现为企业物流的输出功能。

2. 企业物流与社会物流之间的区别

由于企业物流和社会物流各自有着不同的规律和特点,这就决定了它们之间的差别。

(1) 在范围大小上看,企业物流仅限于一个企业的物流,属于微观物流;而社会物流在整个社会范围内,属于宏观物流。

(2) 从物流所处的领域来看,虽然社会物流系统包含着企业物流,但侧重于流通领域物流;而企业物流虽处于社会物流环境之中,但侧重于生产领域里的物流。

(3) 从与商流之间的关系来看,社会物流由于侧重于流通领域里的物流,一般来讲,社会物流是以商流为前提条件的,即没有商流就没有物流;企业物流由于侧重于企业内部,在一般的情况下只有单纯的物流,不发生物质资料所有权转移问题,因而不发生商流。

(4) 从物流规律来看,由于社会物流涉及的面广,影响的因素多,且随机性强,变化大;而企业物流相对来讲,由于相对范围和涉及因素较少,以及生产类型、生产效率相对稳定,因此,企业物流的规律性较强。

(三) 物流在企业生产经营中的地位和作用

从对企业物流和社会物流之间的联系和区别的分析,我们可以看出企业物流在社会物流中的地位和作用是非常重要的。从企业的生产经营过程来看,物流的地位和作用可以从以下两个方面来予以考察。

(1) 现代企业的生产经营过程,是物质资料实体不断运动的过程。在企业生产经营系统的输入—转化—输出过程中,除了价值实现的转移外,都是围绕着物质资料的使用价值形态功能的不断交替来满足社会的需求。从企业生产经营的职能来看,无论是产品的开发、设计、物料采购、工艺生产、产品销售,都是通过物质的流转得以实现的;从管理的角度来看,经营方针的决策、企业的计划、指挥、协调、控制等职能的发挥,无一不伴随着物流的开发和运行。现代企业生产经营过程的物流活动如图9-1所示。

从图9-1中可以看出,物流贯穿于整个企业生产经营的过程中,并构成了企业生产经营中的物流动,即企业物流是由供应物流、生产物流、销售物流、回收物流和废弃物物流构成,从而为企业物流合理化指明了方向。

(2) 企业生产过程的组织与管理是一个物流的组织管理过程。生产过程的组织与

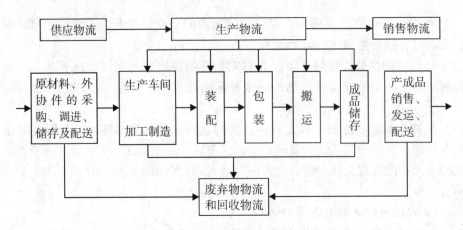

图9-1 企业生产经营中的物流活动

管理是企业生产得以顺利进行的条件和保证。企业生产过程的组织不外乎包括生产过程的空间组织和时间组织。如何有效地组织生产过程,则主要考虑产品的特点和生产的专业化程度。生产专业化程度的高低一般是通过生产工作地上担负工序数目的多少来反映的,专业化程度愈高,工作地上担负的工序数目就越少。从另一角度来理解,企业生产的专业化程度,可以按企业生产同种产品数量的多少来划分,即可分为大量生产、成批生产和单件小批生产等,这种划分就是一般意义上生产类型的划分。实际上,生产专业化程度无论是按工作地上担负工序数目的多少,还是按生产类型划分,其意义是完全一致的,只是表现形式有所不同。从上面分析可明显地看出,企业的生产类型是影响企业生产组织的最主要因素。生产类型的本身也反映了企业物流的特点和形式。例如,大量生产的条件下原材料的投入,生产过程零件、部件在各生产阶段之间的流动,显然与成批生产、单件小批生产条件下的原材料的投入,生产过程零件、部件在各生产阶段之间的流动,无论在流量上还是在流动形式上,都有很大的差异。同时,企业物流作业本身,既是生产过程不可缺少的组成部分,又可以把企业的各生产作业点、作业区域,以及各生产阶段之间有机地联系起来,使企业的生产过程形成一个整体。如果没有物流作业,整个企业的生产就不会动起来。这就是说,物流的空间结构是否合理、时间组织是否科学,将直接影响企业生产过程的合理组织和科学管理。

二、企业物流需要研究和解决的问题

(一)从生产经营的业务性质考察物流

从企业生产经营活动的业务性质来考察物流问题,就需要研究和解决企业生产经营过程中的采购、供应、生产、销售和废旧物回收中的物流合理化问题。这就是企业物流中的供应物流、生产物流、销售物流和废旧物的回收与处理物流。

(二)从影响物流合理化的因素考察物流

从影响企业物流合理化的因素来考察物流问题,内容丰富,主要需要解决以下几个问题。

1. 工厂的布局和厂址的选择

工厂的合理布局不仅直接关系到企业自身的物流合理化，而且关系到社会物流的合理化。工厂布局和厂址选择的本身，一方面要考虑企业生产和企业物流与社会物流的适应性；另一方面，不但要考虑各种各样的社会因素、地理因素、水文因素和物流因素等，而且还要用相应的科学方法，如数学模型、经济区划方法来解决工厂的合理布局和厂址的选择。

2. 厂区规划与厂区物流设计

按照一般厂区规划的原则，结合企业生产规模、产品的特征，合理规划厂区各单位的相互位置，使厂内物流在空间结构和时间组织上，既有利于生产，又节约物流费用。

3. 工作地或工位的配置和生产线的设计

如果把厂区规划看作是工厂布置，那么，工作地或工位配置和生产线设计则是车间布置。合理的工位配置和生产线设置，必然对物流合理化、降低物流费用具有重要的意义。

4. 仓储管理和库存控制

为了保证生产过程连续不断地进行，必须有一定物料的库存，但又不能储存过多，这里就有一个物料的合理储存问题，有储存就有物料的维护保养问题的产生。因此，加强企业仓库管理，维护、保养好储存的物料，合理控制库存，制订科学的物料消耗定额，就成为企业物流管理需要研究和解决的问题。

三、推进企业物流合理化的紧迫性

在社会主义市场经济体制下，企业作为市场的主体，必须在市场环境中具有较强的竞争能力，这样才能使企业在激烈的市场竞争中生存和发展。现代企业在市场环境中面临着严峻的考验，特别在生产经营中正面临着开发物流、发展物流的严峻挑战。

（一）高效率物料供应的迫切需要

在经济高速发展的现代，能源短缺、原材料供应紧张和价格上涨、交通运输紧张是世界性的问题。如何保证企业有稳定的生产要素输入，成为企业生产经营连续进行的前提。企业的供应物流，即适时、适质、适量、适价的高效率的物料供应是企业经营的重大课题。

（二）销售物流的迫切需要

在生产高度发展、市场日益开拓的态势下，仅仅靠产品质量、价格、广告和推销作为市场竞争的手段已远远不够了，而销售物流的低费用和准时交货的高水平物流服务已成为竞争胜负成败的关键之一。企业的输出机制表现为提供产品和劳务两方面，对于提供服务的生产者来说，服务就是商品，服务具有一定的使用价值和交换价值。搞好销售物流，不仅单纯是获取商品劳动价值，而且能以劳务价值来追加生产的劳动价值。

(三) 降低物流成本的迫切需要

由于科学技术的发展和生产管理水平的提高，仅靠降低物质消耗和提高劳动生产率来降低产品成本的潜力逐步缩小，而物流领域却是一块"未开垦的处女地"，从管理和技术上加以改进，采用产业互联网、大数据、人工智能等技术，将是"大幅度降低成本的宝库"，这一降下来的成本额将成为企业"第三利润的源泉"。

(四) 提高物流效率的迫切需要

由于科学技术的进步和生产管理水平的提高，直接生产成本不断下降。据有关资料，美国的生产成本不足工厂成本的10%，全部生产过程只有5%的时间用于制造加工，其余95%多为搬运、储存等生产物流时间。若不重视和改进物流，这就如同把21世纪的力量集中于仅5%的生产阶段，而让其余95%仍停留在19世纪的水平，这种不协调的状况使企业物流成为现代生产经营系统的薄弱环节，将有损于通过灵活的生产系统实现生产率提高的前景。因此，建立有效的供应—生产—销售物流系统，开拓企业物流领域，将成为现代企业发展的"金钥匙"。

第二节 厂址选择与工厂布置

厂址选择属于工业布局问题，是一项宏观经济决策问题；而工厂布置则是在厂址确定之后，按产品的特征、规模和工艺流程，确定工厂各组成单位的空间位置。如果把厂址选择看作是追求社会物流合理化，那么工厂布置则是追求企业内部物流合理化问题。所以，合理的厂址选择和工厂布置，是企业物流合理化的基础条件，是企业物流合理化研究的重要内容。

一、厂址选择

(一) 厂址选择的意义

厂址选择是宏观经济决策问题，是一项综合性的技术经济工作，政策性和科学性很强，涉及社会、经济、政治等多方面的因素。厂址选择是生产力布局的具体体现，它是根据国家产业政策和工业布局规划，按设计任务要求，对建厂地区和工厂位置的选择。厂址选择是否合理得当，对基本建设投资、建设速度、生产经营管理、劳动条件、生活条件、环境保护，以及城市建设与城市经济的发展等都具有重要的意义。厂址选择从社会物流和企业物流合理化来讲，其重要意义表现在以下几个方面：

(1) 正确选择厂址和工厂布置是物流合理化的重要基础，是企业物流合理化的前提条件。从社会物流来讲，工厂是物流系统网络上的一个节点，这个节点的空间位置直接关系到货物流动路径的长短；从企业物流来讲，只有在合理选择厂址的基础上，才能对一个工厂平面布置和物流活动进行规划和设计，使物料进出工厂和在厂内流动畅通无阻。

（2）合理的厂址选择，能使生产企业或者接近原材料、燃料产地，或者接近产品销售地，或者靠近交通运输干线，这样既有利于资源的合理开发，又能缩短运输距离，减少中间环节，降低社会物流费用，从而有利于加快企业物流速度，加快资金周转，提高企业的经济效益。

（3）厂址选择对物流系统的开发与设计有重大的影响。厂址所在地的自然地理条件，直接影响着工厂布置及其相应的物流线路；同时，厂址的选择决定着原材料采购的方式以及投入生产的方式，从而为决定企业仓库规模提供了依据等。

（二）影响厂址选择的因素

1. 厂址选择应考虑的环境因素

（1）厂址选择要考虑原材料等综合条件。厂址能提供原材料、资源和劳动力，特别是提供熟练技术劳动力的条件。

（2）交通运输条件。这是厂址选择应考虑的重要因素之一。一般认为，厂址选择尽量靠近公路、铁路、港口、码头等交通设施，以利于工厂货运，降低物流费用。

（3）厂址选择要考虑消费需求及其变化。这就是说，要根据目前和将来市场对企业生产产品的需求情况，选择在主要消费区或最迫切的消费地区设置工厂，并要综合考虑生产、流通和消费，促进三者的统一。

（4）厂址选择时，要考虑各种其他资源供应情况，如供电、供煤、供气、供热等能源的资源情况，以及供水、排水、排污和"三废"处理等情况。

（5）厂址选择在具体位置的确定上要特别注意工程区域的地质、地理、水文条件，如地面力求平整、地震情况、生活设施情况，以及气温、湿度、雨量、风向、水文等情况。

（6）厂址选择尽量把有相关性的企业集中在一起，以形成专业分工合理、相互协作的区域工业特色，促进区域专业化水平的提高，加强经济联系，以便合理组织厂际之间的物流。

2. 厂址选择应考虑的厂内因素

（1）考虑所建厂的生产规模和生产能力、产品结构特征、生产工艺要求、设备投资情况等。

（2）所建厂要能满足容纳全部建筑物、构筑物与厂内道路和其他物流设施，有扩建伸展的余地，少占农田。

（3）要有合理的通道条件，包括货物的进出、职工的上下班、消防和救护等。其基本要求是既方便又要易于控制。

（4）废弃物的回收与处理场所，布置要合理，既要有利于环境保护，又要达到资源的综合利用。

(三) 厂址选择的基本方法

1. 方案比较法

这种方法是指在一定的区域范围内，选择比较理想的几个备选的厂址方案，通过详细调查、实际勘察、钻探，列出不同方案的技术参数、基建费用和经营费用，经过比较分析，选择出技术条件好、费用低的最满意的方案。

2. 分级评分法

这种方法又称分等排队加权法。它的基本步骤是：首先，列出影响厂址选择的不同因素，并根据这些因素在选址中所处的地位确定相应的权重数；其次，对备选的厂址逐一考察，并按预先规定的等级对每一厂址按每一因素确定其相应的等级数；再次，将每一备选厂址，在第二步中对各因素的等级数乘以该因素的权重数所得的分数加总，便得到每一备选厂址的总得分。

一般认为，如果各因素均为正影响，那么其总得分最高者为较好的厂址方案。

3. 重心坐标法

这种方法又称直接分析法，是根据厂址预选点与各供应点之间的距离和相应的供应量之间的数量关系，建立其数学模型或运用系统模拟来寻求最优方案的方法。如果设厂址为 P，其坐标为 $P(x, y)$，各供应点的坐标为 $p_i(x_i, y_i)$ $(i=1, 2, \cdots, n)$，其需要量为 W_i $(i=1, 2, \cdots, n)$，那就是寻求点 P 的位置应处于 P 点到各供应点 p_i 的总吨公里数为最小，用 $C(\underset{min}{x}, y)$ 来表示。用数学公式可表示为：

$$C(\underset{min}{x}, y) = \sum_{i=1}^{n} W_i \sqrt{(x_i - x)^2 + (y_i - y)^2}$$

4. 盈亏分析法

这种方法又称量、本、利分析法，是依据各备选方案预测未来的产品销售量（销售收入）、销售成本和利润，以及它们三者之间的关系，对各备选方案进行分析、比较，选择最满意的厂址方案。采用盈亏分析法的步骤是：首先确定盈亏平衡点，在此基础上通过盈亏分析达到选址的目的。

销售收入、销售成本与利润三者之间的关系不外乎三种情况：

第一，销售收入＞销售成本──→有利润。

第二，销售收入＜销售成本──→亏损。

第三，销售收入＝销售成本──→不亏不盈。

所以，如何寻求"收支平衡，盈亏相等"的状态，就成为厂址选择的先决条件。在这里，把收支平衡、盈亏相等时的销售量或销售额称为盈亏平衡点或盈亏临界点。这就是说，当销售额或销售量大于盈亏临界点时的销售额和销售量时，则此方案可取。因此，在各种备选厂址方案中，哪一种方案的利润大，就选这一方案。如果用销售量表示盈亏临界点，则计算公式为：

$$Q_0 = F \div (P - \frac{V}{Q})$$

如果用销售额表示盈亏临界点,则计算公式为:

$$S_0 = F \div (1 - \frac{V}{S})$$

上两式中:Q_0、S_0 分别表示盈亏临界点的销售量和销售额;F 表示固定费用(固定成本);V 表示变动费用(变动成本);Q、S 分别表示销售量和销售额;P 表示单位产品的价格;$\frac{V}{Q}$ 表示单位产品的变动费用;$\frac{V}{S}$ 表示单位产品的变动费用率。

运用线性规划的运输问题数学模型,来寻求最优方案。它是在一组约束条件下,寻求吨公里最少或运费最小方案的方法。

二、工厂布置

(一) 工厂布置的意义

厂址确定之后,就要根据产品的特征、生产类型和产品工艺流程确定工厂的组成部分及其规模大小,在此基础上进行厂区规划,即工厂布置。工厂布置就是根据已确定的工厂组成部分及其规模,合理地在厂区安排它们的相互几何位置,并画出工厂的平面布置图。从企业物流的角度来解释,就是对组成工厂的各部门、设施和设备按一定方式布置,使产品生产过程从投入原材料到成品的发运,物料流动最方便,物流过程的运输、装卸搬运量最少,物流费用最低,即以最低的成本生产出市场需求的产品。

很明显,工厂布置与企业物流有着十分密切的关系。一个良好的工厂布置,可以缩短本企业产品在生产过程中的流动距离,节约运输装卸搬运投资,避免物料和人员的迂回流动,降低物流费用,提高生产效率。所以,合理地进行工厂布置,不仅有利于对投入的各种生产要素的合理配置,而且为企业物流合理化提供了条件;这既是工厂工程建设上应该重视的问题,也是企业物流研究的重要课题。

(二) 工厂布置的影响因素和应遵循的原则

1. 工厂布置应考虑的因素

这种因素大体上可分为两类:一类是物流因素,另一类是非物流因素。物流因素是指根据各部门之间物流量的大小来考虑各单位、部门之间的几何位置,即尽量把相互之间物流量大的单位靠近一些,以减少装卸搬运工作量,提高物流速度,降低物流费用。非物流因素指除物流因素以外的因素,如社会因素、地理因素、水文和地质因素,以及人的意志因素等。

2. 工厂布置的原则

工厂布置包括两项基本内容:一是工厂总平面布置,二是车间布置。前者属于厂区

规划,后者指厂房内的设施、设备配置。无论是工厂总平面布置,还是车间布置,都要遵循以下基本原则:

(1) 服从于生产工艺流程的需要。要求工厂的每一组成部分的位置安排能保证生产工艺流程的畅通和便利,有利于缩短生产周期和降低物流费用,例如:物料的单一流向,最小的物流距离,最少的装卸搬运次数,进出方便,通道、道路畅通,等等。

(2) 适应厂外运输的要求。在进行工厂平面布置时,不仅要考虑厂内运输路线的合理布置,还要研究厂内运输与厂外运输之间的衔接问题。要利用厂区所在地,如城市现有的运输条件,满足厂内物流的需要,避免货运路线和人流路线相交叉。

(3) 节约用地,向立体空间发展,如规划建设立体仓库等。

(4) 有利于生产,服务于生产。

(5) 有利于企业管理水平的提高。

(三) 工厂的布置方法

工厂布置,按其内在形式包括工厂总平面布置和车间布置;按工作流程形式可区分为产品布置、工艺布置和定位布置。工厂的布置方法常用的有平面模型布置法、立体模型布置法、物料流向图法。本节从物流因素角度来考虑,只介绍物料流向图法。物料流向图法的基本思路是:以工厂组成部分之间的物流量大小来判断它们之间的密切相关程度,并以此为基础,按照尽量把相互之间物流量大的单位靠近的原则,对工厂组成部分进行布置。

物料流向图法的具体步骤如下所述:

(1) 根据已确定的工厂各组成部分,建立一定时期各组成部分之间的物料流量(运量)表。例如,某一工厂由六个生产单位(A_1—A_6)组成,这六个单位每日物料运量如表9-1所示。

在表9-1中,上三角形部分表示各单位之间的关系是由前到后的顺序,称之为顺行物流量;下三角形部分表示各单位之间的关系是由后到前的顺序,称之为逆行物流量。

(2) 根据建立的物流运量表,绘制物流运量相关线图,如图9-2所示。

(3) 根据物流运量的多少确定各单位之间物流密切度的等级。各单位之间物流密切度等级一般分为五个级别,分别用英文字母 A、E、I、O、U 表示,这五个级别的含义如表9-2所示。

表9-1 某工厂生产单位(A_1—A_6)每日物料运量

单位:吨/日

终点\起点运量	A_1	A_2	A_3	A_4	A_5	A_6	合计
A_1		6	0	2	0	2	10

续表7-3

终点＼运量＼起点	A_1	A_2	A_3	A_4	A_5	A_6	合计
A_2	0		2	4	0	0	6
A_3	0	6		2	2	0	10
A_4	0	0	2		1	3	6
A_4	0	0	0	2		2	4
A_6	0	3	0	0	0		3
合计	0	15	4	10	3	7	39

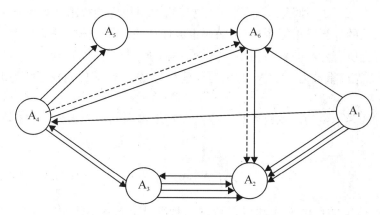

⟶ 表示每日从一个单位流向另一个单位的流量为2吨

----▶ 表示每日从一个单位流向另一个单位的流量为1吨

图9-2 物流运量相关线示意

分级的确定，一般按厂内单位之间的对数的百分比。如果有 n 个单位，则有 $\frac{n(n-1)}{2}$ 对联系，即所谓的对数。在所有的对数中，A级为总对数5%～10%，E级为10%～15%，I级为15%～20%，O级为20%～25%，其余为U级。

如果6吨/日以上表达为A级，4吨/日表达为E级，3吨/日表达为I级，2吨/日表达为O张、其余均为U级，那么，根据画出的物流量相关线图，可知 A_1 与 A_2 之间的物流密切度等级为A级，A_2 与 A_3 之间亦为A级，A_3 与 A_4 之间为E级，依此类推，可得到其他各单位之间物流量密切度的等级。

表9-2 物流密切度等级的含义

等级	英文	中文含义
A	Absolutely necessary	绝对必要
E	Especially important	特别重要
I	Important	重要
O	Ordinary closeness	普通重要
U	Unimportant	不重要

(4) 根据已确定的密切度的等级，绘制物流相关图，如图9-3所示。

(5) 根据物流相关图确定各单位的优先权重数。优先权重数的确定是按级别的重要程度所赋予的权重数来表示的。例如，给定A级、E级、I级、O级、U级的权重数分别为6、5、4、3、2，那么，与图9-3物流相关图相应的权重数如图9-4所示。各单位优先权重数的计算是根据图9-4的权重数计算的，其计算方法是把图9-4中各单位所对应的行上所有元素的数值相加。例如，A_1 的优先权重数为16，A_2 的优先权重数为23，A_3 的优先权重数为18，A_4 的优先权重数为20，A_5 的优先权重数为14，A_6 的优先权重数为17。

根据计算的各单位的优先权重数，按由大到小排列，从而得出各单位的优先顺序，即为：

$$A_2, A_4, A_3, A_6, A_1, A_5$$

(6) 根据给定的厂区面积和各单位的占地面积，在考虑厂内运输、道路、通道、环境绿化以及其他应注意问题的基础上，按各单位物流量的优先权重数的大小进行单位的布置。一般认为，优先权重数最大的置于厂区中心，其他单位按优先权重数的多少，较大的尽量靠近已确定的单位，依此类推。这样就可以得到一个较为满意的工厂布置方案。

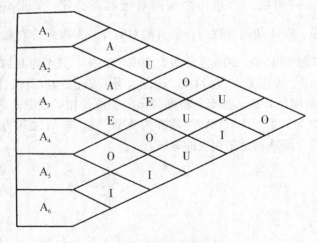

图9-3 物流相关示意

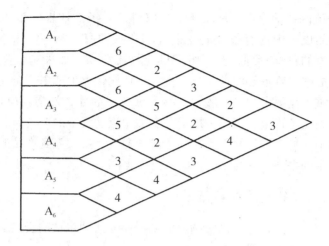

图 9-4 各单位物流相应的权重数示意

第三节 企业物流活动分析

企业生产经营活动是供、产、销三个阶段的统一。物流贯穿于供、产、销三个阶段。因此,对企业物流活动应从供应物流、生产物流和销售物流三个方面进行分析。

一、供应物流

(一) 供应物流的基本任务和作用

1. 供应物流的基本任务

企业的生产过程同时也是物质资料的消费过程。企业只有不断投入必要的生产要素,才能顺利进行生产和保证其经济活动最终目的的实现。同时,企业供应物流的基本任务是保证适时、适量、适质、适价、齐备成套,经济合理地供应企业生产经营所需要的各种物资,并且通过对供应物流活动的科学组织、管理和运用现代物流技术,促进物资的合理使用,加速资金周转,降低产品成本,使企业获得较好的经济效果。

2. 供应物流的作用

供应物流的作用表现在以下两个方面。

(1) 供应物流是保证企业生产经营活动正常进行的前提条件。现代化企业生产具有规模大、品种多、技术复杂等特点,再加上专业化、协作化的发展,生产社会化程度的提高,企业间的生产技术联系愈加密切。企业的生产活动要有生产要素的投入,首先是劳动资料的投入。因此,企业的供应活动成为企业生产经营活动的起点,能否适时、适量、适质、适价、齐备成套地供应生产所需要的各种物资,是保证企业顺利进行生产经营活动的先决条件。企业供应物流的作用,首先就是为企业提供生产所需的各种物资。

(2) 供应物流的科学管理，是保证企业取得良好经济效果的重要环节。首先，物资供应费用在产品成本中占有很大的比重（如在机械产品中一般占60%～70%），因此，加强供应物流的科学管理，合理组织供应物流活动，如采购、存储、运输、搬运等，对降低产品成本有着重要的意义。其次，在现代化大生产中，企业的储备资金在流动资金中所占比重也是很大的，一般为50%～60%。因此，加强供应物流的组织管理，合理储备，对压缩储备资金、节约占用资金、加快流动资金的周转起着重要的作用。最后，在物资供应中，能否提供合乎生产要求的物资，直接关系到产品的质量、新产品的开发和劳动生产率的提高。

（二）供应物流的主要业务活动

围绕供应物流的基本任务，供应物流的主要业务活动包括物资供应计划、物资消耗定额、供应存货与库存控制等。

1. 物资供应计划

物资供应计划一方面要适应生产、维修、技术措施、基建、成本、财务等对物资和资金使用方面的要求；另一方面又反过来为其他计划的顺利执行提供物资保证。对企业物资管理来说，物资供应计划是订货、采购、储存、使用物资的依据，起着促进企业加强物资管理的作用。

正确地确定物资需要量，是编制物资计划的重要环节。不同用途、不同种类物资需要量的确定，方法是不同的。概括说来，有直接计算法和间接计算法两种。

（1）直接计算法。它是直接根据物资消耗定额和计划任务来核算需要量，也叫定额计算法。其计算公式如下：

$$\text{某种产品对某物资的需要量} = \left(\text{计划产量} + \text{工艺上不可避免的废品数量}\right) \times \text{单位产品物资的消耗定额} \times (1 + \text{供应系数})$$

式中：计划产量包括产品的产出量和期末期初在制品的差额；供应系数是考虑由非工艺性损耗带来需要量的增加额，一般根据经验统计资料并结合计划年度的情况分析确定。

（2）间接计算法。用间接计算法确定物资需要量比较粗略。一般用来确定不便于制定消耗定额的辅助材料需用量，或用来确定某些辅助生产部门的部分用料。其计算公式如下：

$$\text{某种物资的需要量} = \text{上期该种物资的耗用量} \times \frac{\text{计划期产值}}{\text{上期产品产值}} \times (1 - \text{计划期预计物资消耗降低率})$$

2. 物资消耗定额

物资消耗定额是在一定生产技术组织条件下，为制造单位产品或完成某项任务所规定的物资消耗量数量标准。物资消耗定额的制订，包括"定质"与"定量"，"定质"

即确定物资的品种、规格、质量,"定量"即确定物资消耗所需数量。

(1) 物资品种规格的确定。要做到技术上可靠、经济上合理、供应上可能。具体要考虑如下因素:①品种、规格、质量的选择必须符合产品性能的要求。②选用的物资应具有良好的工艺性,以便保证产品加工质量和提高劳动生产率,便于提高产品制造的经济性。③选用的物资要尽量考虑降低成本的要求。例如,尽量避免使用稀缺物资、进口物资;充分考虑材料的合理代用;如"以铸代锻",以廉价材料代替贵重材料;充分利用规格标准化的材料,以降低材料价格;尽量使材料规格与零件毛坯长度成整倍数关系,减少不可利用的边角余料,考虑余料的综合利用,以提高材料的利用率;尽量考虑就近供应物资,以降低运费和便于协作管理。④选用物资要考虑现实资源情况和供应可能。

(2) 物资消耗量标准的确定。物资消耗量标准的制定方法大致有以下四种:①技术计算法。它是根据产品图纸和工艺说明等资料计算物资消耗定额的方法。这种方法的计算程序是:首先根据图纸计算零件净重,加上合理的加工留量(或根据毛压图纸计算零件毛重),然后加上下料过程的合理损耗,算出物资消耗定额。②实际测定法。它是运用理论称重、计算等方式,对实际物资消耗进行测定,然后通过分析研究,制定物资消耗定额的方法。使用这种方法时,应选择定额先进合理的典型作为测定对象。③统计分析法。统计分析法是根据实际物资消耗的历史统计资料,进行简单的计算和分析,借以确定物资消耗定额的方法。④经验估计法是以有关人员的经验和资料为依据,通过估计,制定物资消耗定额的方法。

3. 供应存货与库存控制

存货,即储存的货物。它一般指库存的材料、燃料,以及备用品、备件与工具,库存的在制品、半成品,库存的成品,等等。

现代库存控制研究的主要内容是探索经济上合理的货物储备量,以便为企业的经营决策提供定量的分析依据。

(1) 存货与库存控制的任务。存货与库存控制的基本任务是:通过适量的库存,用最低的存货成本,实现对企业生产经营活动的供应,即经济合理的供应。现代库存控制是提高企业经济效益的重要手段。

(2) 库存量随时间变化的模式。该模式是研究库存控制数学模型的前提。在实践中,货物到货与耗用的方式是多种多样的,然而,最基本、最典型的方式可以抽象为两种:一种是每次订货量一次全部到达,而在供应周期内陆续均匀耗用;另一种是每批订货在一定的到货期内分若干日(或若干个周期)均匀到达,在供应周期内陆续均匀耗用。

(3) 存货的种类。按存货的作用可分为周转储备和保险储备。①周转储备:是指用于经常周转的货物储备,即在前后两批货物正常到达期之间(供应周期内),保证生产经营正常需要的储备。不同的库存模式,有着不同的周转储备量,并随着货物的不断入库和出库而不断地发生变化。②保险储备:是指为防止或减少因订购期间物资需求增加(过量耗用)和到货期延续所引起的缺货而设置的储备。保险储备对作业失误或发生随机事件起着预防缓冲的作用。

(4) 存货成本。存货成本是指货物从订购、购入、储存，直至出库所发生的各种费用，以及因缺货所造成的经济损失，等等。研究存货成本，寻求可获得最低存货成本的出入数量，以及寻求有效的控制方法和方式等，是研究库存控制的中心内容。为便于建立库存控制的数学模型和对购储数量做经济分析，可将存货成本分为以下四种：①订购成本，是指为订购货物所发生的成本，它包括订购手续费、催货跟踪费（如有关催促、跟踪订货物的电话、电报费、差旅费及押运费等）、收货费（如有关货物的验收、入库费和货款支付的手续费等）、有关人员的工资等。②购入成本，是指为了在预定地点（如仓库）获得货物的所有权而发生的成本，即货物本身的成本。它包括货物的购价、运输、装卸费及装卸过程中的损耗等。购入成本的大小与所购货物的品种和规格、供应地点和运输方式、运输路线等有很大的关系。③储存成本，是指为储存货物而发生的成本，即货物从入库到出库的整个期间内所发生的成本，又称为持有成本。它包括存货占用资金应计的利息、存货保险费、仓库保险费（如仓储设施的运行费、维修费、折旧费、仓库人员的工资及其他日常的管理费等）、存货损耗费等。④缺货成本，是指由于存货用尽、供应中断（即发生缺货），不能满足生产经营上的需要所造成的各种经济损失。例如，因供应不足或不及时而造成的停工待料损失费或调整生产的损失费，因产品脱销而损失的利润以及因交货误期而应付的罚款等。缺货成本的高低与储备量大小有关，储备量大（订货批量大、保险储备量大），则缺货数量和次数相对减少，缺货成本低，但储存成本必高；反之，储备量小，则缺货成本可能就高，而储存成本必然低。

(5) 库存控制的方法。库存控制的方法主要有以下几种：①定量订货控制法。在实行定量订货时，要根据存货总成本最低的原则，事先确定一个相对固定的经济订货批量 Q_E 和订货点 R，如图 9-5 所示。每当库存量降至订货点 R 时，即应按预定的经济订货批量 Q_E 组织订货。②定期订货控制法。在实行定期订货时，同样根据存货总成本最低的原则，事先确定一个相对固定的订货周期 T_0（相邻两次订货之间的间隔时间）和订货水准 L_0（订货后应达到的数量），再定期根据当时的实际库存量 $(S_h)_i$ 来确定每次的具体订货数量 Q_i。定期订货控制如图 9-6 所示。在现代企业里，存货不仅品种规格繁杂、数量大，而且占用资金多，但每种存货的数量及其所占用的资金各不相同。为了有效地控制库存，降低存货成本，对繁多的存货必须实行科学管理。例如，ABC 分析法，以便根据存货的不同类别分别施以不同的控制方法。定期控制法主要用于 A 类货物的控制。因为 A 类货物中一般品种规格为数不多，但金额很大，对企业的经济效益有很大影响，所以是库存控制的重点。对 A 类货物实行定期订货控制时，须在每次订货前盘点，必要时还应对下期的需求做出预测，尽量使每次订货数量符合实际，避免多储或少储，以节约流动资金，降低存货成本。此外，B 类中金额较高或需求不稳定的货物，以及 C 类中需求不稳定的多用途货物（如生产、维修均需用的某些材料、标准件等），也宜采用定期订货控制法。③经济订购批量。经济订购批量是指能使年存货总成本最小的一次订货数量。它是对库存实行定量控制和定期控制的一个最基本的参数。其基本数学模型是按不考虑价格折扣和缺货、允许缺货但不考虑价格折扣的情况下分别建立的。

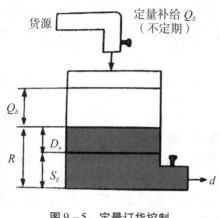

图9-5 定量订货控制

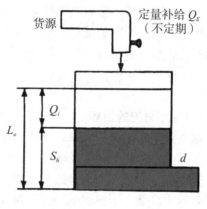

图9-6 定期订货控制

二、生产物流

(一) 产品开发与设计中的物流

1. 产品开发与设计

产品开发与设计包括功能设计、式样设计、生产设计和包装设计四个方面。

(1) 功能设计。功能设计是在销售物流工作提供的信息和研究资料的基础上,开展价值分析,为新产品开发或老产品改造提供依据。例如,什么样的产品才能使功能、质量、可靠性与成本之间的关系相适应等。也只有充分可靠的市场分析和预测信息,产品的功能设计才能从质量、品种、成本、可靠性等方面综合考虑,以适应市场需求。

(2) 式样设计。精巧的设计涉及最终产品的形状等。产品式样对用户或消费者来说,无疑是很关心的事。因此,式样设计应满足各种消费者的爱好和需要。

(3) 生产设计。生产的方式能影响产品的最终成本。因此,生产设计同生产费用的多少有关。生产设计应考虑到原材料、配件、半成品、成品在机台、工序、车间、仓库之间的装卸搬运等物的流通问题,使其省时、省力、连贯化、自动化、均衡化,任何物流的阻塞和低效率都会导致生产成本的提高。

(4) 包装设计。产品设计包括包装决策。包装已不再孤立地成为销售物流的职能,从产品决策开始就应考虑到包装的设计:如何使其包装的式样有利于充当不说话的推销员,如何在装卸、保管、运输过程中使物流费用降低和保护商品,如何使包装在生产—装卸—运输—保管—发放一体化中担负串台角色。

2. 以产定供

当产品开发与设计确定后,解决了生产什么的问题。这时需进一步决定生产方法、生产工艺并安排生产计划,解决怎样生产、质量控制、生产批量、生产周期、生产进度等问题。但是,若无符合产品开发与设计质量要求的原材料、工具、机械、设备、零配件等物资的供应,任何工艺与生产均无法实现;若无合理的价格并按生产计划要求均衡、适时、适量的物资供应,生产成本必然增大,生产的连贯性、均衡性必遭破坏。因此,以销定产之后的重要决策便是以产定供。理想的物资供应方式是实现无库存的滚动式的生产。根据生产的批量、工艺、质量、时间、成本要求,准时地、无积压地、不间断地送货到加工机组。

(二) 生产过程中的物流

1. 生产物流的目标

在企业系统生产中,物料流转贯穿于加工制造过程的始终。无论是在厂区内、库区内、车间内、车间之间、工序之间、机台之间,都存在原材料、零部件、半成品和成品的流转运动,都离不开物料的装、卸、运等活动,也就必然产生费用支出。生产过程物流的目标应该是:①提供畅通无阻的物料流转,以保证生产过程顺利地、高效率地进行;②减少物料搬运的数量、频率和距离,减少搬运费用,降低成本;③防止物料损坏、丢失,防止人身设备事故。

2. 物料流转分析

物料流转分析是为了明确对物料搬运的需求。通过物料流转分析,可以确知需要搬运物料的种类和数量,搬运工作所服务的职能对搬运工作的频率、连续性、机动性等方面的要求,搬运作业的起讫地点及空间限制,不同作业的次序,然后可以根据分析结果,运用物料流转图等图表,以及线性规划、统筹法、排队论等数学方法,综合比较可以选用的不同的方法和设施,求取最佳的决策方法。在比较选择过程中应力求做到以下几点:

(1) 尽可能不搬运物料。
(2) 尽可能减少人工搬运。
(3) 尽可能以物料移动代替人的移动。
(4) "装载单位"的尺寸及重量尽可能大。
(5) 尽可能利用物料的重力作用。
(6) 通过减少交接时间,尽可能使人员、设备的等待、闲置时间减少。
(7) 尽可能消灭相向、迂回运输。
(8) 尽可能使搬运作业与生产、供应、分发等合并。
(9) 尽可能利用流水作业法。
(10) 保证合理利用空间,特别是通道面积。
(11) 尽可能经由较短的途径搬运较大的物料。
(12) 尽可能利用租赁设备、搬运公司的服务代替自购设备。

特别要指出的是,在企业的生产过程中,选用合适的搬运设备,不仅对改善物料搬运工作的条件有重要的意义,而且对提高劳动生产率和降低搬运费用有重大的作用。因此,要分析研究各种搬运设备,如输送装置、搬运车辆、起重装置等的利弊,借以选择最经济合理的搬运设备。

3. 生产过程的物流组织

生产过程的物流组织与生产过程的组织是同步进行的,伴随生产过程的空间和时间组织，物流也存在着空间组织和时间组织。也就是说，随着生产过程的组织不同，其物流的组织也有所不同。

（1）生产过程的空间组织，决定了物流的空间结构和流动特征。生产过程的空间组织是指企业内部各生产阶段或生产单位组织及其空间位置。为了使生产过程达到连续性和节奏性，必须从空间上把生产过程的各环节有机地组织起来，使它们能够密切配合、协调一致。生产过程的组织形式主要取决于产品的特点、工艺特点，以及专业化的程度。通常，生产过程各生产单位的组织有两种基本形式，即对象专业化和工艺专业化，以及兼这两种形式特点的混合组织形式。

对象专业化的特点是按产品（零件、部件）的不同设置生产单位。在这种形式的生产单位里，集中着加工同类产品（零件、部件）所需的各种机器设备和不同工种的生产工人，对同类产品进行着不同的工艺加工。工艺专业化的特点是按生产工艺性质的不同设置生产单位。在这种形式的生产单位中，集中着同类工艺设备和同工种的生产工人，对不同类产品（零件、部件）进行着相同的工艺加工。显然，这两种不同的生产单位组织形式，无论从生产单位内部各生产阶段，还是从各生产单位之间，在物流形式和物流量的大小上均有很大的差异。因此，根据企业的生产特点和专业化程度，确定合理的生产单位的空间组织形式，是企业物流合理化研究的一项重要内容。

（2）生产过程的时间组织，决定了产品（零件、部件）在生产过程的时间长短。因此，在生产过程中合理安排和组织产品（零件、部件）的移动，是保证和实现生产过程连续性、节奏性的重要一环，对缩短生产过程的时间有着重要的意义。生产过程的时间组织主要研究生产过程产品（零件、部件、在制品）在各生产阶段（工序）之间的实体移动方式。通常，生产过程的时间组织有顺序移动方式、平行移动方式和平行顺序移动方式。

顺序移动方式是指成批在制品在上一道工序全部加工完了之后，整批集中运送到下一道工序。这种移动方式，整批在制品的工艺时间为：

$$T = n \sum t$$

式中：T 表示整批在制品的工艺时间；t 表示单件在制品的工序加工时间；n 表示在制品的批量。

平行移动方式是指每一个在制品在前一道工序加工完成之后，立即移到下一道工序加工，从而形成了这批制品中每一在制品在各道工序上平行地移动和进行加工。其整批在制品的工艺时间为：

$$T = \sum t + t_k(n-1)$$

式中：t_k 表示在这一批在制品中，加工时间最长的在制品工序时间。

平行顺序移动方式是结合平行移动和顺序移动方式，既考虑了相邻工序上加工时间的交叉，又保持了整批在制品在工序上的顺序加工。在这种形式下，当前道工序时间大于后道工序时间时，后道工序开始加工第一件在制品的时间，至少要推迟前一道的工序时间,而晚加工时间长短的确定,以保证该工序能连续加工这批在制品为原则;至于前道工序时间小于后道工序时间时,后道工序只需要推前道工序一个在制品的工序时间。整批在制品的工艺时间为:

$$T = n\sum t - (n-1)\sum t_{短}$$

式中:$t_{短}$表示顺次两道工序相比,选择其中较短的工序时间;$\sum t_{短}$表示所有较短工序时间的总和。

在上述在制品的移动方式中,整批在制品工艺时间最短当属平行移动方式,但不利于机器设备的充分利用;顺序移动方式工艺时间最长;平行顺序移动方式的工艺时间介于两者之间。所以,在生产过程的时间组织中,应根据企业产品的生产类型、生产专业化形式、零件重量和工序工作量的大小、调整机具时间的长短等因素,选择合理的在制品的移动方式,这对缩短工艺时间、加快物流速度起着重要的作用。

三、销售物流

(一) 销售物流的目标

一般来说,销售物流的目标应该是:以最低的成本和最佳的服务将产品在适当的时间送达适当的地点。事实上,销售物流的成本与服务很难获得最佳的效果。因为,一方面为了提供最好服务,需要较多的库存量、最快的运输、多设网点,结果必然大量增加物流成本;另一方面为了降低成本,势必要采取缓慢而价廉的运输,降低存货量,减少仓库及网点。因此,真正的销售物流效率是在成本与服务上取得合理的平衡,即对销售物流的各要素进行平衡,取得合理成本下的时空效用。

考虑销售物流目标时,应该注意到企业的成本和消费者希望的服务方式。此外,还要考虑竞争对手所采取的方式,将竞争对手的服务水准作为制定本企业服务水准时的参考。例如,可以采用与竞争对手相同的服务水准;也可用较低的服务水平,但这时由于销售物流成本降低,价格可以定低;同时也可用较高的服务水准,但由于物流成本高,价格也应提高。总之,企业应从物流成本、消费者的要求、竞争者的状况三方面出发,制订本企业销售物流的目标。

(二) 销售物流的作用

在现实生活中,企业经营者往往把精力花在刺激消费者需求和推销方面,而忽视销售物流的作用。实际上,销售物流绝不仅仅是销售的一种附属功能。它的作用表现在以下几方面:

(1) 销售物流使产品的价值和使用价值真正得以实现。企业生产的产品如果不通过运输、配送等方式送到消费者手中,那它只是一种可能的产品;只有通过销售物流,产品的消费才能成为可能。

(2) 销售物流的好坏影响企业的形象。有效率的储存、运输及送交等,使产品适时、适地和适量地提供给消费者，这是销售完成以前的重要工作。这样，在消费者心目中可以树立起企业效率高和信用好的声誉。反之，产品供应不及时，就会影响或降低企业声誉，失去顾客。

（3）销售物流合理化，有利于降低成本，提高企业经济效益。销售物流成本包括运输成本、存货成本、管理成本等，它们是构成销售成本的重要组成部分。销售物流成本的降低是"成本经济的最后据点"。降低物流成本，可以进一步降低售价，促使销量上升和利润增加，从而提高企业经济效益。

（三）销售物流管理的关键——存货与运输决策

1. 存货决策

每个企业都有一定的存货。作为生产供应人员，其关心的是原材料的存货数量能保证生产有效率地进行；销售人员则关心产成品存货的控制能为顾客提供最高水准的服务效率。在企业流通资产中，产成品存货占有很大比重，尤其是在买方市场的条件下，更是如此。所以，存货管理日益受到人们的重视，存货管理思想也在不断发展。

第一次世界大战（以下简称"一战"）以前，一般认为存货是企业的财产，存货越多越富有。第一次世界大战后，由于资本主义经济危机的发生，企业认识到拥有较多的库存是销路不佳的表现。许多企业由于库存积压导致破产，于是产生了"存货恐慌"心理。20世纪30年代至第二次世界大战（以下简称"二战"）期间，经营者认识到了科学管理库存的必要。库存的增加，使一部分储存费用增加；但另一方面可以提高服务质量，增加销量。有时储存费用的增加可以减少采购费用，因此研究开发了经济订购批量的方式。"二战"以后，随着现代科技的发展，人们运用运筹学和概率统计方法研究库存管理，开发出许多库存控制新方法。20世纪60年代以后，随着电子计算机在库存管理中的应用，提高了仓库管理、配销管理的速度和准确性，使库存管理更加系统化、科学化。

存货管理是企业现代市场营销决策的重要方面。这种决策具有风险性和不确定性。对营销来讲，存货过少，使企业不能及时交货；存货过多，会增加成本，降低利润；超量存货，会增加仓储、利息、保险、损耗等费用。因此，存货管理决策就是在风险环境下，寻求和把握适应的库存数量。存货决策的方法主要有 ABC 分析法、经济定货量法等。

2. 运输决策

产品由生产地向消费地的流转是靠运输实现的。运输成本是销售物流成本中最主要的项目。运输决策的科学化，对企业信用、经济效益具有直接影响。

运输决策的目标是进行合理运输，即在一定条件下，以尽可能快的速度、尽可能少的成本、尽可能大地利用运输工具的容积和载重来组织运输。合理运输，应根据产品的不同性质和数量、市场需求缓急、进入目标市场的交通运输条件、运程远近，并结合各种运输工具的特点等方面进行决策。

运输决策的中心是选择正确的运输方式和适当的运输工具。在选择运输方式时，必须尽量减少中转环节。直达运输和集装箱运输是比较好的运输方式。运输工具包括铁路、公路、水运、空运、管道等。企业必须从整体的系统观点出发进行决策分析，规划合理的运输方案，以达到成本与服务绩效之间的平衡。

第四节 企业物流合理化

实现企业物流合理化，是物流科学管理的主要目的。这里着重分析实现企业物流合理化的方略和目标。

一、企业物流合理化的内容

企业物流合理化，就是通过改进各种物流作业和减少或杜绝企业物流活动中的不合理现象，提高物流效率，降低物流成本。与企业生产经营系统中的物流领域相适应，企业物流合理化包括供应物流合理化、生产物流合理化、销售物流合理化。

（一）供应物流合理化

企业的生产过程同时也是物质资料的消费过程。企业只有不断投入必要的物质资料，才能进行生产和保证其经营活动的连续性。企业供应物流的基本任务，就是保证适时、适量、适价、齐备成套地供应企业生产经营所需要的各种物资。由于供应的物资费用在产品成本中占有很大的比重（在我国，机械产品材料形成60%~70%），加强供应物流管理，可以降低物资的进货价格和采购费用，从而降低产品成本。但是，物资供应特别是原材和零部件，由于费用可以加在进货价格中，其合理化往往不被人们所重视。不过，供应物流与销售物流相比，以企业内部为主体，合理化问题较易解决。

供应物流合理化主要从下述两方面入手。

（1）进货方式合理化。现代企业生产的规模大、品种多、技术复杂，生产需要的物资不仅数量、品种、规格、型号繁多，供应来源也广，因此在物料采购时，必须改变过去那种分别购买、各自进货的做法，应根据企业生产经营的用货需要和进货要求，采取联合进货方式，由运输单位实行有组织的送货，使企业的物流批量化，以提高运输单位的配送车辆效率和进货工作效率。同时，还可以与同行企业采用采购外包的进货方式，由别的企业代为采购、发送，以提高整车发送率。在美国，为了提高对供应物流合理化的重视，以整车为单位进行交易时，其物流费由卖方负担，非整车交易物流费则由买方负担。

（2）供应方式合理化。其主要内容包括：①发展以产定供的多种形式的物资技术供应，包括按需加工供应、承包配套供应、定点直达供应等。②实行供运需一体化供货，即物资供应厂商按照企业生产、工艺和设备要求，签订供货合同，实行定品种、定质量、定数量、定时间送货上门，运输部门按供货合同承担送货任务。按确定的时间将物料送达规定地点。这种供运需一体化供应方式有利于缩短供应物流时间，减少物流费用。

（二）生产物流合理化

生产物流活动包括产品开发与设计中的物流合理化和加工制造过程中的物流合理化。

（1）产品开发与设计中的物流合理化。运输与保管等物流功能能否顺利并经济合理地发挥出来，与产品的形态大小和重量有关联，而且不仅局限于单个产品的形态，同时还与这些产品的组合包装形式、重量、大小有关联。因此，在进行产品设计时就必须考虑物流问题。例如，在形态设计上应考虑易于保管和搬运，大小设计上尽量使产品小型化，以降低包装运输成本；在生产设计上应考虑到原材料、配件、半成品、成品在工序、车间和仓库间的流转问题，使其省时、省力、连贯化、自动化、均衡化，任何物流阻塞和低效率都会导致成本提高；包装设计应考虑如何使包装式样有助于充当不说话的推销员，如何在装卸、保管、运输过程中既保护商品又使物流费用降低，效率提高，如何使包装在生产—装卸—运输—保管—发放一体化中充当串台角色。

（2）加工制造过程中的物流合理化。在企业生产系统中，物料流转贯穿于加工制造过程的始终。生产过程物流的目标是提供畅通无阻的物料流转，以保证生产过程顺利地、高效率地进行，减少物料搬运的数量、频率和距离，减少物流费用，降低成本，防止物料损坏丢失。生产物流合理化的中心课题是工序之间的以产定供。近年来，日本丰田汽车公司生产供应系统的看板生产方式，在国际上引起强烈反响，这种生产管理方式的基本主导思想是力求压缩生产过程中的库存，减少浪费。其做法是：销售市场上可能售出的汽车数量即从工厂最后生产工序中出厂的汽车数量，生产数量信息由后向前传递。其生产供货顺序是：下一道工序生产过程中需要的零部件由前一道工序供给。这种生产供货方式改变了过去前道工序的产品全部流入后道工序，多余半成品和配件大量积压的情况；而采用看板的卡片，流通于工厂内和工厂与协作厂之间，使这种"何时、何物、多少"的信息流恰当地统一管理生产物流。这样，后道工序要多少前道工序供多少，使生产物流合理化，不让多余的物料进入下一工序，减少不必要的搬运。这种合理化的生产管理方式，要求小批量、高效率迅速准时供货。

（三）销售物流合理化

销售物流活动作为市场销售战略手段，不仅要考虑物流效率，而且要考虑企业销售政策和服务水平。目前发达国家销售物流合理化的形式是多种多样的，归纳起来有以下几种类型。

（1）大量化。通过延长备货时间，以增加运输量来组织物流合理化。日本家用电器工厂把"当日配送"改成"次日配送"就属于这一类。为了鼓励运输大量化，日本采取一种增大一次物流批量折扣收费的办法，实行"大量（集装）发货减成收费制"，因实行物流合理化而节约的金额由双方分享。

（2）计划输送。即以销售计划为基础，按规定渠道把一定量的货物送达指定地点。例如，对某些季节性消费的产品，可能会出现运输车辆过剩与不足，或装载效率下降等影响物流效率的问题。为了调整这种波动性，可以事先同买主商定进货时间和数量，制订出配送计划，使生产厂计划供货、拣选进货、货物装车和货物运输配送等物流活动都可按计划进行。在日本啤酒行业称之为"定期定量直接配送系统"的计划化物流。

（3）商物分流。其具体做法之一是订货活动与配送活动相分离。在配送过程中，把自备卡车运输与委托运输和共同运输联系起来，提高运输效率；此外，还可以把设施与物流设施分离开来，如把同一企业所属的各销售网点的库存功能分离出来，实行集中统一管理，在物流上最理想的地点设立仓库，以压缩流通库存，集中发送，解决交叉运输，减少中转环节。这种商物分流，把企业的批发和零售交易从大量的物流活动中分离出来，有利于销售部门集中精力搞销售企业的整个流通渠道，不仅实现物流效率化，而且有利于加强流通系统化。

（4）差别化。利用差别化方法实现物流合理化就是根据商品流转的快慢和销售对象规模的大小，把保管场所和配送方式区别开来。对周转快的商品群分散保管，反之，集中保管，以压缩流通库存。有效利用库容面积，对供货量大的实行直接送货，对供货量小而分散的实行营业所供货或集中配送。差别化方针必须注意既要节省物流费又要提高服务水平。

（5）共同化。共同化是物流合理化的最有效措施。在国内，超出单一企业物流合理化界限的物流合理化，正作为最有发展前途的方向进行着种种尝试。一方面，通过本行业组合而形成的垂直方向的共同化，实现系列集团企业内的物流一元化、效率化，如实行同类商品共同保管、共同配送；另一方面，通过与其他行业企业之间联合而形成的水平方向的共同化，来解决两个以上产地和销售地点相距很远而又交错运输的企业如何加强合作以提高装载效率、压缩物流设施投资的问题。例如，解决长途运输车辆空载和设施共同利用等问题就是共同化的结果。

二、企业物流一体化目标

生产的发展和管理的现代化迫切需要企业从现代生产的整体出发，从提高经济效益着眼，用系统的观点和系统工程方法全面规划，统筹解决企业物流问题，以求合理地使用有限的资源，以最低的消耗、最好的服务取得最佳的经济效果。就企业物流活动来说，必须使企业的供应、生产、销售物流一体化，在企业建立配合物流的管理体制，这是实现企业物流合理化的关键。根据我们对现代企业生产经营系统的物流领域分析可知，物流活动是贯穿于企业供产销始终的活动，必须使供应、生产、销售中的物流活动协调统一；否则，由各个职能部门在互不沟通的状况下各自从事自己的业务活动，势必造成低效率、浪费甚至相互拆台的情况。

企业物流活动是一个系统。系统的整体功效大于局部之和，只有系统的一体化才能组成系统的有序结构，实现合理化的最佳目标。就企业物流的三个方面来说，供应物流、生产物流与销售物流是相互联系、相互制约的。供应物流是从原材料和商品购进的角度考虑的概念，它作为输入系统，不仅直接影响生产物流，而且制约着销售物流；而生产物流不仅直接受供应物流影响，还受销售物流制约，而且也对供应物流和销售物流发生反作用。就销售物流来讲，它与生产物流、供应物流的关系同样密切，通常所说的"以销定产""以产定供"，就是这种制约关系的概括。

实现物流一体化，要求企业各个部门的理解和合作。如果设计、生产、供应、运输、销售部门不理解、不合作的话，物流合理化的进展将是十分困难的。对于人事和财务部门也是如此。因为推进物流合理化，必不可少的是增加物流费用。物流费用水平是物流合理化的"罗盘针"，缺少它，物流只能在黑暗中摸索。这就需要财会部门的全面合作。此外，组织物流合理化，还必须有对工作拿得起的人才，因而又需要人事部门的理解与合作。现在，我国的企业绝大多数没有专门的物流管理机构，物流管理业务由生产、销售部门代管，而且从事物流业务的人员多是"老弱病残"，使企业物流水平得不到提高；而在原材料供应脱节或产品积压滞销时，物流工作又总是被"推上被告指控席"，物流的重要地位与轻视物流现象经常发生冲突。

物流受生产和销售部门很大的制约，物流能贯彻本身逻辑的天地是比较狭小的。改变物流的制约条件和因素，就可以改变物流的面貌，使物流合理化向前推进一步。物流一体化的主要内容是使计划、生产、供应、销售、财务、人事各部门都来充当物流管理的主角，这样才能形成有效的物流系统管理，即组成物流合理化结构。

总之，物流最合理的状态，只有供应、生产和销售的协调才能实现。也可以说，物流一体化的目标是供、产、销的协调一致。特别强调开展肩负供应、生产、销售调整重任的物流管理是使物流一体化向前发展的重要途径。美国物流界提出"企业后勤"一词的出发点，就是把供应、保管、运输、配送等各环节的物流活动从理论性和系统性上加以综合研究和改进，通盘考虑发挥其综合功能，并把"后勤"当作企业经营的战略来看待。在日本，企业物流合理化的推进是由于要实现原材料和商品库存为零，确立本公司的生产计划与销售计划一致的交货体制，消除因供货企业分散而在交货过程中发生的不合理现象，以期有效地利用产品配送时的回程货运能力。可见，供、产、销过程中的物流一体化是企业物流合理化的目标。

关键词

企业物流　工厂布置　盈亏分析法　物资消耗定额　对象专业化　工艺专业化

思考题

(1) 企业物流的特征是什么？
(2) 厂址选择应考虑哪些条件？
(3) 企业物流活动分析包括哪些主要内容？
(4) 怎样才能实现销售物流合理化？
(5) 企业物流合理化包括哪些内容？

案例分析

汽车制造业生产物流单元化工作的解决方案

汽车制造业生产物流为何难？难就难在它的零部件种类繁多、零部件的物流特性差异巨大。因此，业界公认，汽车生产物流系统最复杂、组织难度最大、物流管理的任务最繁重。而单元化工作是物流系统的基础工作，贯穿于物流的全过程，其难度可想而知。

对生产物流来讲，单元化工作就是为所有的物料找到一种在当前物流系统中最合理的管理模式，也可以叫作零部件的物流解决方案。同一个汽车零部件在不同的汽车整车厂或在同一个汽车整车厂的不同历史阶段，它的零部件解决方案是不尽相同的。并且，随着物流需求的变化，物流系统也需要不断地改善和阶段性地再造，单元化工作也不可避免地需要不断改进和维护。

零部件物流解决方案的相关要素有以下方面。

1. 零部件的物流特性

零部件的物流特性包括零部件的形状、大小、重量、安全要求等诸多要素。要想把零部件变成物流系统中比较方便管理的物料配送单元，首先要解决的是这些零部件的包装方法问题，如果是需要人工搬运的，则要注意体积不能太大、重量最好不要超过20公斤、包装必须安全、不会对人员造成伤害、也不会造成物料品质的缺失等等。如果考虑到工作效率、体积、重量等因素实在不适合人工搬运的零部件，则要设计适合机械化搬运的单元化容器。

2. 生产组织模式、生产工艺、生产节拍对零部件配送的要求

在汽车整车厂，车间不同，其生产组织模式就会不同。例如，冲压车间是中等批量的生产模式，焊装车间是小批量生产模式，喷涂车间是对焊装车间产品批量的重新排列组合的小批量生产模式，总装车间往往是配合喷涂车间的小批量生产模式或为了降低库存配合销售部门按单生产的彻底的柔性生产模式。

企业是组织拉动式的生产，还是组织推动式的生产，其物流管理模式是截然不同的。生产组织模式对零部件的配送影响很大，直接影响零部件的配送单元和配送频次，从而影响了容器的结构形式和配送的方法。例如，排序生产对容器的设计和配送的要求均有其特殊性。

生产工艺本身对单元化的容器是有要求的。比如，先装什么？后装什么？多少个零部件在同一个地方安装？安装的位置是高还是低？需要什么辅助的工具？

生产节拍对单元化工作的影响是最直接的。例如，在配送能力有限的情况下，生产节拍越快，每次的配送单元的零件数就越大，容器的制作、摆放和搬运的难度就越大。

3. 厂内物流环境对零部件配送的约束

厂内的仓库、暂存区的面积、高度、地耐力、消防要求等决定了零部件的保存方式。例如，用自动化立体库（AS/RS）存放、用窄通道的立体库（VNA）存放、用一般的仓储货架存放、用容器自身堆垛存放、地面平放或者干脆厂内就没地方放。针对以上的各种情况，会有各不相同的单元化方式出现。

厂内搬运设备的不同，同样也会很大程度地影响单元化的工作。叉车、牵引车、托盘搬运车、小推车、人工搬运等不同的搬运方式，对单元化产品的要求均具有其特殊性。

4. 第三方物流的能力对零部件配送的影响

产品的零部件物流解决方案是通过自己对工厂进行管理，还是通过第三方物流服务公司管理，由于其管理环节不同，对单元化工作的要求也就不一样。例如，假设第三方物流公司的所在地在整车厂厂区外，零部件的管理和配送要经过卡车运输，则卡车运输的经济性就是一个不得不面临的问题了，单元化的工作必须与之相适应。甚至同样的一个第三方物流公司在自身发展的不同阶段或者客户不同的工作内容要求下，单元化工作的内容也会不同。例如，过去每天的配送频次是 3 次，每个配送单元是 50 件；由于物流环境的改善，有条件降低零部件的库存，要求每天配送 6 次，每次配送 25 件，单元化技术的条件就发生了根本性变化，甚至有可能从过去的机械化搬运变为人工搬运。

5. 外部物流环境制约着零部件物流解决方案的优化

整车厂的零部件的全球采购策略，使得零部件的供应商分布在全球，这给零部件的物流组织带来了新的挑战，零部件的物流解决方案不得不呈现出多样性，陆、海、空全部出动。在整车厂的物料需求的拉动下，零部件通过各种途径，配合着各种物流手段，源源不断地从四面八方有条不紊地进入整车厂的预定工位的物料暂存区。那么，同样的一个汽车零件，由于供应商的不同，它的单元化解决方案就会有区别。例如，供货量大的供应商可以自己直接送货，而供货量少的供应商可能要通过 MilkRun（牛奶路）配送的物流方式才能找到合理的物流成本。再如，距离非常远的供应商在交货前往往需要对零部件进行二次包装，以满足整车厂的配送要求；而距离近的供应商则可以以最终的包装方式直接供货。

6. 单元化产品的配合能力

有了好的思路、好的解决办法也不一定就能做好单元化工作，组织不到好的单元化产品就像打仗时没有枪支弹药的军队，一样达不到预期的效果。这里简单地举例说明作为汽车整车厂的主要的单元化相关产品。

（1）标准的单元化容器：①零件盒系列。从小到大 10 个规格的零件盒专门解决小的标准件。②塑料周转箱系列（符合国际标准尺寸链）。③仓库笼系列。适合大于周转箱的不怕磕碰的铸件、锻件、冲压件、橡胶件等。尺寸大小可变化，但是以投影尺寸 1000 mm×800 mm 或 1200 mm×1000 mm 为主。

（2）非标的单元化产品：①非标料架。有一定的尺寸规范，允许按照零件量体裁衣。主要用于盛放冲压件、焊装件及其他异型件。②吸塑包装容器。量体裁衣地解决形状不规范、易损坏的零部件。空容器回收成本低，破损容器回收利用率高。③线棒料架。用柔性线棒组合成异型零件的容器。

（3）同容器配合的器具：①滑移式货架：小型容器的线旁配送，可以做到先进先出，大大节省工人拣料的时间，避免作业人员和物流工作人员的工作冲突。②轻型货架。

7. 整体物流方案的完整性、实施的彻底性及物流管理的水平

单元化产品只是物流系统中的基础要素，它一定要和其他的物流设备一起组合成物料流的运作体系。物流包括物料流和信息流两部分，信息流相对而言更加重要，没有先进的信息系统作指挥，物料流就像无头的苍蝇没了方向。有了良好的物流体系，没有一

套好的管理机制，物流系统的运作同样不可能顺畅。

资料来源：https://www.sohu.com/a/357969888_757817。

案例讨论题

（1）通过案例阅读，试述对企业生产物流单元化工作的认识。

（2）生产物流单元化工作对实现企业物流的合理化有什么意义？

第十章 城市物流

【本章要点】 城市物流是指物质资料在城市内部、城市与城市之间、城市与周围农村城镇之间由供给者或生产者所在地向需求者或消费者所在地的实体移动过程。城市物流是随着城市经济以及农村城镇化的发展而形成和产生的；反过来，城市物流状况对城市经济和农村城镇化的发展也具有重大的影响。

本章主要内容：首先，介绍城市、城市经济、城市物流、城市物流园区、商流中心、物流中心、物流中心网络的概念；其次，阐明城市的地位和作用、城市物流的特点、城市物流园区的特征、物流中心类型和意义、国内外城市物流的发展现状及发展新趋势；再次，介绍物流枢纽的概念及物流经济发展；最后，介绍物流园区的功能和选址原则、城市物流合理化的内容和基本要求、城市物流合理化主要对策等。

第一节 城市经济与城市物流

一、城市与城市经济

（一）城市的概念

关于城市的概念，目前国内外学者看法不尽一致。城市仅从字面上讲包括"城"与"市"。"城"在古代是指在一定地域上用于防卫而围起的墙垣，"市"是指交易的场所。从上述意义上讲，城市可以解释为筑有防御设施的交易场所，它既反映了城市的起源，又反映了城市的早期功能。

随着经济的不断发展和社会的不断进步，人们对城市概念的理解也在不断地深化。早期人们侧重于从城市的起源来阐述城市的概念，后来侧重于从城市的功能、作用和特征来认识城市的概念，还有从系统论的角度分析城市的结构特征来对城市下的定义等。而目前人们较为公认的城市的概念是指在一定地域空间上，非农业人口高密度集中，工业、商业、服务业以及其他非农业行业占主导地位，是经济、社会、科学技术和文化比较发达的区域中心。城市概念包含以下内容：

（1）城市的地域特征说明了城市的地理空间位置处于区域的中心，它的经济、社会状况对周边的经济、社会具有重大的影响。

（2）城市不仅仅是从事工商业等非农业行业的经济实体，还包括经济在内的政治、行政、文化等社会的现象和地理情况，是各种各样的人们从事各种活动的组织。

（3）城市的非农业人口高密度集中，而且这些聚集的人们之间不是血缘关系、宗教关系，而是复杂的社会关系的总和。

（4）从所从事的非农业行业，以及人口高密度集中的特点，城市非常重视非农业土地的利用，包括城市公共设施的建设，居民住宅建设，工厂、商场的工商业用地，环境绿化用地，等等。

（5）由于所承担的主要职能不同，形成了不同类型的城市，包括主要从事商品交易的商业城市、主要承担对外贸易的沿海城市、主要从事二次产业的工业城市，以及由于地理原因，诸如交通枢纽、地下丰富的矿藏资源等而形成的城市，等等。与此同时，城市相应地形成了不同的区域的中心，诸如经济中心（包括工业中心、商品流通中心、财政金融中心等）、交通运输中心、信息通信中心、文化教育中心、科学技术中心、政治中心等。

（二）城市经济

城市经济是与农村经济相对而存在的，它们的综合构成了整个国民经济。随着我国社会经济的发展，农村经济发生了很大的变化，特别是农村乡镇企业的崛起，不仅改变了农村单一的农业经济，而且对实现农村工业化、农业现代化有着重要的意义。同时，乡镇企业的发展，促进了介于城市经济与农村经济之间的乡镇经济的形成。从严格意义上讲，乡镇经济与城市经济和农村经济一样，都属于区域经济，这里的城市、农村、乡镇不是行政区划上的含义，而是带有区域性的意义。乡镇经济是城市经济和农村经济联系的结合点，具有城市和农村经济的特点。这样，国民经济便形成了城市经济、乡镇经济和农村经济三级的经济体系。

就城市经济本身而言，它以其地理位置上的接近、生产上的专业化，以及社会财富与技术的集中为特征，其经济构成主要包括城市工业、商业、建筑业、服务业、旅游业、金融保险业、交通运输业以及市政建设事业等部门。而城市经济所要研究的问题，从某种意义上讲，就是研究以城市为依托的区域经济。因此，城市经济的研究在市场经济下包括城市与城市之间的商品交换和其他各种经济关系、城市与周围农村之间的经济联系、城市所在区域和其他经济区域之间的专业化与协作，以及城市内部各种比例关系。例如，城市内各经济部门之间的比例关系、城市内经济建设和市政建设之间的比例关系等。根据以上对城市经济的分析，城市经济在广义上包括城市与城市之间的经济关系、城市与周围农村经济（包括乡镇经济）之间的经济关系，以及城市内部各经济部门之间的关系，等等。所以，研究城市经济对加速我国城市化进程无疑起着重要的作用。

（三）城市在区域发展中的地位和作用

根据对城市概念的理解，城市是社会经济、科学技术和文化教育等方面的中心，所以城市在区域的经济社会发展中居支配和主导地位。它在区域发展中的作用表现在以下几个方面。

1. 城市是区域经济发展的基地

一般来讲，城市经济是在区域经济发展的基础上发展起来的，进而成为区域经济中心；反过来，这个中心一旦形成，它又成为区域经济发展的主导枢纽、成为区域经济发展的重要基地。

首先，从区域工业化的发展来看，由于工业技术装备主要集中于城市，尤其是大中城市，所以，没有城市的工业，特别是大工业城市技术装备的扩散与支持，区域工业化进程是难以实现的。

其次，从区域的商品流通来看，特别是在市场经济条件下，城市是市场活动的主要场所，是市场的空间存在形式，即所谓的城市市场。在城市市场中，已经突破了有形产品和无形产品、物质产品和非物质产品即精神产品的界限，形成了包括一切劳动产品和劳务在内的市场体系。因此，在市场经济下，城市市场已经起到了组织经济社会运行的作用。离开了城市市场，离开了城市流通中心作用的发挥，区域经济的发展是难以实现的。

最后，从区域经济的整体发展来看，由于城市经济，特别是那些规模巨大的经济中心，其整体经济实力强大，它们对周围地区产生很强的吸引力和辐射力，从而带动区域经济的整体发展。所以，可以这样讲，城市经济的不断发展和不断向外扩张、辐射的过程，也就是所在地区经济不断发展的过程。

2. 城市是区域社会发展和不断进步的基地

社会发展和进步是由诸多因素决定的，而城市作为区域文化教育、科学技术、体育卫生等方面的中心，对区域的社会发展和进步起着重要作用。

首先，城市特别是那些文化教育比较发达的中心城市，由于各类学校齐全、数量多且相对集中，师资力量雄厚，教学条件优越，这样就可以采取不同形式，为所在地区培养大批专业性人才，不断促进区域人口综合素质的提高，这是保证区域经济发展、社会进步的基本条件。

其次，科学技术、文化艺术和体育卫生等方面，在城市，特别是经济发达的大中城市，都具有得天独厚的优势，这些必然对区域的科学技术的发展、社会的进步、人们的人身健康和物质文化生活水平的提高等，都起着极为重要的作用。

3. 城市是区域城市化发展的主要推动力

城市化是人类社会生产力发展到一定阶段而出现的一种社会经济现象，是工业化和现代市场经济的产物，是现代社会发展的必然趋势。在国家和区域的城市化过程中，城市起着极为重要的作用。

首先，城市在区域经济发展中起主导作用。区域城市化的过程首先要求区域工业化、商品经济发达。由于城市经济的主体是工业生产，城市市场发育健全，因而可以通过扩张和辐射，使区域逐步实现工业化，不断促进区域市场经济的发展。

其次，城市在区域生活方式城市化过程中起到示范作用。实现区域城市化，除了经济上要实现工业化和商品经济发达外，还要使人们的生活方式城市化。由于种种原因，城市与周围农村之间的人们，无论在素质上还是在观念上，以至生活方式上，都存在着明显的差异。因此，要使城乡之间、城市和所在区域之间人们所存在的上述差别缩小或消失，就必须依靠城市居民的生活方式的示范、引导和潜移默化的影响才能做到。

最后，城市在区域城市化进程中，对于人口城市化将发挥重要的作用。由于城市经济的不断发展，城市规模的不断扩大，以及新的城市中心的兴起，才有可能在城市所在区域吸纳附近农村人口，使非农业人口数量在区域内的比例不断提高、区域人口城市化进程不断加快。

二、城市物流与城市发展

随着城市规模的不断扩大、产业密度和人口密度的快速提高，城市物流规模与密度也越来越大，由城市物流的发展引发了一系列的城市问题，如交通拥挤、环境污染等问题，从而使城市物流的组织、协调与管理也显得越来越重要，城市物流的研究也显得非常重要，从而引发了人们对城市物流的关注。

（一）城市物流发展与城市交通

随着城市的飞速发展，城市交通问题已成为城市发展的最大难题。主城区交通负担日益加重、城市生态环境不断恶化、货物装卸形成的对人行道甚至交通主干道的占用加剧、城市空气污染严重、交通出行困难、城区居民日益增加的各种不满情绪等问题，是多数国家在城市化进程中所面临的普遍问题，尤其一些经济发达的城市，车辆运行速度在城市中心区几乎到了与步行同等的速度。如果解决不了这些问题，城市发展的障碍也会日趋严峻，阻碍城市发展的速度。

为了提高城市交通的效率，几乎所有的大城市均采取了相应的对策，比如改建、扩建、新建道路，限制程度不同地禁止货运车辆在交通流量较大的城区通行，发展轻轨、建立快速巴士、城市公交优先、新能源公共交通等。由此可发现，这些对策更多的是集中在对主城区客流的疏散上面，虽然对城市交通问题的解决具有一定作用，但是，满足城市内工业加工、商贸流通以及城市居民日常生活所产生的货物配送以及由此带来的交通和其他城市问题没有得到有效解决，主要问题有以下方面：

（1）货运车辆频繁进出主城区，运输组织化程度低，增加城市交通压力。

（2）等待装卸和正在装卸的货运车辆挤占人行道甚至交通主干道，造成交通拥挤和居民出行困难，影响货物的快速流通，在一些主要交易市场附近尤为明显。

（3）由于交通管制，货运车辆在夜间运输产生噪声，影响市民正常生活。

（4）进出主城区的大型载货运车辆，大多外观破旧，尾气排放超标，影响市容和空气质量。

（5）非法营运猖獗，由于大量货物需进出主城区，部分人群开始购买旅行型小客车，非法从事营业性的货物运输，扰乱货运市场。

如果我们能从新的角度给予这些问题足够的关注，引入城市物流的理念形成切实可行的解决措施，势必会有利于进一步推动城市的进步与发展。

（二）城市物流发展与环境问题

为了满足商业销售、企业生产、家庭消费，主城区内分布着各种货运业务受理点，货运车辆需要高频率地进出主城区，保障物资供应和废弃物清理，并因此导致诸多的环境问题，例如城市空气污染加剧、城市生态环境不断恶化、城区居民日益增加的不满情绪等问题，很大一部分是由城市物流造成的。城市物流也不仅仅要求按指定的数量、地点准时送货，而且还必须噪声小、废气少、无公害。城市的废旧家电、废弃物品的回收，垃圾处理、污水循环利用等是城市物流中十分重要的组成部分。

（三）城市物流对城市发展的作用

1. 城市物流是城市经济快速高效发展的必然要求

城市经济的本质是聚集经济，核心是交换。城市物流是保证城市基本运转的重要支柱，城市大商业、大市场、大流通，需要物流业的大发展。城市建设高效的物流体系，可以优化资源配置，使企业交货更加及时、准确、可靠，使商品流程缩短、物流成本大大降低，使企业专注于提高产品和服务的质量，有助于提高其市场竞争力；对于整个社会，可以优化资源配置，降低社会总成本，提高经济竞争力。由于城市物流涉及城市交通、仓储、配送、信息等供应链的全过程、全系统的服务，现代物流管理和技术的应用，使之能够创造出巨大的附加值。物流业蕴含着巨大的发展潜力，无疑是城市经济新的增长点。

2. 城市居民生活质量和水平的提高要求要有与之相适应的高效物流体系

城市居民越来越追求现代化的生活方式，城市物流必须解决居民物质文化生活所需，以及如何有效地供给和配送。高效的城市物流配送体系能满足城市居民物质文化生活所需物资的流动需要，为居民节省时间和费用，提高居民的生活水平。因此，发展城市物流，提升城市物流业的行业水平，有利于改变粗放、低档次、布局不合理的现状，缓解交通、减少环境污染，有利于提高城市质量和城市居民生活水平。

3. 发展城市物流业有利于扩大城市辐射功能，实现与周边区域的互动发展

城市现代物流业的发展，能够把周边区域需要的货物和商品快捷、经济、安全地发送到周边乃至更广的地区，也能把城市需要、周边区域能够提供的货物商品运至城市，很好地实现经济和社会的互补、互动发展。

三、城市物流的概念及其特点

（一）城市物流的概念

1. 城市经济的形成是城市物流存在的条件

城市的兴起和城市经济的形成是社会生产力和商品经济的产物，是生产力空间存在的重要形式，也是社会再生产各环节生产、分配、交换、消费以及各个经济部门在城市空间上的集中表现。一方面，在城市经济发展过程中，城市商品市场就成为城市经济存在和发展的条件。另一方面，城市规模的扩大，城市经济的发展，又必然会促进城市商品市场的繁荣，并使城市商品市场突破了地区甚至国家的界限，加强了城市与城市之间、城市与周围农村之间以及城市与某些国家和地区之间的经济联系。正是这种商品市场的发展，必然伴随着商品实体的大进大出，从而产生和形成了与城市经济和城市市场相适应的城市物流。从这个意义上讲，城市经济的形成，是城市物流存在的条件；同时，城市物流及其物流产业也就成为城市经济的一个有机组成部分。

2. 城市物流的含义

城市物流（urban logistics）是指为城市服务的物流，它服务于城市经济发展的需要，指物品在城市内部的实体流动，城市与外部区域的货物集散以及城市废弃物清理的过程，并存在不同的模式、体系和存在形态，和其他形式的物流有一定区别。根据城市经济的含义，以及对城市经济是城市物流存在的条件的分析，我们可以看出，城市物流是为城市经济服务的，它服务于城市经济发展的需要。基于这种认识，我们认为城市物流的概念可描述为：城市物流是指物质资料在城市内部各经济部门之间、城市与城市之间、城市与周围农村之间的物理性移动过程。在这里，关于城市物流的概念还需要说明几个问题：

（1）城市物流的含义是以描述事实的方式来说明的，指出了城市物流包括的范围，可以理解为是以城市为依托的区域物流。

（2）城市物流是城市经济发展的产物，并且城市经济是城市物流存在的条件。所以，城市物流的概念与城市经济涉及的范围，理所当然应该是一致的。

（3）城市物流为中观物流，介于宏观物流和微观物流、社会物流和企业物流之间，属于区域物流，那么它必须服从于区域经济发展的需要，它的发展必须与区域经济协调发展。所以，加强城市物流基础设施的建设、提高物流技术水平、加快物流速度，无疑对区域经济的发展具有极为重要的意义。

（二）城市物流的特点

城市物流的特点是由城市经济的特征所决定的，归纳起来有以下几方面。

（1）从物流活动所涉及的领域来看，城市物流不仅包括生产领域、流通领域，而且还包括消费领域，因此，它涉及社会再生产全过程的每一个环节。同时，对一个国家来讲，按城市物流的含义，可以认为是中观物流，属于区域物流。而企业物流虽然涉及社会再生产的全过程，但主要还是指生产领域的物流，在范围上也仅局限于一个企业，属于微观物流。

（2）从物流的对象来看，城市物流流动的物质资料，既有生产消费所需要的各种原材料、机器设备等生产资料，又有人们生活消费的各种消费品，还包括城市废弃物品的流动。在企业物流中，我们只考察企业生产经营过程中所发生的原材料和企业产成品的物流问题，而企业劳动者所需的生活资料的物流问题并未考虑在内。

（3）从物流的规模或流量来看，城市物流的规模或流量要比企业物流大得多。城市物流的规模或流量不仅取决于城市自身经济社会的发展状况，而且要受其他城市或周围农村，乃至其他国家经济发展的影响。而企业物流，就单个企业而言，物流的规模或流量仅由该企业生产经营的规模大小来决定。

（4）从物流的形式来看，城市物流一般有三种形式：第一种称之为货物通过的形式，它是指这一城市外其他城市之间或地区之间货物移动时经过该城市的物流活动；第二种称之为货物的集、散，它是指城市本身对某些货物为发货点（本城市生产满足其他城市或地区需求的产品)或收货点(其他城市或地区满足本城市的需求),或者对某些货物既是发货点又是收货点;第三种称之为干线运输的物流,它是指伴随铁路、船舶、路线卡车等干线运输而产生的物流,诸如在城市设有进出城的港湾、机场、货物车站、卡车终端等。而企业物流形式是与企业生产经营过程相联系,无论哪种形式都是企业生产经营过程的一个环节。所以,可以这样讲,企业生产经营过程是物质资料的不断运动过程,或者是一个不断输入物质资料,并经过转换加工而输出另一类物质资料的物流过程体系。

(5) 从物流管理上来看,城市物流管理所涉及的面广,既有城市内成千上万家企业、单位和家庭,又有其他城市和周围农村的企业、单位和家庭;所涉及的部门多,几乎包括了三次产业的所有部门;所涉及的因素繁多,包括影响经济社会发展的所有因素;等等。因此,城市物流管理是项巨大的系统工程,需要各行业、各部门以及社会各个方面共同配合、协作,实现物流的有效管理。对于企业物流管理,相对于城市物流来讲,虽然也是项复杂的系统工程,但所涉及的面要小得多,所涉及的因素要少得多;从物流业务上讲,企业生产经营中发生的供应物流、生产物流和销售物流构成了单个企业的物流系统。

第二节 城市物流枢纽与物流枢纽经济

一、物流枢纽及物流枢纽经济的含义

(一) 物流枢纽的含义

"枢纽"一词在《辞海(第六版)》中解释为"比喻冲要处或事物的关键所在",它早期见于《南齐书·崔祖思传》和《文心雕龙序志》等古文中。现代对"枢纽"一词的理解多与交通运输和物流活动密切相连。

与物流枢纽紧密相关的有两个重要概念——"交通枢纽"和"运输枢纽"。从汉字意义理解"交通"和"运输",交通的侧重点在于"交"和"通":一是强调线路和道路,重视基础设施;二是可以区分以客流为主的交通和以货流为主的交通。运输的侧重点在"运"和"输",更多强调的是通过线路和道路,利用适当的工具和方式去完成人或物品的流动。

交通枢纽可以看作多种运输方式的交叉与衔接之处,是多种运输设施的综合体,以便共同完成客货的中转、发送、到达。交通枢纽可以从拓扑形式和空间形式两个视角去定义,从拓扑视角可以认为交通枢纽是交通运输网上的一个点,它连接着两条以上的干线,客流、货流要以该点作为到达地、始发地或中转地;从空间视角可以认为交通枢纽是依附于大、中型城市,利用其线路及众多的技术设备进行技术作业的区域。

运输枢纽可以这样理解:从空间地理的视角,运输枢纽是地处两种及以上的运输方式衔接地区或客货流重要集散地;从运输网络的视角,运输枢纽是运输网络上多条运输

干线通过或连接的交会点，它连接不同方向上的客货流；从运输组织的视角，运输枢纽承担着各种运输方式的客货到发，同种运输方式的客货中转及不同运输方式的客货联运等运输作业。运输枢纽也可看作集运输设备、信息和运输组织综合管理于一体的复杂系统。运输枢纽的发展受其自然特征、经济区位、运输网络和城市规划的影响，需要一定的环境条件、自身条件和政策条件的支撑。

物流枢纽，是指集中实现货物集散、存储、分拨、转运等多种功能的物流设施群和物流活动组织中心。国家物流枢纽是物流体系的核心基础设施，是辐射区域更广、集聚效应更强、服务功能更优、运行效率更高的综合性物流枢纽，在全国物流网络中发挥关键节点、重要平台和骨干枢纽的作用。

物流枢纽根据其服务半径的不同，可分为国际性物流枢纽、全国性物流枢纽和区域性物流枢纽。在物流枢纽中，往往存在货站、物流园区、物流（直配）中心、保税仓、跨境电商综合试验区、自贸区、物流产业集聚区、商贸专业市场、综合信息平台等节点要素，这些要素与交通运输枢纽设施形成了一个具有多级递阶的复杂网络系统。

（二）物流枢纽经济的含义

物流枢纽经济，是指以物流枢纽为基础，利用现代物流技术以及供应链平台、节点和网络，推进各类物流活动，提升各类原材料、产成品的物流效率，进而直接产生或衍生出的相关经济活动。

物流枢纽经济的发展有多个维度，主要包括空间维度、时间维度、方向维度、智慧维度、融合维度和生态维度等。在物流枢纽经济的演进过程中，空间维度进一步拓展，融合维度进一步加强，从而驱动枢纽城市在产业、金融、项目、服务等领域的演化升级，继而带动周边区域经济社会全面发展。

在新时代，全球供应链采购、现代信息技术、区块链技术等支撑现代物流创新发展，物流产业呈现全球视野下的货物集疏性，面对跨界、跨文化的物流需求，物流枢纽经济必须及时调整营销方案，高效率、高质量地满足市场和客户需求，并不断进行三个方面创新：①技术创新，现代物流枢纽经济的发展必须依靠科学技术这个第一生产力，用技术驱动产业的发展；②体制机制的创新，物流枢纽经济涉及诸多要素的集散，必须深化改革、扩大开放，用灵活的机制聚集生产要素；③物流运作方式创新，作为复合性产业，物流必须加强与第一产业、第二产业和第三产业的融合创新，以降低物流成本，提升物流枢纽经济的绩效。

二、我国物流枢纽的发展

（一）物流枢纽发展战略的提出

当前，我国物流业发展不平衡且不充分、规模大而不强、成本高等问题仍然突出，"最后一公里"瓶颈仍为最大难题。要加快物流业转型升级就亟须解决物流散状化发展、小规模物流经营模式下物流规模不经济的问题，同时也要提供物流服务模式创新、物流组织创新和要素整合途径，并且要为物流枢纽承载城市和地区物流产业发展提供增量发展机会。

中共中央和国务院高度重视调整运输结构、降低运输成本和提高运输效率的工作。习近平总书记强调指出,要调整运输结构,减少公路运输量,增加铁路运输量;减少公路特别是大宗产品公路货运量,提高沿海港口集装箱铁路集疏港比例。李克强总理指出,要采取综合举措,提高大宗货物和长距离运输的铁路货运比例,特别是打通海铁联运"最后一公里",大幅度提高集装箱海铁联运比例。

2017年8月发布的《国务院办公厅关于进一步推进物流降本增效促进实体经济发展的意见》(国办发〔2017〕73号)明确提出:"着力推进铁路货运市场化改革,发挥铁路长距离干线运输优势,进一步提高铁路货运量占全国货运总量的比重。探索发展高铁快运物流,支持高铁和快递联动发展。"2018年11月21日召开的国务院常务会议提出,要对标国际先进水准,采取多项举措发展"通道+枢纽+网络"的现代物流体系,使全社会物流总费用与国内生产总值比率降低,着力高质量发展,提升经济运行的整体效率。以产业条件较好、区位优势明显、辐射能力较强的城市为载体,布局和建设一批重点物流枢纽,重点发展铁路干线运输,构建起全国物流枢纽干线网络体系。

2018年12月,国家发展改革委和交通运输部公布《国家物流枢纽布局和建设规划》(以下简称《规划》)。作为国家层面的"物流枢纽"首个专项规划,《规划》提出要在全国范围内建设212个国家物流枢纽。到2020年,首先布局建设30个左右辐射带动能力较强、互联衔接紧密、现代化运作水平较高的国家物流枢纽,初步建立符合我国国情的枢纽建设运行模式,从而形成国家物流枢纽网络基本框架,进一步促进"一带一路"建设。国务院常务会议还多次强调指出,要进一步扩大物流业对外开放,鼓励各种形式的社会资本参与到物流枢纽建设运营中来。

(二) 我国物流枢纽的发展现状

随着《规划》的实施与推进,2020年新一轮物流基础设施建设随之展开,国家物流枢纽中心也会利用巨大的资金流、物流、人员流带来庞大的消费和税收增量。很多地方政府已把它作为重要的经济发展推动力量,并在布局上提速。要培育物流枢纽经济,一是要依托物流枢纽推动物流要素空间聚集模式的创新,从而完成物流对自身的价值链、产业链、供应链关系的重构,形成在"干支仓配"基础上的一体化融合对接的物流产业发展形态,形成巨大的物流规模效应;二是要通过物流枢纽模式和业态创新,加快物流与制造业及商贸流通业深度有机融合,推动围绕着物流枢纽经济的产业发展,创造物流、相关产业集群经济增值的一种新赋能,形成物流产业与城市产业、经济融合发展的新聚能体。

1. **物流枢纽的发展稳中有进**

改革开放40多年来,我国物流业取得了举世公认的骄人成就:建成铁路专用线总里程18万多千米,铁路营运总里程已超过12万千米,中欧班列运行线路达到73条,至2021年8月累计开行超过10030列,通达欧洲23个国家;全球十大港口有7个在中国,万吨级以上港口泊位230多个;民用运输机场200多个;公路营运总里程超过470万千米,运营、在建和规划的各类物流园区超过1600个;全国通用营业性仓储面积超过 10 亿平方米，快递业务规模位居世界第一。

根据中国物流与采购联合会统计数据显示：物流业总体运行平稳，社会物流总额增长平稳，市场规模得到稳步扩张。2015 年到 2019 年五年间物流业对我国经济社会贡献度增加的同时，社会物流总费用与 GDP 比率却在下降，降费效果明显。2019 年工业品物流总额达到 269.6 万亿元，占社会物流总额的 90.5%。2019 年国家铁路完成货物总发送量 43.89 亿吨，全国快递服务量累计达到 635.23 亿件，同比增长达到 25.3%；快递业务收入累计完成额为 7497.82 亿元，同比增长达到 24.2%。

2. 交通枢纽基础设施规模不断扩大

我国综合交通运输体系整体已初见规模：高速公路、高速铁路总营运里程数以及港口万吨级泊位数等各项指标均位居世界第一，同时，管道里程和机场数量也居于世界前列。交通固定资产投资额在 2019 年全年完成 3.2 万亿元，新增公路 33 万千米、铁路 8 万千米、民用运输机场 5 个和高等级航道 385 千米，"五纵五横"综合运输大通道将实现基本贯通。根据中国物流与采购联合会统计数据显示，我国规模以上物流园区超过 1600 个，还有数量众多的分拨中心、物流中心、末端配送网点。物流枢纽中心凭借产业、金融、信息、区位等多个方面的资源优势，与区域产业深度融合联动发展。2019 年国家发展改革委和交通运输部首次批布 23 家国家物流枢纽建设的城市，2020 年第二批公布 22 个国家物流枢纽建设城市，2021 年公布 25 个国家物流枢纽建设城市；至此，共公布 70 个国家物流枢纽城市。预计到 2025 年我国计划布局建设 150 个左右国家物流枢纽，届时物流枢纽网络建设有望进入实质性大发展阶段。

2020 年 2 月 14 日中央全面深化改革委员会召开的第十二次会议指出：基础设施是经济社会发展的重要支撑。此后，国家发展改革委等职能部门推出了"新基建"的计划，其中包括互联网和物联网、城际高速铁路和城际轨道交通等多项利于交通基础设施的建设项目。基础设施作为经济社会发展的基础条件和必备条件，综合型交通基础设施建设规模不断扩大可以为我国经济社会高质量发展积蓄能量，增加经济发展的后劲；同样，基础设施建设滞后就可能成为经济社会发展的制约性因素。物流基础设施是支撑物流枢纽经济发展的骨架，是联通国际国内的复杂网络，物流基础设施的大规模建设，为我国物流枢纽经济高速增长奠定了坚实基础。

三、我国物流枢纽类型

按照《全国城镇体系规划（2006—2020 年）》提出的建设一级综合交通枢纽城市和二级综合交通枢纽城市，将物流枢纽经济承载城市划分为一级综合交通物流枢纽承载城市和二级综合交通物流枢纽承载城市。

（一）根据支撑能力划分

1. 一级综合交通物流枢纽承载城市

这是指在交通分区中起到支撑作用的城市，对区域经济发展作用十分重要，并在人口和经济规模上具有足够的区域辐射能力。同时，其交通系统应同时具备中型枢纽机场（按照 2020 年机场布局规划）、铁路区域性客运中心（按照中长期铁路网规划）和公路主枢纽（按照国家高速公路网规划）三个条件。

2. 二级综合交通物流枢纽承载城市

这是指在区域发展中起到辅助支撑作用的城市，其交通系统应同时具备中型枢纽机场（按照2020机场布局规划）、铁路大型客运站（按照中长期铁路网规划）和公路主枢纽（按照国家高速公路网规划）三个条件及以上。

（二）根据辐射范围划分

1. 国家战略级综合交通物流枢纽承载城市

这类城市主要是指按照国家产业集群的战略要求，具有重要的区域影响力、重要的国际和跨省物流节点地区，且能够提供国际和省际大型货运代理和分销物流活动的相关服务。具体特征包括：位于国家战略层面重点开发和优先开发区域；靠近和服务于国家级产业园区、国家级经济技术开发区等区域产业集聚区；紧靠全国铁路一级及以上货运站（国家铁路集装箱中心站）、沿海主要港口（含内河）、枢纽及干线机场，能够便利衔接两种以上对外运输方式；毗邻海关特殊监管区域（出口加工区、综合保税区、自贸试验区等）；目前已经具备一定的物流发展规模。按照《全国主体功能区规划》，以国家层面主体功能区布局、地区经济影响力、交通枢纽重要度、物流作业量水平等项指标，这类城市有上海、广州、深圳、北京、西安等。

2. 区域级综合交通物流枢纽承载城市

这类城市是指按照所在省份经济社会发展需要，具有省域影响力，依托省域内的主导产业功能区，能够服务省域范围内城际大批次货物分拨及转运为主的物流节点城市。在充分考虑每个城市的经济社会发展程度差异和产业特征对物流需求影响的基础上，根据其区域经济影响、交通枢纽重要性、物流运营水平等因素来确定区域级综合交通物流枢纽承载城市。其具体特征包括：靠近和服务于省级以上产业园区、经济技术开发区等区域重大产业集中区，距省域范围内二等站以上铁路站、重要港口、支线机场，能够便利衔接两条及以上对外运输干线，毗邻监管仓或保税仓。这类城市有南阳、安阳、宜昌等。

（三）我国物流枢纽的六种类型

根据《国家物流枢纽布局和建设规划》，我国物流枢纽分为了六种类型：陆港型国家物流枢纽、港口型国家物流枢纽、空港型国家物流枢纽、生产服务型国家物流枢纽、商贸服务型国家物流枢纽和陆上边境口岸型国家物流枢纽。

1. 陆港型国家物流枢纽承载城市

该类型的城市有南昌、鹰潭、沈阳、长春、大同、临汾、石家庄、保定、太原、呼和浩特、乌兰察布、乌鲁木齐、哈密、格尔木、库尔勒、佳木斯、哈尔滨、西安、延安、济南、潍坊、徐州、合肥、南京、杭州、郑州、安阳、武汉、长沙、衡阳、兰州、酒泉、重庆、成都、遂宁、贵阳、遵义、昆明、南宁、柳州、拉萨。

2. 港口型国家物流枢纽承载城市

该类型的城市有广州、深圳、湛江、连云港、苏州、南京、南通、大连、秦皇岛、天津、唐山、沧州、营口、烟台、青岛、日照、芜湖、安庆、上海、宁波、舟山、福州、厦门、九江、武汉、宜昌、岳阳、钦州、北海、防城港、洋浦、重庆、泸州。

3. 空港型国家物流枢纽承载城市

该类型的城市有北京、上海、天津、重庆、广州、青岛、深圳、宁波、厦门、郑州、南京、杭州、武汉、鄂州、长沙、哈尔滨、成都、西安、贵阳、昆明、拉萨、银川、三亚、乌鲁木齐。

4. 生产服务型国家物流枢纽承载城市

该类型的城市有上海、南京、天津、广州、深圳、珠海、佛山、东莞、杭州、宁波、嘉兴、金华、武汉、十堰、襄阳、郑州、资阳、太原、哈尔滨、沈阳、长春、大庆、大连、石家庄、唐山、邯郸、合肥、苏州、无锡、蚌埠、福州、三明、南昌、青岛、长春、郴州、柳州、南宁、重庆、成都、攀枝花、贵阳、西安、宝鸡、鄂尔多斯、包头、石河子。

5. 商贸服务型国家物流枢纽承载城市

该类型的城市有上海、天津、重庆、广州、兰州、西宁、银川、乌鲁木齐、西安、呼和浩特、太原、哈尔滨、长春、沈阳、石家庄、济南、郑州、武汉、南京、杭州、福州、成都、长沙、合肥、南昌、南宁、贵阳、昆明、海口、吉林、牡丹江、大连、青岛、深圳、厦门、南通、温州、临沂、泉州、汕头、赣州、保定、达州、阜阳、商丘、洛阳、信阳、南阳、怀化、桂林、大理、赤峰、喀什、金华（义乌）、平潭。

6. 陆上边境口岸型国家物流枢纽承载城市

该类型的城市有伊犁（霍尔果斯）、博尔塔拉（阿拉山口）、克孜勒苏（吐尔尕特）、喀什（红其拉甫）、日喀则（吉隆）、呼伦贝尔（满洲里）、锡林郭勒（二连浩特）、防城港（东兴）、崇左（凭祥）、德宏（瑞丽）、红河（河口）、西双版纳（磨憨）、丹东、延边（珲春）、黑河、牡丹江（绥芬河）。

上述六种类型的国家物流枢纽，其中有 16 个陆上边境口岸型、23 个空港型、30 个港口型、41 个陆港型、47 个生产服务型和 55 个商贸服务型国家物流枢纽。

（四）物流枢纽功能定位

不同类型物流枢纽承载城市的功能定位不同，发展方向和目的也不同。

(1) 陆港型。依托铁路、公路等陆路交通运输大通道和场站（物流基地）等，衔接内陆地区干支线运输，主要为保障区域生产生活、优化产业布局、提升区域经济竞争力，提供畅通国内、联通国际的物流组织和区域分拨服务。

(2) 港口型。依托沿海、内河港口，对接国内国际航线和港口集疏运网络，实现水陆联运、水水中转有机衔接，主要为港口腹地及其辐射区域提供货物集散、国际中转、转口贸易、保税监管等物流服务和其他增值服务。

(3) 空港型。依托航空枢纽机场，主要为空港及其辐射区域提供快捷高效的国内国际航空直运、中转、集散等物流服务和铁空、公空等联运服务。

(4) 生产服务型。依托大型厂矿、制造业基地、产业集聚区、农业主产区等，主要为工业、农业生产提供原材料供应、中间产品和产成品储运、分销等一体化的现代供应链服务。

（5）商贸服务型。依托商贸集聚区、大型专业市场、大城市消费市场等，主要为国际国内和区域性商贸活动、城市大规模消费需求提供商品仓储、干支联运、分拨配送等物流服务，以及金融、结算、供应链管理等增值服务。

（6）陆上边境口岸型。依托沿边陆路口岸，对接国内国际物流通道，主要为国际贸易活动提供一体化通关、便捷化过境运输、保税等综合性物流服务，为口岸区域产业、跨境电商等发展提供有力支撑。

发展战略是经济发展模式的重要内容，对不同类型国家物流枢纽承载城市进行战略规划，使其完全发挥出功能定位、完成发展目标的意义重大。尤其对于"身兼数职"的多类型国家物流枢纽承载城市，通过物流枢纽经济发展战略研究，在国家总体战略引领下，剖析每个类型、每个区域的物流枢纽经济发展战略，形成发展战略分层体系，明晰其发展目标，能够加快发展物流枢纽经济、加快物流业转型。

四、我国物流枢纽经济的发展

物流是经济的助推剂，经济发展又促进物流业进步，两者相辅相成、耦合发展。物流枢纽是物流设施群和物流活动组织中心，能够实现货物的仓储、储存、加工、转运和配送等功能。国家物流枢纽承载城市通过将 AI（人工智能）、大数据、云计算、区块链等先进科技手段融入智慧物流，利用现代信息技术、网络技术打通供应链各关键物流节点，全面提升城市综合交通枢纽建设水平；并通过完善枢纽集疏运网络、集散中转功能和优化转运设施等环节，用以提升供应链服务功能和服务质量，畅通立体化的物流服务通道，形成兼具多元功能的促进区域乃至全球的互通互联的物流枢纽和供应链节点，实现现代物流业与制造业、金融业、商贸业、信息服务业的一体化融合发展。

国家物流枢纽在国际供应链体系和物流大通道网络中发挥着关键节点、骨干枢纽和重要平台的多方面作用，是全国物流体系核心基础设施的有机组成部分，是集聚效应更大、辐射区域更广、运行效率更优、服务功能更强的综合性物流功能区。其既是带动地区经济发展的核心功能区，又成为周边地区发展的辐射功能区，也是对内联动对外联通的协同发展区，在国际合作与区域经济发展中占据着重要地位。

（一）核心功能区

国家物流枢纽承载城市的确立，将为地区吸引入驻一批大型物流企业，不仅给当地带来更多的税收，促进经济水平的提高，同时可以解决就业问题。完善物流核心功能区有利于加强地区基础设施建设，完善地区物流服务体系，加快地区经济发展。

1. 吸引入驻物流企业

国家物流枢纽承载城市具有交通区位、地理条件优越等优势，具有物流企业依托发展的基础。而枢纽地位的确立，通常会伴随着国家以及地方政府的一些优惠政策，如减轻税收、优惠用地、拨款扶持等。尤其对处于"一带一路"建设重要节点的城市，将吸引一批大型物流企业入驻，为地方财政带来巨大收益，带动地区经济发展。

2. 加强地区基础设施建设

不同类型的国家物流枢纽承载城市对于基础设施都有一定的要求。如陆港型物流枢纽对于高速公路、铁路等物流基础设施以及电网、光缆等城市基础设施具有很高的要求。枢纽地位的确定，大批物流企业的入驻，促进政府重视和完善物流基础设施以及城市基础设施的建设，促进地区经济的发展。

3. 完善地区物流服务体系

地区基础设施的建设、优质物流企业的入驻，将促进物流枢纽承载城市建成高效率、低成本、多层次的地区的国家物流服务体系。对于西部地区的国家物流枢纽承载城市而言，其物流发展水平低于东南沿海地区。枢纽地位的确立，国家政府的优惠扶持，一批中、东部优质物流企业的入驻，将促进西部地区物流服务体系的完善和水平的提高。

（二）辐射影响区

国家物流枢纽承载城市不仅有助于改善城市基础设施，带动新的产业引进，促进城市经济发展，而且通过自身枢纽优势辐射影响周边城市经济发展，不仅与周边城市形成互相影响、互相依存的良性互动关系，而且对自身提高物流服务质量、拓展业务范围、提升核心竞争力有重要意义。

1. 拓展业务范围

伴随着国家物流枢纽地位的逐步确立，各个国家物流枢纽承载城市的业务会在短时期内有所增长，并伴随多样化、多层次的服务需求。为了促进物流枢纽经济发展、提升服务质量，一方面会不断刺激城市相关设施水平的提高，另一方面会将一部分业务转移到周边地区，和周边地区进行优势互补，既带动了周边地区经济发展，形成良好的辐射带动效应，又扩大了自身业务服务范围，形成良性互动发展的态势。

2. 提升核心竞争力

物流枢纽将会是财富聚焦点，为了吸引更多消费需求，降本增效整合资源，充分发挥国家物流枢纽辐射广、成本低、效率高的优势，在同类型以及不同类型的国家物流枢纽承载城市发展中形成激烈的竞争关系，将会大大刺激城市间发展智慧物流、绿色物流，以提升自身核心竞争力、摆脱同质化竞争，形成不可替代的城市物流服务体系。

（三）协同发展区

国家物流枢纽除了在其承载城市产生聚集效应，对周边地区产生辐射影响效应，还能够促进地区间战略合作、协同发展，提升社会整体物流水平。

1. 促进地区间战略合作、协同发展

国家发展改革委和交通运输部联合发布的《国家物流枢纽布局和建设规划》指出，城市区间融合搭配更有利于区域资源利用与相互形成战略促进。鼓励陆港型、生产服务型枢纽推行大宗货物铁路运输，面向腹地企业提供多样化铁路运输服务；加密港口型枢纽间网络，提升港口基础配套水平和货物集散能力；拓展空港航线网络，扩大全货机服务覆盖范围。物流枢纽的确立，能够促进地区间建立战略合作关系。

2. 提升社会整体物流水平

城市间建立的战略合作伙伴关系，能够促进发展较好的物流枢纽承载城市带动发展较落后的物流枢纽承载城市共同进步，替代恶性竞争的关系。优势物流枢纽承载城市吸引过多货源处于饱和状态，劣势物流枢纽承载城市又处于货源不足状态。物流枢纽之间所产生的协同发展效应能够提升社会整体物流水平。

五、物流枢纽经济运行的影响因素

物流枢纽经济运行的绩效既受微观因素的影响，也受宏观环境的影响。总体来说，其运行系统主要受市场环境、服务环境和政策环境等因素的制约。

（一）市场环境

物流枢纽经济运行的影响因素首先是市场环境，因为市场对物流枢纽经济资源配置有决定性影响。对于不同类别物流枢纽经济的运行，市场环境的要求也不相同。

（1）港口型物流枢纽经济的运行，其市场环境如下：一是国际船公司之间的竞争，对远洋运输和国际物流行业而言，规模优势、价格优势仍是争夺市场份额的重要法宝；二是港口为扩大物流枢纽影响力，需要增加港口的货物吞吐量，这也受到港口服务、船舶服务、船员服务等条件制约。所以，港口型物流枢纽经济运行的市场因素来自国际和国内两个方面。

（2）陆港型物流枢纽经济的运行，市场环境造成的影响有：一是自身运行能力的变化，二是运输方式之间的变化。陆港型运输方式不仅涉及铁路运输、公路运输，有时还受到水路运输的影响。陆港型物流枢纽经济的运行，往往取决于综合服务能力。联合运输方式将吸引更多的市场客户，连接更多的物流园区，集聚更多的市场资源，使物流枢纽经济的运行链条逐步拉长，形成更为强大的市场竞争优势。

（3）空港型物流枢纽经济的运行，市场环境由机场航线、航空公司、货代企业以及临空指向性产业共同组成。这些节点物流枢纽经济的运行就会出现障碍，影响物流枢纽经济的发展。纵观空运行业的发展史，航空公司和货代公司的竞争还是比较残酷的。为争夺航空货运市场，许多地方政府也加入了竞争队伍，尽管地方政府提供补贴影响了正常的市场规则，但这已成为国际竞争的普遍做法。

（4）生产服务型物流枢纽经济的运行，其市场环境受特色加工制造业集聚度和物流产业融合度的影响。一方面，加工制造业必须发达，形成了足够的规模才能够带动专业物流的发展，吸引专业物流公司聚集起来，为加工制造业服务；另一方面，物流企业已形成规模，有足够的能力为加工制造业提供优质物流服务。二者的有机结合，就营造出了生产服务型物流枢纽经济的良好运行环境。

（5）商贸服务型物流枢纽经济的运行，其市场环境由商贸市场的交易量和辐射范围以及专业物流的协作度来决定。一是商贸市场的品牌影响力能否支撑起特色物流的有序运转；二是商贸物流能否为市场发展提供聚合力。只有商贸活动与物流产业高度协作，才能铸造优质的商贸服务型物流枢纽经济运行环境。

（6）陆上边境口岸型物流枢纽经济的运行，其市场环境由口岸的边贸业务量和物流产业的支撑度来展示。一方面,陆上边境口岸需要着力拓展边贸业务,提升贸易集疏、货物中转等能力;另一方面,物流产业能够携手边贸业务,通过国际合作区或跨境物流园区,施展物流集疏职能。这样,就优化了陆上边境口岸型物流枢纽经济运行的市场环境。

(二) 服务环境

现代物流枢纽经济的高质量运行,必须有一流的服务体系作支撑,这包括技术服务、金融服务、货代服务、保理服务、法律服务等。

1. 技术服务

现代物流的发展是以新一代信息技术为基础的,其系统运行需要和互联网的支持。只有在一流系统框架内,才能兼容产业集聚和辐射拓展,实现即时传输共享和利益透明,增强物流枢纽经济运营主体的统领能力。

事实上,技术的研发和服务既是物流枢纽经济运行系统的有机组成,也是物流枢纽经济的有效拓展。通过技术创新,可扩大物流枢纽经济运行系统的影响力,同时增强了物流枢纽经济的运行质量。

2. 金融服务

金融服务水平的高低在一定程度上代表着物流枢纽经济运行的水平,国际上一流的航运枢纽如鹿特丹、新加坡、纽约等均是金融服务中心的典范。由于物流、商贸流、订单流、信息流总是与资金流相互交织,特别是供应链管理时代,物流枢纽的上下游节点间更是在资金投入、利益分配、资金结算等环节紧密相连。所以,金融服务是物流枢纽经济运行的核心要素。

金融服务需要注重预警和防范资金链的中断。由于国际贸易、国际物流的资金流动涉及国际金融,其资金运转受到国际环境变化的冲击性较大,金融机构对物流枢纽经济金融风险的预测和应对意义重大。

3. 货代服务

货运代理(简称货代)是国际贸易和国际物流活动中的一个重要节点,也是连接生产企业、贸易企业、船(车辆、飞机)公司、口岸海关等环节的桥梁和纽带。货代企业专业的服务为外贸产品的通关流程提供了便利化的支撑,为外贸企业、生产加工企业以及全球供应链采购带来了便捷高效的专业化服务。

由于在外向型经济中涉及国家(地区)间的贸易管制措施较多,国际贸易环境复杂多变,货代服务的地位越来越重要。专业公司、专业人才、专业服务是扩大物流枢纽影响力和辐射力的重要保障。

4. 保理服务

随着互联网金融系统的形成和发展,专业保理公司发展迅速,保理服务业务市场也得到快速拓展。商业保理业务起始于 14 世纪的英国,18 世纪在美国的东海岸得到重视,进入 21 世纪,专业保理在我国得到快速发展,该业务已成为国际贸易和国际物流参与国际竞争的有力武器。保理业务是以商业信用为基础,针对商业贸易、物流货代等业务中的应收账单,以债权人转让其应收账款为前提,集融资、账款催收及坏账担保于一体的综合性金融服务。由于物流枢纽经济运行中诸多物流、贸易公司面临的账款交割时间具有间隔性特点，保理业务的开展更具有特殊意义。

近年来，我国诚信体系建设成效卓著，工商、司法、金融、交通等部门对失信人员惩治的"组合拳"使商业保理业务环境大幅改善，保理业务量迅速增长。这有效缓解了物流枢纽经济运行过程中的中小企业融资难、融资贵等瓶颈问题，为物流枢纽经济的高质量运行提供了重要支撑。

5. 法律服务

物流枢纽经济作为现代市场经济的重要组成，在其运行过程中必须在法治环境下有序推进。首先，作为物流枢组经济运行的主体，核心企业与供应链上各节点的业务往来和利益分配必须在合同协议框架下公平、公开、公正地运作，一旦发生经济纠纷，需要在法律、法规、规章约束下调节。其次，国内外经济活动的开展需要符合国家的产业政策规定，尤其是在对外贸易活动中，更应该及时了解目的地国家（地区）的贸易政策。最后，物流枢纽经济建设、发展和运行中生产关系和社会关系的处理需要依法治理。基于此，及时和高质量的法律服务是物流枢纽经济运行的有效保障。

（三）政策环境

物流枢纽经济既有产业集聚的特点，又呈现区域经济的特征，因而，其运行过程需要产业政策的支持。现代产业发展历程表明，政府政策的宏观调控与市场机制对资源的配置应有机结合。原则上，应发挥市场在配置资源和调节运行中的决定性作用，同时，还要发挥政府对产业的调控引导作用。

1. 引导集聚发展

物流枢纽经济是集聚经济，一是物流企业和物流产业的集聚，物流枢纽的多式联运集聚了多种运输方式的企业，使其通过货物的无缝对接高效运行，推进物流枢纽经济的运转。物流企业规模的扩大带动了物流枢纽经济发展指向的产业集聚，形成了相互支撑的产业链。二是先进技术和专业人员的集聚，物流枢纽经济尽管以物流产业为核心指向，但信息产业是物流产业发展和运行的主动脉，没有发达的信息流就没有现代物流业。以信息技术为基础，各种运输方式的技术创新，信息运行系统的融合升级，是物流枢纽经济健康运行的必然诉求。技术的集聚意味着科技人员的聚集，专业人员才是提升物流枢纽经济竞争力的根本。

为推进物流枢纽经济的健康运行，在充分尊重市场经济运行规律的基础上，政府应深入调查研究，有针对性地引导枢纽偏好性产业在空间上集聚，充分利用物流枢纽基础设施，实现规模经济效应。

2. 激励绿色运营

在传统观念中，人们总是将噪声污染、尾气污染、交通堵塞等现象与物流枢纽经济联系起来。但是有了可持续发展理念、高质量发展模式和新一代信息技术的支撑，碳排放指标、环境指数等也成了各级政府的约束性指标，绿色物流、智慧物流也成了枢纽运作的主旋律。一是现代物流信息的智慧运作，实现了货物仓配运输的实时可控，减少了物流资源的叠加浪费，增强了空间的有效利用。二是运输器具的升级换代，降低了作业声音和碳排放量，标准化绿色包装的应用减轻了环境的后续污染。三是产品质量意识和溯源监控的加强，逆向物流量相对降低，单位产品的总体碳排放量降低。这些变化，在一定程度上反映了物流枢纽经济绿色运行的行业现状。

在市场经济环境下，企业一般都在追求自身效益最大。因此，推动物流枢纽经济的绿色发展，需要政府宏观政策的调控和约束。设置准入门槛、技术指标限制、人员素养要求，以及通过税收、财政、土地等指标的激励，都将是引导物流枢纽经济绿色运行的有效手段。

3. 实现高质量运行

进入经济社会新时代，中国经济已由高速发展走向了高质量发展阶段，物流枢纽经济作为新常态下的一种经济集聚模式，在运行时更需要注重系统要素的协同、空间布局的优化和节点互动的优质。

促使物流枢纽经济的高质量运行，应做好以下三方面工作：一是理念的现代化。物流枢纽经济是现代化交通运输方式的展现，物流枢纽经济运营主体需要统筹现代化物流方式和产业链的衔接，没有现代化理念就难以驾驭物流枢纽经济的运行。二是管理的科学化。物流枢纽经济涉及要素和节点较多，尤其是腹地的对接，更扩展到不同经济区域的节点，所以物流枢纽经济的运营管理必须尊重经济规律，在投资决策、收益分配、供应链合作等重大事项中需要保持平等协商的姿态。三是纠纷处置的法治化。物流枢纽经济运行过程中难免出现各种经济纠纷，在处理时需要秉持法治心态，尤其是在国际业务纠纷处置时，更应该依法处理。只有这样，才能推进物流枢纽经济的平稳和优质运行。

第三节 城市物流园区

物流园区是对物流组织管理节点进行相对集中建设与发展的具有经济开发性质的城市物流功能区域，同时也是依托相关物流服务设施进行与降低物流成本、提高物流运作效率和改善企业服务有关的流通加工、原材料采购和便于与消费地直接联系的生产等活动的具有产业发展性质的经济功能区。

近年来，我国物流园区数量稳步增加，全国物流园区数量为1638家，年均增长率超过10%，在营园区占比达到68%，公路为主的物流园区占比80.2%。从业人员、车辆以及货运量都非常大。在园区开发方式方面，中国快递物流园区开发更趋市场化，快递企业自主投资管理占主导。2018年，快递企业独立投资247家快递专业类物流园区，占全国快递专业类物流园区的52.4%；使用外来投资有71家，占比15.1%，政府投资建设园区有76家。这表明我国快递物流园区的建设，不仅得到了多方主体的关注和投资，也得到了政府和金融机构在资金方面的支持，进一步为园区建设提供了资金保障。

我国将推动建设一批公共服务属性较强、辐射带动能力显著、物流功能完善的货运枢纽（物流园区）项目，覆盖80%以上国家综合交通枢纽城市和重要物流园区布局城市，全国综合货运枢纽网络进一步完善，多式联运和公路货运干支衔接效率明显提升，综合服务水平显著提高，为促进物流业"降本增效"、支撑物流业供给侧结构性改革提供坚实保障和强劲动力。

未来中国物流园区的发展步伐和发展速度将不断加快，展现出良好的发展前景。中国经济的不断发展和交通条件的不断改善，将推动中国物流行业的发展进一步提速，而物流行业的发展必然促进生物流园区数量和质量的不断提高。未来一段时间内，物流园区在中国的发展将不断从广度和深度延伸，在中国投资物流园区的潜力巨大。

一、城市物流园区的概念与特征

（一）城市物流园区的概念

城市物流园区（distribution park），也称物流园地，最早是20世纪60年代出现在日本东京。由于物流园区给物流企业及其所在城市带来了极大的经济与社会效益，引起了人们的广泛重视。近几年来，物流园区在我国也开始出现，它是政府从城市整体利益出发，为解决城市功能紊乱，缓解城市交通拥挤，减轻环境压力，顺应物流业发展趋势需要，实现"货畅其流"，在郊区或城乡接合部主要交通干道附近专辟用地，通过逐步配套完善各项基础设施、服务设施，提供各种优惠政策，吸引大型物流（配送）中心在此聚集，使其获得规模效益，降低物流成本，同时减少大型配送中心在市中心分布所带来的种种不利影响。简言之，物流园区是对物流组织管理节点进行相对集中的建设与发展，具有经济开发性质的城市物流功能区域；同时，物流园区也是依托相关物流服务设施降低物流成本、提高物流运作效率、改善企业服务相关的流通加工与原材料采购、便于与消费地直接联系的生产等活动，发挥产业发展性质的经济功能区。

国家标准《物流术语》（GB/T18354—2021）中，对物流园区（logistics park）的定义为："由城市集中规划建设并由统一主体管理，为众多企业在此设立配送中心或区域配送中心等提供配套的专业化物流基础设施和公共服务的物流产业集聚区。"从这个概念分析，物流园区首先是物流设施在空间上的集聚；其次是众多物流企业的集聚地和物流产业集聚地；最后是综合公共物流服务中心。

（二）城市物流园区的特征

1. 城市物流园区与企业关系密切

城市物流与企业内部的微观物流有着千丝万缕的联系。一方面，由于城市物流与微观物流客观上存在密切的关系，企业输出的微观物流必须通过城市物流才能汇集成输出城市的宏观物流；另一方面，由于企业本身存在于城市之中，在某些物流功能方面，很难分清它究竟属于此还是属于彼，城市物流园区为企业提供了一个公平合理的竞争环境，使物流企业实现优胜劣汰，促使物流企业不断提高企业经营能力和服务质量，保持其竞争力。

2. 城市物流园区以城市道路系统和短途运输为中心

由于地理区域的限制，决定了这个系统不可能涉及长距离、大范围的物流服务，而主要以城市道路系统和短途运输为主。但就目前的情况而言，我国在这个领域的物流效率和效益都十分低下。几十年来，我国企业实行的是自备运输，就是对于一个大城市来说，成千上万的大小企业，其原材料的运进和产品的运出，除了有自备专用线，使用铁路整车运输的方式外，其他完全是各自为政，各个企业使用自备的载重汽车。

（三）界定物流园区的原则

上面分别从选址、规模、功能、用地特性等不同方面表述了物流园区的概念。但是仅凭以上各种对物流园区概念的表述，我们还不能正确理解物流园区。正确理解物流园区，应抓住以下几点最基本的内容：

（1）物流园区作为物流网络中的物流结点而存在，因而具有物流结点的一般功能。

（2）物流园区布局有其区位要求，一般位于大城市周边，并且靠近交通干线，因而物流网络的结点处于枢纽点的地位。

（3）物流园区是集约化、大规模的物流设施集中地，以提供物流服务为主，是多个物流企业集中布局的场所。

（4）从功能上讲，物流园区提供较高水平的综合物流服务。

（5）物流园区必须具备一定的规模性，包括用地规模、投资规模、物流流量、辐射区域等。

（四）物流园区的分类及标准

根据物流园区的依托对象来划分物流园区类型，以物流园区规划指标为推荐性要求。

1. 货运服务型物流园区

货运枢纽型物流园区应符合以下要求：

（1）依托空运、海运、陆运枢纽，至少有两种不同的运输形式或两条不同的运输干线衔接。

（2）提供大批量货物转换的配套设施，实现不同运输形式的有效衔接。

（3）主要服务于国际性或区域性物流运输及转换：①空港物流园区依托机场，以空运、快运为主，衔接航空与公路转运；②海港物流园区依托港口，衔接海运与内河、铁路、公路转运；③陆港物流园区依托陆港，以公路干线运输为主，衔接公铁转运。

2. 生产服务型物流园区

生产服务型物流园区应符合以下要求：

（1）依托经济开发区、高新技术园区等产业园区而规划。

（2）提供制造型企业一体化物流服务。

（3）主要服务于生产制造业物料供应与产品销售。

3. 商贸服务型物流园区

商贸服务型物流园区应符合以下要求：

（1）依托各类大型商品贸易现货市场、专业批发市场而规划，为商贸市场服务。

（2）提供商品的集散、运输、配送、仓储、信息处理、流通加工等物流服务。

（3）主要服务于商贸流通的商品集散。

4. 综合服务型物流园区

综合服务型物流园区应符合以下要求：
（1）依托城市配送、生产制造业、商贸流通业等多元对象而规划。
（2）位于城市交通运输主要节点，提供综合物流功能服务。
（3）主要服务于城市与区域运输和配送体系的组织。

二、城市物流园区的功能定位

城市物流园区作为规模化、综合化的城市物流节点，同时具有不同于物流节点的各种功能，如货物集放、中转和运输组织功能，物流配送功能，装卸储运功能，中介代理功能，流通加工功能，商品检验功能，通信信息功能，咨询与培训功能，等等。物流园区的作用在于通过实现集成化的多式联运、智能化的在库管理和现代化的信息通讯，为厂商提供在城市的物流中心或配送中心的基础平台，为城市大型商业流通基础设施提供物流支持，提高物流基础设施以及物流运作的一体化程度，促进现代服务业和现代流通业的长远发展。纵观城市物流园区的功能和作用，城市物流园区是物流中心在地理位置上的集中所形成的具有特定业务功能的区域。城市物流园区所能提供的服务与园区内物流企业的性质是密不可分的，具体有以下几点：

（一）运输功能

城市物流园区聚集几家或者几十家运输企业，包括公路、铁路、航空、海运、河运等不同的运输方式。在城市物流园区，客户可以选择自己需要的运输方式和价格服务，并将运输的全过程交由企业负责。同时，城市物流园区应具备货物的中转功能。

（二）储存功能

城市物流园区中的仓储企业不仅要满足客户商品的储存需要，还要通过仓储环节支持商品的市场分销活动，同时尽可能降低库存占压的资金，减少储存成本。因此，园区的仓储企业应配备高效率的分拣、传送、储存等设备。

（三）装卸搬运功能

园区应配备专业化的装卸、提升、运送、码垛等装卸搬运机械，以提高装卸搬运作业效率，减少作业对商品造成的损毁。

（四）流通加工功能

为方便客户企业的生产和销售，园区应提供必要的流通加工功能，如包装、贴标签、制作并粘贴条形码、回收物处理等。

（五）提供现代化物流技术支持功能

信息技术对物流的支持作用已经越来越明显，应实时采集、传递和分析在各个物流环节的各种物流作业中产生的物流信息，并向客户提供各种作业的明细信息及咨询信息，如物流状态查询、物流过程跟踪、物流要素信息记录与分析、物流客户关系管理、物流决策支持等。

（六）进出口报关功能

城市物流园区是大宗货物的集散地，对于一个为外向型经济服务的城市物流园区来说，将报关功能集中于城市物流园区中，在货物通关之前办好一些手续，这对城市或者城市物流园区的发展都是有利的。

（七）款项结算功能

城市物流园区的结算功能是城市物流功能的一种延伸，它不仅包括物流费用的结算，在从事代理、配送的情况下，还负责货主向收货人的贷款结算等。

（八）协调和优化功能

城市物流中心通过集中库存、合理配载、共同配送、集成物流信息等功能，使运输组织更加合理，提高货车装载率。据有关资料统计，这种效率可提高到75%～85%。同时降低车辆空驶率，减少不合理运输，减少货运交通流量，缩短物流时间，提高物流速度；减少多次搬运、装卸、储存环节，提高准时服务水平，减少物流损失，降低物流费用。据有关专家估计，如果在城市的合理地点建立物流中心，可使城市内的交通量减少15%～20%。

（九）传递市场需求功能

这种功能的设置完全出于城市物流园区自主成长的需要。城市物流园区的建设是循序渐进的过程，预留土地也是逐渐开发的，在这种情况下，根据城市物流园区进货、出货信息做好预测工作，将有利于城市物流园区和物流企业更好地把握市场脉搏，根据实际需要做好园区建设营运工作。

（十）发挥内陆口岸的功能

在城市物流园区设置海关、卫生检疫、动植物检疫检验机构，为生产、加工基地或最终销售市场的制造商、分销商提供储存、保管、运输、加工、货运等服务。

（十一）提供信息咨询功能

园区内企业与客户进行商贸联系时，城市物流园区应充分发挥中介咨询作用，从客户的利益出发，客观评价园区内企业的实际情况，提供企业的备选方案，这不仅增加了客户对城市物流园区的好感，同时也激发了园区企业的相互竞争。

三、城市物流园区的布局原则

城市物流园区的布局要考虑多方面的因素。物流园区的选址是在确定物流园区数量的基础上进行的。物流园区大都布局在市（县）中心区边缘或市区边缘、交通条件较好、用地充足的地方。为吸引物流企业在此集聚，物流园区在确定选址时还需考虑物流市场需求、地价、交通设施、劳动力成本、环境等经济、社会、自然等多方面因素。物流园区的选址原则主要有以下七点：

（1）靠近货物转运枢纽，紧临港口、机场、铁路货站，周围有高速公路网、等级河道，中心内最好有两种以上运输方式相连，这样可以缩短物流运输线路的距离，而且也可以缓解市区的交通压力。

（2）要紧邻工商业区，接近消费市场，对市内配送便捷。紧邻大型工业、商业企业，工、商企业是物流中心生存的基础，有利于靠近市场、缩短运距、降低运费、迅速供货。

（3）通达性好，与城市规划用地相符。货运通道的通达性直接影响到运输的效率，能否实现准时运送是物流系统服务质量高低的重要指标，在选址过程中应综合考虑道路网分布、通行能力和交通管制等情况。

（4）靠近交通主干道出入口，对外交通便捷。

（5）能充分利用现有的基础设施，降低建设初期投资成本。

（6）考虑地价因素。物流园区一般占地面积较大，地价的高低对选址有重要影响。

（7）考虑绿化、生态环境等因素，尽可能降低对城市生活的干扰。

第四节　城市物流中心

一、商流中心与物流中心

以城市为依托，组织经济区统一的商品流通；按照经济合理的原则，调整供需关系，建立经济合理的供货关系；充分发挥城市对货物的集散和"蓄水池"作用，促进区域物流合理化等，所有这些都是城市物流要解决的问题。城市作为商品流通的中心，既包括商流中心，又包括物流中心。在商品流通过程中，物流是以商流为前提的，两者有机地结合，构成了商品流通的全过程。因此，在研究城市物流中心的同时，有必要对商流中心加以分析和研究。

（一）商流中心的含义及其作用

1. 商流中心的含义

商流中心是区域性的概念，是以区域为背景的商品交换，起着提供市场、信息的媒介作用。所以，商流中心是以区域为依托、提供供需双方见面服务、实现商品价值的交易服务的中心地。商流中心具有开放经营、多种功能、服务周到、大购大销、混购适销、批量作价、灵活作价等特征。

目前，我国各地区正在逐步建立各种不受地区、部门限制的商业综合体、城市农产品批发市场等，担负着城市商流中心的职能。而在国外，商流中心主要是商品交易场所。

2. 商流中心设置的原则

流通是社会经济各地区、各部门相互联系的纽带，而这个纽带的"轴心"，则是区域中心城市。由于中心城市一般具有市场发达、信息集中、地理位置优越、交通运输便利等优势，因此，从社会宏观经济系统的角度来看，商流中心应当建立在区域中心城市。商流中心的职能由中心城市来承担。

又由于商流仅仅是商品所有权在买卖当事人之间的转移，并不发生商品实体的移动，因而商流中心的设置还应当考虑商流活动的特点。所以，从城市中观经济系统的角度来讲，商流中心应当设立在中心城市的繁华地区——商业经济活动的中心区。商业中心区是城市内主要商业、金融机构以及零售商业的集中地，它既是城市最古老的部分，又是城市最具活力的部分。它以其特有的便利条件促使商品买卖活动的有效进行。

3. 商流中心的作用

商流中心是设立在城市进行开放式、多渠道、少环节的商品交换活动的场所，是为一切从事商品买卖活动的企业和个人提供方便条件的广阔的交易地。它的作用可以概括如下：

（1）在商流中心，买卖双方能够直接见面，减少了不必要的中间环节，加速了商品的流通。同时，市场机制尤其是价格机制得以正常地调节社会经济活动的运行，促进了商品经济的发展。

（2）商流中心以其所在城市为中心，联系着周围地区，形成纵横交错的商品流通网络，沟通了城市之间、城乡之间商品流通渠道，活跃了商品交换，带动了整个社会经济的繁荣。

（3）在商流中心，货不分东西南北都可以在其中进行交易，为企业和个人提供了一个获得商品信息的良好环境，便于企业或个人按照市场信息进行生产经营活动。

（二）物流中心及其分类

1. 物流中心的含义

国家标准《物流术语》（GB/T18354-2021）对物流中心定义为：具有完善的物流基础设施及信息网络，可便捷地连接外部交通运输网络，物流功能健全，集聚辐射范围大，存储、吞吐能力强，为下游客户提供专业化公共物流服务的场所或组织。从这个定义可以看出，作为物流中心应该具备以下基本条件：①完善的物流基础设施及信息网络；②便捷的交通运输网络；③物流功能健全；④集聚辐射范围大；⑤存储、吞吐能力强；⑥提供公共服务；⑦具有经营的空间场所。

对物流中心的含义可以从两个方面来理解：一是从国民经济总系统要求出发，以城市为依托，建立的经营开放型从事物品储存、运输、包装、装卸等综合业务的物流系统设施集约化的集散场所。这种意义上的物流中心，与生产和商流部门密切配合，承担货物的中转任务。各企业生产的产品根据运销要求直接递交物流中心所属仓库，各流通部门掌握的货物全由物流中心负责保管发送，一切实物运转都由物流中心负责办理。这种物流中心，我们称之为社会物流中心。二是为了实现物流环节系统化、效率化，在社会物流中心系统下所设置的货物配送中心。这种物流中心是从供给者手中接受多种大量的货物，进行倒装、分类、保管、流通加工和情报处理等作业，然后按众多需求者的订货要求备齐货物，以优质高效的服务进行配送的组织。这种意义的物流中心，我们称之为物流配送中心。

2. 物流中心的分类

物流中心按其所承担的主要职能，可以进行不同的中心分类。

（1）集货中心。将零星货物集中成批量货物，称之为集货。在生产点数量较多且每一生产点产量有限的地区，为了使这一地区某些产品总产量达到一定数量要求时，就可以在该地区设置主要起集货作用的物流据点，这种物流据点称为集货中心。

（2）分货中心。专门从事或主要从事分货工作的物流据点称之为分货中心。其主要功能是将大批量运到的货物分成批量较小的货物。一般来讲，这种中心运进的货物大多是大规模包装、集装或散装的，采用大批量低成本运输方式；在运出货物时，却是按销售批量要求或用户的需要，对货物进行分装，分装后再转运出去。

（3）配送中心。这是物流的一种新职能。这一种物流中心主要是从事配送工作的物流据点。一般认为，配送中心可分为具有储存保管功能和无储存保管功能两种配送中心。它们都是按用户的要求，通过集货、分货、配货、分放、配装、送达工作程序，实现配送职能。

（4）转运中心。这种物流中心承担着货物转运的作用，例如，卡车与卡车、卡车与火车、卡车与轮船、卡车与飞机、火车与轮船等不同运输方式的转运。

（5）储调中心。它是以储运为主要任务，对生产、销售、供应等活动具有调节作用的物流据点。它实际上是仓库功能的扩展。

（6）加工中心。它是以流通加工为主要工作任务的物流据点。这种物流中心，在地址选择上，要么靠近产品的生产地区，要么靠近产品的消费地区。

二、物流中心网络及其类型

（一）物流中心网络的含义与分布

1. 物流中心网络的含义

一般认为，物流网络是指由物流据点与物流据点之间的线路构成的具有从事物流活动功能的集合。物流中心网络的形成应该说是区域经济发展的结果，是通过区域物流中心的合理布局实现的。物流中心的布局，应从发展社会主义市场经济的要求出发，按照市场在国家宏观调控下对资源配置起基础性作用的要求，有利于区域经济的发展，有利于城市物流合理化，包括城市与城市之间、城市与周围农村和城市内部物流合理化，发挥物流中心网络在组织物流上的作用。

2. 物流中心网络的分布

根据物流中心布局的基本原则，物流中心网络形成以下格局：

（1）在大城市，特别是工业生产发达、内外贸易繁荣的枢纽地方，建立大型物流中心，专门从事物品储存、运输等物流活动，为整个国民经济各部门的物品集散、吞吐服务。

（2）在中小城市工商贸易发达的地区，建立中小型物流中心，专门从事物品运输、储存等物流业务，为物品购销部门服务。

（3）在县以及县以下城镇，根据实际情况建立小型物流中心，专门从事当地工商业的物品储存、运输业务。

据此，便可以以大中城市为依托，以小城镇为网络，在全国范围内逐步形成纵横贯通、互相联系、四通八达的物流中心网络。这样一个个物流中心网络的建立，对宏观经济发展格局的调整有重要战略意义。

（二）物流中心网络的类型及其意义

1. 物流中心网络的类型

物流中心网络类型的特征是由物流所服务的用户的分布特征所决定的，一般可分为四种类型。

（1）辐射型。这种类型的物流中心位于许多用户的一个居中位置，货物从中心向各方向用户运送，形成辐射状。物流中心所处的位置应根据用户的需求量（用户相对稳定）与物流中心的距离来决定。这种物流中心，只有在用户相对集中的经济区域，且各用户对货物只起吸收作用时，或者是主干输送线路上的转运站，当货物到达物流中心后，采取终端输送或配送形式将货物分送到各用户时，才具有其优势。

（2）吸收型。吸收型与辐射型相对应。吸收型的物流中心位于许多货主的某居中位置，货物从各个货主点向该中心运送，形成物流中心对各货主及货物的吸纳。因此，这种物流中心大多属于集货中心。

（3）聚集型。它类似于吸收型，但处于中心位置的不是物流中心，而是一个生产企业密集的经济区域，四周分散的是物流中心。

（4）扇形型。货物从物流中心向一个方向运送，属于单向辐射，形状像扇子一样，称之为扇形型。这种类型布局形成的特点是货物有一定的流向，物流中心可能位于干线中途或终端，物流中心的辐射方向与货物在干线上的运动方向一致，这样就可避免逆向运输。

2. 建立城市物流中心的意义

城市物流中心是整个社会物流网络的核心，建立城市物流中心对于社会经济发展有着重要的意义，概括起来有如下两点：

（1）建立物流中心，集中地办理各方面的物流业务，可以统一调剂，合理使用储运设备，克服忙闲不均的现象。比起各个经营单位家家建仓库，自己搞储运，建立城市物流中心能够为国家节约基础建设投资，提高物流设备利用率。

（2）建立物流中心，可以合理地组织运输，节约运费和运力；物流中心的物品吞吐量较大，有利于统一安排运输计划，合理组织运输；可节约运费和运力，特别在交通运输紧张的情况下，有些物品采购了运不进来、销售发不出去，影响了正常的物品流通。建立物流中心，统一运输，有利于解决这些问题。

第五节　城市物流合理化

一、城市物流合理化的内容

根据城市物流的基本含义，城市物流属于区域物流，它与城市经济的发展密切相关。从区域经济的发展需要出发，城市物流合理化问题，主要从区域物流合理化、城市与城市之间物流合理化以及市区物流合理化三个方面来进行研究。

（一）以城市物流中心为核心建立区域物流中心网络

以城市物流中心为核心建立区域物流中心网络，实际上就是要在区域范围内形成以城市为依托的物流中心网络体系。这是因为，单个的物流中心只能在局部范围内起作用，其效益也是有限的。对于经济区域或者大范围来讲，只有多个物流中心的合理布局，形成网络，才有可能合理组织物流，城市之间或城市与周围农村的物流合理化才有了条件。物流中心网络体系就是多个物流中心合理布局、合理分工、合理衔接的结果。因此，城市物流合理化问题，首先要解决的就是区域物流中心网络的合理布局问题。

（1）在经济区域建立物流中心网络。经济区域是经济上有密切联系的地区，或者是类似的经济条件，或者是类似的自然地理条件，或者是便利的交通条件等。这种经济区域往往是打破了行政区、跨行政区的。按经济区域建立物流中心网络，能借助各物流中心将区域内的企业密切联系起来，使物流管理和区域经济发展紧密结合，避免不合理的运输，实现区域物流合理化。

（2）以城市为中心合理组织物流。城市是物质资料的集中生产地和集中消费地，因此，物流中心的设置，一方面，要满足城市生产和消费的需要，要以城市为中心考虑其布局问题；另一方面，城市周围的广大农村，尤其是中心城市的周围地区，受城市经济的影响和辐射的地区，其交通网络也是以城市为中心。所以，从一个区域来看，城市也必然是该区域的物流中心。在建立物流中心网络时，应当充分考虑物流中心和城市经济的结合。

（3）物流中心网络应在商物分离的基础上形成。商物分离是物流合理化的一个重要问题，商品交易中心（商流中心）和物流中心在性质、作用上，以及在功能上都有很大的差别。商流中心往往处于市区繁华位置，以利于交易；而物流中心则不同，宜于在城市外围，不宜于在繁华的市区，宜于处于交通方便的地方，不宜于在繁华市区的交通要道上。

（4）为了有效地发挥物流中心网络的作用，所建立的物流中心网络同时也应是情报信息网络。这就是说，每一物流中心都应成为情报信息网络系统中的一个子系统，或是情报信息网络系统中的一个终端。这样就可以通过情报信息的沟通，更好地发挥以城市为中心所建立的物流中心网络的整体功能，促进以城市为依托的区域经济的发展。

（二）城市之间的物流——直达到货

1. 直达到货的意义

随着城市经济的发展，城市之间的经济往来日趋频繁，与此相应的是城市之间的物流量也随之增大。在这种情况下，城市之间的物流应实行直达到货运输，以提高物流速度。直达到货运输是货物在运输中，越过不必要的环节，把货物从生产者所在地或供应者所在地直接运到销地或用户。采取直达到货运输的重要意义在于减少中间环节，达到降低储存保管费用、装卸搬运费、中转费等物流费用的目的，同时还加快了物流速度。因此，在城市之间实行直达到货运输，无论在降低物流费用上还是在加快物流速度上，都有着重要的意义。

2. 直达到货运输工具的选择

采取直达到货运输时，在运输工具的选择上应注意以下几个问题：

（1）运输距离长、批量大的货物，采取铁路集装箱专用直达列车运输。

（2）近距离、中小量的货物，采取高速公路货物运输。

（3）靠近港口和机场的城市，根据货物批量大小和时间要求，采取内航和海上集装箱运输和航空集装箱运输。

（4）从综合发挥运输工具的效益出发，城市间物流还可以采取各运输系统相互结合的直达联运，以进一步推进城市间的物流合理化。

（三）市区物流实现联合发送

1. 联合发送的意义

随着城市经济的发展，城市内部各部门、各行业、各企业之间的物流量也在不断增大，随之城市区物流合理化就提上议事日程。市区物流合理化，应着眼于整个城市经济发展的全局，共同组成一个联合的集配系统，即市区共同运输送货到门，也就是联合发送。实行联合发送可以收到提高物流效率的良好效果，对降低物流费用、充分利用运输设备、缓解交通拥挤、提高输送服务水平等都起着重要的作用。

2. 联合发送的实施

为了更好地发挥联合发送的作用，在实施中应注意以下几方面的问题：

（1）从整个城市物流合理化出发，首先要改变物流各环节分属于各部门的分割局面，从城市物流系统角度考察，对物流管理进行改革，以适应城市经济的发展。

（2）在实施联合发送的过程中，应注意发挥城市物流中心和配送中心的作用，特别要发挥它们在组织城市物流合理化方面的作用，如以最短的线路安全送达到用户手中。

（3）为了适应物流中心或配送中心输送业务的需要，建立城市货运汽车中转站，以便对市内各企业组织零星货源外运和外地到达的整批货物的零星分送。

（4）根据用户的不同需求，合理选择联合发送的形式，诸如货物集中发送联合型、按路线集中货物发送型、代行交货联合型、联合接受订货型、联合配套型等。

二、城市物流合理化的基本要求

城市物流合理化问题涉及的面相当广泛，影响的因素也相当繁杂，但仅从其合理化的基本要求来看，不外乎包括货物流向合理化、物流环节合理化，以及物流机构设置合理化等。

（一）货物流向合理化

1. 货物流向合理化总的要求

货物流向合理与否，直接关系到物流效率和效益。所以，货物流向合理化问题就是从货物的运动时间、运动路径、运动费用三个方面来考虑合理化，即货物的流向要按照最少的时间、最短的路径和最省的费用运动。

2. 货物流向合理化的标志

货物流向合理化是以合理的经济布局，特别是工业布局和物流基础设施，如仓库的布局为基础条件的。如果没有合理的工业布局，就很难实现城市货物流向合理化。货物流向合理化的标志可以从如下几方面进行考虑：

（1）货物是从产区到销区。货物由产地流向销地是货物的合理流向，货物从销地流向产地是倒流，这是货物流向不合理的表现之一。

（2）货物适销对路，货畅其流。物流的根本目的是销售的最终实现。货物从产地流向销地，表面看是合理流向，但销地并不需要如此之多的货物，形成货物积压、滞销，说明这种流向实质上是不合理的，这里的销地不是真正的销地。

（3）货物需要近产近销，调运路线最短。近产近销是指能在近处销售，就不应运向更远的地方去销售，以免增加物流量，加大物流费用。如果销地确定，要按最近的路线、最适宜的运输工具调运，迂回运输则是应当避免的。

（二）物流环节合理化

1. 物流环节合理化的意义

物质资料从生产者或供给者向消费者转移，必然要经过一系列环节，如包装、装卸搬运、运输、仓储等环节才能实现。对物流环节合理化的研究，不只是个别地或孤立地考虑各环节的合理化，更重要的是从物流过程整体研究物流环节合理化，即从城市物流系统的整体效益出发，分析研究城市物流环节合理化问题。所以，物流环节合理化对城市物流合理化和城市经济发展都有极为重要的意义。

2. 物流环节合理化的基本要求

物流环节合理化，首先要从发展中国特色社会主义市场经济出发，建立、培育和发展由物流要素构成的物流市场体系，如包装市场、装卸搬运市场、仓储市场、运输市场、快递物流市场等；其次，按照城市经济结构优化的要求和发展城市经济的需要，由物流各环节形成的各物流产业，要保持产业内部结构合理和协同发展，这是物流环节合理化的前提条件；最后，为了实现物流环节合理化，必须推进物流系统的一体化，打破行业界限，实现货物及时、准确、高效率、低成本地从供给者运送到需求者。

(三) 物流管理组织合理化

1. 物流管理组织合理化的意义

作为一般管理的职能,是从合理组织生产力和维护、完善生产关系两个方面来考虑的。其中,组织职能是其他管理职能得以充分发挥的保证条件。无论是物流流向合理化,还是物流环节合理化,如果离开科学的、合理的组织,它们的合理化是难以实现的。所以,物流管理组织合理化,不仅是城市物流合理化的重要内容,而且是保证城市物流合理化的基础条件之一。可见,物流管理组织合理化对实现城市物流合理化起着重要的作用。

2. 城市物流组织机构合理化

管理组织职能作用的发挥,是通过组织机构来实现的。但是,如果组织机构设置不尽合理,那么其机构不仅会影响组织职能的作用,而且还会影响城市物流合理化的进程。所以,为了适应城市经济发展的需要,也为了适应以城市为中心合理组织物流的需要,就应当改变以部门和行业来设置物流机构的状况,在大中城市建立统一的物流组织管理机构,统一规划物流中心或配送中心或储运网点,实行社会化经营。这样,既能满足货物运转的需要,又可以克服按部门、行业设置物流机构所造成的机构重叠、层次繁多的现象,从而有利于消除物流流向或物流环节上的弊端,促进物流流向和物流环节合理化。

三、我国城市物流合理化的对策

我国城市物流中所存在的问题,影响城市经济社会的发展。如何有效而迅速地改变我国城市物流的落后状况,让所谓"黑暗大陆"的物流合理化、现代化,作为提高物流经济效益的重要手段,为我国的现代化建设服务呢?对此必须采取一系列对策。

(1) 制定我国宏观物流政策,以指导物流活动的顺利进行。我国城市物流明显地存在着与社会经济发展不相适应的"滞后性"。究其原因,主要是在传统体制下重生产轻流通,忽略了物流在经济发展中的地位与作用,进而没有一个具有普遍意义的宏观物流政策指导物流。随着社会主义市场经济体制的确立,流通作用日益加强,客观上要求改变以往不重视物流的观念。首先对我国城市物流的现状进行深入的调查研究;在此前提下,根据市场经济的要求及发展趋势,制定出具有中国特色的切实可行的宏观物流政策,以推进城市物流现代化的进程。

(2) 在确立城市发展战略与制订城市规划时,加强城市物流的研究。为了保证城市经济协调运行,发挥其在社会经济发展中的多功能作用,必须既有一定弹性的战略性的发展规划,又有战术性的布局规划。同时,城市的总体规划又必须落实在各项工程规划上。城市的发展规划和布局规划,为城市各项工程设施的规划提供了依据,准备了条件;工程规划工作为完善城市布局、保证城市发展提供了物质保证。但是,过去我国城市规划忽视了物流,没有把相应的城市交通系统、城市道路系统以及物流基础设施在工程规划上给予应有的考虑并富于预见性,这就要求我们在制订城市发展规划和布局规划时,吸取以往的教训,加强对物流的研究,把其落实在各项工程规划上,把城市物流合理化作为今后城市规划的重点之一来部署。

（3）实行货物分流，合理确定城市道路功能，提高物流速度。道路交通在城市各项活动中，特别是在物流活动中起着先行的作用，没有一个高效益的城市道路系统，就不会有高效益的城市经济发展。由于城市道路面积小、空间容量不足、路网不成系统和干道功能不清，往往造成交通十分拥挤、交通事故增多、行车速度下降。以现代经济发展战略为着眼点，要改变城市物流中存在的交通拥挤诸问题，关键是要合理地确定道路的功能，实行货物的快慢分流、人车分流。城市快速干道具有车速快、通行能力大、运行安全的特点，是一种现代化、高效益的城市道路。从发展看，大城市应规划和建设城市快速道路系统，并与城市对外交通（主要是指城市间的高速公路和一级公路）衔接，形成快速畅通的城市交通走廊，加速货物流通。

（4）整顿城市仓储设施，建立城市物流中心，开展物流配送业务。我国城市仓储设施分散于各个企业和专业公司，忙闲不均，且仅仅执行原始的保管货物的职能，结果是综合利用率水平较低。这种状况与市场经济的要求格格不入。对此，有必要首先整顿现有的城市仓储设施，把分散于各个企业、各个专业公司的保管仓库改造成为现代化的流通仓库。为了实现仓库功能的转变，必须加速与仓库流通管理相应的仓储设施的现代化建设，包括建立出入仓库装卸输送系统、商品分拣系统和仓储保管系统。在此基础上，通过对城市各个方位现有货物流量的调查以及对未来货物流量水平的预测，按照城市物流中心布局的原则和要求，进行合理规划，建立我国的城市物流中心。迅速推行物流配送业务，使货物以及时、准确、高效、低费的优势服务从供给者输送到需求者。

（5）统一管理货运车辆，建立联合发送体系，推进城市物流合理化、效率化。市内输送的主要工具是载重汽车，目前我国城市企业都有自营车辆，无效空车运行率很高。为了提高交通工具的利用效率，实现输送合理化，必须从以下几方面着手：①对货运车辆进行统一管理，这是实现城市运输合理化的前提；②借鉴国外联合发送的经验和方法，组建我国城市联合发送体系，对于城市物流合理化有重要意义；③建立大城市公共货运汽车中转站，负责承担物流中心的输送业务，以便组织双程运输，合理使用车辆；④各物流企业应结合物流配送中心合理设置网点，实现运输网络化，促使城市物流渠道流畅。

（6）采取多种方式筹集资金，加快城市物流基础设施的建设，是实现城市物流合理化的物质基础。目前，我国城市物流基础设施明显落后，与城市经济发展水平很不协调。物流设施陈旧和技术落后的重要原因是资金严重不足，社会投资不够。解决问题的办法应当是广开财源，多渠道集资，发挥国家、地方、企业多方面的积极性。①把物流设施建设列入国家预算，由中央财政拨款；②对市内项目采取发行股票的办法来筹集资金；③根据谁受益谁负担的原则来集资建设。

第六节　国内外城市物流发展

物流作为一种社会经济活动，早在"物流"这一名词出现之前就已经存在了。而城市物流则进行专门的研究和探索，找寻城市物流组织和管理的最优化模式，提高城市物流业绩，降低城市物流的外部经济，是目前世界各国物流界所普遍关心的课题。这里有一个基本规律已经被国际经验所证明：几乎所有称得上现代化的城市都具备高度发达和成熟的商业和物流业。因为唯有活跃健康的物流业，经济才会有源源不断的活力，才能实现资本要素的良性流动，最终得到资本的最优化配置。因此，本节通过探究国内外城市物流的发展现状，以此为鉴，进一步研究如何解决目前城市物流存在的各种问题，以及未来的发展趋势问题，最终使城市物流成为带动整个城市发展的新功能。

一、国内城市物流发展现状

我国城市物流发展速度十分迅速，但依然停留在粗放式经营的层面，质量和效益还未达到最优状态。尤其是同发达国家相比，"小、少、弱、散"的问题比较突出。此外，城市物流系统规划由于缺乏现代的理论和技术指导，科学性和系统性还不成熟。多年来我国物流界对区域物流和企业物流研究较多，而城市物流却一直在物流研究的边缘徘徊。起点低、技术落后、缺乏统一组织协调与管理、资源利用率不高、物流效率低下，还加剧了城市交通拥堵及环境污染，这些都成为了目前国内城市物流的重大问题。整体来看，中国城市物流业的发展主要存在以下问题。

（一）城市物流基础设施整体上落后

我国现有城市物流基础设施水平较低，运输工具速度慢、能耗高，专业化物流基础设施处于初级发展状态。城市物流设施分布不合理，传统的城市物流设施呈现条块分割，造成物流设施的巨大浪费。而近些年在城市物流逐渐被确立为城市经济发展的重要产业之后，一些地方则不顾周边已有的物流条件，盲目投资，出现相互攀比的恶性竞争状态，导致区域间的物流设施配套严重不平衡。

（二）城市物流园区建设缺乏统一规划

自2000年以来，深圳、北京、西安、广州、上海、武汉等城市都进行了城市物流规划，但这些规划大多是从局部利益考虑，缺乏充分的沟通与协调。例如，北京市城市规划尚未实施就已经被新的规划所代替，仓库的快速扩展使得原来规划的集中仓库区有的处于无序建设和发展的局面。我国城市物流系统的有效性还有待挖潜和提高。目前，我国物流园区的建设和发展，缺少宏观的统一规划和政策指导，存在重复建设和资源浪费，甚至出现物流园区虽然已经建立，却未投入使用，造成极大的浪费。

（三）城市物流信息平台的建设缺乏系统性和科学性

"小"即经营规模小，"少"即市场份额少、服务功能少、高素质人才少，"弱"即竞争能力弱、融资能力弱，"散"即货源不稳定且结构单一、网络分散、经营秩序不规范，这些是我国绝大多数城市物流企业存在的主要问题。

目前，电子数据交换（EDI）、电子订货系统（EOS）、供应链管理系统（SCM）、全球卫星定位系统（GPS）和地理信息系统（GIS）等各项技术在我国已得到逐步应用和推广。但是由于在网络通信、协同作业业务规范和物流信息化政策法规等方面缺乏统一的标准与支持，物流系统整体协同作业效率并未大幅度提高。目前已经建成的基于Web的物流信息平台，绝大部分是由港口、EDI中心、大船务公司各自建立的物流平台，主要提供诸如在线下单、订舱、询价、货物跟踪等功能服务，这些平台在一定程度上解决了物流方面的部分问题，但在系统功能上却存在诸多不足之处，例如系统功能单一分散、对供应链的支持有限、缺少对企业内部管理的支持、对客户"企业"的个性化服务支持不足等问题。

（四）城市物流系统缺乏有效管理

我国国内物流业的发展与其他产业不协调，缺乏物流系统发展的统一规划。国家宏观层面的物流发展方针不明确，对物流产业的形成和发展缺乏指导，适应物流业发展的机制还不健全，主要表现是城市物流基地的规划与调整、物流资源的配置与调度、物流企业之间的整合与协调、物流信息平台的建立与连接、物流技术标准的制定和推行都存在一定缺陷。这些问题的解决需要政府做出极大的经济推动和政策支持。然而，由于城市的物流业还分散在各职能部门手中，如商务部等部门都有相关的物流职能，各部门从自身的利益出发，不想放弃自己的领地，纷纷出台对自己有利的政策措施以维护自身利益，从而使原本可以整合的物流企业和物流资源变得十分困难。因此，造成了我国物流业合理化水平较低的现状，并且物流组织不尽合理，物资舍近求远、无效流动的现象较为严重，大量物流活动缺乏专业化物流企业组织，物流服务水平低，物流费用高。

此外，我国物流行业协会等中介组织要么没有建立，要么就是已经建立起行业协会，却没有发挥其应有的作用，在城市物流宏观管理和统筹协调中也处于严重缺位的状态。

（五）第三方物流发展潜力巨大

我国第三方物流市场处于发展初期，但发展潜力巨大。我国第三方物流主要呈现以下特点：

（1）第三方物流供应商功能单一，增值服务薄弱。物流服务商的收益大多来自基础性服务，如运输管理和仓储管理，而增值服务及物流信息服务与支持物流的财务服务的收益占比极低。

（2）第三方物流市场相当分散，第三方物流企业规模小。目前中国物流市场的地域集中度很高，大部分收益来自长江三角洲和珠江三角洲地区。

（3）物流供应商认为阻碍其发展的一个最大障碍是很难找到优秀的物流管理人员来推动业务的发展。同时，还反映出复杂的行业监管环境和政府的限制也在很大程度上阻碍了第三方物流的发展。

（4）我国客户更重视直接运输和仓储成本，而管理和库存成本被排除在物流成本之外，库存量过大与流动资金周转慢成了加大物流成本的主要因素。

（六）城市物流业发展与城市发展出现矛盾

在我国，很多中心城市纷纷将发展现代物流业作为 21 世纪新的城市经济增长点，现代物流正成为我国现代城市经济发展的强劲动力。然而我国大部分物流企业与物流设施装备的区域中心城市，长期以来受条块分割及"大而全""小而全"的思想束缚，不仅城市物流资源闲置浪费巨大，而且效益低下。同时，我国城市物流产生的废气、废水、噪声以及废物也正在严重破坏城市生态环境的平衡。着眼城市经济可持续发展目标，构筑绿色的现代城市物流体系，已成为我国城市经济发展的必然选择。

二、国外一些国家城市物流发展现状

综观当今世界，美国、日本、德国等经济发达国家和地区在城市物流建设方面相对比较成熟。美国和欧洲是世界上经济活动最为发达的国家和地区，站在物流业发展的最前沿。其物流业的发展得益于一套完善的物流市场管理及法制管理体系，物流市场十分活跃且趋于成熟，政府在物流园区规划方面发挥了较大的积极作用。城市物流的发展带动了区域的经济发展，但也带来了相应的交通和环境问题，可持续发展成为其关注的重要目标。此外，新加坡、韩国等亚洲的国家也在近些年涌现出许多以城市为依托的物流园区，为区域经济发展做出了重要的贡献。

（一）美国城市物流发展现状

美国拥有发达的综合交通运输系统和高效衔接的庞大运输网络，是世界上物流业最发达的国家之一。在物流发展过程中，美国一直强调重视企业物流，将物流作为企业战略的核心组成部分，顾客满意则是企业物流的核心经营管理理念，因此，企业物流理念的升级和企业物流技术的进步成为美国物流发展的重要组成部分。

在美国的城市物流发展中，电子商务、第三方物流发展迅速。美国的物流发展模式主要采取市场化发展模式，这也极大地激发了第三方物流企业的兴起和迅速发展。

（二）日本城市物流发展现状

日本从政府和企业层面全面构建城市物流系统，强调城市物流系统的建设，重视城市物流设施、物流中心、配送中心的投资建设，第三方物流企业得到迅猛发展，逐渐形成了多渠道、多层次、多形式的综合物流网络体系。

政府在城市物流发展中起到非常积极的推动作用。日本以大城市为依托建设物流园区，政府在城市边缘地带、内环线外或城市之间的干道附近，把有利于未来设施配套建设的地块规划为物流园区基地，而后将地块分割卖给不同的物流行业协会，这些物流协会可以通过内部招募资金进行物流基础设施建设，同时政府也会积极支持已确定的物流园区的交通设施的配套建设。日本以物流园区为切入点，通过建立、完善物流设施，提高物流效率，推动物流过程合理化，以低廉的成本、高效的运送、优质的服务，使日本企业的竞争力大大增强。另外，随着货物周转量的急剧增长、城市运输业的发展以及物流企业面临的市场需求的不断变化，物流园区、货物集散中心、中转站等物流节点建设也逐步发展起来。

（三）德国城市物流发展现状

德国是较早实施城市物流规划的国家之一，已形成规模化的全国物流园区网络，物流基地的建设促进了地区经济和国际贸易的发展。德国物流业最明显的特征就是依托强势产业发展现代物流的模式，例如汽车、电气、化工等产业，并在连锁经营、配送服务方面发展较快，呈现出高度的规范化、有序化、规模化和信息化。

德国对物流园区建设一直遵循"联邦政府统筹规划—州政府扶持建设—企业自主经营"的发展模式。联邦政府在全国范围内进行物流园区的空间布局、用地规模与未来发展的规划。州政府、地方政府为重要的投资者。园区的管理则由出资方组成园区管理委员会负责，该委员会的职责包括：向入驻的物流企业收取租金，代表园区内企业与政府沟通，提供信息、咨询、维修等服务；督促入驻企业自主经营、照章纳税，根据需要自行建设相应的库房、堆场、车间、转运站，配备相关的机械设备。

三、国外城市物流发展对我国的借鉴

城市物流发达的国家往往积累了一定的经验，善于根据区域物流的发展和需求特点，结合城市物流系统在区域经济乃至全国经济发展中的地位和作用，进行城市物流系统的总体规划和建设。其中，很重要的一点就是他们所规划和建设的物流节点大都选在靠近交通枢纽的地方，或是区域经济中心、工业区附近。另外，服务功能也有所偏重，既有以集散中转为主的，也有以配送为主的，但物流园区和物流基地大都是具备综合服务功能的物流节点。

在城市物流发展过程中，加快城市物流园区的规划和建设有着十分重要的意义。城市物流园区对于促进物流技术和服务的升级，改善物流投资环境，加快物流企业成长，推动第三方物流的发展，整合利用现有的物流资源缓解交通压力和改善生态环境等方面都具有重要作用。

城市物流园区是对物流组织管理节点进行相对集中建设与发展的具有经济开发性质的城市物流功能区域，同时也是依托相关物流服务设施进行与降低物流成本、提高物流运作效率和改善企业服务有关的流通加工、原材料采购，便于与消费地直接联系的具有产业发展性质的经济功能区。大规模和相对集中的物流基础设施建设，不仅是为了发展物流本身，还往往会涉及物流运作、交通运输组织、信息组织、产业整合、资源整合和城市功能开发与调整等综合性方面。

在城市物流建设方面，经济发达国家与地区的政府往往通过提供种种优惠政策，如减免税收、提供低息贷款、推行综合运输政策、提供资金资助以及完善各项基础设施及配套设施建设等，吸引大型物流企业在物流园区聚集，使其获得规模效益，从而降低了物流运作成本，改善了城市投资环境，提升了城市的综合竞争能力。

四、城市物流发展的新趋势

随着全球经济一体化进程加快，科学技术尤其是信息技术、通信技术的发展，全球采购、全球消费趋势尤为明显，物流业也随之向全球化、网络化、信息化方向发展，使商品与生产要素在全球范围内以空前的速度自由流动。跨国经营在全球范围盛行，企业为了追求更大的利润，根据比较成本优势的经济原则，将许多商品的原料生产、半成品生产、零部件加工、成品组装、标志、包装和发运销售，分别安排在国内外许多不同的地方进行，并同生产、流通、分配、消费过程交叉融合，从而改变了传统的生产经营方式。跨国公司的生产和经营越来越成为今后国际物流需求的主要来源，并成为城市物流业发展和竞争的焦点。全球化战略的趋势，还使物流企业和生产企业更加紧密地联系在一起，形成了社会大分工。生产企业集中精力提高产品质量，降低成本，创造价值；物流企业则花费大量时间、精力提高物流服务水平和质量。

电子物流是现代物流业发展的新趋势。物流系统必须有良好信息处理系统和传输功能，如美国洛杉矶西海岸服务公司与码头、机场、海关进行联网，使客户可以从该公司获得货物到达的时间、到岸的准确位置，可使商品在几乎不停留的情况下快速流动，直达目的地。良好的信息系统能提供极好的物流服务，赢得客户的信赖。

（一）城市物流将趋向系统化、全球化、标准化

城市物流系统化的核心是对整个物流的全过程的控制和管理，运用技术、组织、经济等各种手段，追求物流系统的最优、效益的最大化。城市物流的理论和思想不断向前发展，20世纪90年代，开始着重强调物流对客户关系的作用和跨企业的延伸，关注供应链的管理。2005年，美国物流管理协会更名为"美国供应链管理专业协会"。物流企业需要融于生产、采购、销售以及信息相结合的大系统中，并隶属于供应链管理的环节中，这将成为城市物流产业发展的一个重要趋势。

20世纪80年代，跨国公司采取全球采购、优化全球物流运作体系、将生产基地向目标市场转移等策略以降低物流成本。20世纪90年代形成了经济全球化的大潮，许多跨国物流企业也随其客户企业的拓展，不断完善其在全球的物流运营网络。在国际化大生产、国际资本大流动、国际贸易大发展、经济全球化日益进展的新经济格局中，物流必将日益趋向全球化。近年来的跨国物流企业，例如联邦快递、丹麦马士基、德国西门子等。

在现代城市物流日益系统化、全球化的发展过程中，需要建立整套现代物流系统以保证物流系统中的采购、包装、运输、仓储、流通加工、配送、物流信息交换等诸多要素的有序结合，促进其快速流动和及时送达，为客户提供高效优质的服务，从而推动我国现代城市物流业的发展。

（二）提升城市物流公共信息平台服务功能和管理水平

城市物流公共信息平台是由政府物流管理、会融、物流企业以及运输部门共同参与，通过网络组成的物流网络信息交流、管理系统，其本质是为城市物流活动提供信息化手段的支持和保障。高效的城市物流公共信息平台是现代城市物流快速发展的基础，它在采集、发布物流信息，使商流、物流、信息流、资金流等实现即时互动，实现物流合理化运转方面具有重要意义。

目前，国内已有不少省市在开发建设城市物流公共信息平台。例如，大连市利用其港口优势，建立融合通关、物流、交易、政务四大功能的物流公共信息平台，开创"一站式"服务；深圳在物流公共信息平台中融合口岸电子执法、物流通关服务、物流信息服务和物流电子商务服务等多个系统，推行联网报关、网上支付、担保放行等多项优惠措施。在城市物流未来的发展路程中，现代信息、运输及配送、自动化仓储、库存控制等高科技将会为其提供强大的助力，城市物流将会呈现现代化、集约化、协同化、信息化和国际化的发展新趋势。

（三）第三方物流和第四方物流服务快速发展

第三方物流是指生产经营性企业为将主要精力专注于核心业务，把内部的物流工作以合同方式外包给专业物流服务企业，同时通过信息系统与物流服务企业保持密切联系。第四方物流是在第三方物流基础上发展而来，是通过对物流资源、物流设施和物流技术的整合和管理，提出物流全过程的方案设计、实施办法和解决途径。

目前，我国第三方物流和第四方物流都处于起步阶段。但第三方物流在发达国家的物流市场中已经占有较重要的地位，在欧洲，尤其在英国，普遍认为第三方物流市场有一定的成熟程度。欧洲目前使用第三方物流服务的比例需求仍在增长。同时，国外对第四方物流的研究和实践也是热点问题，而且不少公司已经开始第四方物流的运作。在美国，Ryder 公司、信息技术巨头 IBM 和第四方物流的创始者埃森哲公司结为战略联盟，使得 Ryder 拥有技术和供应链管理方面的优势。在英国，埃森哲公司和泰晤士水务有限公司的一个子公司也进行了第四方物流的合作，并取得不错的成效。

（四）电子物流在城市物流系统中的广泛应用

电子物流是利用电子化的手段，尤其是利用互联网的技术来完成物流的全过程，包括协调、控制和管理，实现从网络前端到最终客户端的所有中间过程的服务，最显著的特点是各种软件与物流服务的融合应用。目前基于网络的电子商务和科学技术的迅速发展，电子物流将会很快冲破传统的物流运作模式；同时电子物流的操作模式、应用技术、应用范围、操作效率等都将较传统物流有一个显著的提高。电子物流的目的就是通过物流组织、交易、服务、管理方式的电子化，使物流商务活动能够方便、快捷地进行，实现物流对速度、安全、可靠和低费用的要求。因此，集信息化、自动化、智能化和集约化于一体的电子物流将是我国物流的主要发展方向。在未来的城市物流发展过程中，电子物流应以综合物流为出发点，使得物流系统各环节的信息流和实体流同步，产生优化的流程及协同作业,从而提高物流的整体效率。

(五) 绿色物流发展加快

汽车运输业的迅速发展给城市环境与人们生活质量带来了巨大影响,城市路网和货物运输中心等基础设施落后,造成城市物流与城市环境保护之间的矛盾加剧。因此,将可持续发展理论引入城市物流中,发展绿色城市物流有着极大的必要性。

绿色物流是指在物流过程中抑制物流对环境造成危害的同时,实现对物流环境的净化。它强调在维护环境和可持续发展的基础上,改变原来经济发展与物流、消费生活与物流的单向作用关系,在抑制物流对环境造成危害的同时,形成一种能促进经济和消费健康发展的物流系统。因此,加速绿色物流发展,将成为城市物流发展的新趋势。

(六) 城市化进程对城市物流的发展深远影响

城市化是由传统的农业社会向现代城市社会发展的自然历史过程。在城市化发展到一定的程度,形成大城市为核心的城市群。作为现代城市物流发展的载体,城市群的形成对于改善城市经济运行环境,构建合理、高效的城市物流体系,推动区域经济发展有着极其重要的作用。国家为促进城市化进程制定了重要的经济发展战略和政策,这将对城市物流的发展产生重要的影响。而且,城市物流将成为城市的重要经济增长点并加速城市化的进程。

(七) 应急物流系统是城市物流的重要功能

从世界范围来看,建立专门的应急物流系统的管理决策和协调机构已成为世界各国的共同做法。在美国、日本及欧洲等发达国家,救灾物流的发展基本与企业物流发展同步。一些先进的物流理念,如商流物流分离、第三方物流、供应链管理等,在救灾物流体系中得到充分应用,救灾物资能及时、迅速地送到灾民手中。国外救灾物资物流一般实行分阶段管理,根据灾害进展,开展有针对性的救援,力求做到既不延误供应、又不盲目供应,实现救灾物资效益最大化的目标。

应急物流的实施往往需要紧急调动大量应急物资,只有使应急物流的流体充裕、载体畅通、流向正确、流量理想、流程简洁、流速快捷,才能使应急物资快速、及时、准确地到达事发地,这就要求建立应急物流系统的保障机制,满足应急物流实施的必要条件。建立应急物流系统保障机制的目的在于充分发挥应急物流系统的重要作用。

关键词

城市物流 物流园区 商流中心 物流中心 物流中心网络 物流枢纽
国家物流枢纽 交通运输枢纽 直达到货运输 物流枢纽经济

思考题

(1) 简述城市、城市经济与城市物流之间的关系。
(2) 城市物流有哪些特点?

(3) 商流中心的含义及作用是什么？
(4) 简述物流中心及其分类。
(5) 简述物流中心网络及其类型。
(6) 城市物流合理化有哪些基本要求？
(7) 物流园区有哪些主要功能？如何进行分类？
(8) 简述物流园区的选址原则。
(9) 我国城市物流存在哪些主要问题？
(10) 试分析我国物流枢纽的现状。
(11) 物流枢纽分为哪几种主要类型？

案例分析

苏州第一百货商店的城市物流

过去未曾涉足货运业务的大商场却在"货的"经营权争夺中一举中标，然而他们的追求远不止于此……古城苏州的街头出现了一辆辆"货的"奔驰在大街小巷、城区市郊，崭新的车辆，绿白相间的车厢，撩人眼帘。出人意料的是，在来来往往的"货的"中，有过去从未涉足货运业的该市第一百货商店（以下简称"一百"）的车队。

苏州"一百"总经理展鹏儒接受采访时说："跻身货运行业只是开了个头，我们在开拓业务、树立诚信形象的同时，要积极延伸内涵，努力营造'城市物流'产业。"

"货的"的推出

早些时候，苏州交通管理部门决定推出城区"货的"淘汰旧的小型运输车辆，打击私跑黑车，以此规范运输市场，发展货运业务。该市"一百"及时捕捉信息，但经过了解得知，具有四级运输资质即注册资金400万元、拥有300载重吨位、1000平方米停车场的专业运输企业才有资格参与竞争。过去商场的运输队仅有几辆车，离四级资质专业运输公司距离太远，参与竞争似乎不可想象，但他们没有退缩，决心搏一搏，没有条件创造条件也要上。

苏州"一百"是该市贸易系统骨干企业，多年来兢兢业业，积极探索创新，巩固了在全市流通领域的地位。但该店在全市众多大型零售店中面积排后，缺少拓展的场地，而零售业竞争日趋白热化，经受着严峻的挑战和考验。对此，他们增强危机感，主动参与角逐，调整商品结构，开拓新的经营领域，近两年来先后闯入餐饮业，创办"一百放心早餐"；向第二产业延伸，投资江苏AB集团股份公司，成为该集团第三大股东。正是在这种强烈创新意识的推动下，他们抓紧筹划，在短短一个月时间里联合3家股东注入资金，成立"一百放心货运公司"，获得了参与投标、竞标的资格。

苏州市首批投放"货的"800辆，而报名竞标的专业运输公司多达60家，交通、公安部门成立了专家评定委员会，制定标准，考核打分，经过多轮筛选后包括"一百"在内的6家公司中标。他们之所以在众多强手中爆出冷门，除了硬件外，还在于他们更注重创造软件优势。据了解，商贸企业参与"货的"竞标仅此一家，同时他们在评审前逐家走访批零企业，先后有一批商企与其草签委托运输协议，使建立业务保障体系有了前提，而这些商企又集中在整治运输市场的重点地段古城区，从而增加了其在竞争中出奇制胜的方法。

立足商贸开拓业务

奔驰在姑苏街头的每辆"货的"均配备GPS定位器，与市交通运输服务信息网连接，可随时随地掌握每辆"货的"的位置，发出调度指令，打破了行业界限。另一方面，按照管理部门的指导性方案，中标的6家公司按行业各有侧重，避免无序竞争。如何应对统一调度，又立足商贸企业，对初出茅庐的"一百"货运公司至关重要。

同属商贸系统，相互之间比较熟悉和了解，便于捷足先登。但已经签订的协议中，有的商企只是碍于情面，有的一面签约，一面泼"冷水"，加上所有"货的"入网，行业界限淡化，商贸企业关注的不是运输公司属于哪个系统，而是谁的运输便捷周到，因此关键在于提供诚实守信、实在有力的服务，才能取信客户，变优势为强势，否则行业优势将丧失殆尽。

经过分析，"一百"货运公司坚持立足商企，即使个别并不乐意合作的也不言放弃，针对不同商家的业务特点制订切实的措施，以一丝不苟、扎扎实实的服务打开局面，有的还建立了稳固的业务关系。该市长发商厦和中虹公司都隶属贸易系统，前者以自产自销食品而闻名，后者专业批发家电商品，经双方商谈，由"一百"货运公司分别提供专用车辆由对方直接调度使用，既保证了运输业务，又大大方便了客户。

同时，他们走出系统，充分发挥熟悉生产和经销企业商品流转过程的特长，主动出击，拓宽渠道，重点发展货运大户。每年7月中旬到8月间，长江中下游地区持续高温，一些夏令商品行情火爆，空调送货上门压力很大。他们抓住机会，确定多辆"货的"为苏宁电器公司苏州分部等家电经销商服务，保证销出的空调送货上门不过夜，解了对方之难和用户之急，使双方拉紧了合作的纽带。

创造"城市物流"

苏州"一百"参与竞标有一股不达目的不罢休的勇气，夺标后又保持清醒的头脑，意识到仅限于"货的"业务难有大的作为。他们以运输为起点，把目光投向新的层面，创造"城市物流"，营造新的产业。实现这一目标，必须夯实基础，不仅要开拓渠道，发展业务，更要树立正确的理念，诚实守信，热忱周到地服务于客户。为此，他们从招聘司机开始，制定规章制度，加强监督管理，开展优质服务竞赛，发动每个员工努力树立良好形象。

"一百"货运刚启动，即面临困难和考验。七八月间、烈日炎炎，驾驶室内没有空调，最高气温达60℃以上，闷热难熬，不一会儿就浑身汗透，衣服上一层盐花。在非常艰苦的条件下，司机们宁愿多流汗多吃苦，也要热心为货主提供方便。他们照顾老弱客户，免费帮助装车、卸货；遇到狭小弄堂，开到无法开时再停车等。这些举措，打动了很多顾客的心。

同时，运价偏低，是司机们必须面对的问题。物价由交通部门规定，"货的"3千米起步价14元，之后不分路长路短，白天夜间每千米一律1.8元，低于周边城市，与同城"的士"5千米后白天每千米2.7元、夜间每千米3.3元比也偏低。个别司机心里不平衡，发生不用计价器现象，导致客户投诉。"一百"货运公司抓住苗头，坚决纠正错误，向货主退款道歉，并举一反三，开展职业道德教育，杜绝违规行为发生，收到了明显效果。

功夫不负有心人。"一百"货运公司逐步在市场站住脚跟，树立了形象。他们并不因此止步，而是及早着手规划、建设"城市物流"体系，为本市企业配送，与外市企业对接，从单一运货扩大为运输、储存、中转、配送一条龙服务，提高商品周转效率，满足客户多层次、多样化需求。据悉，他们已与该市一家大商场达成意向，利用其4000平方米场地作仓库；与一家民营企业合作，盖厂房、添设备、开办汽车修理厂等。已有多家制造厂家、经营公司、大卖场、配送中心上门洽谈业务。上海永乐家电公司苏南地区中转站设在无锡，由当地"好的"公司承担业务，深感异地配送费劲。他们已多次与"一百"货运公司商洽，期待双方转、储、运、送对接。目前，"一百"货运公司创办"城市物流"体系尚在起步阶段，但前景不可低估。

案例讨论题

该案例对我国城市物流发展有何启示？

第十一章 国际物流

【本章要点】 由于国际分工和国际商品交换的发展，主要承担对外商品交换的国际贸易，对于一个国家经济的发展有着极为重要的作用。因此，研究物流活动不仅包括国内物流，而且包括国际物流。物流作为实现物质资料场所转移的物理流动过程，在国际贸易中发挥着巨大功能。所以，充分认识国际物流在国际贸易中的地位和作用，认真研究当代国际物流的现状，探索国际物流的发展趋势，对实现我国对外贸易中物流的合理化，增强我国出口产品在国际市场上的竞争能力，具有十分重要的意义。

本章主要内容：首先，介绍国际贸易和国际物流的含义和特点、班轮运输的概念和特点、国际物流的发展阶段、大陆桥运输的含义、国际仓库的产生和发展过程及跨境物流的模式；其次，介绍现代国际物流的特征、班轮运输的条件和类型、航空运输的类型和具备的条件、国际铁路联运具备的条件、国际多式联运的特点、国际物流中心的意义和模式、大陆桥运输的重要作用、21世纪国际物流的特征和趋势及中欧班列的路线和作用；最后，阐明国际多式联运具备的条件、国际物流合理化的内容和实施途径、大陆桥运输路线、国际物流信息系统和国际物流法律法规。

第一节 国际贸易与国际物流

一、国际贸易与国际物流概述

（一）国际贸易与国际物流的发展

1. 国际贸易的含义

国际贸易是指国与国之间的商品交换，由世界各国的对外贸易组成。它的基本职能是通过出口，在国际市场上卖出本国生产的产品，实现商品的价值，让渡商品的使用价值；通过进口，在国际市场上买进本国所需要的生产资料和生活资料。要顺利地实现上述活动，必须通过商品的交换活动来达到，因为交换是双方都得到好处的交易。这种交换，使卖和买分离，打破了产品交换在时间和空间上的限制，从而也打破了产品交换的地域限制，使商品交换走向世界。而要实现上述活动，必须借助国际物流这个有力的工具。

2. 国际物流的含义

所谓国际物流，是指在国际贸易中发生的物流过程，即在国际贸易活动中，实现货物从一国向另一国空间转移的物理流动过程。它是出口物品离开国境后,到进入进口国国境这样一个长距离的物流过程。国际物流这一概念,是在经济的发展越来越变成一种国际性活动,国民经济的发展越来越依赖于国际经济环境,各国为了尽快地发展本国经济,都在努力寻找国外市场的情况下提出来的。由于物流这块"黑暗大陆"蕴藏着极大的利润潜力,所以,企业家的眼睛都投向了这块过去无人问津的"黑暗大陆",物流成为国际市场上进行有效竞争的重要手段之一。

国际物流的发展有赖于国际贸易的发展,国际贸易是国际物流的前提,国际贸易的发展速度和规模决定着国际物流的发展速度和规模;同时,国际物流合理化,又为国际贸易的进一步发展打下了坚实的基础。因此,国际贸易与国际物流二者之间存在着相互依存、相互制约的关系。在我国于 2001 年 11 月加入 WTO 的大环境下,世界经济一体化步伐加快,不仅要重视国内物流,而且更要重视国际物流的研究开发。

3. 国际物流的发展阶段

国际物流的概念虽然最近才提出并得到人们的重视,但国际物流活动却随着国际贸易和跨国经营的发展而发展。国际物流活动的发展经历了以下几个阶段:

第一阶段,20 世纪 50 年代至 80 年代初。这一阶段物流设施和物流技术得到了极大的发展,建立了配送中心,广泛运用电子计算机进行管理,出现了立体仓库,一些国家建立了本国的物流标准化体系,等等。物流系统促进了国际贸易的发展,物流活动已经超出了一国范围,但物流国际化的趋势还没有得到人们的重视。

第二阶段,20 世纪 80 年代初至 90 年代初。随着经济技术的发展和国际经济往来的日益扩大,物流国际化趋势开始成为世界性的共同问题。美国密歇根州立大学教授波索克期认为,进入 20 世纪 80 年代,美国经济已经失去了兴旺发展的势头,陷入长期倒退的危机之中。因此,必须强调改善国际性物流管理,降低产品成本,并且要改善服务、扩大销售,在激烈的国际竞争中获得胜利。与此同时,日本正处在成熟的经济发展期,以贸易立国,要实现与其对外贸易相适应的物流国际化,并采取了建立物流信息网络、加强物流全面质量管理等系列措施,提高物流国际化的效率。这一阶段物流国际化的趋势局限在美国、日本和欧洲一些发达国家。

第三阶段,20 世纪 90 年代初至今。这一阶段国际物流的概念和重要性已为各国政府和外贸部门所普遍接受。贸易伙伴遍布全球,必然要求物流设施国际化、物流技术国际化、物流服务国际化、货物运输国际化、包装国际化和流通加工国际化等。世界各国广泛开展国际物流方面的理论研究和在实践方面进行大胆探索。人们已经达成共识:只有广泛开展国际物流合作,才能促进世界经济繁荣,物流无国界成为企业追求的目标。

在国际物流全球化发展的同时,互联网、条码技术、自动化仓储分拣系统及卫星定位系统在物流领域得到普遍的应用,而且越来越受到重视。这些高科技在国际物流中的应用极大地提高了物流信息化和物流自动化水平。在国际物流管理理念方面,国际物流开始为顾客提供定制化服务。另外,国际物流运作除了要确保货运工作的准确、安全和及时外,还要承担一些额外工作,如确保运输文件齐全以便顺利清关,保证包装牢固以抵御远洋运输的风险,处理国际贸易中错综复杂的安全、货币支付、保险事宜及法律问题等。

(二) 跨境物流模式

跨境电商的发展和高效运营，物流是关键环节，也是买家和卖家极为关心的问题。一般来说，小卖家可以通过平台发货，可以选择国际小包等渠道。大卖家或者独立平台的卖家，需要优化物流成本、考虑客户体验和整合物流资源并探索新的物流形式。跨境物流模式主要有以下五种。

1. 邮政包裹模式

邮政网络基本覆盖全球，比其他任何物流渠道覆盖范围都要广。这主要得益于万国邮政联盟和卡哈拉邮政组织（KPG）。万国邮政联盟是联合国下设的一个有关国际邮政事务的专门机构，通过一些公约法规来改善国际邮政业务，发展邮政方面的国际合作。万国邮政联盟由于会员众多，而且会员国之间的邮政系统发展很不平衡，因此很难促成会员国之间的深度邮政合作。于是在 2002 年，邮政系统相对发达的 6 个国家和地区（中国、美国、日本、澳大利亚、韩国等）的邮政部门在美国召开了邮政 CEO 峰会，并成立了卡哈拉邮政组织，后来西班牙和英国也加入了该组织。卡哈拉邮政组织要求所有会员国的投递时限要达到 98% 的质量标准。如果货物未能在指定日期投递给收件人，那么负责投递的运营商要按货物价格的 100% 赔付客户。这些严格的规定都促使会员国之间深化合作，努力提升服务水平。例如，从中国发往美国的邮政包里，一般 15 天以内可以到达。据不完全统计，中国出口跨境电商的包裹 70% 都是通过邮政系统投递，主要是中国邮政，占据 50% 左右，其他邮政包括新加坡邮政等。互联易专注于跨境电商物流供应链服务，是唯一一家集全球邮政渠道于一身的企业。

2. 国际快递模式

国外 DHL、TNT、FEDEX 和 UPS 这些国际快递商通过自建的全球网络，利用强大的 IT 系统和遍布世界各地的本地化服务，为网购中国产品的海外用户带来极好的物流体验。例如，通过 UPS 寄送到美国的包裹，最快可在 48 小时内到达。然而，优质的服务伴随着昂贵的价格。一般中国商户只有在客户时效性要求很强的情况下，才使用国际快递来派送商品。

3. 国内快递模式

国内 EMS、顺丰和"四通一达"等快递商为用户提供的物流服务。在跨境物流方面，"四通一达"中申通和圆通布局较早，但也是近期才发力拓展，比如，美国申通在 2014 年 3 月上线，圆通也是在 2014 年 4 月与 CJ 大韩通运快递展开合作，而中通、汇通、韵达则刚刚开始启动跨境物流业务。顺丰的国际化业务则要成熟些，目前已经开通到美国、澳大利亚、韩国、日本、新加坡、马来西亚、泰国、越南等国家的快递业务，发往亚洲国家的快件一般 2~3 天可以送达。在国内快递商中，EMS 的国际化业务是最完善的。依托邮政渠道，EMS 可以直达全球 60 多个国家，费用相对四大国际商业快递商要低，中国境内的出关能力很强，到达亚洲国家需 2~3 天，到欧美国家则需 5~7 天。

4. 跨境专线物流模式

跨境专线物流一般是指通过航空包舱方式将货物运输到国外，再通过合作物流公司进行目的国的派送。跨境专线物流的优势在于其能够集中运送大批量的货物到某一特定国家或地区，通过规模效应降低成本。因此，其价格一般比商业快递低。在时间上，跨境专线物流稍慢于商业快递，但比邮政包裹快很多。市场上最普遍的跨境专线物流产品是美国专线、欧洲专线、澳洲专线、俄罗斯专线等，也有不少物流公司推出了中东专线、南美专线、南非专线等。

5. 海外仓储模式

通仓服务是指为卖家在销售目的地进行货物仓储、分拣、包装和派送的一站式控制与管理服务。确切地说，海外仓储应该包括头程运输、仓储管理和本地配送三个部分。

（1）头程运输。中国商家通过海运、空运、陆运或者联运将商品送至海外仓库。

（2）仓储管理。中国商家通过物流信息系统，远程操作海外仓储货物，实时管理库存。

（3）本地配送。海外仓储中心根据订单信息，通过当地邮政或快递将商品配送给客户。

以上五大模式基本涵盖了当前跨境物流的模式和特征，但也有一些"另类"。如比利时邮政虽然属于邮政包裹模式，但其定位于高质量卖家，提供的产品服务远比其他邮政产品优质。

（三）现代国际贸易的发展对国际物流提出的新要求

我们已经分析，国际物流的发展有赖于国际贸易的发展。而现代国际贸易的发展必然对国际物流提出新的要求。

（1）物流必须根据进出口商品的结构，针对不同型号、规格、品种的商品，采用不同的包装和运输方式，保证货物安全、及时、准确地流动。

（2）物流基础设施必须与进出口商品的数量相适应。随着国际贸易的进一步发展，进出口商品的数量将会越来越大，物流基础设施必须能够适应这种情况，以增强物流系统的应变能力。

（3）物流必须重视进出口商品的地区结构。针对不同国家和地区，采用不同的运输工具和运输方式，保证物流渠道畅通无阻。

（4）在国际市场竞争日益激烈的环境下，必须实现国际物流的最大化、合理化，以增强本国商品的国际竞争能力。这也正是发达国家高度重视物流研究的内在驱动力所在。

二、现代国际贸易与国际物流的新特点

（一）现代国际贸易的新特点

实行对外开放政策，扩大对外经济贸易，是世界各国走向现代化的必由之路。第二次世界大战后，日本、西德经济复兴和繁荣，在很大程度上主要是依靠发展对外贸易，利用外资和引进技术。发展中国家，如阿根廷、印度、墨西哥、巴西等，自20世纪60年代以来，出口贸易增长也很快。俄罗斯、东欧等国家的对外贸易也不断增长，并且从

西方国家引进关键设备和技术，促进了本国经济的发展。吸取西方国家的经验，我们必须坚定不移地走对外开放的道路，因为它是各国经济发展的必由之路，我们应该从战略的高度重视这一问题。

20世纪90年代以来，随着东西方冷战的结束，贸易国际化的势头越来越盛，国际贸易的壁垒被拆除，新的国际贸易组织相继建立，若干地区已突破国界的限制而形成统一市场。国际贸易的不断发展，出现了如下特点：

（1）国际贸易发展迅速，但不稳定。国际贸易的增长速度超过世界经济的增长速度，总趋势上是20世纪90年代的出口贸易值均高于80年代水平，但其间也有波动，并不稳定。

（2）在国际贸易商品结构中，工业制成品在国际贸易中所占的比重超过初级产品；燃料在初级产品贸易中所占比重急剧上升；在制成品贸易中，机电产品和高科技产品在各大类商品中增长最快。

（3）各种类型国家在世界贸易中的地位发生变化：发达国家仍占支配地位，在世界贸易中的比重呈上升趋势；发展中国家整体在世界贸易中的地位呈下降趋势。

（4）自由贸易项目下的国际贸易所占比重下降，而受到配额和有秩序销售安排约束的贸易、对抵贸易、跨国公司内部贸易等项目份额增加。

（5）服务贸易发展迅速。随着第三产业的兴起，各种生产要素在国家间流动的加强，服务在世界范围内正经历着国际化和互相渗透、互相依赖的过程。

（6）贸易集团化的趋势加强。随着国际形势的变化和当代各种矛盾的激化，在世界范围内出现的各种不同类型、大小不一、内容各异的区域性贸易集团，且已遍布西欧、北美、亚太、中东、非洲、拉美等各个地区，其中西欧、北美及亚太地区的贸易集团化趋势影响最大、进展最快。

上述国际贸易新特点的出现，主要是由以下因素影响所致：

（1）西方工业发达国家经历了20世纪80年代的经济衰退后，经济在持续发展，促进了贸易的增长。

（2）世界市场竞争日益激烈。这主要表现在以下三个方面：①国内市场饱和，重心转向国外市场；②西方各国经济发展的不平衡性，导致了对世界市场的争夺；③西方各国正在进行产业结构的调整。

（3）科技革命使产业结构优化，国际分工日益向广泛、深入发展趋势加强，全球经济一体化趋势加强。

（4）资本的国际化，跨国公司大量出现，国际间相互投资加强。

（5）贸易方式多样化，贸易手段现代化，服务贸易的迅速发展。

（6）国际金融货币市场动荡不定，西方主要国家货币汇率不断波动。

（7）世界经济发展不平衡加剧，多极化趋势增强，争夺市场的竞争激烈，贸易保护主义抬头，单独一个国家孤军奋战，难以在激烈竞争中取胜。

随着国际贸易的进一步发展，我们可以清楚地看到，国际经济已日趋一体化，各国之间的经济联系日益紧密，这已成为当今世界经济发展的一大趋势。在这样的国际背景下，任何国家为了求得经济的发展，都要采取符合本国实际的经济发展战略。战后各主要发达国家经济走上繁荣之路，都遵循着国际劳动密集型生产的转移规律，即劳动密集型生产总是向生产力费用低的地区转移。因此，应充分利用我国沿海地区丰富的劳动力资源，大力发展劳动密集型产品出口，参与国际分工和国际商品交换，换取大量外汇，促进我国经济的发展。同时，我们在确定经济发展战略上，必须时刻注意国际贸易的新特点，研究与之相适应的国际物流现象，以便提出相应的对策措施。

（二）现代国际物流的基本特征

（1）国际物流研究的范围更加广泛。企业物流是将企业作为一个系统，研究原材料从进厂到通过加工，再将产品输送到市场上的物流过程；城市物流研究的对象是城市系统，它是一个庞大的社会系统；而国际物流研究的对象，大大地超过了企业物流和城市物流，其研究对象是国际贸易中的物流现象及其规律。

（2）物流环境存在差异。这里的物流环境主要指物流软环境。不同国家有不同的与物流相适应的法律，使国际物流复杂性增强；不同国家不同经济和科技发展的水平，使国际物流处于不同科技条件的支撑下；不同国家的不同标准，使国际物流系统难以建立；不同国家的风俗人文，也使国际物流受到很大局限。

（3）国际物流的流量结构正在发生重大的调整和转移。国际物流的流量结构是同国际产业结构调整相联系的。世界产业结构演变的共同趋势是：劳动密集型、资本密集型转变为技术知识密集型。产业结构的这种演变规律，使得各国进出口商品的结构不断地调整，因此，国际物流的流量结构也必须随之进行调整与转移。

（4）国际物流的输送形式主要是以海运为主。国内物流，无论是企业物流还是城市物流，其输送方式主要是以公路运输、铁路运输、内河运输为主。国际间的物品流动，由于其距离远、运量大，同时考虑输送成本，所以主要以海上运输为主。

（5）国际物流对物流基础设施有特殊要求，如在货物运输中以集装箱运输为主等。

（6）国际物流要求有高效率的信息系统。由于国际市场瞬息万变，如果没有高效率的信息传递渠道，就会影响物流功能的正常发挥。因此，国际物流对信息的要求更高，必须建立高效率的信息系统。

（7）国际物流客观上要求缩短物流中转过程。由于国际物流是两个不同国家的物流公司（或企业）相互提供的不同服务，因此，客观上要求缩短物流的中转过程，于是，直达运输便成为货物运输的一种有效途径。

（8）国际物流的标准化要求极高。要使国际间物流畅通起来，统一标准是非常重要的。可以说，如果没有统一的标准，国际物流水平是难以提高的。

第二节 国际物流的运输方式

国际物流的运输方式是将货物从一国运达到另一国所采用的一种或多种运输方式。国际物流的运输方式很多，基本的方式有海运、空运、铁路运输、国际多式联运等。

一、海上运输方式

海上运输是采用船舶工具将货物由装运港运到目的港的一种运输方式。在国际贸易总量中约有2/3的货物是通过海上运输的。海上运输有两种方式，即班轮运输和租船运输方式，以适应不同的运输要求。

（一）班轮运输

1. 班轮运输的概念和特点

班轮运输指运输公司安排货船或客货船在固定航线上、固定时间、固定港口间运输货物，并公布船期时间表，按班轮运价收取运费。班轮运输使用最广，在海运中占有十分重要的地位。

班轮运输的主要特点如下：

（1）计划性强，客户可按船期时间表从容安排计划，有利于客户安排工作。

（2）固定收费率，便于客户核算运费和对运输方式进行选择。

（3）班轮运输在装运时间、数量、卸货地点等方面都很灵活，非常有利于包装杂货和小批量、零星货物的运输。

（4）手续简便，便于采用且风险较小。

2. 班轮运输的条件

采用班轮运输，必须具备以下条件。

1. 必须具有一份海上运输合同（提单）

提单是采用班轮运输方式的海运合同（所以班轮运输也可称为提单运输）。它是承运人在接管货物或把货物装船后签发给托运人，证明双方已订立运输合同，并保证在目的港按照提单所载明的条件交付货物的一种书面凭证。

提单在班轮运输中有以下几方面的作用：

（1）提单是承运人对货物出具的收据。提单是承运人收到货物后，根据托运人提供的货运资料，填写提单并签发给托运人的，这就表明承运人已按提单所记载的内容收到了托运货物。

（2）提单是货物的物权凭证。提单作为货物的物权凭证表示在占有提单时就等于占有了货物，提单的合法转让或抵押等于货物的合法转让或抵押，提单还可作为向银行押汇的担保品。

（3）提单是海上货物运输合同的依据。提单中规定了承运人和托运人、收货人之间的权利与义务，以书面形式证明运输合同的成立。

提单没有统一的格式，由各运输公司自行制定，但都必须具备提单的主要内容。提单通常有正、反两面，正面主要记载以下内容：①船名和船舶的国籍；②承运人名称；③装货地和目的地或运输航线；④托运人名称；⑤收货人名称；⑥货物的名称、标志、包装、件数、重量或体积；⑦运费和应当付给承运人的其他费用。其中，第①至⑥项由托运人根据实际情况填写，第⑦项由承运人填写。

提单的背面规定承运人与托运人的权利和义务的详细条款，其内容可繁可简，由各运输公司自行拟订。提单通常是一式三份。承运人凭其中一份提单交货之后，其余提单一律作废。

2. 托运人必须按约定提供货物并支付运费和在目的港接受货物

托运人应当及时把约定的货物送到承运人指定的地点，并按规定办妥货物出境的一切手续，向承运人交付有关单据文件，避免造成延期装船，使承运人遭受损失。

托运人支付运费的方法有以下几种：

（1）预付运费，即在装货时或在开航前，托运人支付运费。

（2）到付运费，即在目的港交货时，收货人支付运费。

（3）比例运费，即按货物运送的实际里程与全程之间的比例计付的运费。这种方式通常只适用于船舶中途遇难，放弃原定航线的情况。

以上三种支付运费的方法，可由双方当事人协商决定，并在运输合同中进行记载。托运人交运货物后，应当在目的港接受货物。实际上，在目的港接受货物的人通常是收货人。收货人可能是托运人的代理人，也可能是货物的买方。如果不及时接或拒绝接货，一切额外费用均由收货人或货主承担。

3. 承运人提供适航的船舶，把货物运达目的港和在目的港交货

承运人在开航前应选择具备航行条件的船舶。船舶的构造和设备能在海上一般风险下安全航行，应配备足够数量的合格人员，包括船长、船员和其他工作人员，并根据航程远近和航经地区情况，储备足够的燃料和其他物资。

承运人的主要义务是把货物运达目的港。货物装船后，船舶应按规定日期开航，并在货物运达目的港后，通知收货人提货，在收货人交出合同单据并交清运杂费用以后向收货人交货。

（二）租船方式

1. 租船方式的概念和特点

租船方式是指租用船舶全部、部分或提前预订舱位进行运输；租用的船舶只按租船合同规定的航线航行，只负责运输租船人根据租船合同提供的货物。在无法采用班轮运输的情况下，例如特殊货物、大量货物、紧急货物、无班轮停靠港等，一般都采用租船方式。租船方式适用于运输粮食、矿砂、石油、水泥、煤炭、木材等大宗货物，可根据货物种类及数量选择不同类型及吨位的船，以充分利用专用船和大吨船的优势。如果选择得当，租船方式的成本比班轮运输成本会低很多。因此，租船方式也适用于运费承担能力不高的低值货物。现在外贸物资中约有30%是租用外轮运输。

2. 租船方式的种类

租船方式有定程租船和定期租船两种。

（1）定程租船，即出租人（一般是承运人）将船舶租给租船人（一般是托运人），按航程计费租赁，货主（租船人）按协议提送货物和交纳运费，承运人负责按协议运送。

定程租船又有单航次租船、往返程租船、连续单航次租船、连续往返程租船等多种形式，并且不同形式下其运货费用水平有较大差别。

（2）定期租船，即出租人将船舶租给承运人，在约定期限内，按约定用途使用船舶进行运输，在租赁期内，船由租船人负责经营管理，船方除收取租金外，还负责保证船舶的适航性。

定程租船可租全船，也可只租某些舱位；而定期租船则属"包租"，是全船租赁的形式。

3. 租船方式运输必须具备的条件

（1）必须具备一份租船合同。租船合同是在采用租船运输方式下，托运人与承运人就租赁船舶而签订的海上运输合同，出租人是船舶所有人，承租人是租船人。租船合同只起运输合同的作用，它既不是货物收据，也不是物权凭证，这与班轮运输的运输合同——提单是有区别的。

因为租船有定程租船和定期租船两种，所以租船合同也相应地分为定程租船合同和定期租船合同。下面以定程租船合同为例，说明租船合同的内容。定程租船合同的条款很多，主要有以下内容：①出租人提供特定化的船舶；②规定船舶到达装货港的"受载日期"；③规定装货港和目的港；④规定装卸条件；⑤规定装卸时间、滞期费与速遣费；⑥规定货物损失责任；⑦规定运费计算和支付方法等。

（2）定程租船方式对承运方与托运方的要求，与班轮运输方式基本相同。

二、航空运输方式

（一）航空运输的种类

国际航空货物运输是超越国界的现代化的航空货物运输。由于航空运输自身的特点，决定了它在国际货物运输中占有重要地位。特别对某些轻而贵、少而急需、容易破损的物品，如精密仪器、电子设备、高价工艺品、药品、鲜活商品、样品、急用的机械零件等，更适宜于航空运输。

航空运输的种类有以下两种形式：

（1）班机。和班轮一样，班机是在固定航线上的固定起落站按预先计划规定时间进行定期航行的飞机，主要是客货混载，个别航空公司也有专门的货运班机。班机货运适于急用物品、行李、鲜活物、贵重物、电子器件等的物流。

（2）包机。由租机人租用整架飞机或若干租机人联合包租整架飞机进行货运的物流方式。包机如往返使用，则价格较班机低；如单程使用，则价格较班机高。包机适用于专用高价值货物。

（二）航空运输方式应具备的条件

（1）必须具有一份航空货运。航空货运单是国际货物航空运输最重要的单证。运单是订立运输合同、接受货物和承运条件的证明，但它并不是物权凭证，它不代表所承运的货物价值，不可转让，不可议付。

航空货运单由承运人填写，必须是正本一式三份，连同货物交给承运人。第一份注明"交承运人"，由托运人签字；第二份注明"交收货人"，由托运人和承运人签字，并附在货上；第三份由承运人在接收货物后签字交给托运人。

航空货运单应具备以下主要内容：①运单的填写地点和日期；②起运地和目的地；③约定的经停地点；④托运人的名称和地址；⑤第一承运人的名称和地址；⑥必要时应写明收货人的名称和地址；⑦货物的性质；⑧包装方式、包装件数、特殊标志或号数；⑨货物的重量、数量、体积或尺寸。

（2）托运人必须正确填写航空货运单，及提供各种必需资料。托运人应正确填写航空货运单上关于货物的各项说明和声明，避免因这些说明和声明不合规定、不正确或不完备，使承运人或任何其他方面遭受损失。托运人应在货物交付收货人以前完成海关、税务或公安手续，并且应将有关必需的证件附在航空货运单后面。

（3）承运人应负责货物在空运期的安全，按时把货物空运到目的地。

三、铁路运输方式

在国际铁路运输中，常采用国际铁路联运方式。这是指在国际物流中，采用两个或两个以上国家的铁路，联合完成货物的运输。

根据铁路运输的特点，国际铁路联运主要适用于散杂货的运输，它不受集装箱的限制，可以承运各种货物，如建材、钢材、水泥、煤炭、大型机械等。但是，由于存在不同轨距的国家国境站，这样就需要更换车轮，致使货物容易受损，而且还大大减慢了物流速度。

采用国际铁路联运应具备以下条件：

（1）必须具备一份运输合同。在国际铁路联运中，使用的运单和运单副本是铁路与货主（承运人与托运人）之间缔结的运输合同。

运单和运单副本由发货人填写，签字后交给铁路发站。发货人提交货物和付清运费后，由铁路发站在运单上加盖戳记，记明货已承运。发货人应对运单所填项目的正确性负责，并将有关证件附在运单后面。运单随着货物全程附送，最后交给收货人。运单副本在铁路发站加盖戳记后，发还发货人留存。运单是运输合同的凭证，也是铁路在到站向收货人收取运杂费用和点交货物的依据。运单副本是买卖合同中卖方（发货人）通过银行向买方（收货人）收取货款的主要单证之一。

（2）托运人必须支付运费并领取货物。托运人支付运费，分三种情况：①发运国铁路的运费，由发货人向始发站支付；②终到国铁路的运费，由收货人向到站支付；③过境国铁路的运费，由发货人向发站支付或由收货人向到站支付。

货物到达终到站，收货人付清运单所载的一切应付的运送费用后，必须领取货物。

只有在货物由于毁损或腐烂使质量发生变化，以致部分货物或全部货物不能按原用途使用时，收货人才可以拒绝领取货物。

（3）承运人必须负责全程运输，并对承运期间发生的损失负责赔偿。由于国际铁路联运是跨国境的陆上运输，需要使用各个国家的铁路、机车和车站，所以，各有关国家使用统一的国际联运单据共同负责货物跨国界的全程运输任务。

从发货国的铁路始发站到收货国的终到站，不论途径几个国家，只要在发站按国际联运要求办妥托运手续，这些国家的铁路就应负责将货物安全运送到终到站，并交给收货人。在运送全程中的一切业务与行政手续，如换装、转运交接等均由有关铁路当局办理。承运方（铁路）对承运期间货物的灭失、延迟、交货、丢失运单附件等损失负其应负的责任。

四、中欧班列国际物流大通道

（一）中欧班列

中欧班列，是指按照固定车次、线路等条件开行，往来于中国与欧洲及"一带一路"沿线各国的集装箱国际铁路联运班列。铺划了西中东3条中欧班列运行线路：西部通道由我国中西部经阿拉山口（霍尔果斯）出境，中部通道由我国华北地区经二连浩特出境，东部通道由我国东南部沿海地区经满洲里绥芬河出境。中欧班列是新时代我国国际物流的大通道。我国开行中欧班列的主要优势为：

（1）中欧班列具有安全快捷、绿色环保、受自然环境影响小等综合优势，已成为国际物流中陆路运输的骨干方式，为实现中欧间的道路联通、物流畅通，推进国家"一带一路"建设提供了重要保障。

（2）对经过的每一个城市而言，开行中欧班列，不但有利于其加强与国际市场的联系，而且可以带动当地经济发展，促进产业升级。

在中欧班列运营过程中，面临着如下问题：①货源不均衡。表现为班列回程货源少、成本高，各省开行的中欧班列纷纷将补贴策略作为争夺市场的利器，大打价格战。②运力资源浪费。从资源配置的视角来看，由于多个城市都相继开行"X新欧"班列，但货源不足，直接导致争抢货源，进而造成运力的浪费。③中欧班列运费高。有的班列为争抢货源只收取半成本的运费。运价竞争使大部分班列处于亏损运营状态，只靠当地的补贴策略才能维持。这种过度补贴策略，已影响中欧班列健康发展。④竞争激烈。以中部省份为例，大部分货源地几乎一致，而且这些城市距离太近，揽货时争夺客户在所难免，因此竞争十分激烈。与此同时，货主也在比价，哪里补贴策略的力度大就在哪里发货，有些货物甚至因价格原因舍近求远，绕了一大圈才到达班列始发地，浪费了大量物流资源。另外，非理智的价格战只会导致竞争加剧、市场环境恶化、政府负担加重等后果。

（二）推进中欧班列建设的措施

（1）多管齐下，发挥市场配置资源的功能，向市场化目标迈进。

(2) 各运营主体要讲大局，齐心协力，既有所作为，又不越俎代庖。

(3) 中欧班列要想得到良好的发展，就需要大力反对垄断。

(4) 坚持以绿色、环保、高效为中欧班列健康发展的方向，科学布局规划中欧班列集结中心，这对于班列的健康发展至关重要。

(5) 中欧班列发展还须秉持"共商、共建、共享"的原则，以达到合作共赢的目的。各个班列公司要协同发展，共同开展项目合作，建立联动机制，实现资源整合。中欧班列的发展高度契合国家"一带一路"倡议，并走在了"一带一路"建设的前沿。未来，还须各方携手同行，确保中欧班列行稳致远。

(三) 中欧班列物流通道路线

1. 渝新欧铁路运输路线

渝新欧铁路运输线是指利用南线欧亚大陆桥这条国际铁路通道。运输线路是从重庆出发，经西安、兰州、乌鲁木齐，向西过北疆铁路，到达边境阿拉山口，进入哈萨克斯坦，再经俄罗斯、白俄罗斯、波兰，至德国的杜伊斯堡，全长11179千米，由沿途6个国家铁路、海关部门共同协调建立的铁路运输通道，占据中欧班列主导地位。2016年新增满洲里和霍尔果斯口岸。

2. 义新欧铁路运输路线

义新欧中欧班列指的是从中国义乌出发，经新疆阿拉山口口岸出境，途经哈萨克斯坦、俄罗斯、白俄罗斯、波兰、德国、法国，历时21天最终抵达西班牙马德里。这条铁路全长13000多千米，是目前所有中欧班列中最长的一条。

该铁路途经国家最多，共计8个国家，几乎横贯整个欧亚大陆；国内穿过省份最多的一条运输路线，从浙江出发横贯东西，经过安徽、河南、陕西、甘肃，在新疆阿拉山口口岸出境，共计6个省（自治区），境外铁路换轨次数最多。其他中欧班列在哈萨克斯坦、波兰两次换轨，义新欧中欧班列却需在法国与西班牙交界的伊伦进行第三次换轨。义乌是唯一一个开通中欧班列的县级城市。

知识拓展

中欧班列五年运营效果明显

2016年6月20日，国家主席习近平在出访波兰期间亲自出席统一品牌中欧班列首达欧洲仪式，标志着面向"一带一路"国际物流班列中欧班列正式开行。五年来，中欧班列发展取得巨大成效。

一是彰显了作为国际公共产品的地位和作用。截至2021年上半年，中欧班列累计开行突破4万列，合计货值超过2000亿美元，打通了73条运行线路，通达欧洲22个国家的160多个城市，为中外数万家企业带来了商机，为沿线数亿民众送去了实惠。二是铸成了沿线国家互利共赢的桥梁纽带。中欧班列运送货物货值占中欧货物贸易的比重逐年提升，从2015年的1%增至2020年的7%。特别是新冠肺炎疫情发生以来，中欧班列累计向欧洲发运 1199 万件、9.4 万吨防疫物资。三是开创了亚欧陆路运输新篇章。中欧班列构建了一条全天候、大运量、绿色低碳的运输新通道，是国际运输服务体系的重大创新，有力保障了全球产业链供应链稳定，促进了国际陆运规则的加速完善。四是带动了沿线通道经济快速发展。中欧班列促进了口岸经济、枢纽经济的繁荣发展，为内陆城市对外开放拓展了新空间，同时也加速了要素资源跨国流通，降低了企业生产成本，提升了产品国际竞争力。

资料来源：作者依据 2021 年 6 月 20 日"推进'一带一路'建设工作领导小组办公室在京召开中欧班列统一品牌五周年工作座谈会"的新闻稿改写。

五、国际多式联运

（一）国际多式联运及其特点

国际多式联运是国际间多种运输形式的联合运输，也称为国际综合运输。这是在集装箱运输基础上发展起来的更先进的运输组织形式。这种运输方式是采用一张国际多式联运合同，由一个总承运人负责全程的承运并直接对货主负责，组织两种以上的不同运输方式，跨国界进行联合运输。

国际多式联运市场主体应共同遵守《联合国国际货物多式联运公约》。1980 年 5 月 24 日，联合国在日内瓦召开国际多式联运公约会议，通过了《联合国国际货物多式联运公约》（以下简称《公约》）。《公约》分为总则、单据、联运经营人的赔偿责任、发货人的赔偿责任、索赔和诉讼、补充规定、海关事项和最后条款八个部分，共 40 条。

国际多式联运的特点如下：

（1）采用集装箱运输。国际多式联运主要采用集装箱运输，它是具有很多优点的现代化运输方式。它以集装箱作为贯通全程的货体单位，采用各种先进的接转方式实现集装箱的铁—水、陆—水、陆—铁等不同运输方式的转换，这就将全程连接成贯通一体的过程，甚至做到不同国家之间的"门到门"运输。

（2）多种运输方式。国际多式联运虽采用不少于两种的运输方式，但运输全程用单一费率计算运费。

（3）多种收交货方式。国际多式联运有多种收交货的经营方式，主要包括：①"门到门"方式。由联运经营人在发货单位"门口"开始起运，到收货人"门口"交货。"门口"可以是仓库，也可以是收发货人装箱、出箱站，甚至是车间。"门"的确定需要有集装箱货载的装卸条件和必要场所，由货主和经营人协议确定。②"门到站"方式。由发货人"门口"接运，至集装箱办理站交货的方式。③"门到场"方式。由发货人"门口"接运，至集装箱堆场交货的方式。④"场到站"方式。由联运承运人在集装箱港区堆场接运，至集装箱办理站交货。⑤"站到场"方式。由联运承运人在集装箱办理站接运至港口堆场交货。⑥"场到门"方式。从港口堆场接运至接货人"门口"交货的方式。⑦"站到站"方式。在两个办理站之间的多式联运方式。

（二）国际多式联运必须具备的条件

（1）必须具有一个多式联运合同，及一份全程的多式联运单据。多式联运合同由发货人及多式联运经营人协商订立，以书面形式明确双方的权利、义务的证明。多式联运单据是由联运人在接管货物时签发给发货人，它是证明多式联运合同以及证明多式联运经营人接管货物并负责按照合同条款交付货物的单据。按照发货人的选择，多式联运单据可以作成可转让的单据，也可以作成不可转让的单据。

签发可转让的多式联运单据时，应当：①列明是按指示或是向持票人交付。②如列明按指示交付，须经背书后转让。③如列明向持票人支付，无须背书即可转让。④如签发一套一份以上的正本，应注明正本份数。⑤如签发任何副本，每份副本均应注明"不可转让副本"字样。收货人只有交出可转让的多式联运单据，才能向多式联运经营人或其代表提取货物。

签发不可转让的多式联运单据时，应指明记名的收货人。多式联运单据的内容包括以下几项：①货物品类、标志、危险货物的性质、包数或件数、货物的毛重，这些事项由发货人提供。②货物外表状况。③联运人的名称和地址。④发货人的名称。⑤收货人的名称。⑥联运人接管货物的地点和日期。⑦联运人或经其授权人的签字。⑧每种运输方式的运费，或者应由收货人支付的运费，包括用以支付的币种。⑨预期经过的路线、运输方式和转运地点。⑩法律声明。⑪在不违背签发多式联运单据所在国的法律的情况下，双方同意列入多式联运单据的任何其他事项。

（2）发货人必须提供货物、交付运费、在交货地点接受货物。发货人向联运人提供货物，并准确无误地告之货物的品类、标志、件数、重量和数量。如果是危险货物，发货人在交付给多式联运经营人或其他代表时，应告诉货物的危险特性，必要时告知应采取的预防措施。

（3）联运人必须对多式联运负责。国际多式联运的经营人是国际多式联运的组织者和主要承担者，以事主身份从事这一经营，经营人依靠自己的经营网络和信息网络，依靠本身的资信从事这一业务，也可以是货主、各运输方式以外的第三者，或者是铁路、公路等运输公司充当经营人。

联运人不是发货人的代理人或代表，也不是参与多式联运承运人的代理人或代表，他对整个联运期间负责。在联运人接管货物后，不论货物在哪一个运输阶段发生灭失或损坏，联运人都要直接承担赔偿责任，而不能借口已把全程中的某一个运输阶段委托给其他运输分包人而不负责任。

第三节 国际物流合理化

一、国际物流合理化概述

（一）国际物流合理化的基本内容

国际贸易作为连接不同国家生产和消费的桥梁，按其基本功能可以分为国际商流和国际物流。国际商流是通过商品的交易，实现商品所有权转移的经济活动。通过商品所有权的转移，让渡商品的使用价值，实现商品的价值，为国家多创外汇。但是，国际商流的实现，必须借助于国际物流才能完成它的使命。因此，推进国际物流合理化是需要认真研究的重大课题。

国际物流合理化主要包括以下几个方面：①物流设施合理化；②商品运输渠道合理化；③商品包装标准化、规格化、系列化；④装卸、储存托盘化、机械化；⑤运输网络化。

国际物流合理化的主要目标，在于实现国际运输合理化以及有关的包装、装卸、保管诸环节的合理化。国际运输以谋求国际物流合理化为目标，采取了从发货地到收货地的直达运输系统，从而降低了物流总费用。

（二）国际物流合理化的基本形式

建立国际货物输送系统是国际物流合理化的基本形式。货物输送系统在经历了第一次、第二次输送革命之后，已经进入了第三次输送革命时期。这次输送革命不是以新的运输工具的出现为目标，而是巧妙地将铁路、船舶、汽车、飞机等输送工具进行组合，建立新的输送系统。第三次输送革命的主要特征是"联运"。联运具有以下三种主要形式：

（1）汽车→船舶→汽车。
（2）汽车→铁路→汽车。
（3）汽车→飞机→汽车。

为了实现国际物流合理化，利用集装箱通过各种组合运输，推进国际间的直达运输。这些组合运输，一般被称为国际多式联运，它是推进国际物流合理化的主要形式。

二、国际物流合理化的主要途径

（一）成品出口渠道系统

1. 成品出口渠道系统的意义

物流机制的正常运转，必须借助合理的出口渠道系统。只有建立多层次的出口渠道系统，并运用现代化的管理技术、现代化的信息系统，物流才能顺畅流转。在成品出口中,增加机械类、电子类、通信类、机电类产品比例,已经成为一种发展趋势。为了寻找出口商品的物流合理化的途径,以海上集装箱为媒介的国际联运已居于主导地位。

2. 成品出口渠道的形式

根据物流组织者和委托者不同,以成品出口渠道为例,说明成品出口渠道如表 11-1 所示。

从表 11-1 可以看出,成品出口渠道共有五条:

第一条出口渠道:制造商通过出口机构向对方的进口机构出售产品,这是一种间接性的国际物流形式。

第二条出口渠道:大公司的出口机构在进口国设置分公司及其驻外机构,寻求物流合理化所形成的国际物流,它有利于扩大产品推销。

第三条出口渠道:工厂、企业与进口机构直接交易而形成的国际物流,目标在于寻求最佳的物流流向,即没有中间商的直接交易。

第四条出口渠道:工厂、企业在进口国(B)设立驻外办事机构或代理店,以成组零件方式出口产品,在进口国进行装配等流通加工活动而形成的国际物流,其目标在于占领市场。

第五条出口渠道:为了更好地实现物流的合理化,制造商在进口国(B)建立工厂,进行生产、销售,变国际物流为企业物流或国内物流,减少了物流环节,促进了物流合理化。

表 11-1 成品出口渠道

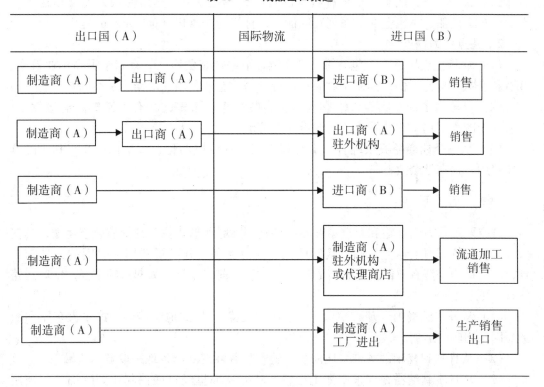

（二）单位成组装载系统

1. 单位成组装载系统的含义与特点

所谓单位成组装载系统（unit load system），不是将货物单个地、一件一件地进行输送，而是把众多的货物分类排列，组合成一个单元（unit）进行输送的一种方法。它是一种通过包装、装卸革新达到运输合理化的方式。用这种方式输送商品，一般具有以下特点：①商品的重量、体积、包装、货形不一致；②多品种、少交易的商品；③流通机构复杂。

2. 单位成组装载的形式

单位成组装载的具体形式有两种：一种是使用大型金属集装箱化的方法。由于这种方式采取了从装货到卸货的连贯作业，所以一般都有较高的效率。另一种是使用托盘的托盘化方法。它的主要优点有：装卸率高，能够有效地防止货物损失，包装简单，费用低，增加装载高度，等等。但是，这种方式也存在着不足之处，主要是：对按数量单位装载的器具管理有困难，使用数量单位装载成本较高，需要与之相配套的机械设备，装载效率较低，需要宽敞的作业场地，等等。

（三）连贯输送托盘化

1. 连贯输送托盘化的含义

托盘（pallet）也称货盘，它是一种把货物集合成一定的数量单位，便于装卸操作的搬运器具。具体方法是：把各种各样的货物放在托盘上，然后使用万能叉车送到货车、汽车、船舶、飞机上的一系列装卸活动，称之为托盘化（palletization）。

2. 托盘化的优点

（1）从货主立场看：①包装简易和规范，节约包装费用；②有利于提高作业效率；③有利于减少货物损伤；④便于对商品进行管理，有效利用仓库面积及空间。

（2）从输送者的立场看：①有利于提高装卸作业效率；②有利于提高输送效率；③有利于减少工伤事故的发生，解放重体力劳动。

（3）从整个社会经济系统看：①有利于实现物流协调化、效率化；②有利于降低物流费用，提高社会效益。

（四）海空联运

海空联运是海上运输和航空运输相结合的国际联运形式。单独依靠航空运输，运费太高；仅仅依靠海上运输，则运输时间太长。海空联运找到了费用与时间的最佳结合点，已经成为经济有效的国际物流的运输方式。目前，以日本为起点的主要海空联运路线有以下三条：

（1）从日本到美国（或加拿大）采用海上运输，从此地到美国、加拿大东岸和欧洲等国采用航空运输。

（2）从日本到我国的香港采用海上运输，从香港到欧洲各地采取航空运输。

（3）从日本到纳霍德卡采用海上运输，然后从那里经过西伯利亚到欧洲各国采用航空运输。

海空联运与海上运输比较,缩短了运输时间,降低了库存投资、仓库费用、包装费用,同时增强了销售的竞争能力。

三、国际物流运营载体平台

国际贸易的发展,对国际物流提出了新的挑战。随着世界贸易额的迅速增加,交易范围的不断扩大,国际市场竞争也将日趋激烈,这就迫使各国都从自身经济发展的需要出发,重视流通领域这块"第三利润源泉"的研究。因此,国际物流问题越来越被大多数人所重视。国际物流中心、国际仓库和国际物流信息系统是国际物流运营的重要载体平台,要重视这一领域的研究,共同推动国际物流健康发展。

(一)国际物流中心

1. 国际物流中心的意义

国际贸易对于一个国家的经济发展有着重要的作用,因此,要获得经济的发展,必须大力开展国际贸易,必须建立与国际贸易相联系的国际物流中心。

所谓国际物流中心,是指以国际交通枢纽(如国际港)为依托所建立起来的经营开放型的大宗物品储存、运输、包装、装卸和搬运等活动的集散场所。国际物流中心地址的选择,要充分考虑经济合理性原则,从世界经济发展的角度出发,使每个大洲、每个地区都有世界性的物流中心。在全世界范围内,一个纵横交错、四通八达的国际物流网络的形成,会大大促进国际贸易的发展,从而实现国际物流的合理化。

2. 国际物流中心的目标类型

国际物流中心的建立,目标类型可分为以下两种:

第一种类型:以储存为主的国际物流中心,其流转程序如图11-1所示。

图11-1 以储存为主的物流流转类型

第二种类型:以发运为主的国际物流中心,其流转程序如图11-2所示。国际物流中心的目标模式应该是一个多功能的物流中心。国际物流中心必须实现物流、商流、信息流、资金流的有机统一。创建国际物流中心,必须做好以下几方面的工作:①不仅要提供物品成交的场所,而且要创造良好的物流条件,搞好仓储、运输等配套设施的同步建设,提供方便的汇兑、通信条件,并建在水陆空运输的交通枢纽地区;②要大力发展代发、代运、代储业务,统一利用运输工具和仓储设备,选择最佳的运输路线和运输方式,促进整个流通过程的商流、物流的合理分流,从而实现大流量和迅速、安全、高效地吞吐商品;③建立国际物流信息网络平台,促进物流信息中心的高效运营。

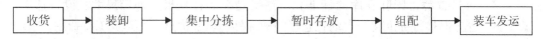

图11-2 以发运为主的物流流转类型

（二）国际仓库

1. 自动化仓库的产生和发展

随着现代国际贸易的发展，各国所需要的原材料、设备、工具等物资的数量大幅度增加，客观上要求有更大规模、自动化程度更高的仓库来满足物资流通的需要。

国际仓库的建设，应以自动化仓库为主。所谓自动化仓库，一般是指用货架储存单元化货物，采用电子计算机控制或人工控制的巷道式起重设备取送货物的一种新型仓库。自动化仓库的产生有其客观原因：①社会生产力的高度发展；②土地价格昂贵，促使仓库向高层空间发展；③仓库作业中物资的搬运受到重视，巷道式起重设备是解决巷道搬运的理想工具；④电子计算机的运用为仓库的高度自动化创造了条件。

自动化仓库的发展，大体上经历了以下四个阶段：

第一阶段，托盘单元化搬运阶段（1945—1950年）。这一时期出现了储存单元化货物的仓库。采用的搬运机械主要有桥式起重机和叉车。

第二阶段，桥式堆垛机搬运阶段（1950—1962年）。桥式堆垛机集中了叉车快速灵活和桥式起重机充分利用仓库面积的优点，堆码高度一般为8～12米，因而在欧美各国得到了迅速发展。

第三阶段，飞速发展的自动化仓库阶段（1962—1999年）。1962年，西德第一次将电子计算机技术应用到具有高层货架的仓库中，使仓库管理工作呈现了广阔的发展前景。到1981年年底，世界上有自动化仓库4000多座，多集中于日本、美国、德国等发达的资本主义国家，日本自动化仓库数量居世界之首。1965年日本仅有自动化仓库2座，1970年达到433座，1973年日本经济发展的高峰时，出现了一年内建造291座自动化仓库的盛况。

第四阶段，无人仓库阶段。进入21世纪，随着互联网技术的广泛应用，大数据、物联网、人工智能快速发展，无人仓库进入快速发展阶段。

从自动化仓库的发展情况可以看出：积极创建"自动化国际仓库"是国际物流发展的必然趋势。经济越发展，对仓库管理的要求也越高。因此，仓库的建设要与经济发展相协调，只有这样，才能保证经济的高速发展。同时，也只有这样，才能保证国际物流逐步趋向合理化。

2. 建设自动化国际仓库应注意的问题

虽然自动化国际仓库是国际物流发展的趋势，但在自动化国际仓库建设时，应注意以下几个问题：

（1）自动化国际仓库的建设要注意实用性。无论是小型还是大型自动化仓库，都必须注重它的实用价值。一般宜建具有特定用途的专用自动化仓库，如冷冻仓库、重物仓库等。

（2）建设分离式自动化国际仓库。这种仓库的建筑与料架不是一个整体，而是相互分离的。它的特点是具有较强的适应性，有利于竞争，便于企业开拓并占领市场。

（3）推进自动化国际仓库的标准化。主要是在储存规模、外形尺寸、设备选型、工程造价等方面推行标准化。自动化仓库的标准具有以下优点：①降低工程费用，节约建库时间；②建筑质量高，施工效果好；③仓库维修方便；④仓库通用性强；⑤仓库可以拆卸，移动方便，等等。

（三）国际物流信息系统

在移动互联网时代，信息在现代物流中的地位越来越重要。在商流、物流、信息流、资金流分立并趋向联合的现代物流体系中，物流系统的正常运行必须借助于信息流的推动。国际物流是国际交换活动最基本的运动过程，其他部门的工作都要保证和促进物品的最大合理流动。现代世界经济的发展，国际市场竞争的激烈，对国际物流提出了更高的要求：流动速度要快，流通费用要低，渠道要畅通无阻。只有这样，才能减少资金积压，加快资金的周转次数，降低物流费用，增加利润。要实现上述目标，就必须建立以数字技术为基础的国际物流信息系统。国际物流信息系统的建立是促进国际物流合理化、扩大国际贸易的重要条件。因此，开发国际物流信息系统日益引起从事国际贸易及国际物流的企业的普遍重视。

国际物流信息系统必须具有一般信息系统的功能。但在开放的经济系统中，为了实现物流系统的目标，必须充分注意系统外部环境的研究，主要包括市场因素、国家的方针政策、进出口国的政治环境等。对这些外部信息，收集要及时，加工、处理要迅速，传递要快，决策要准。

第四节　国际物流法律法规

一、国际物流法律法规的概念及内容

（一）国际物流法律法规的概念和渊源

国际物流法律法规，是指调整国家、国际经济组织、法人和自然人之间因物流活动所产生的经济关系的国际法规范与国内法规范的总称。

国际物流法律法规的渊源，是指主权国家适用的法律规则的来源。我国物流法规的渊源基本上可以分为以下几种形式：

1. 全国人民代表大会及其常务委员会制定和颁布的法律

在我国现行法律之中，直接为物流制定或与物流有关的法律有《中华人民共和国民法典》《中华人民共和国海商法》《中华人民共和国铁路法》《中华人民共和国公路法》《中华人民共和国民用航空法》《中华人民共和国港口法》等。

2. 国务院制定的行政法规

目前，我国有关物流的行政法规有《中华人民共和国海港管理暂行条例》《中华人民共和国国际海运条例》《中华人民共和国公路管理条例》《中华人民共和国航道管理条例》等。

3. 国务院各部、各委员会，包括一些直属机构依法制定的规章

涉及物流的规章有《商业运输管理办法》《铁路货物运输规程》《国际铁路货物联运协定》《国际货物运输代理业管理规定实施细则》《关于加快我国现代物流发展的若干意见》等。

4. 地方性法规

地方性法规是指由地方国家机关即地方人民代表大会及其常务委员会制定的一种规范性文件。

（二）国际物流法规

1. 国际物流有关条约

国际物流有关条约包括双边条约和多边条约。条约在广义上是指两个或两个以上国家之间、国际组织之间、国家与国际组织之间，为确立在物流活动中所产生的相互经济权利义务关系，共同议定而达成的明示协议。

2. 国际商业惯例

国际商业惯例是在长期的国际经济交往中经过反复使用而形成的不成文的规则。为了使不成文的国际商业惯例更便于掌握和查找，一些民间性的国际组织或者协会对不成文的惯例进行了整理和编纂，如《国际贸易术语解释通则》《跟单信用证统一惯例》等。国际商业惯例属于任意性的规范，只有在当事人明确表示选择适用的情况下对当事人才有约束力。当事人也可以对其选择的商业惯例进行必要的修改和补充。

3. 国际组织的决议及标准

国际组织的决议及标准诸如1948年3月6日在日内瓦召开的联合国海事会议上通过，1958年3月17日生效，后更名的《国际海事组织公约》；国际民用航空组织于1944年12月7日通过的《国际民用航空公约》；国际标准化组织制定的《ISO国际标准》；等等。

4. 司法判例

司法判例包括国际司法判例和国内司法判例两种。国际司法判例从广义上包括国际法院的判例，以及各种形式的国际仲裁法庭的裁决。国内司法判例在国际法上也被认为是确定法律原则之补助资料。在我国，判例不属于法律渊源。

二、国际物流法律法规主体

国际物流法律法规主体，是指国际物流活动所产生的关系的参加者。一般来讲，国际物流法律法规的主体包括自然人、法人、国家和国际经济组织。

（一）自然人

依有关国际立法和国内立法规定，自然人在具备一定条件下可以成为国际经济法的主体。自然人从事国际物流活动时应当具备民事权利能力和民事行为能力。

（二）法人

法人是具有民事权利能力和民事行为能力，依法独立享有民事权利和承担民事义务的组织。国际条约和各国法律一般均承认法人的国际物流法律法规主体资格。

（三）国家

国家可以以主权人身份参与国际条约、协议等的订立，并以民事法律关系主体身份直接参与国际经济贸易活动，通过对本国和涉外物流活动依法进行监督与管理参与国际物流活动。

（四）国际经济组织

国际经济组织分为政府间的经济组织和非政府间的经济组织。国际经济组织基本上分为以下三种类型：世界性国际经济组织，如世界贸易组织（WTO）；区域性国际经济组织，如北美自由贸易区、欧洲联盟；专业性国际经济组织，如石油输出国组织、国际商品组织。

三、国际物流相关法律法规

我国有关物流企业的设立、变更、终止的法律法规有《中华人民共和国个人独资企业法》《中华人民共和国合伙企业法》《中华人民共和国公司法》；有关货物销售的法律法规主要有《中华人民共和国对外贸易法》《联合国国际货物销售合同公约》《进出口货物原产地条例》等；有关危险货物包装的法律法规如《国际海运危险货物规则》；涉及货物装卸、搬运的法律法规及公约如《联合国国际贸易运输港站经营人赔偿责任公约》《中华人民共和国港口法》《港口货物作业规则》《铁路货场作业规则》《公路场站作业规则》等；有关国际物流海上运输环节的法律法规及公约如《海牙规则》《维斯比规则》《汉堡规则》《中华人民共和国海商法》。

（一）《海牙规则》

1. 《海牙规则》的产生

《海牙规则》全称为《统一提单的若干法律规定的国际公约》，是关于提单法律规定的第一部国际公约。

《海牙规则》的产生有其深远的历史背景，提单在国际贸易中特别是欧洲的使用已经有很长的历史，但是早期的提单，无论是内容还是格式，都比较简单，作用也仅作为货物的交接凭证，表明货物已经装船的收据。同时，在早期海上航运最为发达的英国，承运货物运输时在提单上滥用免责条款，以美国为代表的货主国利益受到严重影响。为了保护本国商人的利益，美国于1893年制定了著名的《哈特法》，该法产生后，澳大利亚、新西兰、加拿大等国也纷纷制定自己的法律。但是，少数国家的努力是难以解决承运人无边际免责的实质问题，而且各国立法不一，各轮船公司制定的提单条款也不相同，极大地阻碍了国际贸易的发展。第一次世界大战后伴随国际政治经济秩序的调整及经济危机带来的矛盾，制定统一的国际海上货物运输公约已势在必行。1921年5月在荷兰首都海牙召开会议，制定了一个提单规则，定名为《海牙规则》，于1931年6月2日正式生效。后来，欧美许多国家都加入了这个公约。虽然有些国家没有加入这一公约，但它们的一些船公司的提单条款也采用了这一公约的精神。所以，这一公约是海上货物运输中有关提单的最重要的和目前仍普通被采用的国际公约。我国虽然没有加入该公约，但却把它作为制定我国《海商法》的重要参考依据。

2. 《海牙规则》的主要内容

（1）承运人的责任期间。规定承运人对运输货物承担责任的期间是"自货物装上船舶开始至卸离船舶为止"。

（2）承运人的责任。规定承运人必须承担的责任是：在开航以前和开航当时谨慎处理使船舶适航；妥善地配备船员、装备船舶和配备供应品；使货舱、冷藏舱、冷气舱和该船其他载货处所适于并能安全收受、载运和保管货物；适当而谨慎地装载、操作、运送、保管、照料和卸下所运货物。

（3）承运人的免责。规定了承运人对船长、船员在驾驶和管理船舶中的过失，火灾，海上或其他通航水域的灾难、危险或意外事故，天灾，战争行为，公敌行为，政府依法扣押，检疫限制，托运人的过失，罢工、关厂、停工或劳动力受到限制，在海上救助或企图救助人命或财产，货物的固有缺点，等等17项免责事项。其中最引起托运人不满的免责事项是航行过失免责，即承运人对船长、船员、引航员或承运人的雇佣人员在驾驶或管理船舶中的行为，由于疏忽或过失引起的货物灭失或损坏，可以免除赔偿责任。

（4）承运人的赔偿责任限制。规定承运人对每件或每单位货物的赔偿限额为100英镑。

（5）诉讼时效。规定对货物灭失或损坏赔偿的诉讼时效"自货物交付之日或应交付之日一年以内"。

（6）公约的适用范围。规定"适用在任何缔约国所签发的一切提单"。

（7）公约适用的强制性。规定运输合同中凡是解除或减轻公约规定承运人责任的任何条款、约定或协议均属无效。

（二）《维斯比规则》

1. 《维斯比规则》的产生

《维斯比规则》是《修改统一提单若干法律规定的国际公约议定书》的简称。

《海牙规则》自1931年生效后，被国际航运界所普遍接受，促进了国际贸易和海上运输事业的发展。但随着国际政治、经济形势的变化，以及航海、造船技术进步，海上运输方式发生了重大变革，特别是集装箱运输方式的出现和快速发展，《海牙规则》的一些内容已不适应当时形势的需要，修改《海牙规则》的呼声日益强烈。

1968年2月在比利时的布鲁塞尔召开的、由53个国家或地区代表参加的第十二届海洋法外交会议上通过了《海牙规则》议定书草案，定名为《修改统一提单若干法律规定的国际公约议定书》，并简称为"1968年布鲁塞尔议定书"。由于该议定书草案在斯德哥尔摩讨论期间，参加会议的成员到过哥特兰岛的维斯比城，为借用中世纪《维斯比海法》的名声，故将该议定书称为《维斯比规则》。经过修订后的《海牙规则》又称为《海牙-维斯比规则》，该议定书于1977年6月23日生效。

2. 《维斯比规则》的主要内容

《维斯比规则》共 17 条,但只有前 6 条才是实质性的规定,对《海牙规则》的第三条、第四条、第九条、第十条进行了修改。其主要修改内容有:

(1) 扩大了规则的适用范围。《海牙规则》的各条规定仅适用于缔约国所签发的提单。《维斯比规则》扩大了其适用范围,其中的第五条第三款规定:①在缔约国签发的提单;②货物在一个缔约国的港口起运;③提单载明或为提单所证明的合同规定,该合同受公约的各项规则或者使其生效的任何一个国家的立法所约束,不论承运人、托运人、收货人或任何其他有关人员的国籍如何。该规定的意思是只要提单或为提单所证明的运输合同上有适用《维斯比规则》的规定,该提单或运输合同就要受到《维斯比规则》的约束。

(2) 明确了提单的证据效力。《海牙规则》第三条第四款规定,提单上载明的货物主要标志、件数或重量和表面状况应作为承运人按其上所载内容收到货物的初步证据。至于提单转让至第三人的证据效力,未做进一步的规定。《维斯比规则》为了弥补上述缺陷,在第一条第一款则补充规定"……但是,当提单转让至善意的第三人时,与此相反的证据将不能被接受"。这表明对于善意行事的提单受让人来说,提单载明的内容具有最终证据效力。

所谓"善意行事",是指提单受让人在接受提单时并不知道装运的货物与提单的内容有何不符之处,而是出于善意完全相信提单记载的内容,这就是说,《维斯比规则》确立了一项在法律上禁止翻供的原则,即当提单背书转让给第三者后,该提单就是货物已按上面记载的状况装船的最终证据。承运人不得以在签发清洁提单前货物就已存在缺陷或包装不当的借口来对抗提单持有人。这一补充规定,有利于进一步保护提单的流通与转让,也有利于维护提单受让人或收货人的合法权益。一旦收货人发现货物与提单记载不符,承运人只能负责赔偿,不得提出任何抗辩的理由。

(3) 强调了承运人及其受雇人员的责任限制。海上货物运输合同当事人涉讼多因一方当事人的违约而引起。但在有些国家承认双重诉讼的权利,即货主在其货物遭受损害时,可以以承运人违反运输合同或以其侵权为由向承运人起诉。在货主以侵权为由提出诉讼时,承运人便不能引用《海牙规则》中的免责和责任限制的规定。如果不能对此加以限制,运输法规中的责任限制规定就形同虚设。为进一步强调承运人及其受雇人员享有该权利,《维斯比规则》第三条规定:"本公约规定的抗辩和责任限制,应适用于就运输合同涉及的有关货物的灭失或损坏对承运人提出的任何诉讼,不论该诉讼是以合同为根据还是以侵权行为为根据。""如果诉讼是对承运人的受雇人员或代理人(该受雇人员或代理人不是独立订约人)提起的,该受雇人员或代理人也有权授引《海牙规则》规定的承运人的各项抗辩和责任限制。""向承运人及其受雇人员或代理人索赔的数额,在任何情况下都不得超过本公约规定的数额。"以上规定使得合同之诉和使权之诉处于相同的地位:承运人的受雇人员或代理人也享有责任限制的权利。英国法院在审理"喜马拉雅"一案时,认为承运人的受雇人员或代理人无权援引承运人与他人签订的合同中的条款。所以,在此案后,承运人的受雇人员或代理人纷纷在提单上规定承运人的受雇人员或代理人可以援引承运人的免责或责任限制。人们称这一条款为"喜马拉雅条款"。显然《维斯比规则》的这一规定有利于保护船东的利益。

（4）提高了承运人对货物损失赔偿的限额。《海牙规则》规定承运人对每件或每单位的货物损失的赔偿限额为 100 英镑，而《维斯比规则》第二条则规定，每件或每单位的赔偿限额提高到 10000 金法郎，同时还增加一项以受损货物毛重为标准的计算方法，即每千克为 30 金法郎，以两者中较高者为准。采用的金法郎仍以金本位为基础，目的在于防止日后法郎纸币的贬值，一个金法郎是含金纯度为 90/1000 的黄金 65.5 毫克的单位。一旦法郎贬值，仍以上述的黄金含量为计算基础。在《威斯比规则》通过时，10000 金法郎大约等于 431 英镑，与《海牙规则》规定的 100 英镑相比，这一赔偿限额显然是大大提高了。这一规定不但提高了赔偿限额，而且创造了一项新的双重限额制度，不但维护了货主的利益，而且这种制度也为以后《汉堡规则》和我国《海商法》所接受。另外，该规则还规定了丧失赔偿责任限制权利的条件，即如经证实损失是由于承运人蓄意造成或者因知道很可能会造成这一损害仍持毫不在意态度或不作为所引起的，则承运人无权享受责任限制的权利。

（5）增加了"集装箱条款"。《海牙规则》没有关于集装箱运输的规定。《维斯比规则》增加了"集装箱条款"，以适应国际集装箱运输发展的需要。该规则第二条第三款规定："如果货物是用集装箱、托盘或类似的装运器具集装时，则提单中所载明的装在这种装运器具中的包数或件数，应视为本款中所述的包数或件数；如果不在提单上注明件数，则以整个集装箱或托盘为一件计算。"该条款的意思是：如果提单上具体载明在集装箱内的货物包数或件数，计算责任限制的单位就按提单上所列的件数为准；否则，将一个集装箱或一个托盘视为一件货物。

（6）诉讼时效的延长。《海牙规则》规定，货物灭失或损害的诉讼时效为一年，从交付货物或应当交付货物之日起算。《维斯比规则》第一条第二款、第三款则补充规定，诉讼事由发生后，只要双方当事人同意，这一期限可以延长，明确了诉讼时效可经双方当事人协议延长的规定。对于追偿时效则规定，即使在规定的一年期满之后，只要是在受法院法律准许期间之内，便可向第三方提起索赔诉讼；但是准许的时间自提起诉讼的人已经解决索赔案件，或向其本人送达起诉状之日起算，不得少于 3 个月。

该规则同《海牙规则》相比，扩大了规则的适用范围，明确了提单作为最终证据的效力，提高了承运人及其受雇人员的责任限制及货物损害赔偿的限额，增加了"集装箱条款"、侵权行为请求，延长了诉讼时效。

（三）《汉堡规则》

1. 《汉堡规则》的产生

《汉堡规则》是《联合国海上货物运输公约》的简称。该规则于 1978 年 3 月 6—31 日在德国汉堡举行，由联合国主持的有 78 国代表参加的海上货物运输大会上被讨论通过，在 1992 年 11 月 1 日生效。截至 1996 年 10 月，共有成员国 25 个，其中绝大多数为发展中国家，占全球外贸船舶吨位数 90% 的国家都未承认该规则。

进入 20 世纪 70 年代，国际贸易和运输高速发展，特别是第三世界迅速兴起，作为货主的国家强烈要求改变在《海牙规则》和《维斯比规则》下所受到的不公正的待遇，

1968年3月，联合国设立的航运立法工作组讨论《国际海商法》给发展中国家带来的阻碍，并向联合国国际贸易法委员会提出需要修改的意见。1978年3月，联合国在德国汉堡举行海上货物运输会议，通过了《1978年联合国海上货物运输公约》，简称《汉堡规则》，该规则于1992年开始正式生效。

2.《汉堡规则》的主要内容

（1）承运人的责任原则。《海牙规则》规定承运人的责任基础是不完全过失责任制，它一方面规定承运人必须对自己的过失负责；另一方面又规定了承运人对航行过失及管船过失的免责条款。而《汉堡规则》确定了推定过失与举证责任相结合的完全过失责任制。规定凡是在承运人掌管货物期间发生货损，除非承运人能证明已为避免事故的发生及其后果采取了一切可能的措施，否则便推定损失系由承运人的过失所造成，承运人应承担赔偿责任。很明显，《汉堡规则》较《海牙规则》扩大了承运人的责任。

（2）承运人的责任期间。《汉堡规则》第四条第一款规定：承运人对货物的责任期间包括在装货港、在运输途中以及在卸货港，货物在承运人掌管的全部期间。即承运人的责任期间从承运人接管货物时起到交付货物时止。与《海牙规则》的"钩至钩"或"舷至舷"相比，其责任期间扩展到"港到港"。消除了货物从交货到装船和从卸船到收货人提货这两段没有人负责的空间，明显地延长了承运人的责任期间。

（4）承运人赔偿责任限额。《汉堡规则》第六条第一款规定：承运人对货物灭失或损坏的赔偿，以每件或其他装运单位的灭失或损坏相当于835特别提款权或毛重每千克2.5特别提款权的金额为限，两者之中以其较高者为准。

（4）对迟延交付货物的责任。迟延交付货物的责任在《海牙规则》和《维斯比规则》中都没有规定，《汉堡规则》第五条第二款规定：如果货物未能在明确议定的时间内，或虽无此项议定，但未能在考虑到实际情况对一个勤勉的承运人所能合理要求时间内，在海上运输合同所规定的卸货港交货，即为迟延交付。对此，承运人应对因迟延交付货物所造成的损失承担赔偿责任。而且在第三款还进一步规定，如果货物在第二款规定的交货时间满后连续六十天内仍未能交付，有权对货物灭失提出索赔的人可以认为货物已经灭失。《汉堡规则》第六条第一款还规定：承运人对迟延交付的赔偿责任，以相当于迟延交付货物应支付运费的2.5倍的数额为限，但不得超过海上货物运输合同规定的应付运费总额。

（5）承运人和实际承运人的赔偿责任。《汉堡规则》中增加了"实际承运人"的概念。当承运人将全部或部分货物委托给实际承运人办理时，承运人仍需按公约规定对全部运输负责。如果由于实际承运人及其雇用人或代理人的疏忽或过失造成的货物损害，承运人和实际承运人均需负责的话，则在其应负责的范围内，承担连带责任。这种连带责任托运人既可向实际承运人索赔，也可向承运人索赔，并且不因此妨碍承运人和实际承运人之间的追偿权利。

（6）托运人的责任。《汉堡规则》第十二条规定：托运人对于承运人或实际承运人所遭受的损失或船舶遭受的损坏不负赔偿责任。除非这种损失或损坏是由于托运人、托运人的雇用人或代理人的过失或疏忽所造成的。这意味着托运人的责任也是过失责任。但需指出的是托运人的责任与承运人的责任不同之处在于承运人的责任中举证由承运人负责,而托运人的责任中,托运人不负举证责任,这是因为货物在承运人掌管之下,所以也同样需要承运人负举证责任。《汉堡规则》中的这一规定,被我国《海商法》所接受。

(7) 保函的法律地位。《海牙规则》和《维斯比规则》没有关于保函的规定,而《汉堡规则》第十七条对保函的法律效力作出了明确的规定,托运人为了换取清洁提单,可以向承运人出具承担赔偿责任的保函,该保函在承运人、托运人之间有效,对包括受让人、收货人在内的第三方一概无效。但是,如果承运人有意欺诈,对托运人也属无效,而且承运人也不再享受责任限制的权利。

(8) 索赔通知及诉讼时效。《海牙规则》要求索赔通知必须由收货人在收到货物之前或收到货物当时提交。如果货物损失不明显,则这种通知限于收货后三日内提交。《汉堡规则》延长了上述通知时间,规定收货人可在收到货物后的第一个工作日将货物索赔通知送交承运人或其代理人,当货物灭失或损害不明显时,收货人可在收到货物后的十五天内送交通知。同时还规定,对货物迟延交付所造成的损失,收货人应在收货后的六十天内提交书面通知。

(9) 管辖权和仲裁的规定。《海牙规则》《维斯比规则》均无管辖权的规定,只是在提单背面条款上定有由船公司所在地法院管辖的规定,这规定显然对托运人、收货人极为不利。《汉堡规则》第二十一条规定,原告可在下列法院选择其一提起诉讼:①被告的主要营业所所在地,无主要营业所时,则为其通常住所所在地;②合同订立地,而合同是通过被告在该地的营业所、分支或代理机构订立;③装货港或卸货港;④海上运输合同规定的其他地点。除此之外,海上货物运输合同当事人一方向另一方提出索赔之后,双方就诉讼地点达成的协议仍有效,协议中规定的法院对争议具有管辖权。

《汉堡规则》第二十二条规定,争议双方可达成书面仲裁协议,由索赔人决定在下列地点之一提起:①被告的主要营业所所在地,如无主要营业所,则为通常住所所在地;②合同订立地,而合同是通过被告在该地的营业所、分支或代理机构订立;③装货港或卸货港。此外,双方也可在仲裁协议中规定仲裁地点。仲裁员或仲裁庭应按该规则的规定来处理争议。

(10) 规则的适用范围。该规则适用于两个国家之间的所有海上货物运输合同,并且海上货物运输合同中规定的装货港或卸货港位于其一缔约国之内,或备选的卸货港之一为实际卸货港并位于某一缔约国内;或者提单或作为海上货物运输合同证明的其他单证在某缔约国签发;或者提单或作为海上货物运输合同证明的其他单证规定,合同受该规则各项规定或者使其生效的任何国家立法的管辖。

同《海牙规则》一样,《汉堡规则》不适用于租船合同,但如提单根据租船合同签发,并调整出租人与承租人以外的提单持有人之间的关系,则适用该规则的规定。

(四)《中华人民共和国海商法》

我国为了调整海上运输关系、船舶关系,维护当事人各方的合法权益,促进海上运输和经济贸易的发展,1992年11月7日第七届全国人民代表大会常务委员会第二十八次会议通过,1993年7月7日起施行《中华人民共和国海商法》(简称《海商法》)。

这是中华人民共和国成立以来我国第一部《海商法》，该法自 1952 年开始起草，前后共 25 稿。在这部法律中，充分体现了以下特点：

（1）以国际立法和国际惯例为基础。如在船舶碰撞问题上，吸收了 1910 年碰撞公约的内容。

（2）在立法内容上具有一定的超前性。吸收了在我国海商立法当时尚未生效的 1989 年《国际救助公约》的内容，1989 年《国际救助公约》于 1996 年 7 月生效（中国《海商法》1992 年生效）。

（3）采用强制性条款和非强制性条款相结合的方法调整合同关系。我国《海商法》中有关合同关系的规定共有 130 个条款，其中强制性的规定有 16 条，当事人不得以协议加以变更，其他条款为任意性的。

（五）陆运物流法律法规及公约

1.《国际公路货物运输合同公约》（简称 CMR）

《国际公路货物运输合同公约》是 1956 年 5 月 19 日在日内瓦签订的，凡合同规定的接受和指定交货地点是分处两个国家而其中至少有一个国家是接受公约的缔约国的有偿公路车辆货运合同，都适用 CMR 公约。该公约的缔约国是一些欧洲国家。该公约也适用于由国家或政府机构或政府组织所承担的运输。

2.《国际铁路货物运输公约》（简称《国际货约》）

《国际铁路货物运输公约》于 1890 年由欧洲各国在瑞士首都伯尔尼签订，后经多次修订。该公约在伯尔尼设立了国际铁路运输中央执行局，其成员国除欧洲国家外，还包括部分亚洲、非洲国家。

3.《国际铁路货物联运协定》（简称《国际货协》）

《国际铁路货物联运协定》于 1951 年在波兰首都华沙签订，后经多次修订，该公约在华沙设立了铁路合作组织，其成员国是当时欧洲和亚洲的一些社会主义国家，我国于 1954 年正式加入该公约。

（六）空运物流法律法规及公约

1. 华沙公约体制

国际航空运输的"华沙公约体制"，主要是由下列公约构成的：

（1）《华沙公约》。该公约的全称是《统一国际航空运输某些规则的公约》，由于 1929 年 10 月 12 日在波兰首都华沙签订而得此简称。该公约共 5 章 41 条，适用于航空承运人以飞机运送旅客、行李或货物的国际运输，自 1933 年生效至今，已有 130 多个缔约国，是华沙公约体制中最基本的公约。我国于 1959 年正式加入该公约。

（2）《海牙议定书》。该议定书的全称是《修改 1929 年 10 月 12 日在华沙签订的统一国际航空运输某些规则的公约的议定书》，由于 1955 年 9 月 28 日在海牙签订而得此简称。该议定书共 3 章 27 条，涉及对《华沙公约》18 个重要条款的修改，自 1963 年生效至今，已有 90 多个缔约国。我国于 1975 年正式成为该议定书的缔约国成员。

（3）《瓜达拉哈拉公约》。该公约的全称是《统一非缔约承运人所办国际航空运输某些规则的补充〈华沙公约〉的公约》，由于 1961 年 9 月 18 日在墨西哥的瓜达拉哈拉签订而得此简称。该公约共 18 条，旨在将实际承运人所办国际航空运输适用于《华沙公约》。该公约将航空承运人划分为缔约承运人和实际承运人两种，前者指以业主身份与旅客或托运人或其代理人订立国际航空运输合同的人；后者指缔约承运人以外，根据缔约承运人的授权办理由其承担的全部或部分航空运输的人，但不包括《华沙公约》所指的连续承运人。《华沙公约》未包含实际承运人所办国际航空运输的专门规则，《瓜达拉哈拉公约》专门制定了适用于这种情况的规则，以对其作出补充。因此，该公约的适用前提是《华沙公约》。该公约自 1964 年生效，目前已有 50 多个缔约国。

2. 蒙特利尔公约体制

在国际航空运输领域运行 70 多年的《华沙公约》，虽历经多次修订和补充，依然不能满足国际航空运输规则现代化和一体化的需要。在国际民航组织（International Civil Aviation Organization，ICAO）的努力下，1999 年 5 月 28 日在加拿大蒙特利尔通过了《统一国际航空运输的某些规则的公约》（简称《1999 蒙特利尔公约》），从而使规范国际航空运输的法律制度走向统一、完整。该公约共 7 章 57 条，内容包括：总则，旅客、行李和货物运输的有关凭证和当事人的义务，承运人的责任和损害赔偿范围，联合运输，非缔约承运人履行的航空运输，其他规定，最后条款，等等。该公约已于 2003 年 11 月 4 日生效，到目前为止，其缔约国已达 63 个。我国于 2005 年 7 月 31 日正式加入该公约。

（七）有关口岸通关方面的国际公约

此类国际公约诸如《关于设立海关合作理事会的公约》《商品名称及编码协调制度的国际公约》《关于货物暂准进口的 ATA 单证册海关公约》《伊斯坦布尔公约》《关于货物实行国际转运或过境运输的海关公约》《1972 年集装箱关务公约》《在国际公路车辆运输手册担保下进行国际货物运输的报关公约》《关于简化和协调海关业务制度的国际公约》及其附约等。

第五节 21 世纪国际物流的特征及发展趋势

一、21 世纪国际物流的特征

21 世纪全球经济将进一步增长，尤其是发展中国家的经济增长将不可抑制，伴随着经济增长的全球物流将会得到迅速发展，发展中国家的物流将迎来难得的发展机遇。根据国内外物流发展情况，可以将 21 世纪国际物流的特征归纳为信息化、自动化、网络化、智能化、柔性化、标准化、社会化。

（一）信息化

现代社会已经步入了信息时代，物流的信息化是整个社会信息化的必然需求。物流信息化表现为物流信息的商品化、物流信息收集的数据库化和代码化、物流信息处理的电子化和计算机化、物流信息传递的标准化和实时化、物流信息存储的数字化等。因此，条形码技术、数据库技术、电子订货系统（electronic ordering system，EOS）、电子数据交换（electronic data interchange，EDI）及快速反应（quick response，QR）、有效的顾客反应（effective customer response，ECR）等技术与观念在未来的物流中将会得到普遍采用。信息化是一切的基础，没有物流的信息化，任何先进的技术装备都不可能用于物流领域，信息技术及计算机技术在物流中的应用将会彻底改变世界物流的格局。

（二）自动化

自动化的基础是信息化，自动化的核心是机电一体化，自动化的外在表现是无人化，其效果是省力化；物流自动化的效果还表现在扩大物流作业能力、提高劳动生产率、减少物流作业的差错等方面。物流自动化的设施非常多，如条码/语音/射频自动识别系统/自动分拣系统、自动存取系统、自动导向车、货物自动跟踪系统等。这些物流设施在发达国家已经普遍应用在物流枢纽、物流园和物流配送中心。

（三）网络化

物流领域网络化的基础也是信息化。这里指的网络化趋势有二层含义：一是物流配送系统的计算机通信网络，包括物流配送中心与供应商或制造商的联系要通过计算机网络；另外，与下游顾客之间的联系也要靠计算机网络通信，比如物流送中心向供应商提出订单这个过程，在未来就会使用计算机通信方式，借助于增值网（value-added network，VAN）上的电子订货系统（EOS）和电子数据交换（EDI）来自动实现；物流配送中心通过计算机网络收集下游客户的订货的过程也可自动进行。二是组织的网络化。比如，我国台湾地区的电脑业在20世纪90年代创造出了全球运筹式产销模式，这种模式的基本构架是按客户订单组织生产，生产采取分散形式，将全世界的电脑制造资源都利用起来，采取外包的形式将一台电脑的所有零部件、元器件、芯片外包给世界各地的制造商去生产，然后通过全球的物流网络将这些零部件、元器件、芯片发往同一个物流配送中心进行组装，由该物流配送中心将组装的电脑迅速发送给订户。这一过程需要有高效的物流网络支持，当然物流网络的基础是信息、计算机网络。

物流的网络化是物流信息化的必然结果，当今世界Internet等全球网络资源的可用性及网络技术的普及，特别是移动互联网和大数据的推广，为物流的网络化提供了良好的外部环境。

（四）智能化

这是自动化、信息化的一种高层次应用。物流作业过程涉及大量的运筹和决策，如库存水平的确定、运输（搬运）路径的选择、自动导向车的运行轨迹和作业控制、自动分拣机的运行、物流配送中心经营管理的决策支持等问题，都需要借助于大量的知识才能解决。在物流的自动化进程中，物流的智能化是不可回避的技术难题。好在像专家系统、机器人等相关技术在国际上已经有比较成熟的应用研究成果，为了加快实现物流自动化，物流的智能化应用已经成为现代物流发展的一个新趋势。

（五）柔性化

柔性化最早是在生产领域提出来的，但需要真正做到柔性化，即真正能根据消费需求的变化来灵活调整生产工艺，没有配套的柔性化的物流系统是不可能达到目的的。20世纪90年代，国际生产领域纷纷推出弹性制造系统（flexible manufacturing system，FMS）、计算机集成制造系统（computer integrated manufacturing system，CIMS）、制造资源系统（manufacturing requirement planning，MRP-II）以及供应链管理的概念和技术，这些概念和技术的实质是要将生产、流通进行集成，根据需求端的需求组织生产、安排物流活动。因此，物流的柔性化正是适应生产、流通与消费的需求变化的一种发展趋势。这就要求物流配送中心要根据消费需求"多品种、小批量、多批次、短周期"的特色，灵活组织和实施物流作业。

此外，物流设施、设备及商品包装的标准化，物流的社会化和智能化等也都是今后物流发展的方向。

二、国际物流的发展趋势

美国学者 David E. Mulcahy 认为，20世纪90年代及未来美国的物流有以下10个发展趋势。

（1）人员培养增加。原因是新的物流观念、技术与设备大量出现，无论是管理人员还是工人，都必须经过培养才能使用这些新设备和技术。

（2）计算机的影响日渐扩大。计算机硬件和软件几乎应用于物流配送中心的每一种活动或功能之中，计算机的使用将使物流作业效率大大提高，经营成本降低。

（3）自动识别技术的应用。如条形码的应用可以使商品、货位及资产得以自动识别。

（4）JIT 与越库作业的实施。及时制（JIT）的采用可以使补货时间更精确，从而降低库存量；越库作业可以加快商品流通的速度。

（5）MRP 和 DRP 的影响。物料需求计划（MRP）和配送需求计划（DRP）对企业的库存规模甚至物流配送中心作业的现代化均有影响。

（6）集中与分散相结合。即指物流配送设施的集中与分散。美国的趋势是企业越来越倾向于采用集中分区配送的方式来组织物流作业。

（7）物料搬运设备技术的进一步发展。其发展趋势是进步机械化和自动化。

（8）重新规划现有物流设施。方向是设施的机械化和自动化。

（9）物流设施租赁和第三方物流的兴起。趋势是更多的企业出租自己的物流设施，使用社会化的第三方物流公司提供供物服务。

（10）增值活动增加。借助先进的电讯技术向客户提供增值物流服务，成为全球性跨国公司物流的一大特征。

英国克兰菲尔德物流与运输中心（The Cranfield Centre for Logistics and Transportation）做的一项题为"欧洲未来的物流"的研究提示了以下物流发展趋势：①物流活动

的时间性增强；②供应链效率可望提高，到 2000 年，50% 的重要物流文件通过电子数据交换（EDI）来传递；③储存型仓库数量会减少；④流通性仓库将增加；⑤零售商对物流的影响更大；⑥公路运输成本将上升；⑦跨国运输将增加。

关键词

国际贸易　国际物流　班轮运输　国际物流中心　自动化仓库　中欧班列　租船方式　条约　国际物流法律法规

思考题

(1) 简述国际物流及其发展阶段。
(2) 国际物流的主要运输方式有哪些？
(3) 实现国际物流合理化的途径是什么？
(4) 跨境物流有哪几种主要模式？
(5) 21 世纪国际物流的特征及发展趋势是什么？
(6) 简述有关国际物流的法律法规。

案例分析

西安国际港务区合力打造中欧班列（西安）集结中心

往返于中国与中亚、欧洲之间的中欧班列"长安号"，正在缩短国内许多城市与丝绸之路沿线国家和地区的贸易距离。"长安号"开行 6 年来，每天都在上演新的故事：线路从 1 条增加到 10 多条，列数从每周 1 列增加到每天 45 列，运送货物覆盖参与"一带一路"建设的 40 多个国家和地区。

2019 年 3 月，《共建"一带一路"（西安）陆海联运大通道倡议》发布，提出发挥西安承东启西、连接南北、集散八方、辐射全国的地缘优势，采取"公转铁""水转铁"等联程中转或合作开行的方式，促进货源向西安港集聚。

目前，西安港与天津、青岛、宁波、上海、深圳等沿海港口城市合作开行了陆海联运班列。"长安号"复兴陆上丝绸之路，陆海联运联结海上丝绸之路。襄西欧、徐西欧、蚌西欧、冀西欧等国际货运班列常态化运行，中欧班列（西安）集结中心建设织线成网。

"'长安号''西安港'、开放口岸、多式联运监管中心、跨境电商综试区等聚集形成对外开放格局，来自全国 29 个省区市的货源在这里集散分拨，超过七成的出口货物在这里集结走向欧洲和中亚，这里已成为内陆地区沟通全国、联通世界的窗口。"

位于西安主城区东北部"灞渭三角洲"的西安国际港务区是陕西省、西安市打造内陆改革开放新高地而设立的经济先导区；是陕西西安践行国家"一带一路"倡议、发展"三个经济"和建设对外开放大通道的核心抓手和重要平台。为响应《共建"一带一路"（西安）陆海联运大通道倡议》，充分发挥西安承东启西、连接南北、集散八方、辐射全国的地缘优势，西安港与天津、青岛、宁波、上海、深圳等沿海港口城市合作开行了陆海联运班列。下一步，西安国际港区将以"长安号"高质量、市场化、可持续的思路，在聚焦央企合作、模式创新等方面持续发力，加大与陕西周边城市的合作力度，为中欧班列后补贴时代可持续开行贡献陕西西安解决方案，合力打造中欧班列（西安）集结中心。

2019年，"长安号"国际班列继续保持了高质量、高频次开行态势，1—10月"长安号"开行已超过1700列，班列开行量、重载率及货运量等指标始终位居全国前列，已成为全国班列高质量发展的典范。

2018年全年中欧班列"长安号"共开行1235列，重载率、货运量和实载开行量均位居全国第一。2018年1—12月，"长安号"全年共开行1235列，全年实载开行总量位居全国第一。其中中欧方向累计开行640列（去程227列，回程413列），中亚方向累计开行595列（去程518列，回程77列）。2018年全年，"长安号"共到发51383车，其中重车51355车，重载率达99.9%。12月份，"长安号"单月重载率高达100%（合重车93列）。2018年全年，"长安号"运送货物总重达120.2万吨，位居全国第一。

2021年5月6日，随着满载50车货品的中欧班列从西安国际港站缓缓开出，2021年由西安发出的中欧班列运输车数已突破5万车。西安国际港站持续加强与国际港务区和中铁集装箱公司对接，积极承接转移货源，科学合理制定中欧班列开行方案，强化集装箱和空车保障，优先承运、优先装车、优先挂运，为企业提供一站式运输服务，最大限度降低疫情对国际产业链和供应链的冲击和影响，开行数量进一步增加。截至2021年5月5日，已累计开行50060车，同比增长19.8%，每天平均5～7列。运送货物主要包括轻工、食品、工机、钢材、电子产品、建材、医疗器械、服贸、化工九大类。紧盯打造内陆改革开放高地的目标，2021年西安市充分发挥西安国际港站铁路车站对外开放平台作用，加快中欧班列（西安）集结中心建设，今年已陆续开行"常西欧""宛西欧""汉西欧"等线路已达15条。

西安国际港务区持续做优线路，创新模式，"一单到底"提升"长安号"运输时效，"长安号"（西安—安卡拉）对接"一带一路"中间地带，跨里海班列是中欧班列运营史上第一班跨越里海且穿越海底隧道的国际班列，运行时间12天。"长安号"已经成为全国"效率最高、服务最优、速度最快、路线最全、开行最多、运量最大"的国际货运班列。

西安国际港务区园区自成立以来，努力建设中国内陆第一大港。创造了"港口内移、就地办单、多式联运、无缝对接"的内陆港模式，形成了以"长安号""西安港"、开放口岸、多式联运监管中心、跨境电商综试区等为基础的对外开放格局。

在深入挖掘"长安号"聚集能力方面，西安国际港务区大力实施"通道+贸易""通道+产业"战略，加快推进西安港智能终端制造产业园建设，吸引更多东南沿海科技型加工制造企落户"西安港"，将"西安港"打造成承接东南沿海产业转移，面向"一带一路"的加工贸易基地，为长安号积累货源，以产业聚集赋能"长安号"开行，实现通道、贸易、产业良性互动，为陕西、西安发展"三个经济"，推动"一带一路"建设高质量发展贡献陆港力量。

案例讨论题
(1) 中欧班列"长安号"的开通对西安的经济发展有什么影响?
(2) 简述"一带一路"建设和中欧班列的关系。
(3) 中欧班列"长安号"的开通为西安港务区的发展带来什么启示?

第十二章　现代绿色物流

【本章要点】　随着世界经济发展的全球一体化，我国的经济处在一个快速发展时期。与经济发展相适应的现代物流，也跨进了一个新的发展时期。显然，现代物流的发展已成为经济社会发展的必要条件；但由于现代物流的发展，物流量的增加，物流速度加快，物流过程也将会给生态环境造成不良的影响。如何解决现代物流的发展与生态环境保护之间的矛盾，如何协调经济发展与现代物流经济发展之间的关系，已成为现代物流管理重要的研究课题。现代绿色物流的研究对解决这个矛盾和协调这种关系有着重要的意义。

本章的主要内容：首先，介绍绿色物流、绿色物流系统的概念、现代绿色物流发展过程中存在的问题；其次，阐明现代绿色物流的意义、现代物流对生态环境的影响及绿色物流系统的构成内容；最后，介绍现代绿色物流的研究内容、现代绿色物流系统的基本理论及建立现代绿色物流系统的途径。

第一节　现代绿色物流的意义和内容

一、绿色物流的概念

人们对"绿色"的关心，源于追求一个良好的生活和工作环境，源于人类对经济社会发展战略的思考。由于现代物流是对社会生态环境有极大影响的经济领域，因而人们自然而然地把"绿色"概念引入到物流领域，这样就形成了绿色物流的概念。

绿色物流是在 20 世纪 90 年代中期才被提出的新概念。正如其他绿色运动一样，目前还没有完全成熟的定义。但是在国际上，绿色物流已作为继绿色制造、绿色消费之后的又一个新的绿色热点，受到广泛的关注。在由 A. M. 布鲁尔、K. J. 巴顿和 D. A. 亨舍尔合著的《供应链管理和物流手册》一书中，认为由"绿色"（green）和"物流"（logistics）组合在一起的"绿色物流"（green logistics）一词，代表着与环境相协调的高效运输配送系统。

关于"绿色物流"的概念，国家标准《物流术语》（GB/T18354—2021）中对绿色物流定义为："在物流过程中抑制物流对环境造成危害的同时，实现对物流环境的净化，使物流资源得到充分利用。"有的学者认为，绿色物流是为了实现顾客满意，连接供给主体和绿色需求客体，克服空间和时间阻碍的有效、快速的绿色商品和服务流动的绿色经济活动流程。这两者的差异主要表现在：物流术语中强调了生态环境的保护；后者则侧重于物流主体、客体和物流对象，以及通过绿色物流所实现的目标来定义绿色物流。

基于上述考虑，我们认为，绿色物流可以定义为：在物流过程（包括物流活动、物流作业，以及物品供方、需方和物品本身）中，在抑制物品对生态环境造成危害的同时，实现对物流环境的净化，使物流资源得到充分利用，保持物流技术、经济、组织和管理的协调统一，以创造物流的时间效益和空间效益。

无论怎样表述和定义绿色物流，在绿色物流的概念中，需要考虑以下几个方面的问题：

（1）绿色物流概念应与现代物流相适应。在绿色物流的定义中要考虑现代物流所涉及领域广、面宽和影响物流发展的因素多的特点，例如物流过程的各环节的物流活动、物流作业，以及物流供方、需方和物品自身等。

（2）基于可持续发展和生态环境保护的需要，绿色物流应研究现代物流的全过程，以及对人们生活质量和人类生存条件所产生的不良影响的原因，并寻求减少或消除这些不良影响的措施和方法。

（3）绿色物流所包括的内容主要有：抑制和减少对生态环境污染的物流活动；充分有效、节约地利用物流资源的物流活动；减少物流环节使物流过程短程化、合理化的物流活动；防止和降低物流对象损坏、损失的物流活动；物流过程不出现安全事故的物流活动；农产品和绿色产品的物流活动；保持生、鲜、活产品所需生存条件和环境条件的物流活动；物品的供方、需方和整个物流过程的文明、卫生的物流活动；绿色物流包装；绿色物流运输；供应链逆向物流；废弃物物流；城市物流的绿色化；绿色物流的评价；绿色物流的政策环境；绿色物流发展与创新；等等。

二、现代绿色物流研究的意义

按照对绿色物流概念的理解，现代绿色物流的研究和应用，无论是对经济的可持续发展、生态环境的保护、人民生活质量和工作环境的改善，还是对现代物流自身的发展，都有极为重要的意义。

（一）绿色物流对可持续发展具有重要作用

可持续发展理论认为，在经济社会发展过程中，既要考虑满足当代人的需求，又要考虑对后代人满足需要的能力不构成危害。由于物品实体在流动过程中，人们所从事的物流活动和物流作业不可避免地会消耗能源，产生对环境的污染。因此，现代物流的发展必须同自然环境和社会环境相适应，物流设施的建设与资源、环境相协调，使物流发展保持良性循环。要保持现代物流长期稳定、健康、持续地发展，就必须采取各种措施和方法，维护和保持环境不致受到污染。正是现代绿色物流坚持了可持续发展理论，形成了物流与环境之间相辅相成的推动和制约关系，进而促进了现代物流的发展，达到了现代物流与环境的共生和统一，才使经济社会保持可持续的发展。

(二)绿色物流对循环经济的需要具有重要作用

循环经济是实现可持续发展的重要途径。它是"资源—产品—废弃物—再生资源"的闭环型经济系统。它要求政府在产业结构调整、科学技术发展、城市建设等重大决策中,综合考虑经济效益、社会效益和环境效益,节约利用资源,减少资源与环境财产的损耗,促进经济、社会、自然的良性循环。同时它还要求全社会形成循环利用资源、变废为宝、保护环境的意识,促进资源消耗的减量化、产品反复使用和废弃物资源化。而绿色物流正是符合这种生态经济的要求,是"资源—产品—再生资源—再生产品"的物流循环流动过程。这种模式没有了废物的概念,符合可持续发展的需要。

(三)绿色物流对满足人民美好生活需要有着重要作用

现代绿色物流概念中的"绿色",就是基于人类追求一个良好的生活和工作环境,以及经济社会发展战略的思考,即所谓的生态环境。在一般意义上讲,生态环境是指生态与环境在一个特定范围内的一种组合。生态的概念是由美国生态学家坦斯利于1935年创立的。其基本思想是整体观,即所谓的生态系统。

生态系统是一个由生物(生命系统)与非生物(环境系统)之间相互作用、相互依存、相互制约,并通过能量转移和物质交换所组成的生物-环境综合体,而环境则是自然环境与社会环境的综合。自然环境是由土地、水、大气等自然因素和生物群体组成的;社会环境包括人类和人类所从事的各种活动的综合。生态环境本身就是要求人们所从事的一切活动,首先要考虑自身应处在一个良好的环境之中,以提高自身生存质量,保持与经济社会发展与生态环境之间的协调。从经济学观点来理解,生态经济学是研究经济系统与生态系统之间的物质循环、能量转化和价值增值的规律。而物流过程同样不仅有物质循环、能量转化,而且也有价值的转移和价值的实现。因此,涉及经济、技术、组织、管理和生态环境各领域的物流,自然而然地架起了经济效益和生态效益之间彼此联系的桥梁。传统物流未能很好地解决这一问题,而现代绿色物流以经济的一般原理为指导,以生态学为基础,对物流的经济行为、经济关系和经济规律与生态系统之间的相互关系进行研究,以谋求在生态平衡、经济合理、技术先进条件下的生态与经济的最佳结合和协调发展。所以,绿色物流的研究,对人类生活质量的提高、满足人民对美好生活的需要,以及经济发展与生态环境的协调都起着重要的作用。

(四)现代绿色物流对物流高质量发展起着重要作用

在新的世纪里,经济全球化、一体化的趋势不可阻挡。随着我国经济的快速发展,特别是我国加入WTO以后,我国物流产业的发展已步入了一个新的时期。现代物流的发展、物流量的增加、物流速度的加快都会给人类生活和工作环境造成不良影响。如果不解决现代物流发展与工作环境保护之间的矛盾,不处理好现代物流发展与经济社会发展之间的关系,现代物流就很难得到发展。如果不解决现代物流的发展给人们生活和工作环境所造成的不良影响,例如,由于物流设施和工具的大型化,车流量的增加所产生的废气、噪音、震动、扬尘等对人们精神、情绪和人身健康的影响,物流过程对人身伤害的影响等，发展物流还有什么意义呢？经济社会发展过程也是这样，也不应以损害生态环境的代价来换取经济的发展。现代绿色物流问题的研究，就是基于物流的持续发展而提出的。同时，现代物流的发展，经济效益和社会效益的实现，是通过对顾客的服务而获得的。而现代物流服务质量的提高，必然要与绿色生产、绿色营销、绿色消费紧密衔接，也是通过绿色物流活动和绿色物流作业来实现的。所以，现代物流的时间效用和空间效用的发挥，从根本上讲是实现绿色物流的结果。也就是说，在现代物流的发展过程中，只有实施绿色物流，现代物流才会稳步、健康、持续、快速地向前发展。

（五）绿色物流有利于企业参与国际竞争

在经济全球化的市场背景下，绿色壁垒已成为发展中国家贸易的主要障碍。我们发现不仅要开发"绿色产品"，还必须开发"绿色包装"和"绿色运输"。目前，各国都在尽力打造绿色物流、绿色供应链。如德国开始实施的"蓝天使"计划，要求产品在生产、包装和使用中都符合环保要求。日本所制定的几个《综合物流实施大纲》中专门制订了绿色环保规划。要提高产品的国际竞争力，使自己的企业顺利地得到国际市场的认可，物流企业就应该对运输、装卸、包装、管理等各过程制定出相应的绿色标准，与WTO和规则所规定的国际物流法律秩序保持衔接和一致。

三、现代绿色物流研究的内容

如同现代物流一样，绿色物流所涉及的范围广、面宽、影响的因素繁多，包括社会再生产的全过程、物流过程各环节，以及物流服务的供方、需方和物流对象等。现代绿色物流研究既包括绿色物流的理论问题以及政策、法规、组织、管理等问题，又包括绿色物流的实践应用和技术问题。概括起来，绿色物流所研究的内容有以下几个方面。

（一）绿色物流的基本理论问题

由于绿色物流和现代物流的一致性，决定了绿色物流具有涉及的范围广、面宽、影响因素繁多的特点。所以，研究现代物流，首先要解决的问题就是其基本理论问题。例如，现代绿色物流的概念、意义和作用，现代绿色物流依据的基本理论，它与可持续发展理论、生态学理论之间的关系，它与经济高质量发展、现代物流、供应链发展之间的相互关系，以及与绿色物流相关的政策、法规、规格化、标准化等问题。

（二）物流发展与经济社会、生态环境之间的相互关系

现代物流的发展与经济社会发展的适应性，决定了它们之间相互依存和相辅相成的关系。显然，物流基础设施建设是经济社会发展的基础条件，但由于经济社会发展到一定程度时，经济总量加大，使物流量急剧地增加；物流速度加快，促使物流设施、输送工具大型化；车流量增多，使物流过程中的物流活动和物流作业所产生的"三废"也会增加，严重地影响生态平衡，损害了生态环境。所以，研究现代物流的发展与经济社会、生态环境之间的相互关系，研究物流活动、物流作业对环境所造成的污染问题及其治理和组织管理问题，就成为现代绿色物流研究的一项重要内容。

(三) 现代物流过程中的绿色物流问题

我们知道,物品由供应地向接收地的流动过程,要经过一系列的物流活动和物流作业才能实现。现代物流功能的发挥,如包装、装卸搬运、输送、储存保管、配送、流通加工、废旧物的回收与处理、数据信息,以及为发挥物流的这些功能所需做的物流活动和物流作业等,都有可能对生态产生负影响。为减少或消除这些负影响所采取的措施和方法而进行的绿色物流活动,就自然而然地成为现代绿色物流研究的又一项重要内容。

(四) 现代绿色物流系统的建立、开发和应用研究

现代绿色物流系统的研究是按照系统的基本原理,把构成现代绿色物流系统的各要素之间相互依存关系有机地联系起来,实现绿色物流某一特定功能而进行的系统的建立、开发和应用的过程体系。如果把绿色物流看作一个系统,那么构成绿色物流系统的各要素就可以看成是这个系统的子系统。由于现代物流在发挥其职能的过程中,不可避免地造成对生态环境的影响,这就形成了与现代物流相应的绿色物流,这种关系就决定了现代绿色物流系统与现代物流系统之间存在着极为密切的联系。因此,须现代物流的各种功能,相应地就构成了现代绿色物流系统的各子系统的绿色功能。即现代绿色物流系统是由绿色包装、绿色装卸搬运、绿色运输、绿色储存保管、绿色配送、绿色流通加工、绿色情报信息子系统所组成的,或者按现代物流所从事物流服务的业务性质,把绿色物流系统看作由绿色供应物流、绿色生产物流、绿色销售物流、绿色回收物流和绿色废弃物物流子系统所构成的。全方位构造和开发整个绿色物流系统是难以实现的,但从适用性来看,把现代物流自身某一些特点与生态环境保护结合起来,也可以构成其相应的绿色物流系统。构成这种绿色物流系统更具有实际应用价值,例如绿色物流通道系统、绿色食品及粮食绿色物流等。

(五) 现代绿色物流的组织、实施、管理等问题的研究

现代绿色物流目标的实现是通过一定的绿色物流组织形成、管理手段和方法来完成的。因此,按照现代组织理论和现代管理的基本原理,来合理组织物流和管理物流,以实现绿色物流的管理目标。例如,绿色物流的组织形成是按照绿色物流职能来组织还是按物流产业、物流对象来组织,绿色物流管理是按物流行业进行管理还是由专业职能部门来管理,采用政府管理机制还是物流行业协会,等等,所有这些组织管理问题,都是现代绿色物流发展中应考虑的问题,需要进行深入的研究。

(六) 现代绿色物流发展战略的研究

现代绿色物流是适应 21 世纪经济社会发展的潮流,是可持续发展和实现"双碳目标"、生态环境保护的客观要求,也是全球经济一体化和现代物流自身发展的需要,同时也是不断提高人民生活质量、改善工作条件和保障人身健康的基本要求。因此,对现代绿色物流的发展,进行战略性的研究是至关重要的。例如,现代绿色物流发展目标、功能定位、发展战略原则的制订、战略规划、组织和管理机制的研究等重大问题,都是

现代绿色物流发展战略需要研究和解决的问题。

(七) 绿色物流的评价体系研究

要使环境管理具有可操作性，就必须有一套评价和测度绿色物流系统的方法。绿色物流是经济效益与社会效益、环境效益、生态效益的统一，那么，对绿色物流系统的评价也应该从多个方面进行。绿色物流的评价研究就是对绿色物流体系，包括对绿色物流评价的原则、绿色化指标、评价标准及评价方法等进行研究。

(八) 绿色物流的政策环境研究

为推动社会物流绿色化，不能完全依靠市场机制实现，需要政府的宏观政策干预。政府通过法规、政策、制度、教育等手段，对物流绿色化发展起到限制、干预、引导、激励的作用。那么，政府怎样使用上述工具才最有效，这是需要从宏观上进行探索。

总之，现代物流的研究所涉及的面是相当广泛的，包括了整个社会再生产过程，研究的内容是非常丰富的，包括了绿色物流的运输、包装、城市化、评价系统、经济、技术、组织和管理、农产品绿色物流等，这就决定了现代绿色物流的重要性和必要性。

第二节　现代物流对生态环境的影响

把绿色物流纳入现代物流管理中，是可持续发展和生态环境保护的需要，也是现代物流自身发展的需要。现代绿色物流的研究就是针对这些需要而提出的。所以，现代物流对经济发展和生态环境产生的影响，就成为现代绿色物流研究的重要课题之一。

一、现代物流与经济社会环境的关系

在物流领域里蕴藏着巨大的经济潜力，被称为"第三利润"，这就是人们关注物流问题的根本原因所在。无论从宏观经济上讲，还是从微观经济上看，现代物流对它们的经济效益都产生直接影响，这些在物流管理总论中我们已做了阐明。在这里，我们从现代物流的发展与经济社会和生态环境之间的关系上来分析现代物流的发展对生态环境的影响。

(一) 物流的发展与经济社会发展之间的适应性

物流的发展与经济社会发展之间的关系是相互适应、相辅相成的。如果没有物流的发展，或者其发展滞后，必然会影响经济社会的发展，甚至会成为经济社会发展的瓶颈。可见，物流的发展是经济社会发展的基本条件。另一方面，在整个经济社会的发展过程中，物流作为一种需求，其规模、构成以及物流模式，首先受到物流需方的相关产业发展状况和人们生活需求变化的影响，其次也会受到其他经济社会因素的制约。正是这种关系，经济社会的发展才促进了现代物流的发展。

（二）经济社会发展不同时期对物流需求的变化和要求

一般来讲，经济社会对物流的需求在经济发展初期表现为物流量的增长，而当经济发展到一定程度时则表现为物流质量的提高。在经济发展初期，由于保持着较高的发展速度和以重化工为主要特征的产业结构，对物流表现出旺盛的需求，物流量同 GDP 保持着同步增长的关系。物流伴随着 GDP 的增长而得到迅速的发展，提高物流的供给能力成为这个时期物流产业的主要任务，经济的发展带动了物流量的增长，所以这个时期物流表现为物流量增长的特征。当经济发展到一定程度时，其发展速度有所减缓。随着科学技术的不断进步，加工组装工业和电子工业以及第三产业比重逐步提高，物流对象呈现出"轻、薄、短、小"的特点，物流量同 GDP 的关系由同步增长转变为相背离的趋势，也就是说经济总量的增长对物流量的带动作用变小。另一方面，由于产业结构的变化，消费需求的多样化、个性化带来生产经营体制和流通结构的变化，导致用户对物流服务质量的要求越来越高，物流呈现出高度化的趋势。所以，经济社会发展到今天，对现代物流的要求不再是提高物流量，而是要求实现物流绿色生态高质量发展。

（三）物流的发展与环境之间的关系

如果把环境视为自然环境与社会环境的综合，那么物流的发展与自然环境和社会环境之间存在着极为密切的联系。在经济发展初期，虽然物流的发展对经济社会的发展起到促进作用，但由物流量的急剧增长所带来的车流量的增加，废气、噪音使自然环境、生态环境受到严重污染；同时，当车流量的增加超过路网承受能力时，也会出现交通堵塞、港口拥挤等现象，从而使交通运输能力下降，对社会环境造成负面影响。而在经济发展到一定程度时，由于对物流质量的要求不断提高，物流的发展呈现出高度化，以"多品种、小批量、高效率"为特征的运输，以物流中心、配送中心等组织为主的物流服务和以即时配送为主的配送方式成为物流的主要特征。物流的高度化和物流服务质量的提高，使得物流对汽车运输的依赖程度增加，公路运输在货运中的比重增大，其结果是尽管物流总量并未明显增加，但由于汽车运输频率的提高，给社会环境和自然环境都会造成不良的影响。

可见，物流发展与经济社会发展之间的适应性、经济发展不同时期对物流所提出的数量要求和质量要求而表现的物流数量的增加和物流的高度化等，都会给自然环境和社会环境造成不良的影响。如何解决经济社会和物流发展与生态环境保护之间的矛盾，就成为绿色物流需要研究和解决的问题。

二、物流过程对生态环境的影响

随着经济的快速发展，人民生活水平得到了提高，人们对生活质量和工作条件也随之有了较高的要求。在经济社会生活中，对物流的要求不仅仅是按指定的数量、地点准时送货，而且还要求噪音少、废气少、无公害，最大限度地维护和保持优美、舒适、安全、便利的生活、工作环境。如何减少和消除物流过程对生态环境的不良影响，首先需要对物流过程对生态环境的影响因素进行分析，这样才能有针对性地采取措施，寻求解决物流过程对生态环境负影响的方法。物品从供应地到接收地的流动，是通过实现物流功能来完成的，包括包装、装卸搬运、运输、储存保管、流通加工、配送和情报信息等。实现物流这些功能所进行的物流活动和物流作业，在不同的程度上都会造成对生态环境的不良影响。

（一）包装对生态环境的影响

包装作为物流过程的一项活动来讲，它是物流的起始环节。包装作为物流的一种功能来讲，它是便利装卸、搬运、运输保管和销售，并使物品不受外来危害因素的影响。为实现上述功能，包装采用适当的材料，制成与物品相适应的容器，以保持、维护商品的价值和使用价值而采取的一种综合性的技术、经济措施。包装对生态环境的影响，主要表现在两个方面：一是所选用的包装材料本身对环境所造成的影响。例如，塑料包装所用的白色塑料，它在自然界不易降解，滞留的时间很长，对生态环境产生不良的影响，形成了所谓的"白色污染"；包装所用的辅助材料，如一些黏合剂、添加剂、涂料等所释放的有害气体，也会对生态环境造成不良影响等。二是物流过程包装功能过剩或重复包装所造成的资源浪费。包装所用的材料，无论是木材、纸制包装材料、塑料或金属包装材料、玻璃包装材料等，都要耗用资源，如森林资源、矿藏资源等。如果包装功能过剩或重复包装，不仅浪费了资源，而且会由于过量消耗这些资源而产生对生态环境的影响，因此也就不利于经济社会的可持续发展。

1. 包装对资源的消耗

随着产品消费的增长，商品包装和物流包装的规模也在不断增长，而且由于存在大量的一次性包装和过度包装，必然会消耗过多的自然资源，加剧自然资源匮乏的矛盾。根据世界包装组织（World Packaging Organization，WPO）的分类标准，包装材料主要分为纸品及纸板（paper and board）、塑料［包括硬塑料（rigid plastics）和软塑料（flexible plastics）］、金属（metal）、玻璃（glass）及其他（other）等类型。

（1）纸品包装消耗。与欧盟国家相比，我国的纸品生产总量和包装用纸消耗量都是非常高的。物流过程中的纸品包装主要是箱纸板、瓦楞纸板等。纸及纸板包装需求量的急剧增长造成了对生产原料需求的增长。纸的生产原料主要是木材。大量的纸品包装必然要耗费大量森林资源，如果过度砍伐树木，会使生态环境恶化，造成系列环境问题，如植被破坏、水土流失、湿地减少、土地沙化等。

（2）塑料包装消耗。塑料是第二大包装材料，且在包装材料中所占的比例呈不断发展之势。中国是世界最主要的塑料生产和消费大国，据中国塑料包装网统计，塑料瓶、塑料桶、塑料箱、塑料托盘等塑料制品的总产量超过800万吨。塑料工业的快速发展，主要是建立在石化原料基础上。

（3）金属包装消耗。金属包装材料主要是钢和铝，主要形式有集装箱、钢桶、钢箱、钢托盘、铝罐、铝盒、铝瓶及易开瓶罐等。在食品包装方面，金属包装所占比例逐渐下降，但在物流包装方面，对金属包装容器的需求较稳定。金属包装的能耗较大，钢、铝包装材料的耗电量远远高于其他包装材料的能耗。与铝材相比，钢材的来源更丰富，能耗和成本更低，但铝材具有许多优异的性能，因此，铝材包装的发展较快。

（4）玻璃包装消耗。玻璃包装容器是将熔融的玻璃料经吹制、模具成型制成的一种透明容器。玻璃包装容器的形式主要是玻璃瓶、玻璃罐。玻璃包装容器主要用于包装液体、固体药物及液体饮料类商品。依据其制造原料的种类可分为钙钠玻璃、含铅玻璃、颜色玻璃等。玻璃包装容器具有光亮透明、化学稳定性好、不透气等特点，但加工时能耗大，容器自重量大，易破碎，运输费用高。近几年，随着越来越多的食品、饮料采用塑料包装，玻璃包装容器的市场份额逐渐下降。在包装材料中，玻璃包装容器的回收利用率远远领先于其他包装材料。欧盟国家对包装用瓶罐玻璃的回收率超过了50%，德国更是欧盟各国玻璃回收再利用的典范，大量的玻璃回收既节约了石油消耗，也大大减少了各种废玻璃量，减少了废玻璃垃圾处理费用。

（5）其他包装材料消耗。这一类材料包括木制容器和托盘、纤维包装袋及其他包装产品。从包装用途来看，全球工业包装和运输包装的市场价值在增加。

2. 包装产生的环境污染

大量的包装材料消耗必然产生大量的废弃物。包装对环境的影响主要表现为固体废弃物污染、液体和气体污染等，其中废弃物污染最为严重。

（1）固体废弃物污染。大量的包装、大量的消耗资源，必定产生大量的废弃物。从世界范围来看，包装产生的废弃物是固体垃圾的重要构成部分，大量的包装废弃物对自然生态环境造成了严重污染。随着城市人口的增多，城市垃圾仍在不断增多，用于垃圾填埋的土地越来越少。鉴于此，很多国家一方面通过法律，限制有毒材料或难分解材料的填埋处置；另一方面又通过经济手段，提高填埋处置的费用，迫使企业寻求更加环保的、减量的包装方式。

固体废物污染的另一个体现是，目前使用的不少包装材料是不可降解或难以综合利用的。这些包装废弃材料会对自然环境造成永久的、严重的污染，威胁着人类生存环境和健康。例如，作为包装材料的首选材料——塑料，一般难以自然降解，废弃填埋后，会给自然界留下长久的污染物，对生态环境造成严重的污染和破坏；而塑料的综合利用又较为复杂，废弃物材料中因含有不同种类的塑料，增加了分离的困难，使其回收和再生利用的价值降低，因而回收再利用率低。另一种使用较多的包装材料——复合包装材料，虽然可以克服使用单一材料带来的缺陷和功能不足的问题，但废弃物的综合利用更加困难。

（2）液体污染和气体污染。液体和气体排放也是包装产品的重要问题，有时也会产生严重影响。一个典型的例子就是运输液态化学品所使用的钢桶。长期以来，处置这些钢桶时一般都将相当多的化学品残留物丢弃，处置不当会对周围环境造成严重的污染。要避免这样的污染，可采取的办法是对盛装化学品的容器进行结构改进设计，保证在处置前，容器内的所有化学品被完全清空，避免造成再次污染。

另外，在包装生产过程中，也会产生液体污染或气体污染。例如，传统的印刷油墨中含有重金属，这就可能造成包装生产和处置过程中的重金属污染，重金属会渗入地下，对地下水或地表水体造成污染。在生产发泡性衬垫塑料的过程中，含氯氟烃（CF-CS）发泡剂的使用会破坏臭氧层，危害人类的生存环境。

（3）细菌和害虫的传播。在国际物流中，传统的天然包装材料有可能携带各种病菌害虫，可能危及森林和农作物，甚至影响人畜的安全。例如木材、棉花等天然包装材料和填充材料，可能将危害生物环境和经济作物的红铃虫、线虫等害虫带入进口国，对当地的森林和农作物产生不良影响。

（二）装卸搬运对环境的影响

从物流的装卸搬运功能上讲，它是在一定的范围内以改变物品的存放状态和位置为主要内容和目的的活动。在物流活动中，它出现的频率高于其他各种物流活动。因此，在装卸搬运中要占用很多的时间以及活劳动和物化劳动的消耗。这就决定了装卸搬运成为决定物流速度的关键因素，而且也是影响物流费用高低的重要因素。同时，由于装卸搬运物品的用途、特点上的不同，形状大小和性质上的差异，这就要求装卸搬运工作应按这些物品对装卸搬运不同的要求进行合理的装卸搬运，以保证物品原有的使用价值。然而，物流过程的不合理装卸搬运、"野蛮装卸"所造成的物品损坏，不仅造成资源的浪费和废弃，而且废弃的物品也会对生态环境造成不良影响。特别是那些有害、易燃、易爆的物品，如果装卸搬运不合理，所造成的危害更大，不仅财产损害、人身安全受到影响，而且会造成对环境的严重污染。

装卸搬运是指发生在物流节点以人力或机械将物品装入运输设备或从运输设备上卸下的活动，包括：货物堆码、上架、移动、取货、备货、货物装载、卸货等作业。在物流系统功能活动中，装卸搬运是伴随着包装、仓储、运输必须进行的活动，是物流活动中发生频率最高的活动。

装卸搬运作业不仅要消耗大量的能源动力，还会产生大量的环境污染物，这其中以港口物流装卸环节的能耗和环境污染最为突出。下面重点介绍港口装卸过程中的能耗和环境污染问题。

1. 港口装卸活动中的能耗

港口物流装卸搬运作业过程是一个巨大的能源消耗的过程，大部分能源动力消耗在执行港口货物装卸搬运作业的机械设备及其辅助作业系统上，这些机械设备包括卸船机、运输机、起重机以及港作车船等。港口机械在装卸作业过程中消耗的能源资源主要包括：油料类、天然气、电力、水、木材、橡胶、钢铁等。

港口机械设备在执行装卸搬运作业的过程中，其能耗可分为两个组成部分：一是完成货物位移所必不可少的能耗量；另一是由于操作不合理导致的能量损耗。这些能耗的大小直接受到港口装卸搬运的对象、作业流程、生产运行联动作业、货物装卸量等因素的影响。对于不同泊位的不同货物，由于其港口装卸搬运作业的对象、泊位条件以及货物作业量的不同，其装卸搬运作业过程的能耗大小也有所不同。

2. 港口装卸过程产生的环境污染

港口装卸过程中产生的环境污染主要包括：大气环境污染、水环境污染、生态环境污染、噪声环境污染等，这些污染主要来源于装卸作业对象和装卸作业过程。

（1）装卸作业对象导致的环境污染。主要是大气污染、水体污染等。例如煤炭、矿石、散粮、散化肥及散装水泥等散货的装卸过程中，很容易产生粉尘，造成大气污染；而石油、液化气等危险品的装卸作业，容易导致水质污染。港口装卸作业的对象往往是港口环境污染的重要源头。在散装液体危险品码头作业过程中，港口周围的水环境和大气环境很容易受到污染破坏，污染途径主要有如下 5 个方面：①船舶事故，如碰撞、火灾、爆炸等造成大量液体化学品外泄。②装卸作业时的跑、冒、滴、漏，如溢舱、泵、阀门泄漏，软管破裂等造成的化学品污染。③船舶洗舱水、岸罐清洗水、泄漏物冲洗水等的排放。④船舱、岸罐释放的有毒蒸汽污染。⑤岸罐灌桶、灌槽车，储罐与储罐间化学品的转换，陆上槽车液货卸入储罐等液体化学品挥发排放。

（2）港口装卸作业过程导致的环境污染。港口装卸作业对环境造成的影响主要是大气污染、水体污染、噪声污染等。在港口装卸作业过程中，到港船舶舱底含油污水和生活污水、船舶尾气和港作车辆尾气、装卸机械噪声及车辆船舶运输噪声、固体废物等，从而对港口水质、生态环境以及大气环境、声环境等产生不利影响。

（三）运输对生态环境的影响

从物流系统来讲，运输是借助于运力，实现物品空间位置的物理性移动，体现了物流的基本概念和基本内容。从物流学上讲，物流的运输功能是创造物品的空间效用，消除物质产品的生产与消费之间在空间位置上的背离，实现物质产品的使用价值。从经济社会的角度来考虑，运输就形成了为实现物流运输功能的运输产业，是经济社会的交通大动脉系统。可见，运输不仅是物流功能发挥的重要环节，而且也是经济社会发展的基础条件。但是，由于运输是借助于运力实现运输功能的，经济社会的动脉系统也是由运力所决定的。而运力是道路通过能力和运输工具装载能力的综合。在物流过程中，物品的流动就是通过发挥运输工具的装载能力，在道路通过能力允许的条件下实现的。但是运输特别是汽车运输对环境的影响最为严重。在运输过程中，影响生态环境的因素主要表现在以下几个方面：

1. 噪声污染

在运输方式中，公路运输的噪声污染最为明显，是物流中噪声污染的主要污染源。由于公路运输网络发达，其所产生的噪声几乎影响到社会的各个角落。铁路及水运线作为一种移动点状污染源，也严重地影响了沿线的群众生活。而航空运输的飞机起降的噪声，只对机场附近居民产生噪声污染。噪声污染的危害主要是对人的生理造成影响。例如，噪音强度在 40 分贝时就妨碍人的睡眠；50 分贝妨碍人的正常听力；70 分贝就妨碍打电话；80 分贝以上长期作用对人造成神经刺激、激素失调，也会影响血压升高而造成头痛等；人在 90 分贝以上的环境中处 1 天，就会发生听力衰减；人在 100 分贝以上的环境中处 1 小时即会发生听力衰减等。

2. 大气污染

汽车运输以其机动灵活的特点而受到用户的欢迎，因此，汽车公路运输在物流运输中占有重要位置，再加上客运，使汽车的拥有量急剧增加，车流量猛增。这种情况，不仅造成了交通拥挤，影响了人们的生活质量，更为严重的是汽车尾气和扬尘对大气造成污染。汽车尾气排放的主要污染物是铅。同时，汽车尾气中还含有一氧化碳、氮的氧化物、碳氢化合物、臭氧等气体，对大气的污染也很严重。扬尘对大气的污染，一是表现为物体的表面蒙尘，严重地影响了物品的使用价值，特别是金属制品表面上的扬尘遇上雨水的侵蚀，金属制品就很容易锈蚀；二是对人的生活环境卫生状况造成影响；三是如果人吸入粉尘，会严重地影响健康。

3. 废弃物污染

物流运载工具所引起的废弃物的处理问题，如废旧轮胎、废弃机油和柴油等，如果不采取措施及时处理，不仅是环境污染的潜在隐患，而且还有可能渗入土壤和水体中，造成土壤和地下水源的污染。

4. 储存保管对生态环境的影响

储存保管是物流系统的一项重要功能，它与运输形成了物流的两大支柱。储存保管的含义包括两层意思：一是物品需要储备，具有以备再用的性质，是社会再生产过程中的客观要求；二是储备的物品需要保管，以保护物品的价值和使用价值不致受到外部环境的侵害。储存客观上需要，保管则是对储存物品实施的技术措施和采取的方法，使之不受到损坏。正是由于对储存的物品实施的保管技术和方法，才产生了对环境的污染。储存保管对生态环境的不良影响表现在两个方面：一是在对储存物品实施的保养技术中，所采取的一些化学保护方法对周边生态环境造成污染，如杀虫、除菌剂的使用，冷藏设备制冷剂的使用等；二是在储存一些特殊物品如易燃、易爆、化学危险品时，如果保管不当，出现爆炸或泄露等现象，也会对周边环境造成污染或破坏。

5. 配送对生态环境的影响

配送作为一种特殊的综合的物流方式，是物流的缩影，是现代物流的体现。一般认为，在特定的范围内，配送是集包装、装卸搬运、保管、运输于一身，通过一系列物流活动和物流作业，把物品送到目的地。因此，在配送物品到达目的地的过程中，诸如包装、装卸搬运、运输和储存保管等物流活动和物流作业，同样也会对环境产生污染，也会因组织管理不善造成交通拥挤、道路堵塞等现象，影响人们生活质量的提高。

6. 流通加工对生态环境的影响

流通加工是在流通领域里所进行的为保存而进行的加工，如包装作业或为同一机能形态转换而进行的加工。流通加工虽然具有提高商品的附加价值、促进商品差别化、节约原材料和合理地组织物流等优点，但同时在物流加工过程中不可避免地要消耗资源，加工过程也可能会产生"三废"，处理不好也会给生态环境造成不良影响。

7. 情报信息活动对生态环境的影响

物流的情报信息是伴随着物流活动而产生的，经过采取处理、传播形成物流信息，它引导和调节物流的数量、方向、速度，使物品按预定的目标和方向流动。从这个意义上讲，物流的情报信息活动对生态环境几乎不会产生不良的影响。但是，错误的情报信息却会给环境带来不利的影响。例如对于易霉变物品，如果对气象环境的要求信息出现错误，就有可能使这些易霉变物品因储存保管输送、包装不善而发生霉变，或由于错误的气象信息，未能采取防霉变措施，致使易霉变物品在储存保管或者运输过程中发生霉变。这些易霉变物品的霉变，不仅会造成经济损失，更重要的是对生态环境造成不良影响。

三、现代绿色物流发展中存在的问题

从我们对现代物流的发展对生态环境的影响分析来看，对绿色物流的研究和应用是非常重要的，它不仅是可持续发展、生态环境保护的需要，而且也是现代物流自身发展的要求。但是，由于绿色物流的研究和应用刚刚兴起，人们对它的重要性认识需要进一步提高，特别是我国经济社会正处在快速发展之中，人们所重视的是经济社会的发展问题，绿色发展的理念需要进一步提升。现代绿色物流发展中所存在的问题，如果得不到很好的解决，其本身就构成了影响生态环境保护的因素。

（一）现代绿色物流思想观念淡薄

现代绿色物流思想和观念的树立，是实现绿色物流的先决条件。如果没有现代绿色物流思想、观念，就很难在物流活动中实施绿色物流活动。绿色物流思想观念上的这些差距，一方面，表现在政策制定者的旧观念仍未转变，绿色物流思想还没有确立，仍然只顾眼前利益，缺乏高瞻远瞩的持续发展战略观。另一方面，物流经营者和物流消费者对绿色经营消费理念非常淡薄，没有绿色物流思想。无论政策制定者，还是商品的经营者、消费者，当前所关注的只是绿色产品、绿色标志、绿色营销、绿色服务、绿色消费、绿色享用和绿色保障，而忽视了生产和经营者与消费者之间的绿色通道，即物流过程。因此，在发展现代物流的同时，尽快提高认识、更新思想观念，把绿色物流同可持续发展、生态环境保护和物流自身的发展联系起来，确立绿色物流的未来发展方向。

（二）物流的现状与绿色物流的要求之间的矛盾

从绿色产品的供方和需方分析，绿色物流是绿色生产和绿色消费之间的桥梁或中介。如同生产和消费绿色化的要求样，绿色物流仍然是解决高效节能、安全环保的问题。如何以最少的投入取得最大的绩效？如何多快好省、安全环保地进行产销之间的有效衔接？所有这些都是绿色物流需要研究和解决的问题。但是，就目前我国的经济发展现状来看，生产力水平还不很高，生产技术还不够先进，物流和其他部门一样仍存在着高投入、低产出、高消耗的现象，这就是物流的现状与绿色物流的要求之间存在的差距。这种差距或矛盾就是强调绿色物流的原因所在。

（三）现代物流与现代绿色物流之间的差距

绿色物流是物流发展的趋势，缩短绿色物流与物流之间的差距，从根本上讲，就是在物流过程中，要实施绿色物流活动和物流作业，再造绿色物流过程，使整个物流过程绿色化。然而，目前物流的现状是：在实施物流活动、物流作业过程中，包装物的环境保护、装卸搬运和运输的安全性、储存保管的保质保鲜、情报信息的准确性等与绿色化的要求在不同程度上都有一定的差距，如果处理不好，就有可能给生态环境造成二次污染。

（四）物流技术不适应现代绿色物流技术的要求

绿色物流的实施，不仅依赖于绿色物流思想的建立、绿色物流活动和绿色物流作业的支撑，更需要绿色物流技术的掌握和应用。但是，就我国目前的情况，物流技术与物流绿色化的要求有较大的差距。例如，就物流组织上来看，物流规模仍然较小，第三方物流也才起步；在机械化的程度和先进性上与绿色物流的要求还有差距；在自动化方面，物流的环境还不适应绿色物流的要求；在电子信息化和网络化方面，与绿色物流的科学化和现代化相距甚远；等等。总之，如果没有先进的和现代化的物流技术，就不可能有现代化的物流，现代绿色物流也就更无从谈起。

（五）政府对绿色物流的发展缺少政策引导

绿色物流的发展离不开强有力的政策保障，目前我国针对治理物流业环境污染的政策和法规还需进一步提升和优化。制定和颁布这些环保政策或法规，既可以成为企业的压力，又可以为企业提供发展的机会，方便物流企业经营者进行分析研究，以便明确方向，克服障碍，推动绿色物流的顺利发展。借鉴发达国家的经验，政府应重视制定政策法规，在宏观上对绿色物流进行管理和控制。通过制定适合绿色物流产业发展机制的政策，对环保程度高的绿色物流企业进行鼓励和一定程度的扶持，鼓励传统物流企业进行改造和升级，严格控制物流活动的污染发生源，采取有效措施，从源头上控制物流企业发展所造成的环境污染。

第三节 现代绿色物流系统开发和应用

现代绿色物流系统的开发和应用是按照系统的原理，把构成现代绿色物流系统的要素及其各要素之间的相互依存关系有机地联系起来，实现绿色物流某特定功能而进行的绿色物流系统的建立、开发和应用的过程体系。它是现代绿色物流的一项重要内容，也是实施绿色物流活动的具体体现。

一、现代绿色物流系统的基本理论

从理论上讲，现代绿色物流系统是按照系统的基本原理，运用系统的一般模式，首先，对构成绿色物流系统的要素和各要素之间的关系进行分析研究，以确定系统的边界范围和结构，从而为系统分析奠定基础；其次，根据系统分析的一般原则，按照系统分析的步骤，确定系统目标，进行系统规划、系统设计、系统实施，以及对系统实施后进行评价等。

（一）绿色物流系统的含义

从现代物流和现代绿色物流之间的相互关系来看，它们都是从事着把物品从供应地向接受地的实体流动过程中的物流活动和物流作业，应该说在目的上没有很大的差别，但是在思想观念上和对具体的物流活动和物流作业的要求上却有较大的差异。后者强调"绿色"，强调了在物流过程中不应该以破坏生态环境为代价来实现物流目的，强调了可持续性发展，强调了物流过程应充分考虑人们的生活和工作条件，以利于人们生活水平和生活质量的提高。同样，物流系统与绿色物流系统也有类似的情况。物流系统是由构成物各要素及其各要素之间相互依存的关系联系起来，具有某一合理的特定功能的整体；而现代绿色物流系统则是由构成绿色物流的各要素及其各要素之间相互依存的关系联系起来，具有绿色物流某一合理的特定功能的有机整体。在这里需要说明以下几个问题：

（1）绿色物流系统的各要素本身应是"绿色"的。例如，流动物品的实体应符合绿色产品要求，实现绿色物流功能的物流技术、物流活动、物流作业也应符合绿色要求。

（2）绿色物流各要素之间的相互依存关系，是由各要素的一些功能所决定的，例如，包装功能就是为了消费、便利装卸搬运、运输和仓储等，而且各要素之间的相互关系是通过物流信息来实现的。因此，绿色物流各要素之间的相互依存关系，是绿色物流系统具有某种特定功能的有机整体的原因所在，即所谓的整合效应。

（3）绿色物流系统功能的实现，是通过一系列的绿色物流活动和绿色物流作业实现的。物流活动是物流各功能的实施与管理过程；物流作业是实现物流功能时所进行的具体操作活动。而绿色物流活动和绿色物流作业，就是在实施和管理物流功能过程中，以及在实现物流功能时所进行的具体操作活动中，都是"绿色"的，符合绿色要求。

根据以上的说明，按照系统的一般定义，绿色物流系统可定义为：绿色物流系统是指在可持续发展的基础上，在一定的时间、空间里，由所需要运转流动的绿色物品、包装设备、装卸搬运机械、运输工具、道路设施、存储设施、流通加工和废弃物回收与处理所构成的具有绿色包装、装卸搬运、运送、储存保管、流通加工、废弃物回收与处理、绿色情报信息等功能，在政府、社会、企业、消费者全面参与的前提下，从全社会的角度建立起来的高效、低耗、环保型的社会化物流体系。

（二）绿色物流系统构成分析

绿色物流系统的构成分析包括系统范围、要素和要素之间的相互关系，以及系统本身与外界环境关系的分析。

从所涉及的范围来讲，绿色物流系统是非常广泛的，存在于社会再生产的全过程，所以绿色物流系统边界范围是难以界定的。但是当我们研究绿色物流系统某一特定的时间、空间内或系统某一具体功能区域的问题时，绿色物流系统就会具有明显的界域，例如绿色包装、绿色装卸搬运等。

我们从整体绿色物流系统来讲，构成绿色物流系统的要素不外乎包括人、财、物、信息等要素；如果从功能区域划分来看，那么，构成绿色物流系统的要素就是绿色物流的各功能，如绿色物品、绿色包装、绿色运输、绿色储存保管等。还有按从事绿色物流活动性质来划分的绿色供应物流、绿色生产物流等，也可以看成它们都是绿色物流系统的各子系统等。

绿色物流系统各要素之间的关系是根据要研究的绿色物流系统来确定的。例如，当我们确定要研究的绿色物流系统是绿色包装系统时，那么，首先在确定影响绿色包装系统功能发挥的各种因素的基础上，才能分析这些因素之间的相互关系。影响绿色包装系统功能发挥的因素主要有：人的因素主要有从事包装设计的人、制造包装容器的工人、从事包装作业的工人以及管理人员等；物的因素主要有被包装物品、包装材料、包装容器、包装设备、工具等；其他资源有资金、情报信息等。这些因素之间的关系，我们可以这样概括：包装信息是前提，各种物质是基础，人的因素是最关键的，资金和其他资源如电气、水等为条件。

（三）现代绿色物流系统分析

绿色物流系统分析，就是根据已确定的绿色物流系统，即需要解决的绿色物流问题，在对其构成分析的基础上，建立绿色物流系统的过程。从方法论上讲，这是一个科学决策过程，是一个有目标、有步骤地探索、分析问题的过程，以寻求解决问题的途径和方法。这就要求按系统分析的一般原则，根据系统分析的一般步骤和内容，建立和开发绿色物流系统。基于上述的理解，绿色物流系统分析就是按照绿色的理念，从系统的最优出发，在选定确立系统目标和准则的基础上，分析构成系统的各子系统（因素）的功能和相互关系，以及系统同环境之间的联系和作用，运用科学的分析工具和方法，对绿色物流系统的目的、功能、环境、费用和效益等进行充分的调研、收集、比较、分析和数据处理，并建立若干替代方案和对必要的模型进行系统仿真试验，把试验、分析、计算的各种结果同预先制订的计划进行比较和评价，寻求对系统整体效益最佳和有限资源最佳配置的方案的整个过程体系。

二、现代绿色物流系统的建立

由上所述可知，绿色物流系统分析过程的本身就是建立其系统的过程。绿色物流系统的建立所涉及的问题非常广泛，不同的绿色物流系统，虽然由于目的的不同，解决问题或建立系统的具体内容和结构也有所不同，但是在系统分析要素和方法步骤上却没有实质上的差别。同时，现代物流与现代绿色物流的一致性，决定了现代绿色物流系统与现代物流系统的一致性，只是前者强调了绿色思想和具体的绿色要求。所以，绿色物流系统的建立、目标的确定、层次结构和功能分析都非常类似。根据第二章第二节"物流系统分析"的有关内容，对绿色物流系统的建立主要解决以下几个问题。

（一）绿色物流系统的层次构成分析

绿色物流系统层次构成分析，就是要按绿色物流的范围大小来划分，如微观绿色物流系统、中观绿色物流系统和宏观绿色物流系统。例如，企业的绿色物流系统为微观绿色物流系统；区域或城市的绿色物流系统可视为中观绿色物流系统；整个社会再生产全过程的绿色物流系统，就是宏观绿色物流系统。

在现代科学技术不断进步的情况下，整个商品流通已形成以信息流为主导、以商品价格流为条件、以商品实物流为基础的流通集成，这就构成了整个社会物流的结构。社会绿色物流系统的构成类似于社会物流系统的构成，如图12-1所示。

（二）绿色物流系统的业务活动构成分析

绿色物流系统的业务活动类似于物流活动的业务，绿色物流系统可分为绿色供应、绿色生产、绿色销售、绿色回收、绿色废弃等子系统，如图12-2所示。

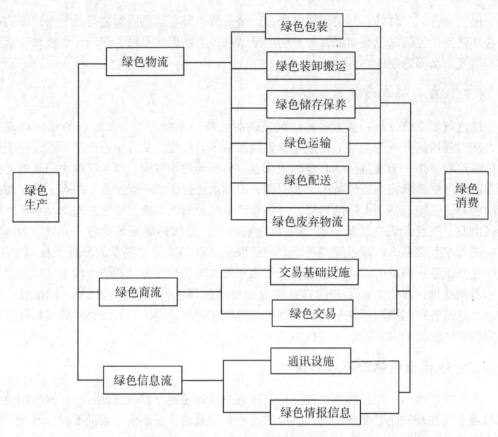

图 12-1 社会绿色物流结构示意

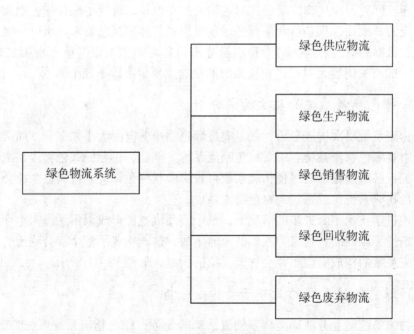

图 12-2 绿色物流系统示意

(三) 绿色物流系统功能构成分析

绿色物流系统功能构成分析，主要是通过分析绿色物流的各项活动，按绿色的要求，应该具备的功效、功能等，包括功能的定义、功能区域的确定，以及实现其功能所采取的方法和措施等，所构成的绿色功能系统。要构成一个整体的绿色物流系统的功能系统是非常困难的，这里我们仅以绿色包装系统的功能系统进行分析，来建立一个绿色包装的功能系统。

按照系统的基本理论，系统目标的实现是通过系统功能的发挥来完成的，影响系统的各要素，都是有相应的功能，并且依据各功能之间内在的相互依存的有机联系，形成了一个功能体系。这个功能系统的最重要作用，就是为该系统的设计开发提供依据和条件，也是发挥人在系统设计、开发和应用中的聪明才智的基础和创新。绿色包装功能系统的建立包括绿色物流系统各功能的定义、功能区域的确定和实现这些功能采取的措施和方法等。

绿色包装本身就是对绿色包装系统的一种定义，绿色包装功能的实现是由绿色包装系统内部各因素的功能来完成的。在系统各功能的联系中，有两种不同的关系：一是上下关系，即上下功能之间的关系，是目的和手段的关系，也就是说上位功能是下位功能的目的，下位功能是上位功能实现的手段；二是功能之间的关系是一种并列关系，即一个上位功能之下往往有若干个既相互独立又相互联系，从不同的方面共同为实现上位功能所应具有的各种功能。两种关系综合起来就构成了一个功能区域，从而形成了一个功能子系统。根据上述功能之间的这种关系，就可以形成一个树形图。这个树形图就是一个系统的功能系统图。例如，绿色包装功能系统，如图12-3所示。

三、现代绿色物流系统的实施

如果把绿色物流系统分析看作是该系统的确定和研创阶段，那么，现代绿色物流系统的开发和应用就是对已建立的系统的实施过程。

(一) 绿色物流系统的开发

从一般意义上讲，系统的开发包括整个系统的研制和运行过程。例如，系统规划、系统设计和系统实施。这里的系统开发，是指在系统设计的基础上对系统的具体实施过程，包括对系统的详细设计、制造和运行。所以，就绿色物流系统的开发来讲，就是对已确定的绿色物流系统，在进行系统设计的基础上，根据已确定的目标（功能）进行绿色物流系统的详细设计、制造和运行。

(二) 现代绿色物流的应用

绿色物流系统的开发目的在于应用。要真正建立一个整体的绿色物流系统是有很大难度的，也就是全方位地实现绿色物流系统只是一种理想。但是，我们完全有可能根据物流的某一特定要求，运用系统的思想结合绿色要求，开发和应用绿色物流系统，例如绿色物流通道、活体物流系统，以及其他几种常见的绿色物流系统。

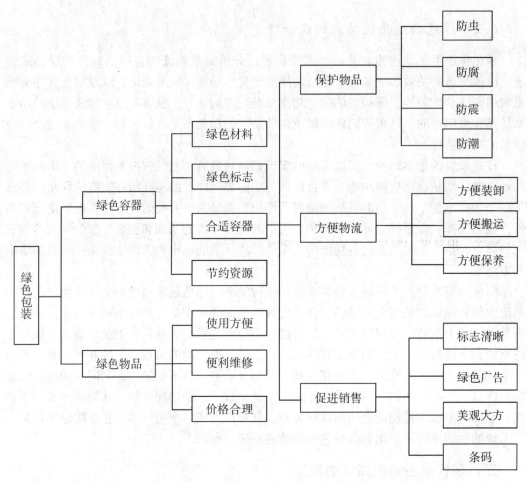

图12-3 绿色包装功能系统示意

1. 绿色物流通道

绿色物流通道主要是指畅通的物流通道，即在一条线路上专门建立通道物流系统，是一条专门的或相对固定的用于绿色物品通行的物流通道。通道之所以可以成为绿色，原因有三条：一是通道的构筑方式；二是通道的运营方式；三是物流对象或其他物流要素上，部分或全方位地和绿色相关。在构筑绿色通道的方式上可以采用以下几种方法：

（1）对建立的绿色通道，从政策上对指定的某些物流活动给予特殊和方便的照顾，从而使物流活动能够在这一条通道上便利地、快速地运行。例如，不停车检查、给予特殊通行证、免交高速公路通行费、在指定的时间形成快速通道等。

（2）采取一定的技术措施，使货物在一条通道上便利地、快速地通过。例如，采用不停车收费的方式进行收费，这就需要采用现代科学技术，运用电子技术，通过交费系统自动扣费或在一定的时间之后统一收费等。

（3）采用一定的管理措施，使货物在一条通道上便利地、快速地通过。例如，通过联运协议或合作协议的方式和一些技术措施，为某些特定的物流建立不同线路现成的通道等。

我国相对固定的绿色通道正处于探索性的建设之中。例如，山东寿光和北京之间蔬菜绿色通道，海南岛到北方的蔬菜、水果、水产品绿色通道，内地到香港的肉、蛋、鲜活产品及蔬菜瓜果的"三趟特快"，等等。

2. 活体物流系统

活体物流系统指的是以除人之外的活的生物为物流对象的物流系统。这种物流系统之所以称为绿色物流系统，其原因在于物流对象是健康的活体，物流过程必须创造必要的小生态环境，是一种特殊的生态物流系统。例如，美国联邦快递公司利用自己的快递物流网络，采取相应的生态技术措施，构建了活体物流平台，成功地在世界范围内运输活体珍稀动物，另外还有北京通州至德国的观赏鱼活体物流系统等。

其他绿色物流系统如零库存系统、冷链系统、水泥散装系统、绿色食品及粮食物流系统等，都是与绿色物流相关的物流系统，都是针对某些特殊的物流对象而建立的绿色物流系统。但是就一般意义上讲，绿色物流系统的建立，首先，在物流对象上应该符合绿色要求，即所谓的绿色产品；其次，在物流过程中，包括包装、装卸搬运、储存保管、运输、流通加工、配送、废弃物的回收与处理等物流活动和相应的物流作业，也应符合绿色要求，即对生态环境少污染或无污染；最后，在物流过程中，还要节约使用物流资源，合理组织和有效地管理物流过程，这样才有可能促使现代物流沿着稳定、健康、持续、快速的道路向前发展。

关键词

绿色物流　绿色物流系统　绿色物流通道　生态系统　生态环境

思考题

（1）为什么要重视绿色物流研究？
（2）试分析物流和环境之间的关系。
（3）运输对生态环境有哪些影响？
（4）如何建立现代绿色物流系统？
（5）港口装卸对环境有哪些影响？
（6）包装会产生哪些环境污染？

案例分析

德邦快递积极推动绿色快递进村

在2021年，德邦快递明确提出："要健全城乡流通体系，加快电商和快递进农村，扩大县乡消费和推动快递包装绿色转型。"

1. 推动乡村快递网络建设，践行企业责任

一直以来，城市的过度发展竞争，而乡村欠发展甚至未开发的这种不均衡的发展一直是快递行业发展的很大问题。乡村快递服务成本偏高、覆盖率较低、服务质量不到位

等问题需要得到解决。

为满足人民群众日益增长的美好生活用邮需要，为构建新发展格局做出积极贡献，作为国内大件快递领军人物德邦快递积极响应国家号召，将畅通乡村快递网络建设作为重要任务，加速乡镇快递网络的覆盖率。

自2015年来，德邦快递一直在乡镇地区建设发展业务，大力架设直营网络，开拓更多农村网点，通过"邮快合作""快商合作"等综合模式，解决快递的"能到"问题。德邦快递如今在全国有11000家网点，省区市覆盖率达99%，乡镇覆盖率达95.2%，位于行业前列。

为加强乡村快递服务，德邦快递在末端配送服务方面也在不断加强。为了让深处村镇的广大商户和消费者都能享受到送货上门服务，德邦快递对末端的派送区域投入近千亿元专项补贴，加大系统建设，为末端派送执行提供系统支持，并实现开单系统，管网等同步更新等服务。德邦快递为乡村快递的发展、快递服务从"能到"到"能派"，做出积极的贡献，也为更多商户和消费者提供了更加快捷方便的服务。

2. 探索快递绿色转型，追寻人与自热和谐共处

如今，我们的环境问题日益严峻，而快递行业的快速发展也给环境带来了极大的污染，面对更加重视环境污染和资源浪费的如今，德邦快递也将绿色环保纳为己任，响应国家号召，坚持可持续发展。德邦快递推出大量环保产品，包括循环袋、循环包装箱、智能循环箱、无胶带纸箱等，同时设置了2352家标准包装废弃物回收装置的网点，加大了可循环产品使用和重复利用率。

此外，德邦快递还与北京市邮政管理局合作部署了绿色物流计划，通过定制化新能源汽车，加强绿色运输。德邦快递将不断完善绿色物流体系，对行业可持续发展理念贡献一份力量。

德邦快递相关负责人表示："未来，德邦快递不仅要在大件快递市场持续发力，优化自身运营体系，同时，积极响应国家号召，承担应有的社会责任，为国家和人民做出更大的贡献。"

资料来源：https://www.360kuai.com/pc/936b69218cc010041。

案例讨论题

（1）简述快递进村与绿色物流的关系。
（2）德邦快递是如何推动绿色快递进村的？

第十三章 物流成本管理

【本章要点】 物流成本是指物流活动中所消耗的物化劳动和活劳动的货币表现。具体来说，就是在实物运动过程中，即产品在包装、运输、储存、装卸搬运、流通加工、物流信息、物流管理等过程中，所耗费的人力、物力和财力的总和，以及与存货有关的资金占用成本、物品损耗成本、保险和税收成本。物流劳动作为生产劳动在流通领域的继续，是创造价值的，但这并不是说物流成本越高，物流劳动所创造的价值就越高，因为物流劳动并不能创造新的使用价值，物流成本是社会财富的一种扣除。特别是在物流不断快速增长的今天，人们往往忽视物流的成本管理，很大一部分物流成本得不到管理，使得物流方面的浪费现象严重，直接影响了经济效益。因此，加强物流成本管理，不断降低物流成本，以提高经济效益，就成为我国现代物流管理中一个亟待解决的问题。

本章主要内容：首先，介绍了物流成本的构成与分类；其次，在对影响物流成本分析的基础上，就如何做好物流成本管理进行了分析。

第一节 物流成本的构成与分类

一、物流成本的概念、构成与分类

物流成本的概念按其范围来分，有广义和狭义之别。

狭义的物流成本，是指在物流过程中，企业为了提供有关的物流服务，要占用和耗费一定的活劳动和物化劳动中必要劳动价值的货币表现，是物流服务价值的重要组成部分。本书主要对狭义的物流成本展开论述，从人们进行成本管理和控制的不同角度把物流成本分成社会物流成本、货主企业（包括制造企业和商品流通企业）物流成本以及物流企业物流成本三个方面，如图13-1所示。

广义的物流成本，是指包括生产、流通、消费全过程的物品实体与价值变换而发生的全部费用。它具体包括了从制造企业内部原材料协作件的采购、供应开始，经过生产制造过程中的半成品存放、搬运、装卸、成品包装及运送到流通领域，进入仓库验收、分类、储存、保管、配送、运输，最后到消费者手中的全过程所发生的所有费用。

物流成本从其所处的领域看，可分为流通企业物流成本和制造企业物流成本。进行物流成本管理，必须明确物流成本计算的范围和对象。

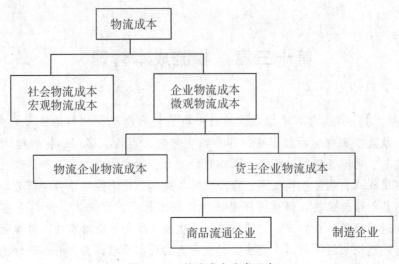

图 13-1 物流成本分类示意

（一）成本项目类别物流成本

成本项目类别物流成本指以物流成本项目作为物流成本计算对象，具体包括物流功能成本和存货相关成本。其中，物流功能成本指在包装、运输、仓储、装卸搬运、流通加工、物流信息和物流管理过程中所发生的物流成本。存货相关成本指企业在物流活动过程中所发生的与存货有关的资金占用成本、物品损耗成本、保险和税收成本。

（二）范围类别物流成本

范围类别物流成本指以物流活动的范围作为物流成本计算对象，具体包括供应物流、企业内物流、销售物流、回收物流和废弃物流等不同阶段所发生的各项成本支出。

（三）形态类别物流成本

形态类别物流成本指以物流成本的支付形态作为物流成本计算对象，具体包括委托物流成本和企业内部物流成本。其中，企业内部物流成本的支付形态具体包括材料费、人工费、维护费、一般经费和特别经费。

二、流通企业物流成本的构成与分类

（一）流通企业物流成本的构成

在我国，物质资料的经营主要是由流通企业来承担的。流通企业物流成本是指在组织物品的购进、运输、保管、销售等一系列活动中所耗费的人力、物力和财力的货币表现。其基本构成如下：

（1）人工成本，如企业员工工资、奖金、津贴、福利费等。

（2）营业费用，如运杂费、能源消耗费用、设施设备折旧费、保险费、办公费、差旅费以及经营过程中的合理消耗，如商品损耗等。

（3）财务成本，如支付的贷款利息、手续费、资金的占用费等。

（4）管理费用，如行政办公费、差旅费、税金等。

（5）物流信息费，如硬件、软件费用、维护费等。

（6）为实现绿色物流所支付的一切成本等。

（二）流通企业物流成本的分类

1. 按照费用的经济性质划分

按费用可以分为生产性流通费用和纯粹性流通费用。

（1）生产性流通成本，又称追加成本，是生产性费用在流通领域的继续，是为了使物品最终完成生产过程，便于消费而发生的费用。生产性流通费用要追加到产品的价值中去，是必要劳动的追加成本。

（2）纯粹性流通成本，也称销售成本，是流通企业在经营管理过程中，因组织产品交换而发生的成本。纯粹性流通费用同商品的交换行为有关，虽然不创造新的价值，但也是一种必要劳动，是物品价值实现过程所必不可少的。

2. 按费用与商品流转额的不同划分

按费用可分为可变成本和相对不变成本。

（1）可变成本（或称直接成本）。这是指物流成本中随商品流转额变动而变动的那一部分费用。这种费用开支的多少与商品流转额变化直接相关，即流转额增加，费用支出也随之增加，反之则减少，如搬运费、仓储管理费等。

（2）相对不变成本（或称间接成本）。这是指物流成本中不随商品流转额的变动而变动的那一部分费用。这种费用与商品的流转额没有直接关系，在一般情况下，商品流转额变动，它不一定发生变动，或即使发生变动，也不与商品的流转额成比例变动。它受商品流转额增减变动的影响较小，开支的绝对金额是相对固定的，如职工工资、福利费、折旧费等。

3. 按费用发生的流转环节划分

按费用可分为进货成本、商品储存成本和销售成本。

（1）进货成本。这是指商品由供货单位到流通企业仓库所发生的运输费、装卸费以及损耗费、包装费、入库验收费和中转单位收取的成本等。

（2）商品储存成本。这是指物流企业在商品保管过程中所开支的转库搬运、检验、挑选整理、维护保养、管理包装等方面的成本及商品的损耗费。

（3）销售成本。这是指流通企业从商品出库到销售过程中所发生的包装费、手续费、管理费等。

三、制造企业物流成本的构成与分类

（一）制造企业物流成本的构成

制造企业的主要目的是生产满足社会某种需要的产品。为了进行生产活动，制造企业必须进行有关生产要素的购进和产品的销售；另外，为保证产品质量，为消费者服务，制造企业还要进行产品的返修和废物的回收等。因此，制造企业的物流成本是指企业在进行供应、生产、销售、回收等过程中所发生的运输、包装、保管、输送、回收方面的费用。与商品流通企业相比，制造企业的物流成本大多体现在所生产的产品成本之中，具有与产品成本的不可分割性。

制造企业的物流成本一般包括以下内容：

（1）人工成本。这是指企业从事物流工作的员工工资、奖金、津贴、福利费用。

（2）采购费用，如运输费、保险费、合理损耗、采购人员的差旅费等。

（3）仓库保管费，如仓库的维护保养费、搬运费。

（4）营业费用。这是指在物流活动中的能源、材料消耗费、办公费、差旅费、保险费、劳动保护费等。

（5）物流设施、设备维护和折旧费，仓库的折旧费。

（6）产品销售费用。这是指在产品销售过程中所发生的物流费用，如销售活动中的运输费、保险费、搬运费、装卸费、仓储费、配送费等。

（7）物流信息费，如物流硬件费用、软件费用、维护费用等。

（8）财务费用，如物流活动中的贷款利息、手续费。

（二）制造企业物流成本的分类

1. 按物流成本支出的形式不同划分

（1）本企业支付的物流费，是指企业在供应、销售、退货等阶段，因运输、包装、搬运、整理等发生的由本企业自己支付的物流成本。它又可进一步分为自己支付和委托支付两种物流成本。自己支付的物流成本包括材料费、人工费、燃料动力费、管理费、折旧费、利息支出费、维护保养费等；委托支付的物流成本包括运输费、手续费、保管费和包装费等。

（2）其他企业支付的物流成本，是指由于企业采购材料、销售产品等业务而发生的由有关供应者和购买者支付的各种包装、发运、运输、验收等物流成本。

2. 按物流活动构成划分

按物流活动构成费用可分为物流环节费、信息流通费和物流管理费。

（1）物流环节费，是指产品实体在空间位置转移所流经环节而发生的费用，包括包装费、运输费、保管费、装卸费及流通加工费等。

（2）信息流通费，是指为实现产品价值变换，处理各种物流信息而发生的费用，包括与库存管理、订货处理、为顾客服务等有关的费用。

（3）物流管理费，是指为了组织、计划、控制、调配物资活动而发生的各种管理费，包括现场物流管理费和机构物流管理费。

3. 按物流过程划分

按物流过程费用可分为供应物流成本、生产物流成本、销售物流成本、退货物流成本、废品物流成本。

（1）供应物流成本。这是指企业为生产产品而购买各种原材料、燃料、外购件等所发生的运输、装卸、搬运等费用。

（2）生产物流成本。这是指企业在生产产品时，由于材料、半成品、成品的位置转移而发生的搬运、配送、发料、收料等方面的费用。

（3）销售物流成本。这是指企业为实现商品价值，在产品销售过程中所发生的储存运输、包装及服务费用。

（4）退货物流成本。这是指产品销售后因退货、换货而引起的物流成本。

（5）废品物流成本，是指因废品、不合格产品的物流而形成的物流成本。

上述几种分类方法比较常见。另外也可按组织、部门进行分类，或按交通、销售地域、顾客等进行分类。总之，企业采取什么样的分类方式，应围绕如何加强物流成本管理、如何降低物流成本来进行。

四、物流企业物流成本的构成与分类

物流企业的物流成本是指物流企业在履行客户物流业务合同或订单的过程中所发生的应归属于某一业务合同或订单的耗费。更确切地说，物流企业的物流成本应为物流业务成本的概念，即物流企业在经营物流业务的过程中所发生的耗费。

物流企业是为货主企业提供专业物流服务的，它包括一体化的第三方物流企业，也包括提供功能性物流服务的企业，如运输公司、仓储公司、货代公司等。物流服务企业通过提供专业化的物流服务，降低货主企业物流运营成本，并从中获得利润。可以说物流企业的整个运营成本和费用实际上就是货主企业物流成本的转移。物流企业的全部运营成本都可以看作广义上的物流成本。

第二节　物流成本管理

一、物流成本的分布

对物流过程进行有效的管理和控制，以降低物流成本，首先必须了解物流成本的分布。社会再生产过程是生产、交换、分配、消费四个环节的有效统一体。在每一个环节上都会发生物品实体的空间位移，因此从宏观上说，物流过程存在于社会再生产的各个阶段和环节。相应地，物流成本也就涉及社会再生产的各个过程及环节上。

物流成本与生产成本相比，具有混合性、整体性、不明确性、难以计算和控制等特点。所以对任何一个企业来说，要想确切了解和掌握物流成本，对其进行核算和管理是十分困难的。就制造企业来说，人们往往重视产品成本，着重于对生产过程中的成本费用加以控制；而对由于材料、半成品、燃料等生产要素实现空间位移所发生的流通费用，视为既定费用，仅通过有关账户进行汇集，计入产品成本或当期损益，而不在生产费用或生产成本中单独列示。只有在销售过程中所支付的运输费和保管费等项目，才作为物流成本。这样，物流成本在制造企业的销售额中只占极小的比重，影响面较小，不足以引起企业主管人员的重视。流通企业对于物流成本虽然有所重视，但其管理的重点

仍在购、销两个环节，有关物流成本详细的分类、记录、核算与控制工作仍没有展开，同样存在大部分物流成本没有给予揭示。因此，物流成本的分布不能确切地得到反映，忽视了对物流成本分布的研究，影响了对物流成本的管理。

二、影响物流成本的因素

（一）进货方向的选择

进货方向决定了企业货物运输距离的远近，同时也影响着运输工具的选择、进货批量的确定等多个方面。因此，进货方向是决定物流成本水平的一个重要因素。

（二）运输工具的选择

不同的运输工具，费用高低不同，运输能力大小不等。运输工具的选择，一方面取决于所运货物的体积、重量及价值大小，另一方面又取决于企业对某种物品的需求程度及工艺要求。所以，选择运输工具要同时兼顾既保证生产与销售的需要，又力求物流成本最低两个方面。

（三）存货的控制

无论是制造企业还是流通企业，对存货实行控制，严格掌握进货数量、次数和品种，都可以减少资金占用、贷款利息支出，降低库存、保管、维护等费用。

（四）货物的保管制度

良好的物品保管、维护、发放制度，可以减少物品的损耗、霉烂、丢失等事故，从而降低物流成本。相反，若在保管过程中物品损耗、霉烂、丢失等时有发生，物流成本必然增加。

（五）产品废品率

影响物流成本的一个重要方面还在于产品的质量，也可用产品废品率的高低来反映。生产高质量的产品可杜绝次品、废品等回收、退货而发生的各种物流成本。

（六）管理费用开支大小

管理费用与生产和流通没有直接的数量依存关系，但管理费用的大小直接影响着物流成本的大小，节约办公费、水电费、差旅费等管理费用相应地可以降低物流成本总水平。

（七）资金利用率

企业利用贷款进行生产或流通，必然要支付一定的利息（如果是自有资金，则存在机会成本问题），资金利用率的高低，影响着利息支出的大小，从而也影响着物流成本的高低。

总之，影响物流成本的因素还有很多，认识每一影响因素，针对其特性加强管理，可以达到降低物流成本的效果。

三、物流成本的管理方法

物流成本管理（logistics cost control）是对物流相关费用进行的计划、协调与控制。物流成本管理是通过成本去管理物流，即管理的对象是物流而不是成本。物流成本的管理可以说是以物流成本为手段的物流管理方法，需要从以下几个方面做好工作。

（一）确定成本管理对象

物流成本与生产成本相比较具有连续性、不确定性、难以分解等特点，这就为物流成本的管理与核算增加了一定的难度。因此，物流成本管理的前提是确定成本管理对象，使得成本管理与核算有据可依。

(1) 以物流过程作为对象，可以计算供应物流成本、生产物流成本、回收物流成本及废品物流成本。

(2) 以物品实体作为对象，可以计算每一种物品在流通过程中（包括运输、验收、保管、维护、修理等）所发生的费用。

(3) 以物流功能作为对象，可以计算运输、保管、包装、流通加工等诸种物流功能所发生的费用。

(4) 以物流成本项目作为对象，可以计算各物流项目的费用，如运输费、保管费、折旧费、修理费、材料费及管理费等。

每一企业可以根据本企业的性质和管理的需要来确定物流成本管理对象。但企业一旦选用一种物流成本作为管理对象，就不要轻易改变，以保持前后各期的一致性和可比性。

（二）制定成本标准，实行预算管理

确定物流成本管理对象，是人为地把项目繁多、难以分离的物流成本，按一定的标志来进行划分，在此基础上便可进行物流成本预算管理。

1. 制定成本标准

(1) 按成本项目制定成本标准。企业内部每一物流成本项目，按其与物品流转额的关系，可以分为相对固定成本和变动成本。对于固定成本项目（如折旧费、办公费等），可以以本企业历年来成本水平或其他企业（能力及规模与本企业相当）的成本水平为依据，再结合本企业现在的状况和条件，确定合理的费成本标准。而对于可变项目，则着重于考虑近期及长远条件和环境的变化（如运输能力、仓储能力、运输条件及国家的政策法令等），制定出成本标准。

(2) 按物流功能制定成本标准。不论是运输、保管成本还是包装、装卸成本，其水平的高低均取决于物流技术条件、基础设施水平。因此，在制定物流成本标准时应结合企业的生产任务、流转数及其他相关因素进行考虑。

(3) 按物流过程制定成本标准。按物流过程制定费用标准是一种综合性的技术，

要求全面考虑物流的每个过程。既要以历史成本水平为依据，同时又要充分考虑企业内外部因素的变化。

2. 实行预算管理

成本标准确定后，企业应充分考虑其财力状况，制定出每一种成本的资金预算，以确保物流活动的正常进行。同时，按照成本标准，进行定期与不定期检查、评价与对比，以便控制物流活动和成本水平。

（三）实行责任制度，明确权责关系

如前所述，物流成本遍布于社会再生产的每一环节和过程，同样，企业的每一环节和过程也都要产生物流成本。要想管好物流成本，除了制定成本标准外，还需在物流部门、生产部门和销售、管理部门实行责任制，实行全过程、全人员的成本管理，明确各自的权力和责任。

（1）分解落实物流成本指标。不同的物流部门负担着不同的物流成本。按成本发生的地点将费用分解到一定部门，落实其降低物流成本的责任，并按成本的可控性检查该部门物流成本降低的情况，作为评价其成绩的依据。

（2）编制记录、计算和积累有关成本执行情况的报告。每一物流部门都应对其负担的物流成本进行记录、计算和积累，并定期编制出业绩报告，以形成企业内部完整的物流成本系统。对一些共同性的物流成本，则另行计算，最终由企业最高管理机构记入成本总额。

（3）建立费用反馈与评价系统。每一部门把发生的物流成本实际执行结果与预算（标准）进行对比，评价该部门在成本控制方面的成绩与不足，以确定奖励或是惩罚。

（4）技术经济相结合，降低成本水平。先进的运输、包装、装卸技术必然能降低物流成本，但先进技术方法的运用也必然具有较高的费用。因此，以技术经济结合来选择运输工具、包装材料及装卸工具，也是降低物流成本总水平的一个重要方面。

（5）推行物流活动系统化、机械化、合理化。物流所要解决的主要问题是物品实体的位移。因此，建立物流活动的系统化、机械化，从而使其流向合理化、包装运输科学化，以降低物流成本。

要加强物流成本管理，降低物流成本总水平，就必须把上述几个方面的工作落到实处，并借助于管理会计，实现对物流成本的有效管理。

四、物流成本管理的意义

由前述分析可知。物流成本虽然是一种必要的耗费，但此种耗费不创造任何新的使用价值。物流成本是社会财富的一种扣除，物流成本是降低费用。因此，实行物流成本管理，降低物流成本，对提高物流效益具有重要的意义。

（1）实行物流成本管理，有利于改进企业的物流管理水平。企业物流管理水平的高低，直接影响着物流耗费的大小。因此，企业要降低物流成本水平，就必须不断提高服务质量，不断改进物流管理的方法及技能。从一定意义上说，加强物流成本管理、降低物流成本是企业提高物流管理水平、提高服务质量的一个激励因素。

（2）实行物流成本管理，有利于企业调整产品价格。因为物流成本是产品价格的组成部分之一，所以物流成本的大小对产品价格的高低具有重大影响。通过对物流成本进行管理，使得物流成本降至最低，企业便可在一个较大的幅度内调整其产品价格，利于产品促销，从而增强了企业的竞争能力。

（3）实行物流成本管理，能为社会节约大量财富。物流成本是社会财富的一个减项。实行物流成本管理可以减少财产损失和商品损耗，减少社会财富的浪费；反过来，就可以增加生产领域的投入，从而创造出更多的物质财富。

（4）实行物流成本管理，降低物流成本，自然就成为国家积累资金的重要来源之一。

政策指引

降低物流成本，助力经济回暖

物流是经济的血脉，是畅通国民经济循环的重要环节。近年来，我国通过推进物流业降本增效、降低制度性成本等措施，使社会物流成本水平得以稳步下降。数据显示，近三年来，交通运输部通过可量化措施分别降低物流成本882亿元、981亿元、805亿元，规模可观、值得肯定。同时也要看到，公路、水路、铁路、海运、航空等不同运输方式之间衔接还不够畅通，部分领域、环节的市场化程度还不高，物流成本仍有不小的压缩空间。

物流打通"大动脉"，需要进一步优化"软环境"，通过深化改革释放制度红利。物流畅通"微循环"，需要进一步提升"硬实力"，促进物流企业自身提质增效。从物流降成本看向全局，这些年来各方面降成本的政策举措陆续出台，形成支持实体经济发展的强大合力。2020年的《政府工作报告》强调，"加大减税降费力度""推动降低企业生产经营成本"，也是着眼于切实降低运营成本，助力市场主体纾困发展。从免征中小微企业养老、失业和工伤保险单位缴费，减免小规模纳税人增值税；到免征公共交通运输、餐饮住宿、旅游娱乐、文化体育等服务增值税；再到减免国有房产租金，鼓励各类业主减免或缓收房租……一系列降成本举措形成组合拳，预计全年为企业新增减负超过2.5万亿元。可以预期，通过不断降成本，无数市场主体将轻装上阵，留得青山，赢得未来，为中国经济发展稳中有进注入强大动力。

物流降成本具有很强的杠杆效应，通过物流降成本可以降低其他行业成本、畅通整个经济循环。

资料来源：《人民日报》2020年6月16日第5版。

第三节 物流管理会计

一、物流管理会计的特点和作用

(一) 物流管理会计的含义

由于我国长期以来受重生产轻流通思想的影响，流通费用，尤其是物流成本一直没能引起人们的重视；再加之物流成本受外部（如工业、农业、交通等部门）和内部（如地区远近、物流设施机构、管理体制等）的影响特别大，仅靠现行的会计制度对其进行核算和管理，不能正确揭示物流成本分布，从而也就不足以全面反映物流成本。所以，要加强物流成本管理，降低物流成本水平，必须建立一套新型的物流成本核算和管理会计体系。20世纪90年代初，财政部在《会计改革纲要》中也明确提出，会计改革的总体目标是"建立与社会主义市场经济相适应的会计体系"。所以，物流管理工作的首要任务是建立物流管理会计，对物流成本进行有效的管理和控制，以挖掘"第三利润"，提高经济效益。

管理会计是20世纪50年代为适应商品经济的发展和内部管理科学化的要求，从财务会计中独立出来的。管理会计是以成本为主线来研究企业生产经营各个环节的经济性、效率性和效益性，也就是想办法强化成本管理，降低消耗，提高经济效益。

物流管理会计是以物流成本为中心，通过对物流成本的分析，对物流活动进行预测、决策、规划与控制的一个系统。它是管理会计在物流经济管理中的应用和发展，其目的在于通过对物流成本习性的研究、成本水平的推测及控制，以及不同物流方案成本的比较，为有关部门制定决策服务，以实现物流活动的最优化和物流效益的最大化。

(二) 物流管理会计的内容和特点

1. 物流管理会计的基本内容

从对物流管理会计的含义可以看出，物流管理会计的主要内容包括两方面：一是对物流成本（成本）进行分析；二是根据对物流成本分析所获得的信息，对物流活动实施有效的管理，包括预测、决策、计划和控制等，以达到降低物流成本的目的。具体内容包括：①运用财务会计所获得的物流成本信息和其他物流活动的信息，对物流成本进行分析；②根据对物流成本的分析和物流活动的发展变化情况制定物流成本标准；③对物流成本实施预算和控制；④进行本量利和差异分析；⑤依据所取得的各种信息、资料，进行物流预测和决策；⑥其他数量分析；⑦责任会计等。

2. 物流管理会计的基本特点

物流管理会计与物流财务会计之间有许多共同之处，它所用的原始数据很多来自财务会计，同样都使用着收入和费用等会计概念。但物流管理会计与其财务会计也存在着相当大的差异。物流管理会计与物流财务会计之间的差异，就形成了物流管理会计的一些特点：①物流管理会计主要是为企业内部经营管理服务的；②核算方式上，物流管理会计具有灵活多样的；③物流管理会计的一项重要内容是责任会计，这就决定了它为企业对下属各部门进行考核提供了依据；④物流管理会计承担着对企业未来物流活动的预测和决策的任务；⑤物流管理会计中，数量分析方法得到了广泛的应用。

（三）物流管理会计的作用

物流管理会计的内容和特点决定了物流管理会计对企业的作用。物流管理会计的具体作用包括以下几个方面。

1. 有利于企业制订经营管理决策

现代企业管理理论认为，管理的重心在于经营，经营的重心在于决策，决策是企业经营管理中的重要环节。因而物流管理会计的一个重要作用，就是为企业提供制订经营管理决策所需要的会计信息，以便为决策者提供几种可供选择的方案，并从中选择出最优的方案。

2. 有利于企业合理使用各种经济资源

企业经营的成败，往往取决于能否充分利用和合理使用企业的各种经济资源。如合理组织、安排和使用物流过程中所需要的人力、物力和财力等，本身就可以降低企业物流成本，获得较好的经济效益。

3. 有利于企业评价以及考核企业各部门和职工的绩效

由于物流管理会计利用标准费用和预算控制等制度，收集和计算企业各部门和职工的工作绩效和成果，实行责任会计，所以职责明确，绩效、成果清晰，有利于奖惩，从而可以调动各部门和职工的工作积极性，可以促使他们不断地改进经营管理，降低物流成本，提高物流效益。为了发挥物流管理会计的作用，实现物流管理会计的目标，物流管理会计要遵循以下各原则：相关性原则、可靠性原则、可比性原则、客观性原则、灵活性原则、时间性原则、综合性原则等。

二、物流成本习性

成本习性（也称成本性态），是指成本总额对业务总量的依存关系。物流成本习性是研究物流成本总额与有关业务量（如储存量、运输量等）之间的依存变化关系。其目的在于通过揭示成本与有关业务量之间的关系，了解成本变化规律，以有效地控制成本发生，降低成本水平。

对物流成本习性的研究，是物流管理会计进行成本分析的重要内容。根据成本与有关业务量之间的依存关系，可将物流成本分为变动成本、固定成本和混合成本。

（一）变动成本

变动成本是指在一定业务量范围内，成本总额随业务量的变动而发生正比例变动的成本，但其单位成本在一定条件下不受业务量变动的影响而保持不变。例如，物流运输成本、包装成本与所运货物之间就存在这种关系。变动物流成本的成本习性模型在物流活动中，除了运输成本、包装成本外，装卸搬运成本、维护保养费、流通加工成本基本上都属变动成本。

（二）固定成本

固定成本是指在一定时期或一定业务量范围内，物流成本总额不受业务量变动影响而保持相对稳定的一种成本，但其单位成本随着业务量的增大而逐渐下降。

（三）混合成本

除了固定成本与变动成本外，部分物流成本既有变动性质又有固定性质，表现为一种混合成本，如水电费、修理费、租赁费等。对于这些物流成本，可用一定的方法进行分解，归入固定成本或变动成本中去，以利于物流企业进行物流活动的决策、规划与控制。

三、物流成本计算

建立物流管理会计，以物流成本作为管理对象，因为物流成本作为已经发生（或完成）的物流活动的货币表现，具有以下特点：①客观、真实地反映了物流活动的实态；②能为不同的物流活动提供一个共同的评价尺度。物流成本的大小，取决于评价对象——物流活动的范围和采用的评价方法等。评价范围和使用的评价方法不同，得出的物流成本结果也各不相同。所以，在计算物流成本或收集物流成本数据时，必须明确物流成本的计算条件。

（一）明确物流范围

物流范围作为成本的计算领域，是指物流的起点和终点的长短。通常所说的物流范围，一般包括原材料物流和企业内部物流，即从工厂到仓库的物流、从仓库到顾客的物流这样一个广泛的领域。明确物流范围是进行物流成本计算的前提，因为在物流领域从哪里开始到哪里为止，作为物流成本计算，对物流成本大小的影响是不同的。以制造企业为例，可把物流范围划分为诸如供应物流、生产物流、销售物流、退货物流和废弃物流等。这样，能比较清楚地反映物流成本所发生的范围，以便加强对物流成本的管理。

（二）确定物流功能范围

物流功能范围是指在物流各种功能中，把哪些功能作为物流成本的计算对象。物流功能可分为包装、运输、仓储、装卸搬运、流通加工、信息处理、配送七种活动。作为会计计算项目，又可划分为运输开支、保管费开支等委托成本和本企业物流活动中支付的内部物流成本。这些项目代表了物流成本的全部内容。

（三）正确确定计算科目的范围

计算科目的范围是指在计算物流成本时，把计算科目中的哪些项目列入计算对象的问题。在计算科目中，既有运费开支、保管费开支等企业外部开支，也有人工费、折旧费、修理费、燃料费等企业内部开支。这些开支项目把哪些列入成本计算科目，对物流成本的大小是有影响的。企业在计算某一物流成本时，既可实行部分科目计算，也可实行全部成本计算。另外，还可按成本发生的地点计算外部成本和内部成本。上述三个方面的范围选择，决定着物流成本的大小。企业在计算物流成本时，应根据自己的实际情况，选择使上述三个方面趋于一致的成本计算方法，如实计算物流成本。

四、物流成本预测与决策

（一）物流成本预测

物流成本预测是根据过去的历史资料和现在所取得的信息，运用所掌握的科学知识和管理人员多年来的实践经验来预测物流发展过程的成本。这里，我们着重对企业物流成本预测，诸如企业物流的规模、物流成本等的预测。

1. 物流规模预测

物流规模是指企业在一定时间内为了进行生产或流通所具备的运输设施、仓库容量、人员配备的程度。物流规模的大小对于物流成本的高低起着决定性作用，而其本身既受生产规模与流通规模的制约，也受生产力布局、交通运输条件等外部因素的制约，同时国家的方针、政策对其也发生一定影响。因此，做好物流规模预测工作是做好物流成本管理的一项重要内容，具体地要做好以下工作。

（1）生产与流通规模预测。只有比较确切地知道企业一定时期的生产与流通规模、发展趋势和方向，才能决定企业应具备多大的物流规模。

（2）运输条件和仓储容积预测。在确定了生产、流通规模后，考虑铁路、公路、航空、海运等条件，来建立企业的运输设施、仓库容积，以防止运输能力和库容能力过剩或不足所造成的损失。

（3）产品销路与原材料来源预测。产品销路如何，主要销往何地，以及原材料从何处来，对企业的运输能力、人员配备、物流机构设置也都有很大影响。

（4）国家经济发展的重点和趋势预测。一定时期国家的经济发展战略和重点转移，必然对企业的发展方向与规模产生巨大影响，从而影响企业的物流规模。

此外，企业内部生产条件与工艺变更、产品更新换代、技术管理水平改变，也都会影响物流规模。

2. 物流成本预测

确定了物流规模后，企业便可进行物流成本预测，但是物流成本的大小又受多种因素的影响，所以进行物流成本预测也要做许多方面的工作。

（1）物流活动时间预测。任何一种物流活动完成都需要一定的时间，而且时间长短各不相同。而时间长短实际上就意味着物品运输日数、库存日数、周转日数的长短。因此，物流活动时间的长短，必然会引起运输费用、保管费用以及资金利息的变化。因此，必须对物流活动时间进行预测。

（2）物流管理效率与水平预测。同样的物流数量与规模，如果具有较高的管理水平，就能降低各种物流成本，达到物流成本的节约。

(3) 企业运输方式、工具预测。不同地域、空间和不同物品的物流活动，需要不同的运输工具，而不同的运输工具意味着不同的费用水平。因此，掌握企业一定期间物流流向和物品特性，选择合理的运输方式与工具，对于预测物流成本水平具有较大的意义。除此之外，企业物流采用的装卸方式、包装水平（包括材料质量、回收效率等）、产品质量、产品销路等都对物流成本的变化都起一定作用。对物流需求，采取综合分析，运用一定的方法进行预测，和对企业一定期间的物流水平进行预测，可以为企业物流计划的制订和物流方案的选择与决定提供依据。

（二）物流决策

预测是决策的依据，没有准确的预测，就无法进行合理而科学的决策。企业决策的正确与否，不仅涉及短期内成本水平的高低，而且也涉及企业物流长远的规模与长远的成本水平。因此，物流管理会计的核心内容之一在于通过不同的物流方案的比较来选择最优物流方案。

1. 物流决策内容

物流决策按时间分有长期决策和短期决策。长期决策和短期决策，在决策内容上没有实质性的不同，所以，我们将二者归在一起进行阐述。

（1）进货、销货方式决策。不同的进、销货方式有不同的进、销效益与成本。本着收益大于成本的原则，物流活动应力争成本最低、效益最高，因而要在不同的进、销渠道与方式上进行选择。

（2）运输、装卸工具与包装方式决策。空运可以减少企业库存，减少保管与维护费，但运费必然较高；集装箱包装便于运输系统化与机械化，节约运输费用，但又会引起拆卸与搬运以及仓储不便等问题。因此，选择何种物流方式，以求物流成本最低，也是物流决策必须研究的问题。

（3）进货批次与批量决策。进货批次越少，有关的准备费用越低，而仓储成本必然越高；进货批量越小，批次越多，准备费用必然会增大，但仓储费用则可减少。因此，确定合理的进货批量与批次，以求既保证生产与流通需要，又达到物流成本最低。

（4）物流设施决策。要进行物流活动，离不开必要的物流设施，如运输工具、装卸工具、仓库、铁路专用线等，而物流设施是否需要购置、建造，主要取决于企业的物流规模与物流发展方向。因此，考虑各种重大因素（如企业发展方向、生产流通规模、国家方针政策变化、经济战略转移以及生产力布局等），权衡利弊，做出物流设施的合理选择，是企业的重大决策之一。例如，企业流通规模较小，而又铺设铁路专用线，以致造成利用率很低，专用线产生的收益尚不能弥补其折旧费用，显然是很不划算的。

（5）其他决策。如某种设备是租赁还是外购决策，委托加工还是自行加工决策，某种包装物是回收还是废弃决策等。

2. 物流决策方法

物流决策最优的标准在于物流成本最低、效益最高。因此，物流决策一般可采用差异分析法、量本利分析法、回收期法以及净现值法、现值指数法、内含报酬率法等。

（1）差异分析法。任何两种以上的可行性方案，必然存在着不同的预期费用（成本）与收益，将其成本、收益进行比较，取其成本最低或收益最大者为最优方案，就是差量分析法。

（2）量本利分析法。量本利分析是通过对数量、成本与利润依存关系的分析，来揭示有关经济变量变化规律的一种预测决策方法。企业可用此种方法，对于诸如租赁或是外购，委托加工还是自行加工进行决策分析。因为在较长时期内，企业使用某种设备自行加工，必然会提高其设备利用率，降低固定成本，从而降低物流总成本；反之，会使购置与加工费增加。因此，通过量本利分析法来确定合理的选择。

（3）回收期法。回收期法是一种通过原投资额回收期限的长短来评价企业不同投资方案的方法。其优点在于简单明了，有利于企业早日收回投资；而其最大缺陷是没有考虑货币的时间价值以及回收后方案的净收益，因而这是一种不太科学的决策方法，使用时需结合其他方法一起运用，以弥补其缺陷。

（4）净现值法、现值指数法与内含报酬率法。这三种方法的主要特点在于充分考虑了货币的时间价值，通过对投资方案现金流量（流入与流出）的折现，使其具有可比的时间基础，以资金成本为依据来评价企业的不同投资方案。这几种比较科学的决策方法，均可用于物流方案决策。

五、物流成本控制与业绩评价

（一）物流控制

1. 控制制度的要素构成

控制制度一般由三个基本要素构成：①预定（标准）的业绩水平；②业绩的计量；③标准业绩水平与实际业绩水平的比较。

2. 物流成本控制的类别及方法

物流成本控制包括事前控制、事中控制和事后控制。事前控制是指依据物流成本的历史资料及企业现在所面临的客观实际情况，再结合管理人员的经验，对尚未发生的物流活动做全面预算，制定出成本标准。事中控制是指在一定的物流活动过程中，以标准成本水平来控制实际发生的成本水平，并揭示差异及差异形成的原因。事后控制则是指通过对差异及其形成原因的分析和研究，据以采取相应的措施，巩固成绩，克服缺点，实现对物流成本的有效控制，全面提高经济效益。例如，若在一个期间结束后，发现退货物流成本高于标准的退货物流成本，物流部门就应该分析成本升高的原因，或产品质量降低、信誉下降、销路受阻，或有新的竞争者加入，而后把原因迅速反馈到有关部门（生产、销售部门等），以帮助克服这种状况，降低物流成本水平。

物流成本控制的方法主要有比较反馈法和事中修改法。物流成本的控制过程中要遵循全面控制原则、责权利相结合原则、节约原则、例外管理原则及目标原则。

（二）业绩评价

业绩评价要从对物流活动实施分权管理开始，就要把整个物流过程划分为各种不同形式的责任中心，对每个责任中心明确其权力、责任及其业绩计量和评价方式，建立起以各个责任中心为主体,责、权、利相统一的机制,通过信息的积累、加工、反馈,形成物流系统内部严密的控制系统。具体包括以下几个方面:

(1) 合理划分责任中心,明确规定权责范围。实施责任制度,首先要按照分工明确、责任易辨、成绩考核的原则,合理划分责任中心。其次必须依据各个责任中心的特点,明确规定其权责范围,使每个责任中心在其权限范围内,独立自主履行其职责。

(2) 编制责任预算,明确各物流责任中心的业绩考核标准。编制责任预算,使物流活动的总体目标按各物流责任中心进行分解、落实和具体化,并以此作为它们日常工作的准绳和评价成果的基本标准。业绩考核标准,应当具有可控性、可计量性和协调性等特征,即其考核的内容只应是物流部门能够控制的因素,考核指标的实际执行情况,要能比较准确地计量和报告,并能使各个物流责任中心在完成物流活动总目标过程中,明确各自的目标和任务,以实现整体和局部的统一。

(3) 区分每个责任中心的可控与不可控费用。对各个责任中心的工作成果评价与考核,应仅限于能为其工作的好坏所影响的可控项目,不能把不应由其所负责(如运输线路中断)的不可控项目列为考核项目。为此,要对所发生的全部物流成本一一判别其责任归属,分别落实到各个责任中心,再根据可控费用来科学地评价各责任中心的成绩。

(4) 建立健全严密的记录、报告系统。也就是要建立一套完整的日常记录、计算和考核有关责任预算执行情况的信息系统,以便为各责任中心的实际业绩提供可靠依据,并能对现责任中心的实际工作业绩起反馈作用。

(5) 制定合理而有效的奖惩制度。对每个物流责任中心制定一套既完整又合理有效的奖惩制度,根据其实际工作成果的好坏进行奖惩,做到功过分明、奖惩有据。

(6) 定期编制业绩报告。通过定期编制业绩报告,对各物流责任中心的工作情况进行全面的分析和评价,并以此为依据实行奖惩,以促使各责任中心相互协调并卓有成效地开展物流活动,共同为最大限度降低物流成本水平、提高经济效益而努力。

总之,物流管理会计作为一门服务于企业物流管理的学科,旨在通过对物流本身信息资料的加工、处理与延伸,形成具有特定目的与用途的信息系统,来帮助企业决策者总结过去、控制现在、规划未来,影响和改变企业决策者的各种决策行为,使其按成本最低、效益最高的原则进行各种生产活动。因此,物流管理会计的建立是一件有意义而又十分艰难的事情,有待于我们继续努力,以加强对物流成本的管理。

第四节 社会物流总成本核算

一、社会物流总成本的含义

社会物流成本又称宏观物流成本,是指全社会在一定时间范围内,为消除时间和空间障碍而发生的有价值的商品运动和静止行为所耗费的成本开支总额,也可指全社会经济运行中的物流总成本费用,既包括物流直接成本,也包括库存周转慢、货损高、服务质量差、流通环节多带来的间接物流成本,此外,物流成本高的产业在经济结构中占比高也会带来社会物流成本费用高。中国物流与采购联合会公布的2020年物流运行数据显示,2020年全年,我国物流运行实现逆势回升、平稳增长,物流规模再上新台阶,社会物流总成本超过300万亿元,占GDP的比率为14.7%,单位物流成本增速明显趋缓。

二、社会物流总成本的构成

美国、日本等发达国家对物流成本的研究工作非常重视,已经对物流成本持续进行了必要的调查与分析,建立了一套完整的物流成本收集系统,并将各年的资料加以比较,随时掌握国内物流总成本变化情况以供企业和政府参考。

目前,各国物流学术界和实务界普遍认同的一个社会物流成本计算的概念性公式为:

$$社会物流总成本 = 运输成本 + 存货持有成本 + 物流行政管理成本$$

基于这个概念性公式,可以认为,社会物流总成本由三部分构成:运输费用、保管费用和管理费用。

与美国、日本等国家相比,我国对社会物流成本核算的研究较为迟缓,但近些年对社会物流成本核算的重视度较高。2004年国家发展和改革委员会、国家统计局发布了《社会物流统计制度及核算表式(试行)》通知,2019年国家发展和改革委员会、中国物流与采购联合会制定的《社会物流统计调查制度》正式实施,相对完善的社会物流成本统计计算体系已经建立。

根据《社会物流统计调查制度》,我国的社会物流总成本是指报告期内国民经济各方面用于社会物流活动的各项费用支出。包括:支付给运输、储存、装卸搬运、包装、流通加工、配送、信息处理等各个物流环节的费用,应承担的物品在物流期间发生的损耗,社会物流活动中因资金占用而应承担的利息支出,社会物流活动中发生的管理费用,等等;其中,具体包括运输费用、保管费用和管理费用三部分内容。

$$社会物流总费用 = 运输费用 + 保管费用 + 管理费用$$
$$运输费用 = \sum (货运周转量 \times 货物平均运价)$$
$$保管费用 = \sum (社会物流总额 \times 物流保管费用率)$$
$$管理费用 = \sum (社会物流总额 \times 物流管理费用率)$$

(一)运输费用

指社会物流活动中,国民经济各方面由于物品运输而支付的全部费用。该费用包括支付给物品承运方的运费(即承运方的货运收入),支付给装卸搬运、代理等服务提供方的费用(即服务提供方的货运业务收入),支付给运输管理与投资部门的并由货主方承担的各种交通建设基金、过路费、过桥费、过闸费等运输附加费用。

$$运输费用 = 运费 + 装卸搬运及其他运输服务费用 + 运输附加费$$

具体计算时，根据铁路运输、道路运输、水上运输、航空运输和管道运输不同的运输方式及对应的业务测算办法分别计算。

1. 铁路运输费用

社会物流活动中，国民经济各方面因为物品经铁路运输而发生的全部费用，包括支付给铁路运输部门的运费、由铁路运输部门按国家规定代收的铁路建设基金等。也就是铁路运输部门取得的物流业务收入，即铁路部门现行收入统计中的货运收入和其他收入中的货运与行李包裹部分、铁路运输部门实际代收的铁路建设基金。

铁路运输费用的计算公式是：

$$铁路运输费用 = 运费 + 铁路建设基金$$

其中：

$$运费 = 铁路货物周转量 \times 铁路平均运价$$
$$铁路建设基金 = 铁路货物周转量 \times 铁路建设基金征收率$$

2. 道路运输费用

社会物流活动中，国民经济各方面因为物品道路运输而发生的全部费用，包括支付给物品运输承运方的运费（也即运输承运方的货运收入）；由货主方承担的，支付给有关管理和投资部门按规定收取的各种管理费、通行费等。

道路运输费用，既包括支付给专业物流、运输与辅助服务企业的货运业务费用，同时也包括生产、流通、消费企业自有车辆承担完成的，属于需求领域的物品运输业务，理应获得的收入部分。不包括客运业务费用。

道路运输费用的计算公式是：

$$道路运输费用 = 运费 + 通行附加费$$

其中：

$$运费 = 道路货物周转量 \times 道路货物平均运价$$
$$通行附加费 = \sum (每批货物计费作业量 \times 该批货物附加费率)$$

3. 水上运输费用

社会物流活动中，国民经济各方面因为物品水上运输而发生的全部费用，包括支付给物品运输承运方的运费（也即水上运输承运方的货运业务收入）；由货主方承担的，有关管理和投资部门按规定收取的各种航道维护费、港口建设费等附加费。

水上运输费用既包括支付给专业物流、运输与辅助服务企业的货运业务费用，同时也包括生产、流通、消费企业自有船舶承担完成的，属于需求领域的物品运输业务，理应获得的收入部分。

水上运输费用的计算公式是：

$$水上运输费用 = 运费 + 附加费$$

其中：

$$运费 = 水上货物周转量 \times 水上货物平均运价$$
$$港口建设费 = 港口货物吞吐量吨数 \times 港口建设费率$$
$$航道维护费 = 水上货物周转量 \times 航道维护费率$$

4. 航空运输费用

社会物流活动中，国民经济各方面因为物品航空运输而发生的全部费用，包括支付给航空运输承运方的运费（也即航空运输公司的货邮运输业务收入）。

5. 管道运输费用

社会物流活动中，因为物品管道运输而发生的全部费用，包括支付给管道运输承运方的输送费、储存保管费等，也即管道运输单位的货运业务收入。

6. 装卸搬运及其他运输服务费用

社会物流活动中，国民经济各方面因为物品装卸搬运、其他运输服务而发生的全部费用，包括支付给装卸搬运、代理等服务提供方的费用（即服务提供方的货运业务收入）。

装卸搬运费用的计算公式是：

$$装卸搬运费用 = 货运量 \times 装卸搬运费率$$

其他实际发生且由货主方承担的费用，未包含在前述几项费用之中的，属于运输费用的，根据实际发生情况统计。

（二）保管费用

指社会物流活动中，物品从最初的资源供应方（生产环节、海关）向最终消费用户流动过程中，所发生的除运输费用和管理费用之外的全部费用。该费用包括：物流过程中因流动资金的占用而需承担的利息费用；仓储保管方面的费用；流通中配送、加工、包装、信息及相关服务方面的费用；物流过程中发生的保险费用和物品损耗费用。

保管费用的计算公式是：

$$保管费用 = 利息费用 + 仓储费用 + 保险费用 + 物品损耗费用 + 信息及相关服务费用 + 配送费用 + 流通加工费用 + 包装费用 + 其他保管费用$$

1. 利息费用

这是指社会物流活动中，物品从最初的资源供应方（生产环节、海关等）送达最终消费用户的过程中，因为流动资金的占用而需承担的利息支出，包括占用银行的贷款所支付的利息和占用自有资金应相应计算的利息成本。

利息费用的计算公式是：

利息费用 = 社会物流总额 × 社会物流流动资金平均占用率 × 报告期银行贷款利率

式中，流动资金占用率是指报告期内，物品最初供给部门完成全部物品从供给地流向最终需求地的社会物流活动中，所占用的流动资金的比率。即：

社会物流流动资金平均占用率 = 报告期流动资金平均余额 ÷ 报告期社会物流总额

2. 仓储费用

这是指社会物流活动中，为储存货物所需支付的费用。仓储费用的计算公式是：

仓储费用 = 社会物流总额 × 社会物流平均仓储费用率

式中，社会物流平均仓储费用率，指报告期内，各物品最初供给部门完成全部物品从供给地流向最终需求地的社会物流活动中，仓储费用额占各部门物流总额比例的综合平均数。

3. 保险费用

社会物流活动中，为预防和减少因物品丢失、损毁造成的损失，与社会保险部门共同承担风险，向社会保险部门支付的物品财产保险费用。

保险费用的计算公式是：

保险费用 = 社会物流总额 × 社会物流平均保险费用率

式中，社会物流平均保险费用率，指报告期内，各物品最初供给部门完成全部物品从供给地流向最终需求地的社会物流活动中，保险费用额占各部门物流总额比例的综合平均数。

4. 物品损耗费用

社会物流活动中，因物品的损耗，包括破损维修与完全损毁而发生的价值丧失；同时也包括部分时效性要求高的物品因物流时间较长而产生的折旧贬值损失。

物品损耗费用的计算公式是：

物品损耗费用 = 社会物流总额 × 社会物流平均物品损耗费用率

式中，社会物流平均物品损耗费用率，是指报告期内，各物品最初供给部门完成全部物品从供给地流向最终需求地的社会物流活动中，物品损耗费用额占各部门物流总额比例的综合平均数。

5. 信息及相关服务费用

这是指社会物流活动中，支付的信息处理费用，包括支付的外部信息处理费用和本单位内部的信息处理费。

信息及相关服务费用的计算公式是：

信息及相关服务费用 = 社会物流总额 × 社会物流平均信息及相关服务费用率

式中，社会物流平均信息及相关服务费用率，是指报告期内各物品最初供给部门完成全部物品从供给地流向最终需求地的社会物流活动中，信息及相关服务费用额占各部门物流总额比例的综合平均数。

6. 配送费用

社会物流活动中，用户根据自身需要，要求物流服务提供方完成对物品进行拣选、加工、分割、组配、包装等作业，并按时送达指定地点的物流活动，所需支付的全部服务费用。

配送费用的计算公式是：

配送费用 = 社会物流总额 × 社会物流平均配送费用率

式中，社会物流平均配送费用率，是指报告期内，各物品最初供给部门完成全部物品从供给地流向最终需求地的社会物流活动中，配送费用额占各部门物流总额比例的综合平均数。

7. 流通加工费用

社会物流活动中，为满足用户的消费需要，在流通环节对物品进行加工改制作业所需支付的加工费用。

流通加工费用的计算公式是：

流通加工费用 = 社会物流总额 × 社会物流平均流通加工费用率

式中，社会物流平均流通加工费用率，是指报告期内，各物品最初供给部门完成全部物品从供给地流向最终需求地的社会物流活动中，流通加工费用额占各部门物流总额比例的综合平均数。

8. 包装费用

社会物流活动中，为保护产品、方便运输与储存、促进销售，采用容器、材料和辅助物对物品按一定技术方法进行分装、集装、运输包装等作业，所需支付的费用。

包装费用的计算公式是：

包装费用 = 社会物流总额 × 社会物流平均包装费用率

式中，社会物流平均包装费用率，是指报告期内，各物品最初供给部门完成全部物品从供给地流向最终需求地的社会物流活动中，包装费用额占各部门物流总额比例的综合平均数。

9. 其他保管费用

这是指在社会物流活动中，实际发生且由货主方承担的，未包含在前述几项费用之中的，属于保管费用之中的费用。

（三）管理费用

管理费用是指社会物流活动中，物品供需双方的管理部门，因组织和管理各项物流活动所发生的费用。主要包括管理人员报酬、办公费用、教育培训、劳动保险、车船使用等各种属于管理费用科目的费用。其计算公式是：

$$管理费用 = 社会物流总额 \times 社会物流平均管理费用率$$

式中，社会物流平均管理费用率，是指在一定时期内，在各物品最初供给部门完成全部物品从供给地流向最终需求地的社会物流活动中，管理费用额占各部门物流总额比例的综合平均数。

三、降低社会物流总成本的途径

降低社会物流总成本，可以通过以下三个路径。

（一）降低物流间接成本

发挥物流上游连接生产制造，下游连接消费者的连通作用，把物流作为生产制造、商贸流通的基础支撑，大力降低生产制造与商贸流通中与物流相关的间接物流成本，即降低流通渠道多带来的物流成本、库存周转慢带来的成本、货损率高带来的成本、配送时间慢带来的成本等。

（二）推动物流标准化

主要是物流运作网络货物交接接口与信息网络接口标准化，提升物流运作体系的接口衔接效率，通过推进物流全链路标准化，打通物流连接接口，降低物流成本；通过推进物流全链路信息化，实现资源优化、短链连接、高效协同，降低物流连通成本。

（三）推动供给侧改革

要进一步调整和优化经济结构，实现经济高质量发展，就必须降低社会物流相对成本，降低社会物流成本在 GDP 中的占比。如：大力发展高科技产业，提升货物价值，就可以在物流直接成本增加的情况下实现社会物流成本降低，使社会物流成本费用占 GDP 比例下降；如大力发展现代服务业，也可以降低社会物流成本；等等。

近年来，国务院出台了一系列降低物流成本的政策措施，各部门狠抓落实，取得了积极成效。我国社会物流成本水平稳步下降，物流综合效率和服务水平明显提升，为我国构建现代化经济体系、推动经济高质量发展提供了有力支撑。

知识拓展

推进物流降本增效

发展现代物流业的根本目的，就是降低成本，提高物流效率。

2017年10月国家发改委发布《关于进一步推进物流降本增效促进实体经济发展的意见》，是落实党中央、国务院关于深入推进供给侧结构性改革、降低实体经济企业成本的决策部署，为进一步推进物流降本增效，促进实体经济健康发展，采取的重大举措。

主要的内容为：

一、深化"放管服"改革，激发物流运营主体活力

措施有：①优化道路运输通行管理；②规范公路货运执法行为；③完善道路货运证照考核和车辆相关检验检测制度；④精简快递企业分支机构、末端网点备案手续；⑤深化货运通关改革。

二、加大降税清费力度，切实减轻企业负担

措施有：①完善物流领域相关税收政策；②科学合理确定车辆通行收费水平；③做好收费公路通行费营改增相关工作；④加强物流领域收费清理。

三、加强重点领域和薄弱环节建设，提升物流综合服务能力

措施有：①加强对物流发展的规划和用地支持；②布局和完善一批国家级物流枢纽；③加强重要节点集疏运设施建设；④提升铁路物流服务水平；⑤推动多式联运、甩挂运输发展取得突破；⑥完善城乡物流网络节点；⑦拓展物流企业融资渠道。

四、加快推进物流仓储信息化、标准化、智能化，提高全链条运行效率

措施有：①推广应用高效便捷物流新模式；②开展仓储智能化试点示范；③加强物流装载单元化建设；④推进物流车辆标准化。

五、深化联动融合，促进产业协同发展

措施有：①推动物流业与制造业联动发展；②加强物流核心技术和装备研发；③提升制造业物流管理水平。

六、打通信息互联渠道，发挥信息共享效用

措施有：①加强物流数据开放共享；②推动物流活动信息化、数据化；③建立健全物流行业信用体系。

七、推进体制机制改革，营造优良营商环境

措施有：探索开展物流领域综合改革试点。

作者依据《关于进一步推进物流降本增效促进实体经济发展的意见》整理。

关键词

物流成本　物流成本管理　物流成本核算　社会物流总成本

物流成本习性　社会物流总费用

思考题

(1) 简述物流成本及其构成。
(2) 影响物流成本的因素有哪些？
(3) 如何加强物流费用管理？
(4) 怎样进行物流成本核算？
(5) 物流成本预测的内容有哪些？
(6) 物流成本控制的要素有哪些？
(7) 简述社会物流总成本的核算方法。
(8) 分析降低社会物流总成本的途径。

案例分析

城乡配送当日达和次日达

到 2021 年年底，河南省要基本实现全省城乡配送当日达、次日达；实行公路治超"黑名单"制度，严重违法超载将被联合惩戒。近日，河南省政府办公厅印发《河南省进一步降低物流成本实施方案》（以下简称《方案》），聚焦制约物流降成本的"老大难"问题，从降低制度、要素、税费、综合成本四个方面提出 24 条具体政策举措，进一步降低我省物流成本、提升物流效率。

社会物流成本水平是经济发展质量和综合竞争力的集中体现，降低物流成本对推动实体经济高质量发展、加快构建现代经济体系具有重要意义。

近年来，河南省不断加大物流降本增效工作推进力度，取得了显著成效。全省社会物流总费用占 GDP 比率连续 7 年下降，成功获批全国物流降本增效综合改革试点省，但同时存在物流基础设施有效供给和衔接不足、物流整体运行效率不高、政策环境不完善等突出问题。

《方案》提出，要着力降低物流制度成本。完善证照和许可办理程序，加快推进运输领域资质证照电子化，推动线上办理签注，优化大件运输跨省并联许可服务，2020 年年底前建立普通干线公路桥隧技术状况数据库。要优化城市配送车辆通行停靠管理。加快郑州、许昌、安阳、济源等城市绿色货运配送示范工程建设进度，推广应用新能源配送车辆，鼓励发展共同配送、统一配送、集中配送、分时配送等集约化配送。支持洛阳、濮阳、鹤壁等城乡高效配送试点城市在城乡配送网络建设、标准化示范创建、技术模式创新等方面先行先试，到 2021 年年底，基本实现全省城乡配送当日达、次日达。还要推进通关便利化，力争 2020 年全省进出口整体通关时间较 2017 年压减 50% 以上。

同时，科学推进治理车辆超限超载，维护道路货运市场正常秩序，实行公路治超"黑名单"制度,对严重违法超限超载运输当事人实施联合惩戒。

资料来源:《河南商报》2020年10月22日。

案例讨论题

(1) 降低物流成本的方法有哪些?

(2) 试述降低物流成本的重要意义。

第十四章 电子商务与现代供应链

【本章要点】 过去十年是中国电子商务物流快速增长的十年，产业与市场日趋成熟，新经济与移动互联网技术的发展又为我国电商物流带来新一轮机遇，我国电子商务物流正处于新的上升周期。一方面，电商平台通过资本运作、战略合作和技术手段强化产业链控制权和数据控制权，对电商物流服务企业的服务能力和数字化能力提出了更高的要求；另一方面，电商物流服务企业不断拓展服务链与产业链，进一步优化产业格局：服务于现代制造，不断增强流程再造和供应链管理能力，推动制造业从局部优化向全程优化升级；服务于跨境贸易，实现从"买全球""卖全球"到"送全球"；服务于"新零售"，驱动电商物流服务能力创新，在提升消费体验的同时优化效率。

本章主要内容：首先，介绍了电子商务的基本理论；其次，阐明了电子商务下的供应链管理；最后，探讨了我国如何发展第三方物流问题。

第一节 电子商务与物流的关系

一、电子商务的基本理论

（一）电子商务的理论

自电子商务在全球出现以来，已经在中国经济和社会生活中起到不可或缺的重要作用。

电子商务并非新兴之物。早在1839年，当电报刚出现的时候，人们就开始了对运用电子手段进行商务活动的讨论。当贸易开始以莫尔斯码点和线的形式在电线中传输的时候，就标志着运用电子手段进行商务活动的新纪元。

电子商务的理论是与计算机技术、网络通信技术的互动发展中产生和不断完善的，近年来依托于计算机互联网络（即因特网 Internet），随着其爆炸性发展而急剧发展。

电子商务的理论最初起源于计算机的电子数据处理（EDP）技术，从科学计算向文字处理和商务统计报表处理应用转变。字处理（WP）软件和电子表格（SPREAD SHEET）软件的出现，为标准格式（或格式化）商务单证的电子数据交换（EDI）开发应用提供了强有力的工具。政府或企业的采购，企业商业文件的处理，从手工书面文件的准备和传递转变为电子文件的准备和传递；随着网络技术的发展，电子数据资料的交换，又从磁带、软盘等电子数据资料物理载体的寄送转变为通过专用的增值通信网络的传送，后来转移到通过公用的因特网进行传送。

1991年美国政府宣布因特网向社会公众开放，允许在网上开发商业应用系统。1993年万维网（World Wide Web，WWW）在因特网上出现，这是一种具有处理数据图文声像超文本对象能力的网络技术，使因特网具备了支持多媒体应用的功能。1995年因特网上的商业业务信息量首次超过了科教业务信息量，这既是因特网此后产生爆炸性发展的标志，也是电子商务从此大规模起步发展的标志。

（二）电子商务的发展阶段

不同的机构及学者对电子商务的发展阶段有不同的阐述，本书主要按阿里研究院的相关报告将电子商务的发展阶段划分为从工具、渠道、基础设施到经济体的演进。

1. 作为交易工具阶段（1995—2003年）

这个阶段，是互联网进入中国的探索期、启蒙期。中国电子商务以企业间电子商务模式探索和发展为主。早期，应用电子商务的企业和个人主要把电子商务作为优化业务活动或商业流程的一种交易工具，如信息发布、信息搜寻和邮件沟通等，其应用仅局限于某个业务"点"。

从1995年5月9日马云创办中国黄页，成为最早为企业提供网页创建服务的互联网公司开始，到1997年垂直网站中国化工网的成立，再到1999年8848、携程网、易趣网、阿里巴巴、当当网等一批电子商务网站先后创立。1999年年底，正是互联网高潮来临的时候，国内诞生了370多家从事B2C的网络公司，到2000年，变成了700家，但随着2000年互联网泡沫的破灭，纳斯达克指数急剧下挫，8848等一批电子商务企业倒闭；2001年，人们还有印象的只剩下三四家。随后电子商务经历了一个比较漫长的"冰河时期"。

2. 作为分销渠道阶段（2003—2008年）

这个阶段，电子商务应用由企业向个人延伸。2003年，"非典"的肆虐令许多行业在春天里感受到寒冬的冷意，但却让电子商务时来运转。电子商务界经历了一系列的重大事件，如2003年5月，阿里巴巴集团成立淘宝网，进军C2C市场。2003年12月，慧聪网香港创业板上市，成为国内B2B电子商务首家上市公司。2004年1月京东涉足电子商务领域。2007年11月，阿里巴巴网络有限公司成功在香港主板上市。国家也出台了一系列重大文件为电子商务发展带来深远影响：2004年3月，国务院常务会议审议通过《中华人民共和国电子签名法（草案）》；2005年1月，国务院办公厅下发《关于加快电子商务发展的若干意见》（国办发〔2005〕2）（多称"二号文件"）。2007年6月，国家发改委、国务院信息化工作办公室联合发布我国首部电子商务发展规划——《电子商务发展"十一五"规划》，我国首次提出发展电子商务服务业的战略任务。2007年，商务部先后发布了《关于网上交易的指导意见（暂行）》《商务部关于促进电子商务规范发展的意见》，构筑了电子商务发展的政策生态。

随着网民和电子商务交易的迅速增长，电子商务成为众多企业和个人的新的交易的分销渠道，如传统商店的网上商店、传统企业的电子商务部门以及传统银行的网络银行等，越来越多的企业在线下渠道之外开辟了线上渠道。2007年，我国网络零售交易规模 561 亿元。在网商随之崛起,并逐步将电子商务延伸至供应链环节,促进了物流快递和网上支付等电子商务支撑服务的兴起。

3. 基础设施建设阶段(2008—2013 年)

电子商务引发的经济变革使信息这一核心生产要素日益广泛运用于经济活动,加快了信息在商业、工业和农业中的渗透速度,极大地改变了消费行为、企业形态和社会创造价值的方式,有效地降低了社会交易成本,促进了社会分工协作,引爆了社会创新,提高了社会资源的配置效率,深刻地影响着零售业、制造业和物流业等传统行业,成为信息经济重要的基础设施或新的商业基础设施。越来越多的企业和个人基于和通过以电子商务平台为核心的新商业基础设施降低交易成本、共享商业资源、创新商业服务,也极大地促进了电子商务的迅猛发展。

2008 年 7 月,中国成为全球"互联网人口"第一大国。中国互联网络信息中心(CNNIC)统计,截至 2008 年 6 月底,我国网民数量达到了 2.53 亿,互联网用户首次超过美国,跃居世界第一位。2010 年"两会"期间,温家宝总理在 2010 年《政府工作报告》中,明确提出要加强商贸流通体系等基础设施建设,积极发展电子商务,这也是首次在全国两会的政府工作报告中明确提出"大力扶持电子商务"。2010 年 10 月,麦考林登录纳斯达克,成为中国内地首家 B2C 电子商务概念股;同年 12 月,当当网在美国纽约证券交易所挂牌上市。2011 年,团购网站迅猛发展,上演千团大战局面,中国团购用户数超过 4220 万。2012 年,淘宝商城更名"天猫"独立运营,品牌折扣网站唯品会在纽交所挂牌交易,2012 年度淘宝和天猫的交易额突破 10000 亿元,"双十一"当天交易规模达 362 亿元。2013 年,阿里巴巴和银泰集团、复星集团、富春集团、顺丰速运等物流企业组建了"菜鸟",计划在 8~10 年内建立一张能支撑日均 300 亿网络零售额的智能物流骨干网络,让全中国任何一个地区做到 24 小时内送货必达。

4. 平台创新发展阶段(2013 年以后)

2013 年中国超越美国,成为全球第一大网络零售市场。2013 年,我国电子商务交易规模突破 10 万亿元大关,网络零售交易规模 1.85 万亿元,相当于社会消费品零售总额的 7.8%,随之各种电子商务平台快速发展。

2014 年 2 月,中国就业促进会发布的《网络创业就业统计和社保研究项目报告》显示,全国网店直接就业总计 962 万人,间接就业超过 120 万,成为创业就业新的增长点。2014 年 6 月,我国网络购物用户规模达到 3.32 亿,我国网民使用网络购物的比例为 52.5%。2014 年 4 月,聚美优品在纽交所挂牌上市。2014 年 5 月京东集团在美国纳斯达克正式挂牌上市。2014 年 9 月,阿里巴巴正式在纽交所挂牌交易,发行价每股 68 美元,成为美国历史上融资额最大规模的 IPO(首次公开募股)。2014 年,我国快递业务量接近 140 亿件,跃居世界第一。我国快递业务量已经连续 44 个月同比、累计增长平均增幅均超过 50%,李克强总理先后五次对快递业点赞。

2015 年 5 月,国务院印发了《关于大力发展电子商务加快培育经济新动力的意见》(国发〔2015〕24 号),将会进一步促进电子商务在中国的创新发展。

2016 年中国宏观经济实现稳步增长,中央加快推进"供给侧改革"力度,旨在通过"互联网 +"来促进传统企业转型升级。从中央到地方,电商已成发展之重点。伴随着"互联网+"向传统产业不断渗透，大宗近年来异军突起，推动国内B2B电商行业迎来发展"第二春"。2016年中国电子商务交易额为22.97万亿元，同比增长25.5%。其中，市场交易规模16.7万亿元，交易规模5.3万亿元，生活服务交易规模9700亿元。电子商务服务企业直接从业人员超过305万人，由电子商务间接带动的就业人数，已超过2240万人。2016年，马云在杭州云溪大会上发表演讲，他表示：纯电商时代即将结束，未来将会出现"新零售"，未来10年或20年将没有电子商务，而线上、线下和物流将会结合在一起，产生"新零售"。

2017年，农村电商大发展，电商在扶贫方面作用显著，农村网民规模为2.01亿，农村网店达832万家，带动就业人数超过2000万人，实现网络零售额8361.4亿元，约占全国网络零售额的17.14%。全国832个国家级贫困县实现网络零售额818.1亿元。阿里的"千县万村计划"已覆盖约500个县2.2万个村，京东在1700余个县建立了县级服务中心和京东帮扶店，苏宁在1000余个县建设了1770家直营店和超过1万家授权服务点。此外，快递企业也加快向乡镇地区延伸。2017年，跨境电商成为中国外贸增长新动力，跨境交易额达到3.6万亿元，同比增长30.7%。其中，出口跨境电商交易规模2.75万亿元；进口跨境电商交易规模8624亿元。阿里全球已经覆盖全球230个国家。在中国跨境电商主要出口地中，美国、欧盟、东盟位居前三。在俄罗斯，中国的速卖通已经成为访问量最高的电子商务网站。在俄罗斯跨境网购业务的构成中，中国已占半壁江山；在东南亚排名前四的电商平台中，除亚马逊之外，其他三大平台都有来自中国的投资。

2018年中国成为全球B2C电子商务最大市场，销售额达1.36万亿美元；同期，中国线上购物人数达6.1亿，是线上购物人数最多的国家。涵盖B2B（企业对企业）和B2C（企业对消费者）销售在内，2018年全球电子商务销售总额较2017年增长8%，达25.6万亿美元，相当于当年全球国内生产总值的30%。全球领先的B2C电子商务企业目前主要在中国和美国。以网站成交额来算，2018年阿里巴巴集团以8660亿美元居同类企业之首。

2019年1月1日，《中国电子商务法》正式落地实施，这是中国电子商务领域第一部综合性法律，也是我国第一次从法律层面对国家、企业、消费者等多元主体在电商领域中的各自行为角色做出了明晰的界定。过去由于监管缺漏而给电商带来的"隐性福利"，以及由此造成的对实体店的不公平竞争将不为法律所允许，流通全行业的竞争有望更加规范、透明、公正。2019年2月21日，中共中央、国务院发布《关于促进小农户和现代农业发展有机衔接的意见》提出，支持小农户发展康养农业、创意农业、休闲农业及农产品初加工、农村电商等，延伸产业链和价值链，开展电商服务小农户专项行动。同年，社交电商风生水起，除了拼多多、有赞等平台，阿里、京东、唯品会这样的电商巨头也先后下场，让整个社交电商行业的竞争陷入白热化；直播电商迅速兴起，市场规模已经到达4338亿元，2019年"6·18"期间，淘宝直播带动商品销售30亿元，开播商家数同比增长近120%，开播场次同比增长150%；2019年"双11"当天，仅淘宝直播成交额就达到200亿元，直播间超过10个，"直播"已成为"双11"期间品牌商家最大的增长点。

2020年，受疫情影响，网络零售对消费的促进作用进一步提升，B2C网络零售市场优势明显，在线教育、医疗等服务迎来快速增长，农产品和贫困县线上销售保持较快增长。疫情还催生了大量线上消费需求，与去年同期相比，中西药品、烟酒、粮油食品销售额增长明显。

网络零售的蓬勃发展促进了宽带、云计算、IT外包、网络第三方支付、网络营销、网店运营、物流快递、咨询服务等生产性服务业的发展，形成庞大的电子商务生态系统。电子商务基础设施日益完善，电子商务对经济和社会影响日益强劲，电子商务在"基础设施"之上进一步催生出新的商业生态和新的商业场景，进一步影响和加速传统产业的"电子商务化"，促进和带动经济整体转型升级，电子商务经济体开始兴起。

（三）电子商务的运作模式

电子商务在世界范围内得到了迅速的发展，相继出现了多种电子商务类别。电子商务按照交易的对象可分为：企业对企业的电子商务模式（B2B）、企业对消费者的电子商务模式（B2C）、消费者对消费者的电子商务模式（C2C）、企业对政府的电子商务模式（B2G）等。近两年，O2O电子商务模式（online to offline，即线上和线下结合）的兴起，使得线上和线下结合，能够更好地利用本地资源，做好电子商务。跨境电子商务、农村电子商务得到了各级政府和企业的关注和重视，成交额快速增长；移动电子商务和社交电子商务也异军突起，尤其在新冠疫情期间增速飞快。

以我国的电子商务发展为例，国家统计局数据显示，2019年全国网上零售额达10.63万亿元，比上年增长16.5%。其中，实物商品网上零售额为8.52万亿元，增长19.5%，占社会消费品零售总额的比重为20.7%，对社会消费品零售总额增长的贡献率达45.6%。2020年全国网上零售额达11.76万亿元，同比增长10.9%，实物商品网上零售额达9.76万亿元，同比增长14.8%，占社会消费品零售总额比重为24.9%，较2019年大幅提升4.2个百分点，如图14-1所示。

图14-1　2011—2019年中国网上零售额

1. B2B 模式

B2B 电子商务是通过互联网的手段完成企业与企业之间的交易行为，交易标的一般为原材料、企业服务、食品/消费品的批发等，同时 B2B 电子商务平台一般也会整合相关的服务，例如：仓储、物流、金融、加工以及其他的一些增值服务。B2B 电子商务其本质是提升供应链效率，优化社会资源配置。

2019 年中国 B2B 电子商务交易规模超过 20 万亿元。B2B 的线上渗透率，也就是 B2B 的交易量占全部的比例，在 2013 年、2014 年，维持在 10% 和 11% 左右，到了 2016 年实现小幅的跃升，达到近 15% 的水平，一直在稳步提升。

B2B 行业的产业链，相对于人工智能、支付、营销，乃至传统电商的产业链，产业链的组成相对简单，原因就在于这条产业链里缺少了其他产业链都有的重要的合作方，主要是技术提供方或技术合作者。本质上来讲，B2B 行业产业链的技术提供方和其他产业链的技术提供方是同一批人，但是由于 B2B 行业与其他行业相差太远，所以其他行业的技术提供方不会为 B2B 行业赋能。技术提供方有可能存在于人工智能或 SaaS 的产业链中，但是不存在于 B2B 的产业链中。

2. B2C 模式

B2C 是 Business-to-customer 的缩写，而其中文简称为"商对客"，也就是通常说的商业零售，直接面向消费者销售产品和服务。这种形式的电子商务一般以网络零售业为主，主要借助于互联网开展在线销售活动。B2C 即企业通过互联网为消费者提供一个新型的购物环境——网上商店，消费者通过网络在网上购物、在网上支付。B2C 电子商务模式是目前电子商务发展最为成熟的商业模式之一，又称为电子零售（电子销售）或网络销售。B2C 的活动主要是销售折扣商品，提供迅速的送货服务，提供较多的商品种类，还有各种特价促销、会员有奖积分、网上支付等多方面的服务。

B2C 电子商务是世界上最早出现的电子商务模式，以 1995 年 7 月亚马逊网上书店的诞生为标志。B2C 电子商务也是我国最早产生的电子商务模式，以 8848 网上商城正式运营为标志。据统计，目前国内 B2C 企业已经突破 3 万余家。2020 年第 4 季度，中国网络零售 B2C 市场交易规模为 21832.4 亿元人民币，同比增长 18.9%。市场份额方面，2020 年第 4 季度，天猫成交总额较去年同期增长 19.1%，占据市场份额 63.8%，排名第一；京东成交总额较去年同期增长 26.4%，其市场份额为 25.9%，排名第二。苏宁易购排名第三；其市场份额为 5.4%；唯品会和当当分别以 2.6% 和 0.4% 的市场份额位列第四和第五。B2C 电子商务以完备的双向信息沟通、灵活的交易手段、快捷的物流配送、低成本高效益的运作方式在各行业展现了其极强的生命力。

二、物流在电子商务中的重要性

电子商务的任何一笔交易，都包含着信息流、商流、资金流和物流活动。其中，信息流、商流、资金流三者都要通过信息网络完成。作为众流中最为特殊的一种，物流是实物的传递，不能通过信息网络完成，必须通过把实物位置转移到购物者手中，才算完成交易，因此，物流是实现电子商务的重要保证。

(一) 物流的支撑保障功能

物流的快速配送可以提高电子商务的效率与效益，扩大电子商务的市场范围，促进电子商务的快速发展。客户选择电子商务最主要的原因就是因为便利，缺少了现代化的物流技术，电子商务给消费者带来的购物便捷等于零。没有快速及时的物流配送系统，电子商务就是一张空头支票，它直接影响到从事电子商务的企业的竞争力和消费者的购买需求。

(二) 实现供应链管理

完善的现代物流系统，可以实现基于电子商务的供应链管理，集成电子商务的商流、信息流与资金流，使电子商务成为 21 世纪最具竞争力的现代商务模式。

三、电子商务对物流的影响

在电子商务环境下，商务事务处理实现了信息化，物流成了整个市场运行的核心之一。物流企业成了代表所有生产企业、供应商向用户进行实物供应的唯一最集中、最广泛的提供者，是进行市场实物供应配送的唯一主体。电子商务技术的飞速发展，不仅给物流业发展带来了新的机遇，也使物流具备了信息化、网络化、智能化等一系列新特点。

(一) 电子商务为物流业的发展提供了新机遇

电子商务的蓬勃发展，必将导致对物流及物流配送的巨大需求。物流公司既为生产企业服务，又为销售商店服务，还要为具体的消费者服务，物流企业服务对象多元化，规模不断扩大，为物流企业发展创造了市场机会。

(二) 电子商务促使物流服务空间不断拓展

电子商务需要的不是普通的运输和仓储服务，它需要的是快速的增值物流服务。物流与仓储运输存在较大的差异，传统的储运经营者用传统物流服务的要求和标准为电子商务服务，物流服务不能满足电子商务运营者的要求。提供物流增值性服务是发展的需要。增值性物流服务包括增加便利性的服务、加快反应速度的服务、降低成本的服务，以及一些延伸服务等，促使物流服务空间不断拓展。

(三) 电子商务促进物流技术水平的提高

传统的物流技术主要是指物资运输、仓储技术或者物资流通技术，也就是说物流技术是各种流通物资从生产者转移给消费者时，实现各种流通形态的停顿与流动功能所需要的材料、机械、设施等硬件环境和计划、运用、评价等软件技术。现代的物流技术包括各种操作方法、管理技能等，如流通加工技术、物品包装技术、物品标识技术、物品实时跟踪技术等。

物流技术也包括物流规划、物流评价、物流设计、物流策略等。在移动互联网络技术得到应用并普及后，尤其随着电子商务的飞速发展，物流技术涉及许多现代技术，例如，地理信息系统、全球卫星定位系统、电子数据交换系统、条码技术、大数据、物联网、人工智能、无人机等。

电子商务经营者需要的是增值性的物流服务，而不仅仅是传统的物流服务。电子商务把物流业提升到了前所未有的高度，可以说，电子商务为物流业的发展提供了新的机遇。

政策指引

电子商务与快递物流协同发展

2018年，国务院办公厅印发了《关于推进电子商务与快递物流协同发展的意见》（以下简称《意见》）。商务部新闻发言人高峰在例行新闻发布会上表示，推进电子商务与快递物流协同发展，有利于我国快递物流的转型升级、电子商务的提质增效，提升用户的体验、更好地适应和满足网购消费者的需求。

高峰表示，国办出台的《意见》，坚持问题导向、聚焦协同发展，明确了六个方面18条具体措施，主要有以下特点：

一是为企业减负。明确简化快递业务经营许可程序，改革快递企业年度报告制度，实施快递末端网点备案管理，实现许可备案网上统一办理。

二是解决突出矛盾。鼓励地方政府对快递服务车辆统一标识管理，完善停靠、装卸、充电等设施，合理确定通行区域和时段给予通行作业的便利。

三是创新公共服务。明确智能快件箱、快递末端综合服务场所的公共属性，纳入公共服务设施的规划。

四是加强短板建设。鼓励建设快递末端综合服务场所，发展集约化的末端服务，解决电子商务"最后一公里"的配送难题；鼓励电商与快递企业间系统互联、数据互通、优化资源配置、提升供应链的协同效率。

五是明确绿色发展的方向。推动电商快递的绿色发展，鼓励电子商务平台开展绿色消费的活动，开展绿色包装试点，探索建立包装回收和循环利用的体系。

六是注重前瞻性的政策设计。针对日趋激烈的数据资源争夺，提出健全数据开放共享原则，建立数据中断等风险评估和通报制度。

资料来源：搜狐网。

第二节　电子商务物流管理模式——供应链管理

一、供应链管理的概念与实施条件

（一）供应链管理的概念

电子商务在极大地提高了物流业地位的同时，由于其跨区域和跨时域的特征，也要求改变传统的物流管理模式。在传统的物流管理中，各个企业按照各自的管理方式运作，较少考虑上下游企业的联系，常常会出现生产计划与市场需求脱节、信息反应迟缓及库存上升等问题。于是人们在20世纪80年代初提出了供应链管理（supply chain management）的概念。

国家标准《物流术语》（GB/T18354—2021）中对供应链的定义为：生产及流通过程中围绕核心企业的核心产品，由所涉及的原材料供应商、制造商、分销商、零售商直到最终用户等上下游成员链接形成的网链结构。

对每个企业而言，供应链本身都是客观存在的，但若没有实施供应链管理，则供应链会处于一种"断裂"状态，各企业间互不合作、各自为政，常常出现效率背反的现象，即单个企业的运作效率可能是较高的，但是整体供应链系统的效率却往往较低下，最终损害供应链中每个企业的利益。事实上，到目前为止，制造企业为降低成本、提高竞争力，引入了ISO质量管理、精益生产、ERP等多种科学管理方法，在企业内部大幅度降低了产品成本。但在生产制造的两头，即零部件采购供应管理和产成品的销售流通配送环节，尚有巨大的节约成本的潜力。另外，由于当今市场竞争日益激烈，缩短产品上市周期已成为提高竞争力的一个重要方面。而上市周期的缩短取决于从产品周期、采购供应周期、加工制造周期，直至流通配送周期全过程的缩短，这就有必要加速整个供应链上物流和信息流的流动。对非制造企业而言，它既是供应链中某个企业的用户，又是另一个企业的供应商，它的活动与别的企业间存在着相互制约、相互影响的关系。因此，有必要以系统的观点和方法，对整个供应链进行管理，以协调各个链节的活动，加强各个链节的合作，避免和减少各环节的延误或浪费，达到整个供应链的优化，最终使供应链中的各个企业都受益。这就是供应链管理的基本思想。没有供应链管理，链上的每个成员就会只管理自己的资源（如库存），以这种方式来防备由于链中其他成员的独立行动而给自己带来的不确定性。例如，一个零售商需要安全库存来防止其上游批发商货物脱销情况的出现，而批发商也需要安全库存以防止其上游生产商出现供不应求的情况。由于在一条链上的各个节点和过程中都存在不确定因素，如果没有相互沟通与合作，就会出现不必要的重复库存。因此，需要进行供应链管理，加强供应链成员间的信息沟通和相互合作，以减少每个成员的不确定性，减少每个成员的安全库存量。

供应链的一般结构如图14-2所示。

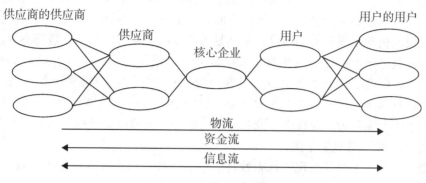

图 14-2 供应链结构示意

供应链管理包括对物流、商流、信息流和资金流的管理和控制。其中，对物料的供应链流动的管理是最主要的。物料沿着供应链从最初的供应商流向其下游不同的生产商、装配商，完成整个制造过程形成产品，又从生产商流向其下游批发商、零售商，最后到达顾客手中实现其价值。如何使其在必要的时候流向必要的地点，如何使这种流动所需的成本更低，如何使流动过程中可能出现的偏差更小，一旦出现偏差怎样尽快地加以纠正，等等，都是供应链管理的基本任务。对物流实施供应链管理，其目标是实现物流一体化。

所谓物流一体化，就是利用物流管理，使产品在有效的供应链内迅速移动，使参与各方的公司都能获益，使整个社会获得明显的经济效益，它是物流业发展的高级和成熟阶段。信息流在供应链管理中也显得很重要。信息流与物流二者是相互作用、互不可分的。与物料从最初供应商流向最终消费者不同，市场信息主要是沿相反方向流动的。为了确定什么时候、何种物料流到下一环节，其驱动信息来自下一环节。包含真正需求情况的信息可以避免库存，这也正是供应链管理的重要意义所在。

（二）电子商务使实施供应链管理成为可能

供应链管理强调的是链节之间的协调与合作，它将链上的其他企业看作一个携手的联盟成员，可以共同去击败真正的竞争者——其他供应链，而不是将其视为竞争者。而要实现这种协调与合作，最关键的是供应链各成员之间应进行充分的沟通，达到相当程度的信息共享。在传统的经济条件下，由于信息技术的落后和信息共享意识的缺乏，在供应链管理中容易出现信息失真的问题，导致供应链管理无法得到真正的实施。消费者对某产品的实际需求与预测的需求量之间客观上存在一定的偏差。这是进入到供应链末端的零售商的信息，这一信息通过订货量向上游批发商、制造商传递。由于存在订货的提前期，实际需要量与订货量之间的偏差随着转向上游而变得越来越大。供应链延伸得越长，中间非价值增值过程越多，信息失真的放大比例也就越大。传统经济条件下的信息技术较为落后，这使得信息获取和传递的成本较高，此成本往往高得使企业宁愿根据现有资料进行主观臆测，也不愿深入市场进行需求调研，其结果是产品的实际需求与预测的需求量之间的偏差较大，这一偏差在通过订货量向上游批发商、制造商传递时放大的比例也较大，导致信息无法实现真正共享。在传统经济条件下，供应链的成员间各自为政，除了一些必要的交易之外，彼此之间基本上处于一种利益冲突的关系，认为没有必要与其他成员共享那些敏感信息，尤其是对涉及商业秘密的信息一般都不外泄，并以此作为各成员之间保持优势（相对于其他成员）的措施之一。于是各成员都使自己的行为最优化，但由于信息不能共享，这些行为相对于整个供应链来说却不是最优的行为。这种信息共享意识的缺乏，大大增加了供应链的"内耗"，极大地影响了供应链的整体运作水平及竞争力。而在电子商务时代，随着数据信息资源的共享，这些制约供应链管理的"瓶颈"将不复存在。

首先，电子商务时代出现的标志就是信息通信技术的飞速发展和 Internet 的广泛运用。先进的信息技术使得信息获取和传递的成本非常低廉，企业人员不出户，就可以通过电子订货系统（EOS）和电子数据交换技术（EDI）获取来自消费者和其他企业的需求和供给信息，这就在技术上解决了消费者和企业之间以及上游企业和下游企业之间的矛盾，减少了实际需求和预测需求之间的偏差，并使这种偏差在传递过程中的放大比例得到控制。因而，电子商务解决了信息共享的技术问题。

其次，电子商务是 Internet 快速发展的直接产物。Internet 本身所具有的开放性、全球性、共享性等特点，也成为电子商务的内在特征。一个企业如果固守传统经济条件下的封锁信息、严守秘密的做法，必将受到别的企业和消费者的攻击和报复，因为开放和共享是相互的，要想得到别的企业和消费者的信息，则这个企业首先要将自己的信息提供给别人，要不然就会被时代抛弃。电子商务条件下的竞争，将不再是企业单打独斗式的竞争，而是供应链之间的竞争。因此，为适应电子商务环境下生存的需要，为提高整个供应链的竞争优势，企业应在供应链的范围内增加信息共享的意识。

由此可知，在传统经济条件下，由于信息技术的落后和信息共享意识的缺乏，虽然人们意识到供应链管理模式对物流的重要意义，但并没有条件去实施它。电子商务的兴起，为物流管理的供应链化提供了技术上的支持，并促进了企业关于信息共享意识的培养。因此，一方面，电子商务客观上要求对物流实施供应链管理；另一方面，电子商务也为实施物流的供应链管理提供了条件。

二、供应链管理的本质

作为一种新的管理模式，供应链管理不仅仅是一种技术创新，更重要的是一种新的资源配置方式或商业模式。许多专家认为，21 世纪的市场竞争，将不再是单个企业间的竞争，而是供应链之间的竞争。但目前国内学者在介绍供应链管理时，提法并不统一。为此，我们有必要探讨一下供应链管理的本质。

（一）供应链管理的本质特点

供应链管理不同于传统的企业管理，它更强调供应链整体的集成与协调，要求各链节企业围绕物流、信息流、资金流以及商流进行信息共享与经营协调，实现柔性的与稳定的供应关系。其特点主要表现在以下四个方面。

1. 供应链管理是一种基于流程的集成化管理模式

传统的管理以职能部门为基础，往往由于职能矛盾、利益目标冲突、信息分散等原因，各职能部门无法完全发挥其潜在效能，因而很难实现整体目标最优。供应链管理则以流程为基础，物流、信息流、商流、资金流贯穿于供应链的全过程。通过业务流程重构，消除各职能部门以及供应链成员企业的自我保护主义，实现供应链组织的集成与优化；通过核心企业管理思想在整个供应链上的扩散和移植，实现管理思想的集成；通过准时制（JIT）管理、企业资源计划（ERP）、物流资源计划（LRP）、快速反应（QR）、有效客户反应（ECR）、全面质量管理（TQM）等管理技术方法的综合运用，实现供应链管理方法的集成；通过现代技术手段 Internet 的运用和信息共享，实现供应链管理手段的集成。

2. 供应链管理是全过程的战略管理

供应链是由供应商、制造商、分销商、零售商、客户组成的网络结构，链中各环节不是彼此分割的，而是环环相扣的一个有机整体。因此，从总体上考虑，如果只依赖于部分环节的信息，则由于信息的局限成失真，可能导致决策失误、计划失控、管理失效。进一步讲，由于供应链上供应、制造、分销等职能目标之间的冲突是经济生活中不争的事实，这样，只有最高管理层才能充分认识到供应链管理的重要性与整体性；只有运用战略管理思想，才能有效地实现供应链的管理目标。

3. 供应链管理提出了全新的库存观

传统的库存思想认为，库存是维系生产与销售的必要措施，因而企业与其上下游企业之间在不同的市场环境下只是实现了库存的转移，整个社会库存总量并未减少。供应链的形成使链上各个成员间建立了战略合作伙伴关系，通过快速反应致力于总体库存的大幅度降低，库存是供应链管理的平衡机制。

4. 供应链管理以最终客户为中心

不管供应链的链节企业有多少种类型，也无论供应链是长还是短（层次多少），供应链都是由客户需求驱动的。正是最终客户创造的需求，才使得供应链得以存在；而且，只有客户取得成功，供应链才能延续与发展。因此，供应链管理必须以最终客户服务（customer service）、客户满意（customer satisfaction）与客户成功（customer success）这"3CS"作为管理的出发点，贯穿于供应链管理的全过程，并将改善客户服务质量、实现客户满意、促进客户成功作为创造竞争优势的根本手段。

（二）供应链管理的本质目标

供应链管理的本质目标是将合适的产品或服务（right product or service）按照合适的状态与包装（right condition and packaging），以合适的数量（right quantity）和合适的成本费用（right cost），在合适的时间（right time）送到合适客户（right customer）的合适地方（right place），即"7R"，并使总成本为最小。

1. 合适的客户

不仅指企业的直接客户，而且包括客户的客户。识别和预期客户的需要有助于企业与客户的联系，还有助于企业与客户的客户的关系。确定合适的客户使企业能够帮助它的直接客户与客户自身的客户取得更大的成功，从而为供应链绩效的评价建立更广泛的基础。

2. 合适的产品和合适的数量

既要按照客户提出的品质标准、规格型号向客户提供产品，又要使客户的订货数量得到完全满足。因为对客户来说，衡量订货满足的标准要么是百分之百，要么是零。

3. 合适的地点

一个客户的总装厂可能有多个接货点，即使送货到达了正确的工厂，如果送货没有能到达正确的接货点，总装线仍有可能被迫停工。因此，合适的配送地点对配送的成功越来越重要。为了进一步提高对客户服务的满意水平，促进客户的成功，企业越来越注重完成客户期望的配送增值活动，包括直接将产品作为客户的库存、产品零售平面或货架的重新布置、按照有助于客户使用的特定顺序堆放产品等。

4. 合适的状态和包装

破损的货物不仅对客户毫无价值，而且增加了处置成本和替代产品的运输费用。如果发生了过多的货物破损，就应进行原因分析，以确定到底是由于包装、特定的承运人或承运地点，还是其他方面的原因所造成的。

5. 合适的时间

指完全按照客户提出的时间条件，将货物准时送到客户需要的地点。过早会增加客户的负担，如增加重复劳动、挤占存储空间等；太晚则势必造成客户缺货，甚至导致客户停产。

6. 合适的成本费用

对客户来说，合适的成本即产品或服务价值的竞争性价格的成本。显然，客户想以最低的成本得到最多的价值。通过供应链管理，有效消除了各种浪费与重复，可以以最低的成本为客户提供最大的价值。

（三）供应链管理的竞争优势

1. 减少库存总量，创造竞争的成本优势

通过实施供应链管理，可以有效减少供应链成员企业之间的重复工作，剔除流程中的多余步骤，使供应链流程简单化、高效化、低成本。同时，通过建立共享的电子数据交换系统，又可以有效减少因信息交换不充分带来的重复与浪费，有效消除"需求放大"效应。此外，供应链成员企业之间实现了全流程的无缝作业，可以大大提高接口工作效率，减少失误与浪费。不确定性是库存存在的根本原因，过多的库存经常是由于需求或供应在时间、数量或质量上的不确定性造成的。许多企业长期接受这种不确定性，并用人力、物力或其他资源来允许不确定性存在。而且，这种不确定性不仅存在于物流过程中，同时也存在于信息流过程中。供应链管理通过对企业内部业务流程的重构，各成员企业建立战略合作伙伴关系，实现信息共享、物流畅通、提高客户反应速度，从而有效地、连续不断地消除不确定性，并使获得的共同利益呈指数增长。供应链通过整体合作与协调，在加快物流速度的同时，也有效减少了各个环节上的库存量，避免了许多不必要的库存成本的消耗。此外，供应链的建立消除了非供应链合作关系中上

下游企业之间的成本转嫁，从整体意义上减少了库存总量，大幅度削减了总库存成本。

2. 优化链上成员组合，快速客户反应，创造竞争的时间和空间优势

供应链通过在全球范围内优化选择链上成员企业，即可以实现相互间的优势互补，更重要的是能够最大限度地减少产品销售、服务提供的空间距离和时间距离，实现对客户需求的快速有效反应，大幅度缩短从订货到完成交货的周期。供应链管理以因特网作为技术支撑，使其成员企业能够实时获取并处理外部信息，从而提高整个供应链对客户需求快速有效反应的能力，实现供应链各环节的即时出售、即时制造、即时供应。也就是说，通过供应链各成员企业的优化组合，使需求信息获取与随后作出的反应尽量接近实时及最终客户，将客户需求的提前期减少到最低限度，从而获取市场竞争的时间和空间优势。

3. 合作竞争，充分发挥链主企业的发挥链主企业的核心能力，创造竞争的整体优势

当今的国际市场竞争是全方位的竞争，企业要想在这样激烈的竞争中谋生存、求发展，就必须采取相互合作竞争策略。当然，这种合作的目的是创造更强大的竞争优势，通过合作竞争实现"共赢"。供应链管理通过建立成员企业之间战略合作伙伴关系，可以充分运用对方的专业优势与发挥链主企业的核心能力，并使不同成员的核心能力优势相互融合，产生出更强的整体核心能力与竞争优势。

政策指引

推进供应链创新与应用

国办发〔2017〕84号《关于积极推进供应链创新与应用的指导意见》（以下简称《指导意见》）中指出：供应链是以客户需求为导向，以提高质量和效率为目标，以整合资源为手段，实现产品设计、采购、生产、销售、服务等全过程高效协同的组织形态。随着信息技术的发展，供应链已发展到与互联网、物联网深度融合的智慧供应链新阶段。加快供应链创新与应用，有利于促进产业组织方式、商业模式和政府治理方式创新，推进供给侧结构性改革。

《指导意见》提出的供应链发展重点任务主要有以下方面。

1. 推进农村一二三产业融合发展

(1) 创新农业产业组织体系。

(2) 提高农业生产科学化水平。

(3) 提高质量安全追溯能力。

2. 促进制造协同化、服务化、智能化

(1) 推进供应链协同制造。

(2) 发展服务型制造。

(3) 促进制造供应链可视化和智能化。

3. 提高流通现代化水平
（1）推动流通创新转型。
（2）推进流通与生产深度融合。
（3）提升供应链服务水平。
4. 积极稳妥发展供应链金融。
（1）推动供应链金融服务实体经济。
（2）有效防范供应链金融风险。
5. 积极倡导绿色供应链。
（1）大力倡导绿色制造。
（2）积极推行绿色流通。
（3）建立逆向物流体系。
6. 努力构建全球供应链。
（1）积极融入全球供应链网络。
（2）提高全球供应链安全水平。
（3）参与全球供应链规则制定。

经过几年的发展，形成一批适合我国国情的供应链发展新技术和新模式，基本形成覆盖我国重点产业的智慧供应链体系。供应链在促进降本增效、供需匹配和产业升级中的作用显著增强，成为供给侧结构性改革的重要支撑。培育100家左右的全球供应链领先企业，重点产业的供应链竞争力进入世界前列，使中国成为全球供应链创新与应用的重要中心。

资料来源：依据国办发〔2017〕84号文整理。

第三节　电子商务物流运作方式——第三方物流

一、第三方物流的概念、特征及优势

（一）第三方物流的概念

我国2021年公布的国家标准《物流术语》（GB/T18354-2021）中，将第三方物流定义为：由独立于物流服务供需双方之外且以物流服务为主营业务的组织提供物流服务的模式。

第三方就是指提供物流交易双方的部分或全部物流功能的外部服务提供者。第三方物流作为商业运作中的一个流通环节，已有一个多世纪的历史。在其成为一种商业业态之前，实际上只是简单的取货和送货，并且送的物品主要为保密性、安全性要求较高的信件、文书等。随着商业的发展，第三方物流开始为商业服务，但规模和影响一直不是很大。直到进入20世纪80年代中后期，随着现代物流向专业化服务方向发展的趋势，"第三方物流"一词才开始盛行，当时它是对物流环节的要素进行外包的一个主要考虑

方面。在 1988 年美国物流管理委员会的一项顾客服务调查中，首次提到"第三方服务提供者"，随后这种提法在世界范围内逐渐流行起来。第三方物流服务业也应运而生，并以其服务专业化、高度化、一体化给全球经济的发展带来了强大的推动力。现在，第三方物流的发展程度已成为衡量一个国家物流业发展水平的重要标志了。据西方国家的物流业实证分析证明，当独立的第三方物流至少要占社会物流的 50% 时，一个国家的物流产业才算正式形成。

（二）第三方物流的特征

1. 关系合同化

第三方物流是通过契约形式来规范物流经营者与物流消费者之间关系的。首先，物流经营者根据契约规定的要求，提供多功能直至全方位一体化物流服务，并以契约来管理所有提供的物流服务活动及其过程；其次，物流联盟通过契约的形式来明确各物流联盟参加者之间权责利相互关系。

2. 服务个性化

首先，不同的物流消费者存在不同的物流服务要求，第三方物流需要根据不同物流消费者在企业形象、业务流程、产品特征、顾客需求特征、竞争需要等方面的不同要求，提供针对性强的个性化物流服务和增值服务；其次，从事第三方物流的物流经营者也因为市场竞争、物流资源、物流能力的影响需要形成核心业务，不断强化所提供物流服务的个性化和特色化，以增强物流市场竞争能力。

3. 功能专业化

第三方物流所提供的是专业的物流服务。从物流设计、物流操作过程、物流技术工具、物流设施到物流管理必须体现专门化和专业水平，这既是物流消费者的需要，也是第三方物流自身发展的基本要求。

4. 管理系统化

第三方物流应具有系统的物流功能，是第三方物流产生和发展的基本要求，第三方物流需要建立现代管理系统才能满足运行和发展的基本要求。

5. 信息网络化

信息技术是第三方物流发展的基础。在物流服务过程中，信息技术的发展实现了信息实时共享，促进了物流管理的科学化，极大地提高了第三方物流效率和物流效益。

（三）第三方物流的优势

第三方物流是社会化、专业化的物流。它具有以下优势：

1. 集中主业

企业能够将有限的人力、财力、物力集中于核心业务，进行新产品和新技术的研究与开发，以提高自己的竞争力。

2. 节约投资

采用第三方物流可以减少企业有关的固定费用，包括购买车辆的投资及与车间、仓库、发货设施、包装机械以及员工工资等有关的开支。

3. 减少库存

第三方物流服务商借助精心策划的物流计划和适时的运送手段，使企业库存开支减少，并改善企业的现金流量。

4. 创新管理

第三方物流服务可利用物流服务商的创新性物流管理技术和先进的渠道管理信息系统为自己开辟业务发展道路。一流的第三方物流服务商一般在全球拥有广泛的网络，并拥有开展物流服务的经验和专业技术。当企业计划在自己不熟悉的地理环境中开展业务时，可充分利用第三方物流服务商的专业技术和经验来进行物流运作。

5. 提升企业形象

第三方物流服务商与顾客是战略伙伴，他们通过全球性的信息网络使顾客的供应链管理得到优化。第三方物流服务商可利用完备的设施和训练有素的员工队伍，对整个供应链实现完全控制，通过遍布全球的运送网络和服务提供者（分包方）大大缩短交货期，提高了服务质量和树立了品牌形象。

（四）第三方物流与供应链管理的关系

1. 第三方物流与供应链管理的战略关系

在服务内容上，第三方物流为客户提供的不仅仅是一次性的运输或配送服务，而是一种具有长期契约性质的综合物流服务，最终保证服务对象物流体系的高效运作和不断优化供应链管理。与传统储运企业相比，第三方物流的服务范围不仅仅限于运输、仓储业务，它更加注重供应链节点企业物流体系的整体运作效率与效益，供应链的管理与不断优化。在西方的物流理论中非常强调"相互依赖"关系，也就是说一个企业的迅速发展单靠自身的资源、力量是远远不够的，必须寻找战略合作伙伴，通过联盟者的力量获得竞争优势。

2. 第三方物流既是供应链节点企业的战略投资人也是风险承担者

第三方物流企业追求的不是短期的经济效益，更确切地说3PLs是以一种投资人的身份为供应链节点企业服务的，这是它成为战略同盟者的一个典型特征。第三方物流服务本身就是一种长期投资，这种投资的收益很大程度上取决于供应链节点企业业务量的增长，这就形成了双方利益一体化的基础。

3. 利益一体化是第三方物流服务的利润基础

第三方物流服务的利润从本质上讲来源于现代物流管理科学的推广所产生的新价值，也就是我们经常提到的"第三利润"。以美国为例，1992年全美企业存货成本总和占GNP（国民生产总值）的29%，由于物流管理中零库存控制的实施，到1999年这一比例下降到19%，下降了近10个百分点。可以说这种库存成本的节约就是物流科学创造的新价值，这种新价值是第三方物流企业与供应链节点企业共同分享的，这就是利益一体化，这就是现代企业竞争理论所强调的"双赢战略"带来的利益共享。

4. 第三方物流服务是建立在现代电子信息技术基础上的电子物流

第三方物流企业利用电子化的手段，尤其是利用互联网技术来完成物流全过程的协调、控制和管理，实现从供应链网络最前端到最终端客户的所有中间过程服务，最显著的特点是各种软件技术与物流服务的融合应用。信息技术实现了数据的快速、准确传递，提高了仓库管理、装卸运输、采购、订货、配送发运、订单处理的自动化水平，使订货、包装、保管、运输、流通、加工实现了一体化，供应链节点企业可以更方便地使用信息技术与第三方物流企业进行交流与协作，企业间的协调和合作有可能在短时间内迅速完成。

二、发展我国的第三方物流

（一）电子商务条件下适应我国情况的物流模式

国家邮政局发布的《2019年邮政行业发展统计公报》数据显示，2019年全年邮政行业业务总量完成16229.6亿元，同比增长31.5%。全年邮政行业业务收入（不包括邮政储蓄银行直接营业收入）完成9642.5亿元，同比增长22%。全年快递服务企业业务量完成635.2亿件，同比增长25.3%；快递业务收入完成7497.8亿元，同比增长24.2%。无疑，不断增长的快递业对国家商贸流通和社会生产生活形成了有力支撑。

快递业的蓬勃发展，离不开电子商务的庞大市场，两者相辅相成。伴随着电商的发展和日益成熟，物流成为各个电商企业竞争强有力的筹码，物流的配送速度和质量也成为衡量企业的重要指标。很显然，第三方物流快递公司已经远远不能满足电商企业的庞大订单量和对于配送的高标准和高要求。对此，很多电商企业打破传统快递的牢笼，通过选择自建物流来为自己建立一道护城河。

从电商与快递物流行业的市场规则到付款周期，再到对快递物流行业的罚款名目上来看，相较第三方快递物流公司而言，电商企业自建物流，具备一定优势：电商企业本身掌握货源，可以利用上游商品的利润补贴快递的配送价格；电商自建的物流企业往往采取直营模式，在物流配送体系标准化上更胜一筹；电商自建的物流企业对自家商品配送的掌握能力更强，可以避免因为第三方物流快递公司休假而产生的无人送货的情况，实现节假日无休配送，使用户体验更好。

自建物流对于产品的标准化运作也具有一定的帮助。例如，易果生鲜的安鲜达、中粮我买网自建物流的标准化仓储运作模式，它既提升了物流的配送效率，也节约了物流的配送成本，还保证了产品的品质。

近几年随着国内电商物流的发展，电商物流开放程度逐渐提升，电商企业开始输出自己物流体系的核心技术竞争力和服务能力。未来电商自建物流企业与第三方快递物流企业或将在末端配送、干线运输等环节实现业态融合。因此，不同的电商企业应立足电商物流特性，考虑综合成本因素，才能让物流能力成为企业发展的利器，在激烈的行业竞争中找到出路。

（二）发展我国的第三方物流的建议

我国的第三方物流企业规模普遍较小，服务功能单一，存在分散经营现状，越来越难以满足企业的需求。在此背景下，第三方物流行业将迎来新一轮整合。随着物流的发展，集中与整合是我国第三方物流企业发展的必然趋势，也符合经济发展规律，依靠政府良好的政策环境和全球经济大环境，必将实现我国第三方物流快速、健康、有序发展。

运用信息化手段提高运输质量和运输效率，提高客户服务能力，从而提高核心竞争力，是很多第三方物流企业应对市场竞争的必然选择，也是第三方物流行业的主要发展趋势之一。值得注意的是，第三方物流企业的信息化建设目标应是针对整个企业的供应链综合管理，实施企业级的信息系统建设。

第三方物流服务范围将持续向金融领域扩展。我国信用体系与欧美国家相比还不算很完善。因此，以质押和监管为代表的物流金融服务的发展大大缓解了中小企业由于资金链断裂而造成的采购与供应短缺，其发展也标志着第三方物流和金融行业的相互融合，服务范围也随之由原来的静态仓单质押向着货物的在途质押转变，进一步发展和延伸了第三方物流的服务内涵。

三、电子商务与物流的协同发展

电子商务与物流的互为支撑、相互促进作用促使了电子商务与物流的协同发展。推进电子商务与物流协同发展，是落实新发展理念，推动经济发展质量变革、效率变革、动力变革的重要举措，有利于快递物流转型升级、电子商务提质增效，有利于技术标准衔接统一、数据资源规范共享、供应链协同创新，有利于扩大消费、提升用户体验，更好适应和满足网购消费者的美好生活需要。

自2014年10月开始，商务部会同财政部、邮政局在11个城市开展了电子商务与物流快递协同发展试点。试点工作取得了积极成效，形成了一批可复制推广的经验和做法。2018年初，国务院办公厅印发《关于推进电子商务与快递物流协同发展的意见》，进一步提高电子商务与快递物流协同发展水平。

各级政府在国务院文件出台后纷纷根据各地实际情况推出一系列促进电子商务与物流协同发展的举措，共性的做法主要有：

（1）增强合作意识，积极推进高效协同发展。各信息平台、快递物流、配送和包装企业，积极践行协同发展理念，主动抢抓行业发展的时代机遇和政策优势，通过各企业各部门协同合作，促进物流供需衔接、基础设施网络配套建设、企业创新结构调整，为电子商务供应链体系建设的末端环节提供支撑。

（2）加快研发应用，深入推进新技术普及与应用。企业应加大创新力度，探索符合地区发展实际的创新物流模式，用"新技术、新模式、新标准和新理念"积极推动电子商务与物流快递绿色、可持续发展。

（3）强化宣传引导，激发企业社会责任感。政府部门要充分利用各类平台，挖掘优秀典型案例，加强经验总结和宣传。鼓励电商平台企业开展绿色物流活动，为消费者提供绿色、环保、可降解包装选择；鼓励物流配送企业提升物流配送绿色水平，广泛使用节能环保配送车辆；鼓励包装企业加大研发力度，降低环保材料的使用成本。希望企业充分承担社会责任、加强企业公民意识、提高企业竞争软实力，为电子商务与快递物流可持续发展增添助力。

关键词

电子商务 供应链管理 供应链 第三方物流 电商物流 物流一体化

思考题

(1) 简述电子商务的两种模式。
(2) 简述供应链管理的概念。
(3) 供应链管理的本质是什么？
(4) 简述第三方物流的概念及特征。
(5) 第三方物流有哪些优势？
(6) 我国如何发展第三方物流？
(7) 如何推动电子商务与物流协同发展？

案例分析

数智化物流

在 2019 全球智慧物流峰会上，快递飞艇、无人直升机、菜鸟 AI 空间、5G 自动驾驶等物流"黑科技"集体亮相，其中，菜鸟全链路无人操作智慧仓成为一大亮点：商品自动存储在立体仓库，发货时由算法调度出仓，机械臂将商品搬运交接给机器人，机器人完成运输，实现物流仓库的全无人化操作。

诚如阿里巴巴集团 CEO、菜鸟网络董事长张勇所说："未来的物流一定是从数字化到数智化，数智世界将是我们共同面临的时代。"当前，中国物流业正在进入全面数字化时代，整个产业链不同企业间将实现全面联动和数据打通，在此基础上，以大数据、物联网、云计算、5G 特别是人工智能为核心的新技术，将推动数字化与智能化实现深度融合，现代物流体系将从数字化时代跃升至数智化时代。

数智化物流，是指通过大数据、物联网、人工智能等新技术、新模式，打造一个覆盖全国、联通全球的智能物流基础设施网络。目前，国家层面的智能物流基础设施网络，主要有交通运输部、国家发改委等部门和科研机构、物流企业等多方组建的"国家交通运输物流公共信息平台"，旨在促进物流产业链各环节信息互通与资源共享；在企业层面，主要有菜鸟联合全球物流企业打造的智能物流骨干网。

着眼于长远，一方面，智能物流基础设施网络（物流平台）要继续推进与物流企业深度融合；另一方面，物流平台和物流企业打造的智能物流骨干网，也要与国家层面的物流公共信息平台实现深度融合，形成更加完备有力的数智化基础设施支持体系。这是数智化物流要做好的第一个深度融合。

数智化物流要做好与制造业的深度融合。2019 年 3 月，国家发改委、中央网信办、工业和信息化部、交通运输部等 24 部门联合发布《关于推动物流高质量发展促进形成强大国内市场的意见》，其中提出，加强生产服务型国家物流枢纽建设，为制造企业提供高效快捷的物流服务,降低制造企业物流成本;鼓励物流企业为制造企业量身定做供应链管理库存、"线边物流"、供应链一体化服务等物流解决方案。

物流是实体经济的有机组成部分,做好智能物流骨干网等物流基础设施建设,切实降低实体经济特别是制造企业物流成本,整个制造业才会发生根本性的变化,实体经济才能真正成为支撑社会和国家的力量。

物流业是劳动密集型行业,物流业发展的一个重要责任和贡献是保障和扩大就业,数智化物流也不能例外。有人担心,数智化物流大面积使用无人仓储、快递机器人、无人机送货等模式,将取代传统物流体系中园区、仓储、运输、转运、配送等环节大量使用的仓储员等岗位,快递小哥们将被淘汰。这种担心其实大可不必。

数智化物流之所以大面积使用人工智能设备和无人操作模式,其目的是:①代替人从事一些重复、烦琐和危险操作;②延伸仓储员、快递小哥的手脚,武装他们的头脑,让他们的工作更加优质高效;③将智能设备用于AI客服等环节,使仓储员、快递小哥经过强化培训后能够胜任工作。

历史上所有的技术革新都没有减少就业,相反都创造了新的岗位。数智化物流能做到与保障就业的深度融合,归根结底是做好与"人"的深度融合。

资料来源:作者根据2019年5月28日《每日经济新闻》整理。

案例讨论题

(1) 数智化物流给电子商务领域带来了哪些变化?

(2) 快速发展的电子商务为何需要物流变革?

主要参考文献

[1] 刘全洲，郝渊晓，等. 现代物流管理学［M］. 广州：中山大学出版社，2001.
[2] 李宗文，徐寿波. 物流学及其应用［M］. 北京：经济科学出版社，1987.
[3] 王嘉林，张雷丽. 物流系统工程［M］. 北京：中国物资出版社，1987.
[4] 马士华，林勇，陈志祥. 供应链管理［M］. 北京：机械工业出版社，2000.
[5] ［日］日通综合研究所. 物流手册［M］. 吴润涛，等，译. 北京：中国物资出版社，1986.
[6] ［日］上村行南. 物流基础管理［M］. 邹焕王，王延栋，译. 哈尔滨：黑龙江人民出版社，1984.
[7] ［日］汤浅和夫. 物流管理入门［M］. 靳伟，等，译. 北京：中国铁道出版社，1986.
[8] 王之泰. 现代物流学［M］. 北京：中国物资出版社，1995.
[9] 马健平，郝渊晓. 交通运输市场营销［M］. 北京：中国商业出版社，1997.
[10] 何明珂. 现代物流与配送中心：推动流通创新的趋势［M］. 北京：中国商业出版社，1997.
[11] 文刚. 第三方物流管理［M］. 北京：中国商业出版社，2000.
[12] ［日］中田信哉，乔本雅隆. 物流入门［M］. 陶庭义，译. 深圳：海天出版社，2001.
[13] 陈福军. 如何做物流管理［M］. 大连：大连理工大学出版社，2000.
[14] 张声书，佐伯弘治. 中国现代物流研究［M］. 北京：中国物资出版社，1998.
[15] 王之泰. 物流工程研究［M］. 北京：首都经济贸易大学出版社，2004.
[16] 龙江，朱海燕. 城市物流系统规划与建设［M］. 北京：中国物资出版社，2004.
[17] 中国物流与采购联合会. 中国物流发展报告（2008—2019）［M］. 北京：中国物资出版社，2020.
[18] 徐文静. 物流战略规划与模式［M］. 北京：机械工业出版社，2002.
[19] 李严锋，扬琦. 产业物流与供应链［M］. 北京：经济科学出版社，2005.
[20] 郝渊晓，刘全洲，等. 物流管理学［M］. 广州：中山大学出版社，2006.
[21] 郝渊晓，张鸿，马健诚. 采购物流学［M］. 广州：中山大学出版社，2007.
[22] 王慧，郝渊晓，马健平. 物流配送管理学［M］. 广州：中山大学出版社，2009.
[23] 伍蓓，王珊珊. 采购与供应管理［M］. 杭州：浙江大学出版社，2010.
[24] 李崇奇，龙江滨，郝渊晓. 采购供应物流管理［M］. 西安：陕西人民出版社，2016.
[25] 魏修建. 现代物流与供应链管理［M］. 3 版. 西安：西安交通大学出版

社，2018.

[26] [英]哈里斯. 物流管理学[M]. 5版. 李婷，等，译. 北京：机械工业出版社，2019.

[27] 唐秀丽. 城市物流[M]. 北京：中国物资出版社，2011.

[28] 马宁. 电子商务物流管理[M]. 北京：人民邮电出版社，2013.

第二版后记

习近平总书记在视察山东物流企业时对物流企业的员工讲话指出:"你们的事业大有可为。"现代物流及物流事业,得到了习近平总书记的高度肯定,给物流业发展及人才培养指明了方向。

现代物流根据客户实际需要,将运输、储存、装卸、搬运、包装、流通加工、配送、信息处理等功能有机结合,提供全过程、多功能的服务,是实体经济的有机组成部分,是畅通国民经济内外循环的重要环节,也是促进形成强大国内市场的重要支撑。

"十四五"规划期间,我国明确提出"建设现代物流体系,加快发展冷链物流,统筹物流枢纽设施、骨干线路、区域分拨中心和末端配送节点建设,完善国家物流枢纽、骨干冷链物流基地设施条件"。可见,在构建双循环新发展格局中,现代物流将发挥重要作用。

物流业是支撑国民经济发展的基础性、战略性、先导性产业。物流高质量发展是经济高质量发展的重要组成部分,也是推动经济高质量发展不可或缺的重要力量。为巩固物流降本增效成果,增强物流企业活力,提升行业效益水平,畅通物流全链条运行,服务国内国际双循环,必须实现物流业高质量发展。

在国家高度重视现代物流发展和社会对物流人才需求迫切的背景下,我们对2006年出版的《物流管理学》进行全面的修改,出版《物流管理学(第二版)》;本书既能满足高等学校教学改革需要,也为物流企业人才培训提供适宜教材。

本书第二版相比第一版教材,主要修改和补充之处如下:

(1)对第一版教材的数据、资料进行了全面的更新,反映了我国物流业发展的最新动态。

(2)突出案例教学与分析,在原来每章结构的基础上,增加了章后案例分析与讨论,在案例的选择上,以国内企业案例为主。

(3)从物流供应链发展的视角,增加了"第三章　现代采购物流",同时介绍了数字化采购的基本概念。

(4)在修改过程中,每章的内容都充实了最新的概念、理论及企业的新实践。

(5)在相关章节增设"知识拓展""政策指引""物流信息"等专栏,介绍有关现代物流的新资料、新动态和相关政策,对扩大学生的知识面、增强其学习兴趣,起到引领作用。

(6)本次修订过程中,增加的物流新概念、新理论和新内容主要有:①在运输章节增加了"运输原理""网络货运"及"综合运输体系"的新内容;②在包装技术章节中,增加了"绿色包装"等内容;③在仓储章节中,增加了"智慧仓储""云仓""仓储管理"等内容;④在城市物流章节中,增加了"第二节　城市物流枢纽与物流枢纽经济""第六节　国内外城市物流发展"等;⑤在国际物流章节中,增加了"中欧班列国际物流大通道""跨境物流模式""国际物流法律法规"等内容;⑥在物流成本管理章节中,增加了"第四节　社会物流总成本核算"等。

本书的编写和修订,由西安交通大学管理学院院长、中国物流学会副会长、教授、博士研究生导师冯耕中担任主审。

本书由西安外事学院商学院特聘教授、西安交通大学经济与金融学院教授、陕西省物流学会副会长郝渊晓,以及西安外事学院商学院物流与会展经济系主任徐德洪副教授、新疆大学经济管理学院王海灵副教授担任主编,西安财经大学行知学院吴文杰讲师、新疆财经大学工商管理学院林秋平副教授、陕西工商职业学院付琪副教授、西安外事学院商学院谢聪利讲师、罗宁副教授、王玉勤讲师、陕西国防工业职业技术学院经济管理学院崔健博士、石河子职业技术学院旅游与管理学院栗劲松副教授担任副主编。

本书作者撰写分工为:郝渊晓(第一章),徐德洪(第二章),王海灵(第九章),罗宁(第七章),谢聪利(第四、六章),崔健(第十、十一章),吴文杰(第三章),林秋平(第五章),付琪(第十二章),栗劲松(第十四章),西安外事学院商学院王慧珍教授(第八章),王玉勤(第九章),郑端教授(第十三章)。郝渊晓教授负责修订的总体策划和组织协调,最后由郝渊晓、徐德洪进行总撰定稿。

本书的编写得到西安交通大学、西安外事学院、长安大学、西安邮电大学、西安财经大学、深圳大学、上海海事大学、西北工业大学、北京物资学院、中央财经大学、新疆农业大学、新疆大学管理学院、新疆财经大学工商管理学院、石河子职业技术学院旅游与管理学院等单位专家教授的指导和支持。西安外事学院商学院院长杜跃平教授、副院长杨勇岩教授,西安交通大学经济与金融学院院长孙早教授、杨秀云教授、宋林教授,西北工业大学柴华奇教授、黄辉副教授,西安邮电大学张鸿教授、朱长征教授,长安大学董千里教授、张圣忠教授、杨琪教授,新疆大学经济管理学院院长孙景兵教授,西安财经大学贾县民教授,北京物资学院郝玉柱教授,陕西省物流与采购联合会温格林秘书长,中国诚通供应链服务有限公司陈剑锋总经理,西安货达网络科技有限公司董事长折大伟博士,等等,提出了重要的修改指导建议,在此表示衷心的感谢。中山大学出版社蔡浩然编审为本书出版付出了辛勤的劳动。我们在此一并表示诚挚的谢意。

由于编写时间仓促,本书难免有疏漏和不妥之处,敬请读者批评和指正。

郝渊晓
2021 年 10 月于古城西安